Rie Yomura

FLECHTEN MIT KAMIHIMO

Rie Yomura

FLECHTEN MIT KAMIHIMO

Praktisches aus Papierbändern – wunderschön, farbenfroh, vielseitig

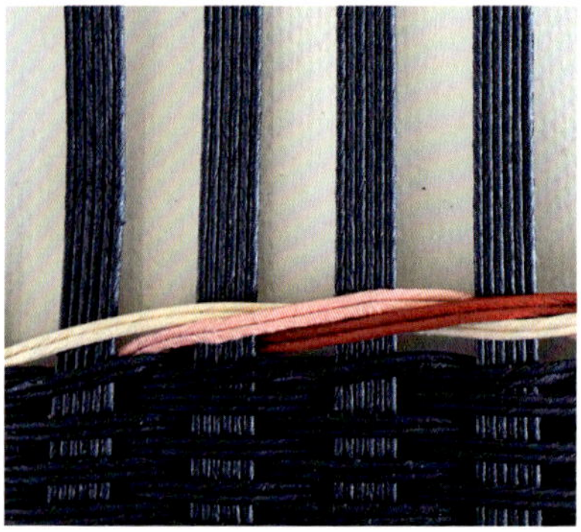

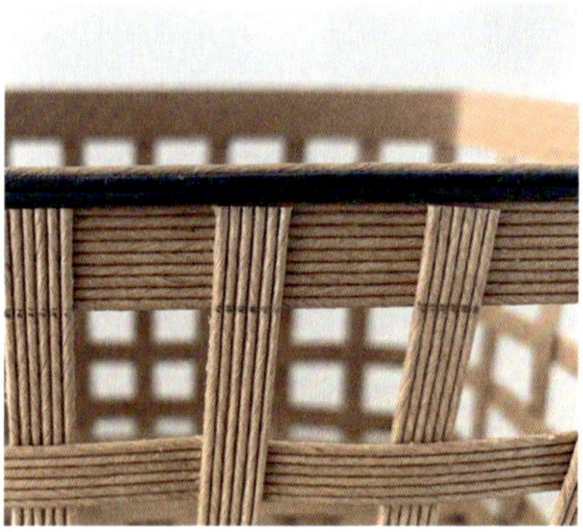

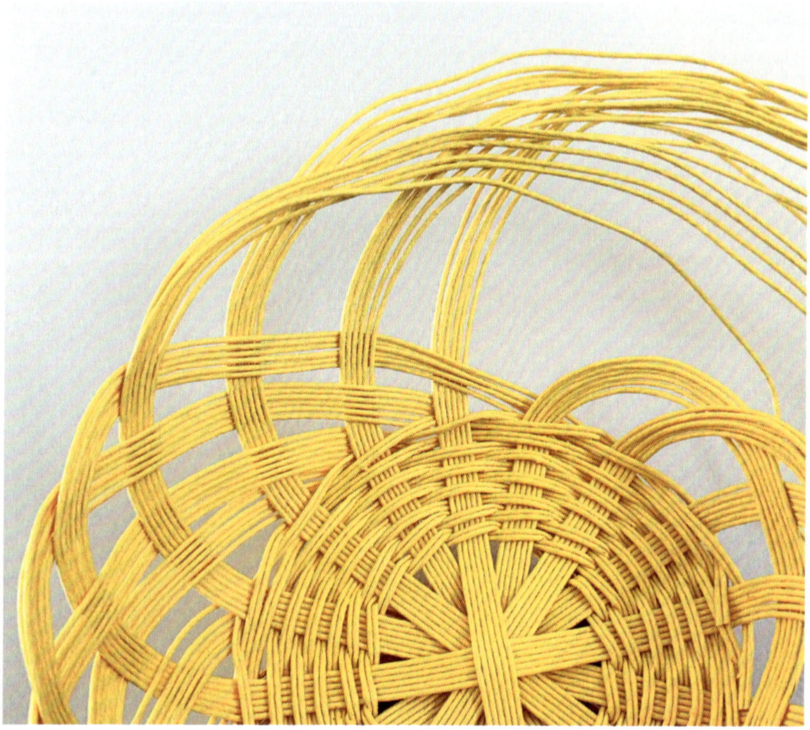

INHALT

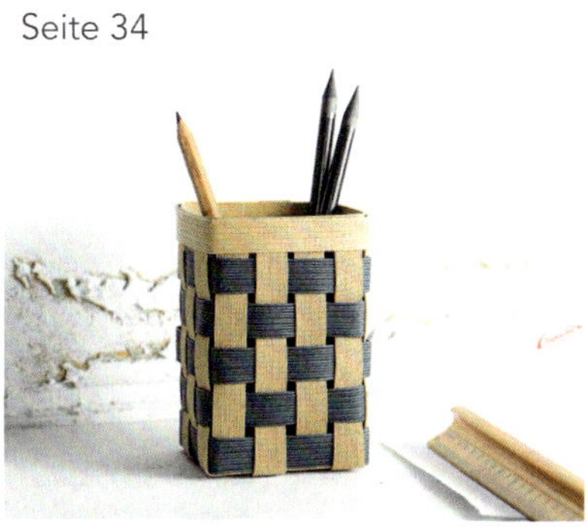

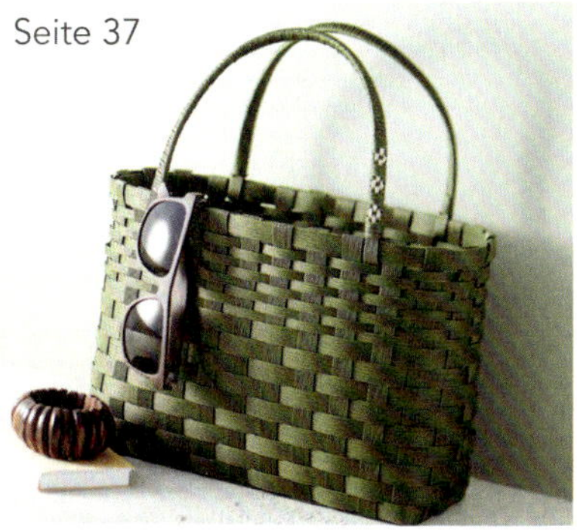

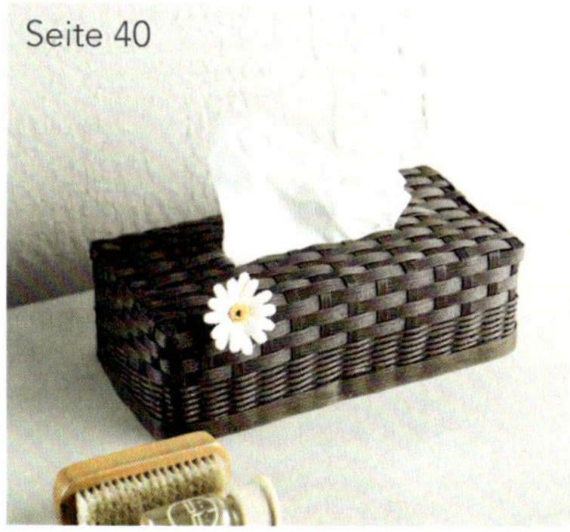

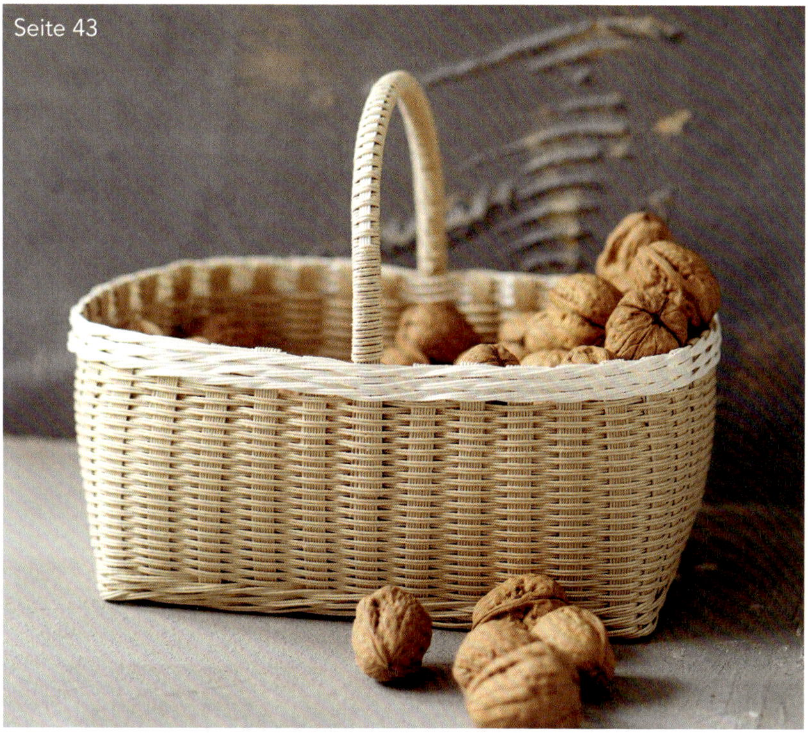

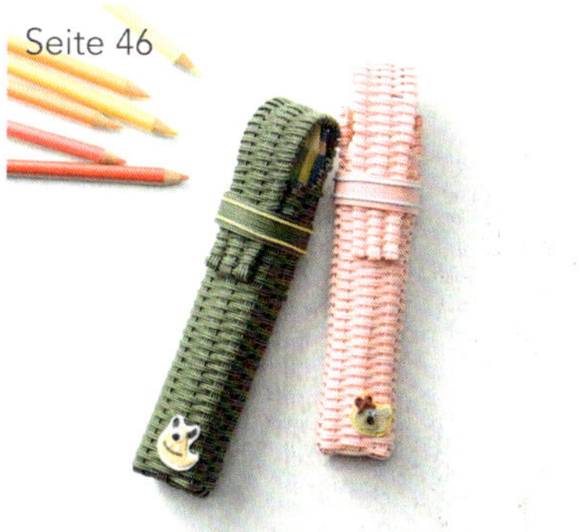

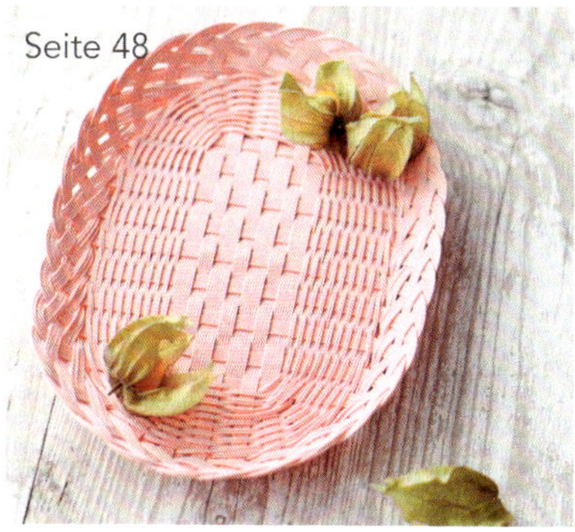

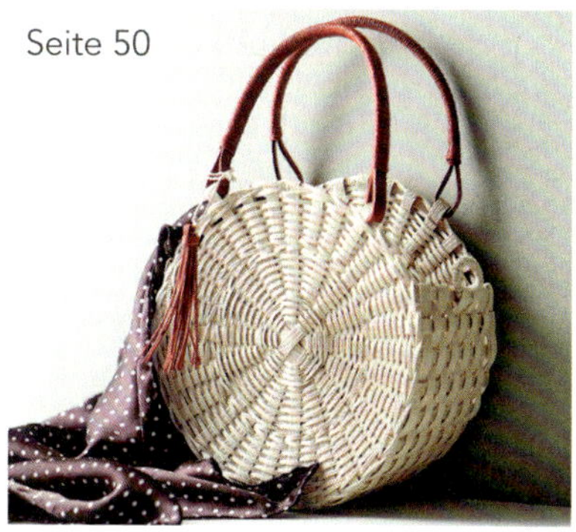

DIE MODELLE ab Seite 32

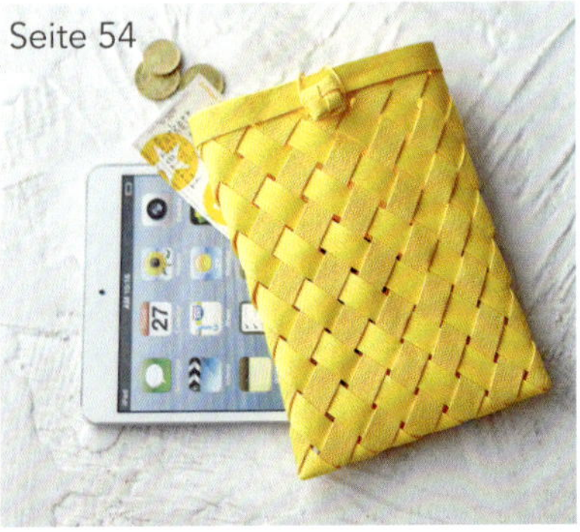
Seite 54

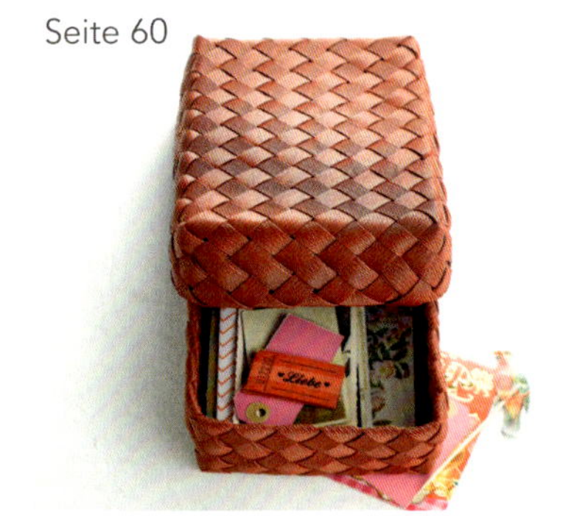
Seite 60

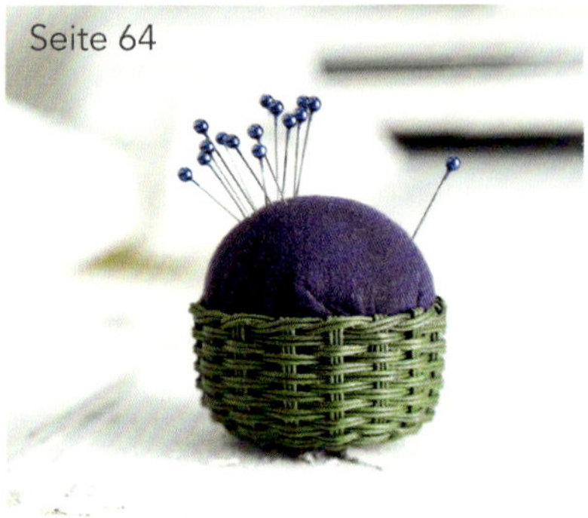
Seite 64

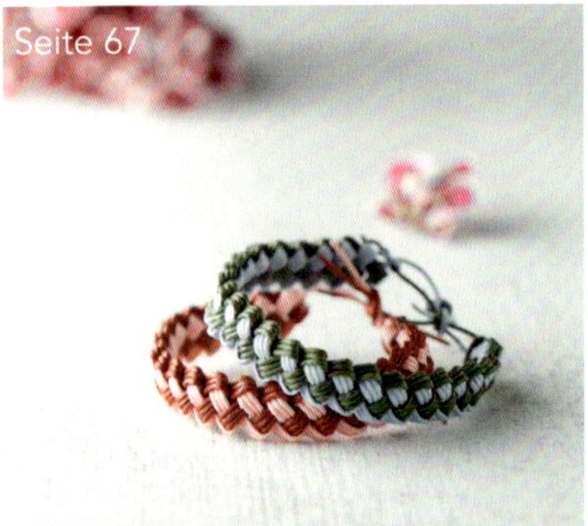
Seite 67

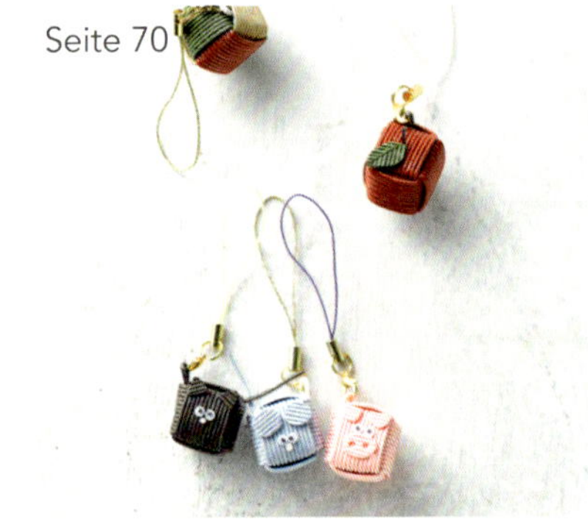
Seite 70

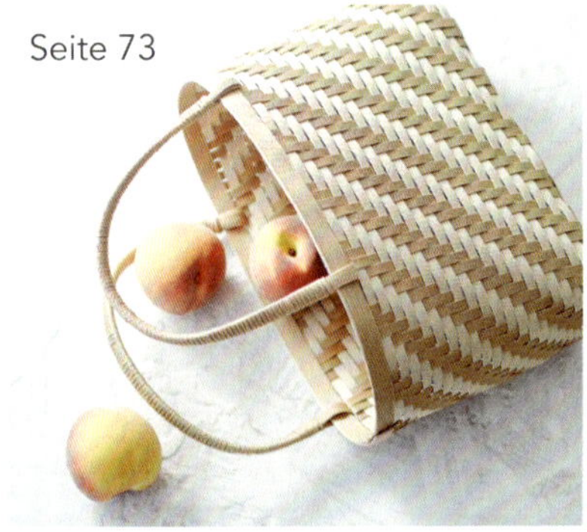
Seite 73

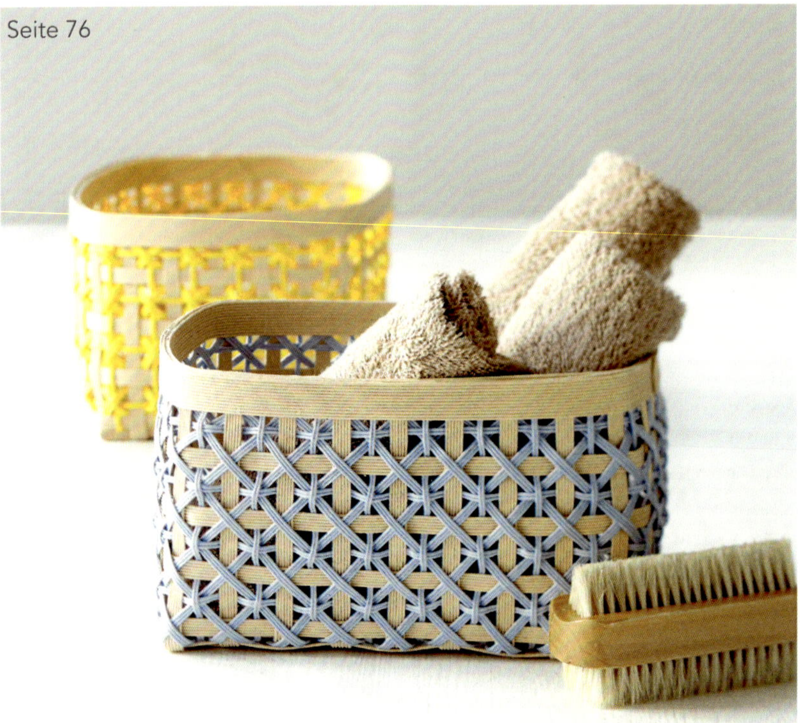
Seite 76

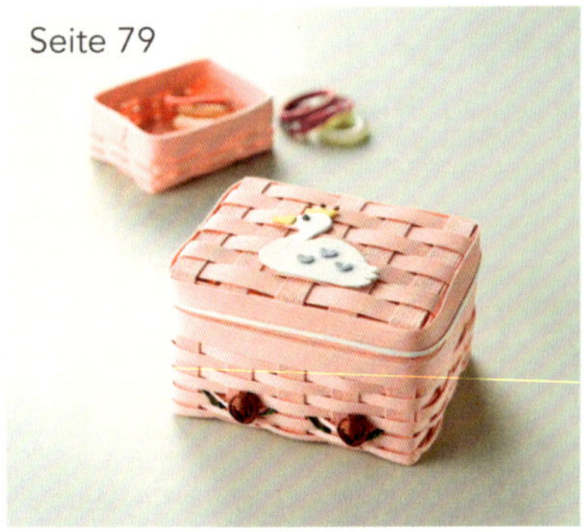
Seite 79

Seite 85

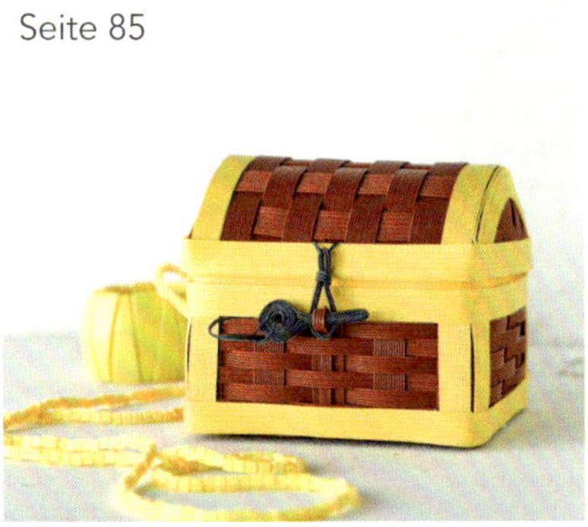

Seite 91

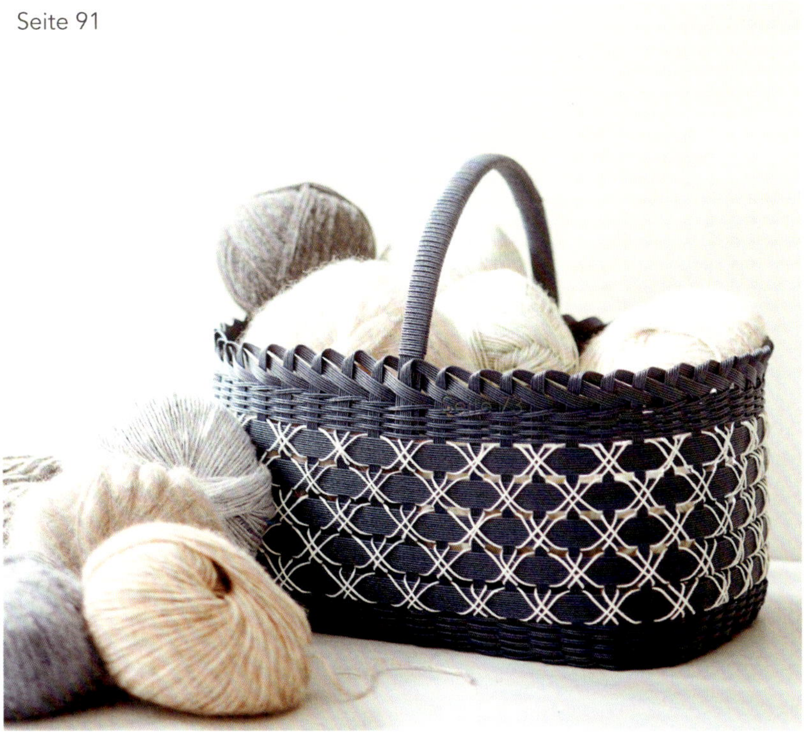

Seite 94

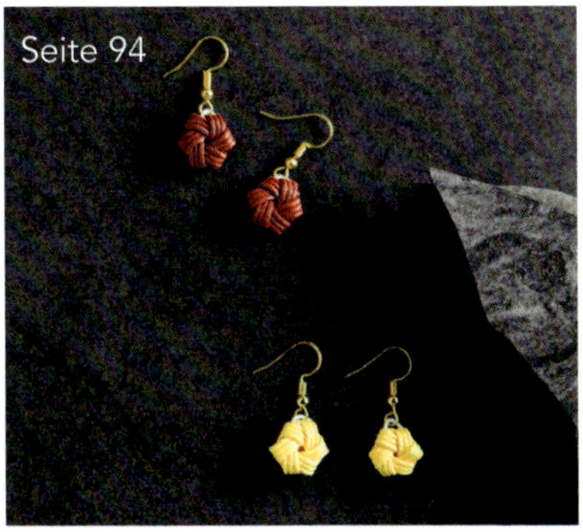

Seite 97

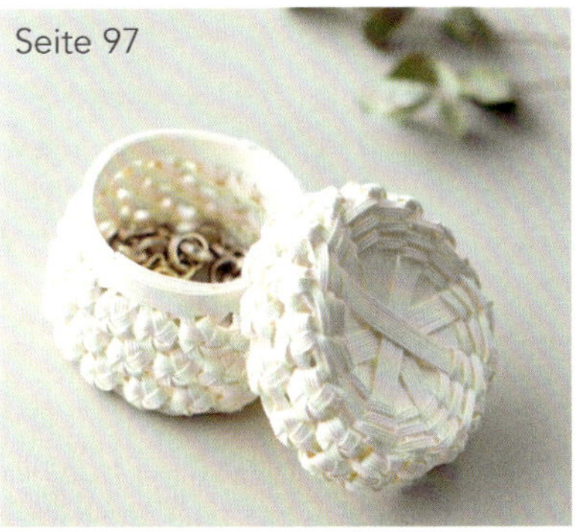

Seite 104

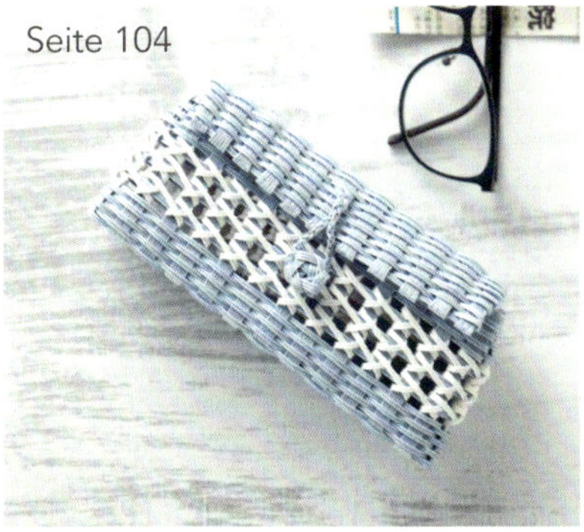

Seite 108

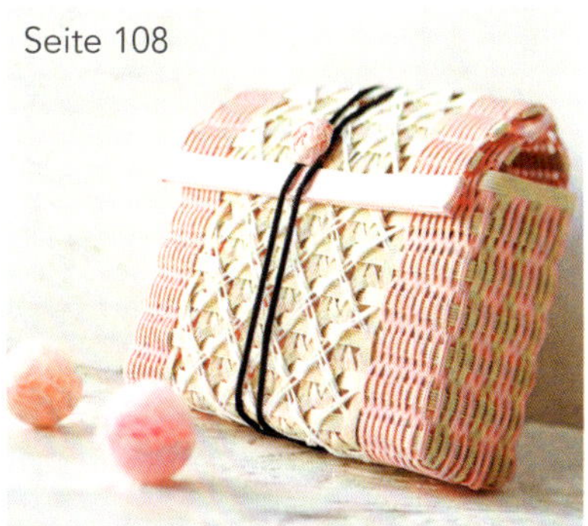

Seite 114

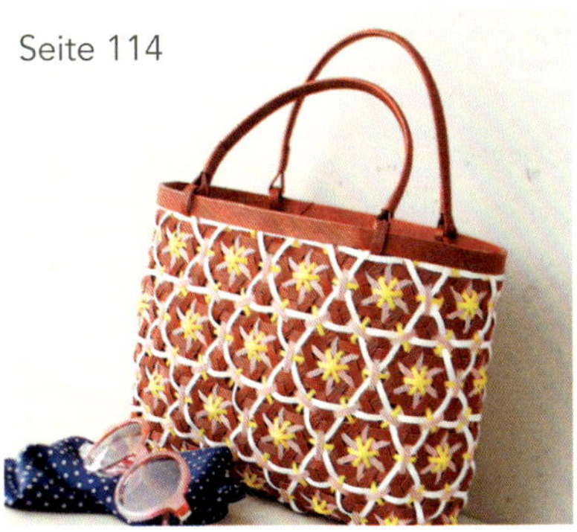

KAMIHIMO-FIEBER ÜBERALL!

Kamihimo ist ein japanisches Handwerk, das sich zunehmender Beliebtheit erfreut. Ob im Zug, in Geschäften oder in der Schule, immer häufiger sieht man Jung und Alt mit ihren farbigen Handtaschen, Körben und all den anderen Alltagsgegenständen, die sich kreieren lassen – alles selbst gemachte Unikate, denn die Möglichkeiten an Farbkombinationen, Formen und Mustern sind grenzenlos. Mancherorts in Japan stellen sogar Cafébetreiber ihren Kunden Material und Basteltische bereit. Kamihimo ist in Japan nicht nur Hobby und Lifestyle, es fördert auch die Feinmotorik und Kreativität. Daher ist es auch im Handarbeitsunterricht und in den Altersheimen zum Zwecke der Ergotherapie anzutreffen.

DAS FLECHTHANDWERK

Das Flechthandwerk gibt es seit Tausenden von Jahren, in allen Kulturen. Flechten ist vielleicht das simpelste Handwerk, denn es benötigt nebst dem Flechtmaterial nur die Hände. Traditionelle Materialen, die heute noch verwendet werden, sind unter anderem Weidenruten, Bambus, Rattan und Schilf.

In diesem Buch bedienen wir uns der vier japanischen Grundmuster:

Ajiro-ami 網代編み
Gozame-ami ござ目編み
Mutsume-ami 六つ目編み
Yotsume-ami 四つ目編み

Aus diesen vier Grundmustern lassen sich mehr als 300 Mustervariationen erstellen.

DAS MATERIAL KAMIHIMO

Das Wort Kamihimo setzt sich aus den nachfolgenden japanischen Worten zusammen:

„Kami" 紙 (= Papier) & „Himo" 紐 (= Schnur)

Die farbigen „Papierschnüre" werden zu einem Band zusammengeklebt. Das Original aus Japan besteht aus hochwertigem recyceltem Papier, der Kleber ist absolut ungiftig und biologisch abbaubar. In Japan werden Kamihimo-Bänder als Altpapier entsorgt.
Ursprünglich – und auch heute noch – werden diese Kamihimo-Bänder für die Verpackung von Reissäcken verwendet. Aufgrund seiner Robustheit fand das Produkt aber seine häufigste Anwendung beim Zusammenschnüren von Paketen. Dies hat sich jedoch mit der Einführung von Umreifungsbändern für diese Pakete geändert, und viele Hersteller stellten ihre Produktion ein. Heute bekommt man die Bänder vor allem als Bastelmaterial.

Zum Kreativsein sind neben 12 Schnur breiten Kamihimo-Bändern auch 13, 16 und 24 Schnur breite Bänder erhältlich. 12 Schnur breite Bänder, z. B. die „Paper Straps" der Buntpapierfabrik Ludwig Bähr, sind am angenehmsten beim Basteln.

Zwei häufige Fragen werden bezüglich des Materials immer wieder gestellt: Gehen die Kamihimo-Bänder kaputt, wenn sie nass werden? Und wie viel Gewicht halten sie aus? Nein, sie lösen sich bei Feuchtigkeit nicht auf! Es gehört sogar zur Flechttechnik, die Bänder zwischendurch anzufeuchten, damit sie sich einfacher bearbeiten lassen. Wenn die Bänder jedoch allzu nass werden, kann sich der Leim lösen, der die Schnüre zusammenhält. Daher sollten Sie vermeiden, dass Ihr Produkt ins Wasser fällt oder starkem Regen ausgesetzt wird. Wenn die Objekte dabei keinen Schaden nehmen sollen, kann man sie auch imprägnieren. Dann sollten sie später jedoch im Hausmüll entsorgt werden. Nun zur Traglast: Ein einzelnes Band soll je nach Qualität und Hersteller 80 bis 100 kg tragen können. Entscheidender als die Bänder selbst ist bei einem Modell jedoch, wie der Tragegriff konzipiert ist.

SO FUNKTIONIERT DIESES BUCH

Die **Anleitungen** in diesem Buch sind aufsteigend nach Schwierigkeitsgrad geordnet.

In den Anleitungen wird auf die jeweils verwendeten **„Grundflechttechniken" (ab S. 15)** und **„Grundelemente" (ab S. 20)** verwiesen – die entsprechenden Arbeitsschritte und Schrittfotos können dort nachgeschlagen werden.

Die Anleitungen sind mit zahlreichen **Schrittfotos** versehen. Häufig gibt es mehr als ein Foto zu einem Arbeitsschritt, dies ist mit einer Ziffer nach der Schrittnummer gekennzeichnet, z. B. 17/1, 17/2, usw.
Manchmal werden Schritte zusammengefasst, dann ist das zugehörige Foto gleich benannt. Wenn also etwa die Schritte 1 bis 8 von einem anderen Modell übernommen werden, steht im Anleitungstext „1.–8.", und wenn es ein Schrittfoto dazu gibt, ist dieses mit „1–8" benannt.

Für jedes Projekt werden mehrere Bänder in unterschiedlichen Farben, Breiten und Längen verwendet, die zuvor abgemessen und zugeschnitten werden müssen. Die verschiedenen Abschnitte sind mit **Großbuchstaben** bezeichnet, von A bis Z. Diese Buchstaben sind, wo nötig, auch in den Schrittfotos wiederzufinden.

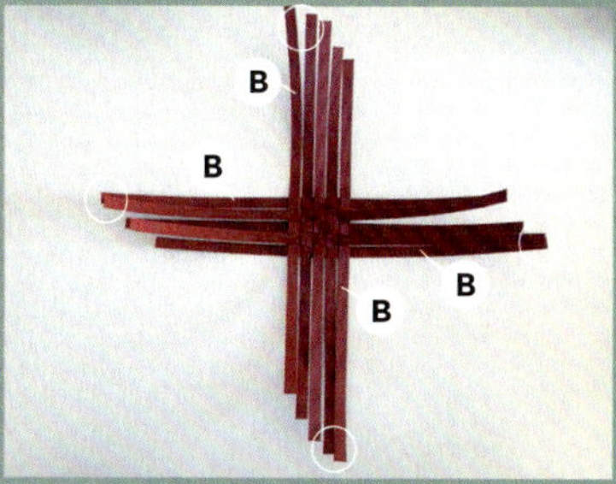

Daneben werden manchmal **Kleinbuchstaben** verwendet. Diese bezeichnen wiederum keine Abschnittarten, sondern sie dienen der Unterscheidung einzelner Bänder beim konkreten Arbeiten.

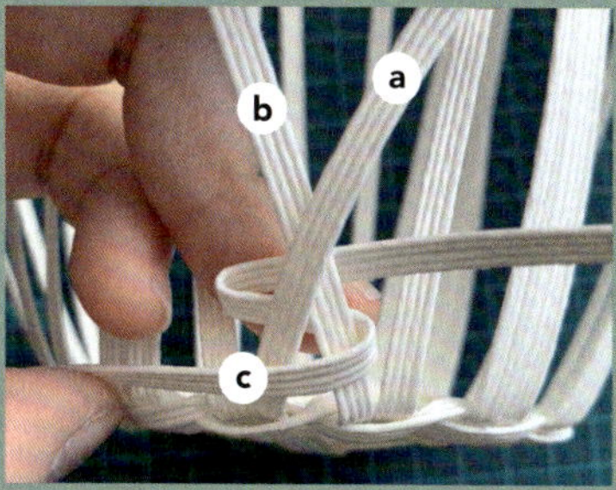

Als **Material** werden die „Paper Straps" der Buntpapierfabrik Ludwig Bähr empfohlen.

WARUM KAMIHIMO-FLECHTEN?

Flechten mit Kamihimo-Bändern ist ein ganz neues Flechten. Denn die Kamihimo-Bänder bieten einige Vorteile gegenüber den traditionellen Materialien:

- Kamihimo-Bänder sind in einheitlichen Breiten im Handel erhältlich.
- Sie sind in vielen unterschiedlichen Farben erhältlich.
- Sie lassen sich leicht transportieren und lagern.
- Es müssen keine Spezialwerkzeuge angeschafft werden: Schere, Leim und Wäscheklammern genügen.

Beginnen Sie klein mit einfachen Alltagsgegenstände. Nehmen Sie später neue Herausforderungen mit anspruchsvolleren Objekten an. Werden Sie schließlich eine Kamihimo-Meisterin oder ein Kamihimo-Meister, indem Sie selber Grundmuster, Farben und Grundelemente zu neuen Alltagsgegenständen kombinieren.
So machen Sie unser aller Alltag abwechslungsreicher und farbenfroher! Viel Spaß beim Flechten!

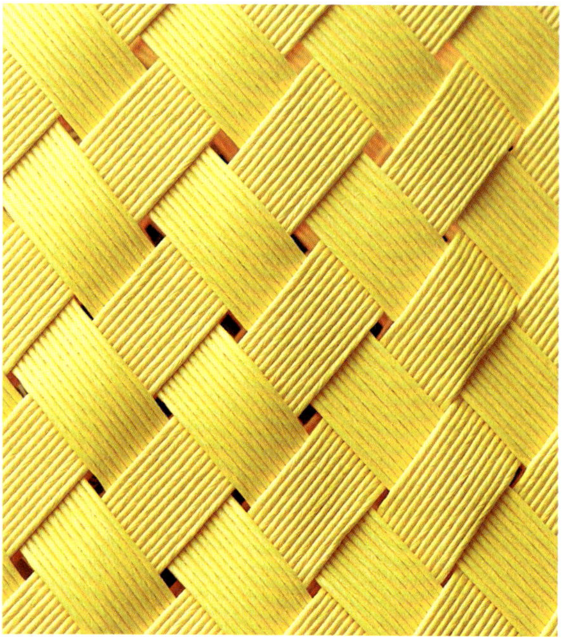

DAS WERKZEUG

PAPIERBÄNDER: Ich empfehle die „Paper Straps" der Buntpapierfabrik Ludwig Bähr. Sie haben die ideale Breite und Beschaffenheit für die in diesem Buch vorgestellten Modelle.

SCHERE: zum Zuschneiden der Kamihimo-Bänder

MAẞBAND UND LINEAL: zum Abmessen der Bänder

BLEISTIFT UND RADIERGUMMI: um Markierungen anzubringen

WÄSCHEKLAMMERN: als Hilfsmittel zum Fixieren der Bänder, wenn (noch) kein Leim eingesetzt werden soll oder während der Trockenzeit des Klebers

LEIM: zum Verkleben; am besten ist ein handelsüblicher Weiß- oder Holzleim, dazu ein feuchtes Tuch, um die Finger sauber zu halten

SPRÜHFLASCHE MIT WASSER: Sind die Kamihimo-Bänder feucht, rutschen sie weniger auseinander. Zudem werden sie weicher, was beim Knüpfen (z. B. beim Blumenknopf, s. S. 96) eine Hilfe sein kann.

AHLE: Sie ist nützlich beim Versorgen von Bandresten (z. B. bei den Randabschlüssen).

MALERKREPPBAND ODER DOPPELSEITIGES KLEBEBAND: Sind die Kamihimo-Bänder noch nicht verklebt bzw. noch nicht fest eingeflochten, können sie zunächst auf der Arbeitsfläche fixiert werden, um sich das Arbeiten zu erleichtern,

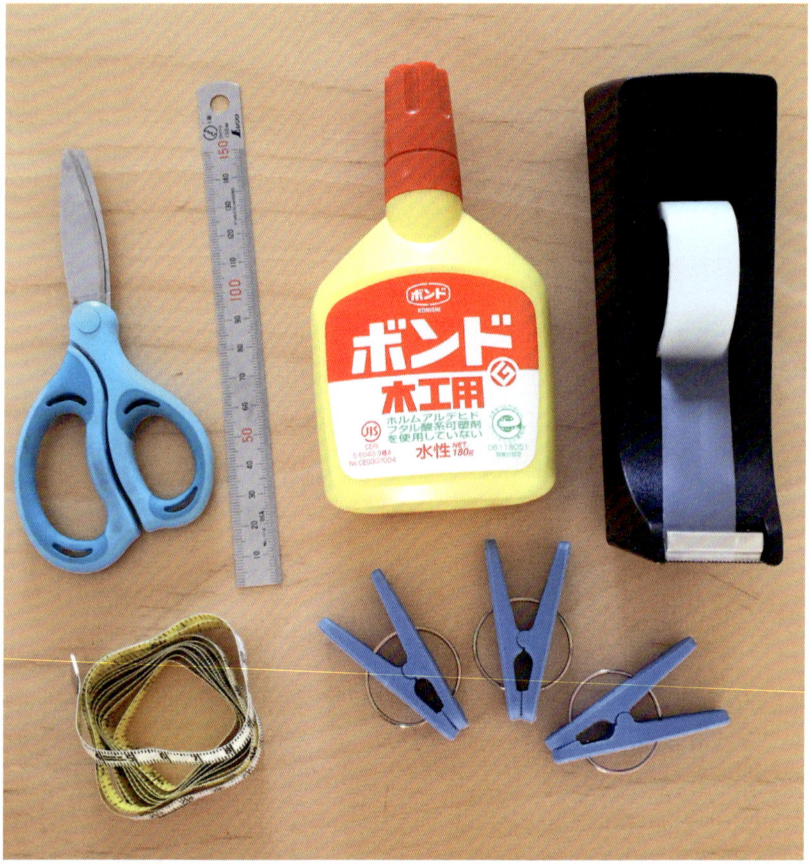

z. B. beim Erstellen eines Taschenbodens. Alternativ kann auch ein Buch zum Beschweren verwendet werden. Das Malerkreppband eignet sich zudem, um die zugeschnittenen Bänder provisorisch mit den Buchstaben der Abschnitte zu beschriften, damit es beim Flechten kein Durcheinander gibt. Malerkreppband lässt sich vorsichtig ohne Rückstände wieder ablösen; bei doppelseitigem Klebeband gelingt das nicht immer gut – auf alle Fälle auf einem Rest Kamihimo-Band zuvor testen!

BÜGELEISEN: Sollte einmal ein Fehler beim Kleben passieren, lässt sich der Leim durch Erhitzen wieder lösen. Außerdem lassen sich Bänder, die stark gerollt waren, mit dem heißen Bügeleisen glätten.

DIE GRUNDFLECHT-TECHNIKEN

BÄNDER ZUSCHNEIDEN UND TEILEN

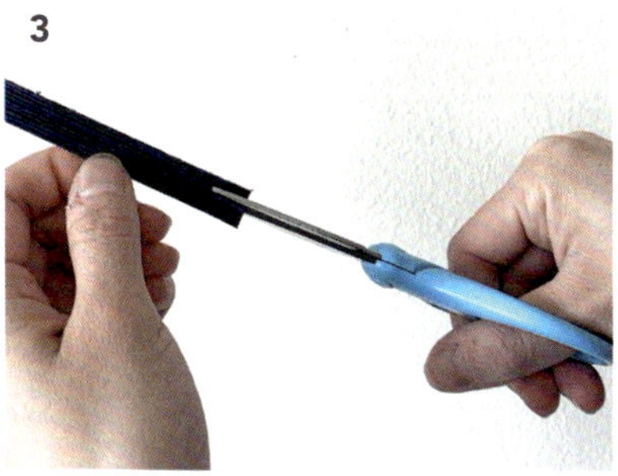

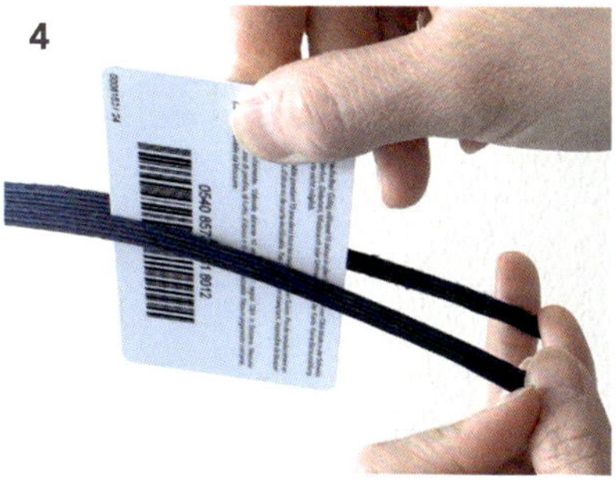

Der jeweils angegebene Materialbedarf setzt einen sparsamen Bandzuschnitt voraus. Eine kleine Reserve ist enthalten, da immer auf 0,5 m aufgerundet wurde.

1. Auf dem Band anzeichnen, wie sich die Abschnitte zusammensetzen.

2. Abschnitte abmessen, markieren und zuschneiden.

3. Das Band mit der Schere ein wenig einschneiden.

4. Das Zerteilen gelingt z. B. mit einer Geschenkkarte oder mit einem Umreifungsband von einem Päckchen.

BÄNDER ANSETZEN

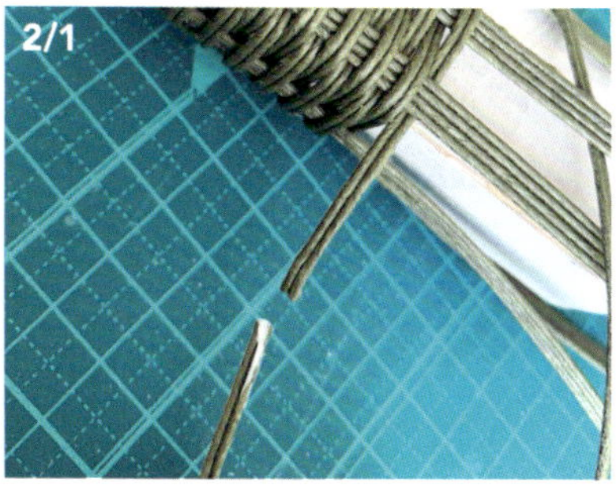

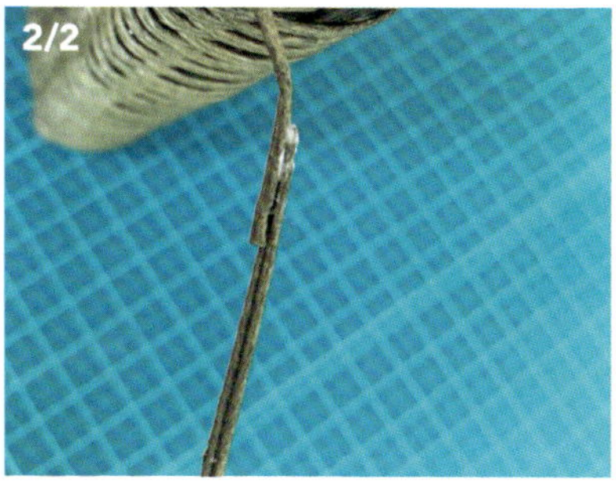

1. Ist das Band zu Ende, kann angesetzt und weitergeflochten werden.

2. Die beiden Enden werden mit Leim zusammengeklebt.

Achten Sie darauf, dass die Naht hinter einem Vertikalband verborgen ist.

START MIT NEUEM BAND

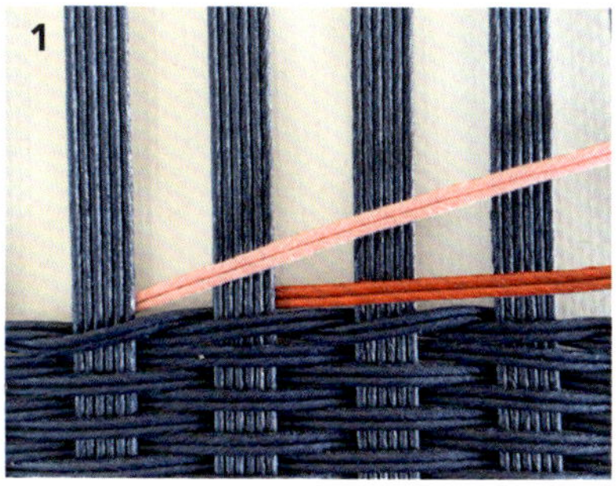

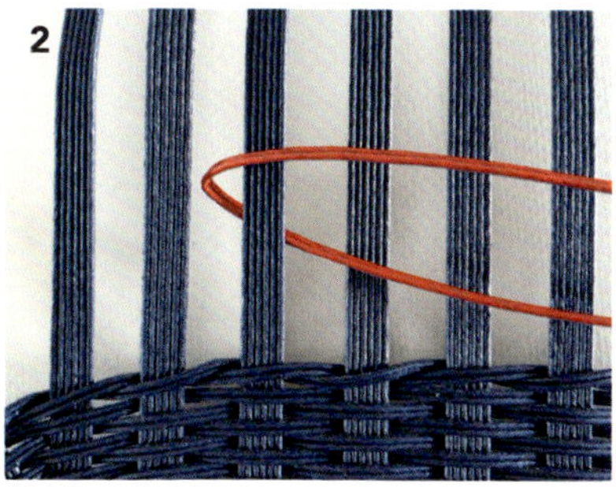

1. Das neue Band wird an der Innenseite des Geflechts an einem vertikalen Band (Seitenband) angeklebt.

2. Eine Variante ohne Kleben ist, das neue Band in der Mitte zu falten und in die Vertikale „einzuhängen".

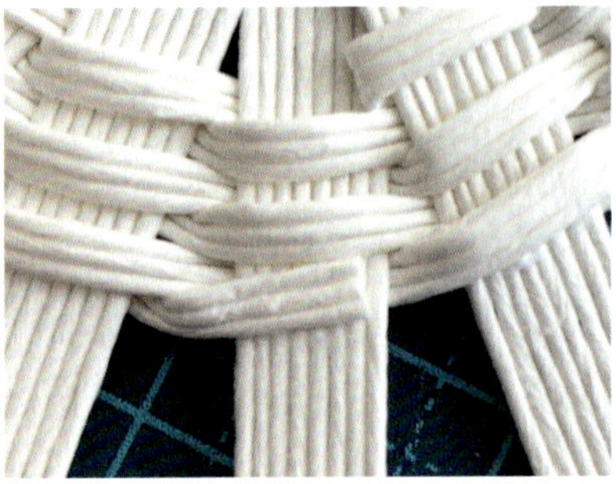

SCHLUSS

Das Bandende, in diesem Buch „Bandrest“ genannt, an der Innenseite möglichst unsichtbar ankleben.

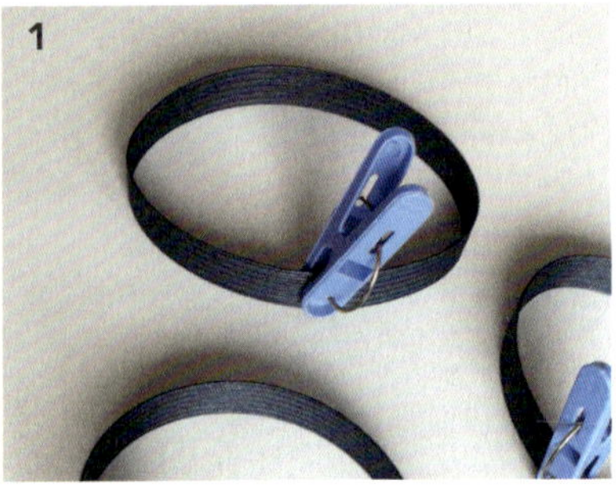

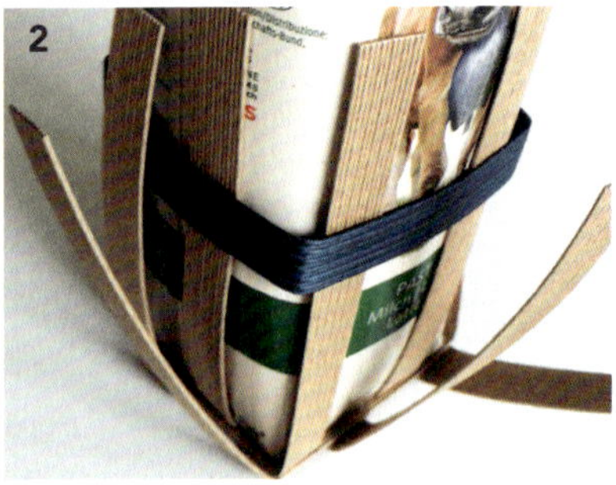

RING FLECHTEN

1. Das Band an beiden Enden zusammenkleben, sodass ein Ring entsteht. Mit Wäscheklammern fixieren, bis der Leim trocken ist.

2. Den Ring von oben in die vertikalen Bänder einschieben und dabei einflechten. Es gelingt leichter, wenn man einen passenden Gegenstand zum Stabilisieren zu Hilfe nimmt.

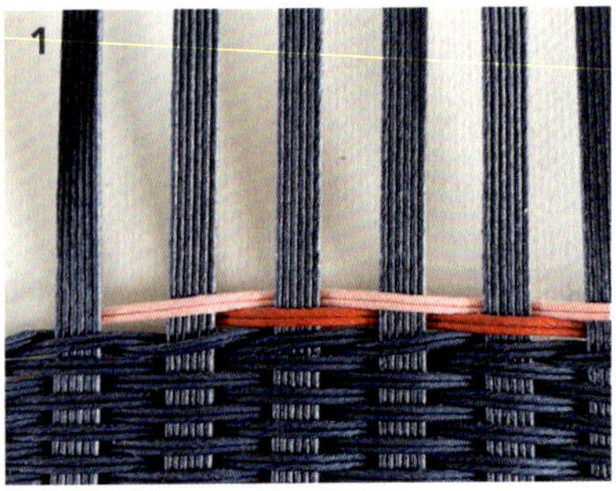

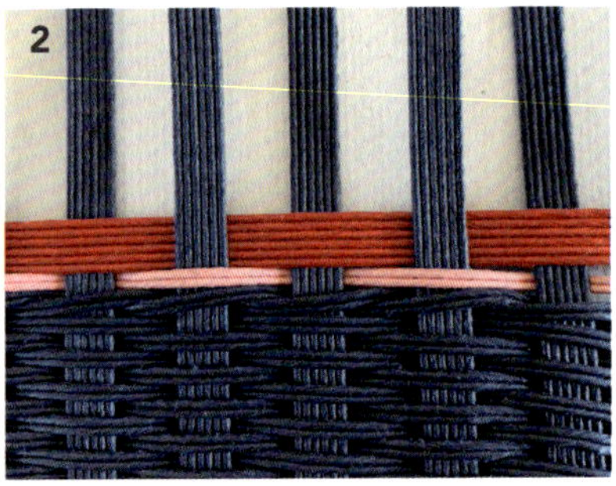

GERADEAUS FLECHTEN

Das Geradeausflechten entspricht dem japanischen Grundmuster Gozame-ami. In Kindertagen hat man dazu auch einfach „weben“ gesagt. Sofern nicht anders angegeben, ist in diesem Buch beim Geradeausflechten der Flechtrhythmus „abwechselnd vor eine, hinter eine Vertikale“ gemeint. Die nächste Reihe wird dann natürlich gegengleich geflochten. Man muss dabei allerdings gut aufpassen, damit das Geflecht nicht nach oben hin ungewollt enger wird. Die vertikalen Bänder müssen stets parallel bleiben. Es gibt auch Modelle, die jeweils „über zwei, unter zwei Vertikalen“ geflochten werden – das wird in den Anleitungen extra vermerkt.

1. Hier wurde mit zwei gleich breiten Bändern geflochten …

2. … aber dieses Grundmuster kann auch mit zwei unterschiedlich breiten Bändern geflochten werden.

Es ist nicht nötig, die Bänder nach jeder Runde abzuschneiden und anzukleben. Sie können in einem Stück rundherum in der vorgegebenen Anzahl an Runden geflochten werden.

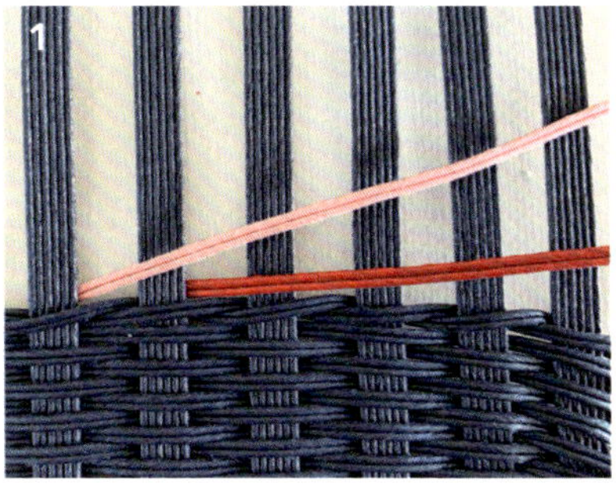

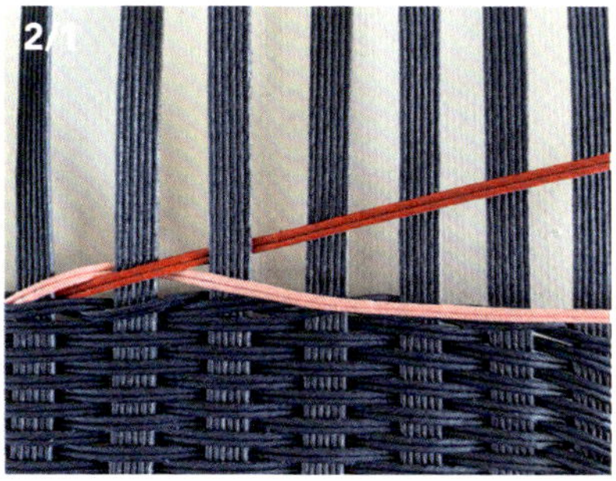

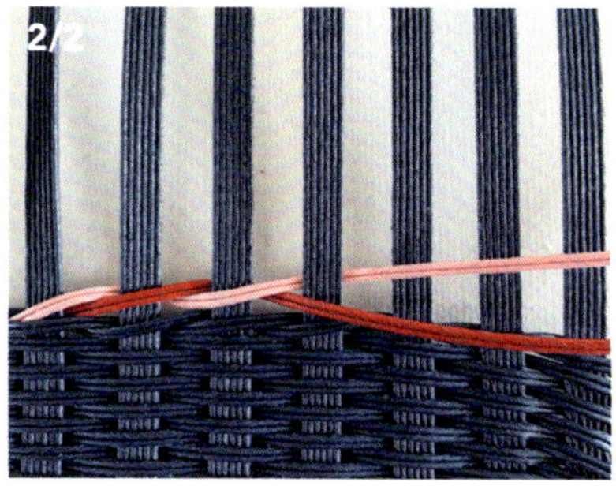

ZWEIBÄNDIG ZWIRBELN RECHTSHERUM

1. Die Enden zweier Bänder jeweils hinter einer benachbarten Vertikalen (auf der Innenseite) ankleben. Beide langen Bandenden zeigen in dieselbe Richtung: bei Rechtshändern nach rechts, bei Linkshändern nach links.

2. Mit beiden Bändern gleichzeitig flechten: immer im Wechsel vor eine, hinter eine Vertikale. Zwischen dem Einflechten werden die Bänder jeweils einmal rechtsherum umeinander gedreht, sodass ein Band vor und ein Band hinter der Vertikalen liegt.

3. Auf diese Weise weiterflechten. So entsteht ein lebhafteres Flechtmuster als beim Geradeausflechten ohne Verzwirbelungen. Vor allem rutscht das Geflecht weniger und ist stabiler, daher ist diese Technik – egal, ob rechts- oder linksherum – insbesondere für den Randabschluss geeignet.

Es ist nicht nötig, die Bänder nach jeder Runde abzuschneiden und anzukleben. Sie können in einem Stück rundherum in der vorgegebenen Anzahl an Runden geflochten werden.

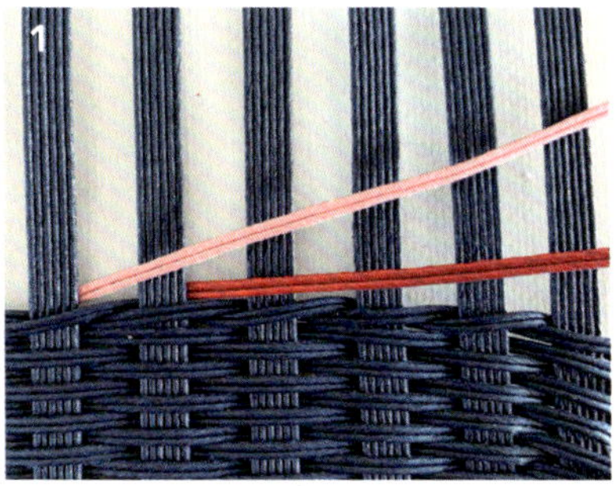

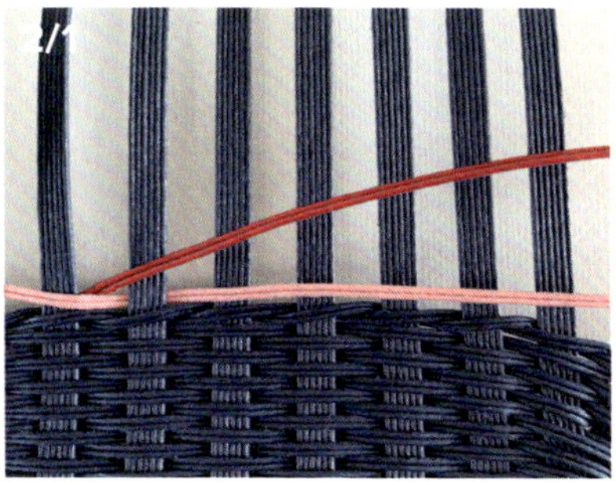

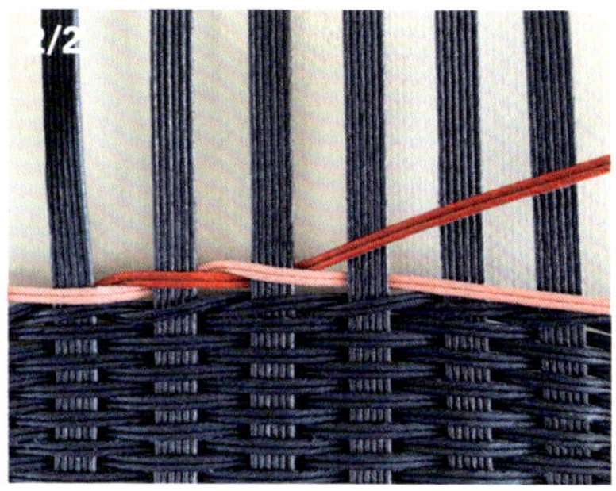

ZWEIBÄNDIG ZWIRBELN LINKSHERUM

1. Schritt 1 von „Zweibändig zwirbeln rechtsherum" ausführen; die Bandenden zeigen auch hier in dieselbe Richtung.

2. Wie in Schritt 2 von „Zweibändig zwirbeln rechtsherum" flechten, jedoch die Bänder jeweils linksherum verzwirbeln.

3. Auf diese Weise weiterflechten.

Es ist nicht nötig, die Bänder nach jeder Runde abzuschneiden und anzukleben. Sie können in einem Stück rundherum in der vorgegebenen Anzahl an Runden geflochten werden.

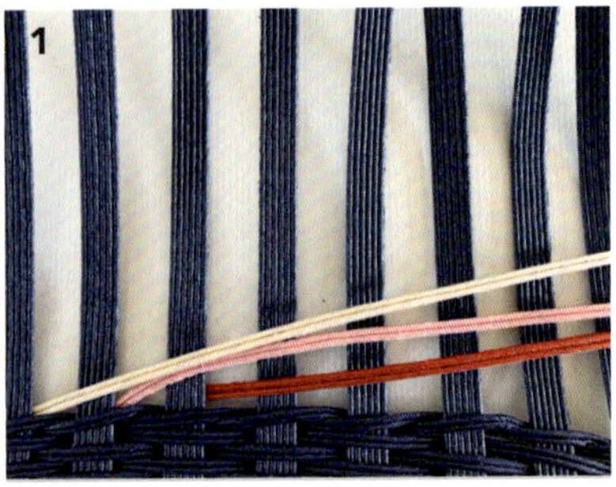

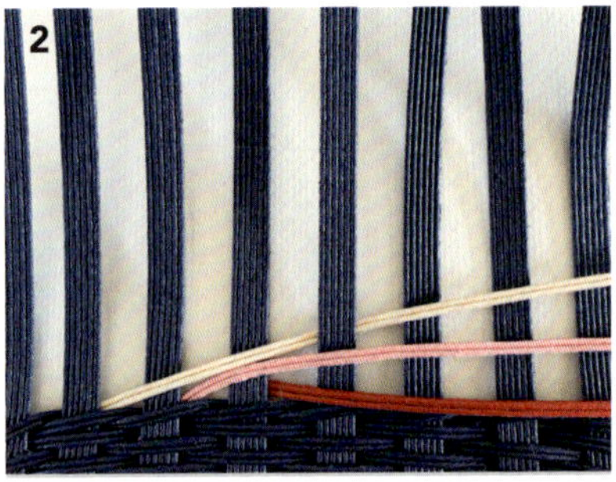

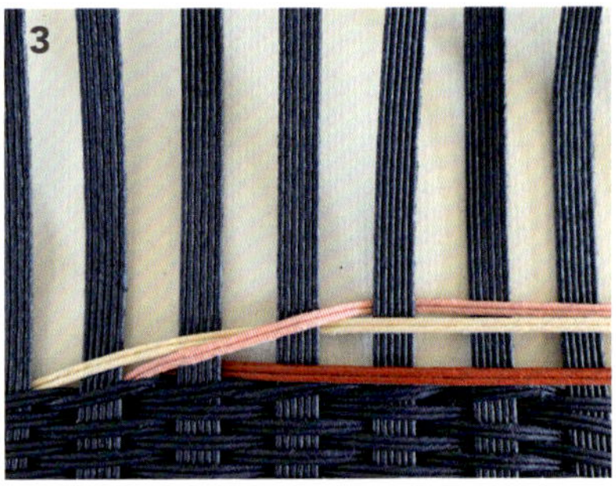

DREIBÄNDIG ZWIRBELN

1. Die Enden dreier Bänder jeweils hinter einer benachbarten Vertikalen (auf der Innenseite) ankleben. Alle langen Bandenden zeigen in dieselbe Richtung.

2. Das am weitesten links beginnende Band über zwei, hinter eine Vertikale flechten.

3. Das mittlere Band ebenso über zwei, hinter eine Vertikale flechten. Dabei das zuerst geflochtene Band einmal nach oben überkreuzen.

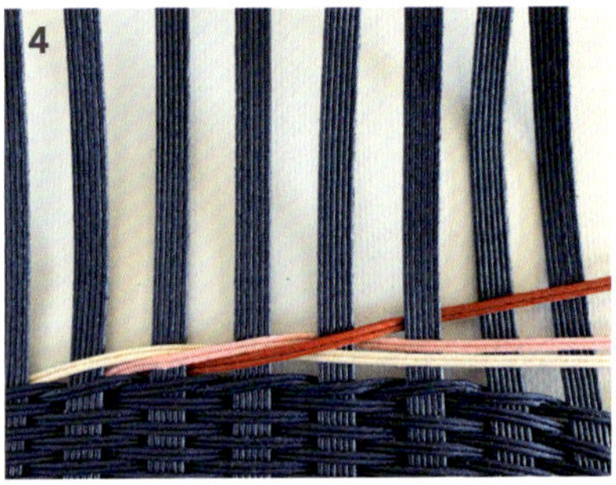

4. Das am weitesten rechts beginnende Band ebenso über zwei, hinter eine Vertikale flechten. Dabei beide zuvor geflochtenen Bänder nach oben überkreuzen.

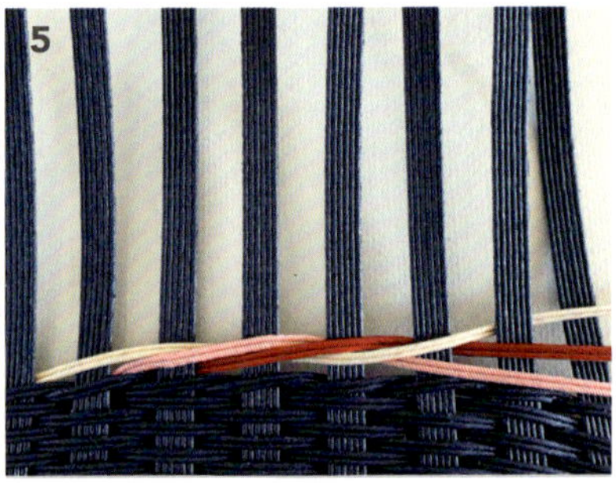

5. Immer so weiterflechten: Das jeweils unterste, am weitesten links liegende Band immer über zwei, hinter eine Vertikale flechten und die beiden anderen Bänder dabei nach oben überkreuzen.

Es ist nicht nötig, die Bänder nach jeder Runde abzuschneiden und anzukleben. Sie können in einem Stück rundherum in der vorgegebenen Anzahl an Runden geflochten werden.

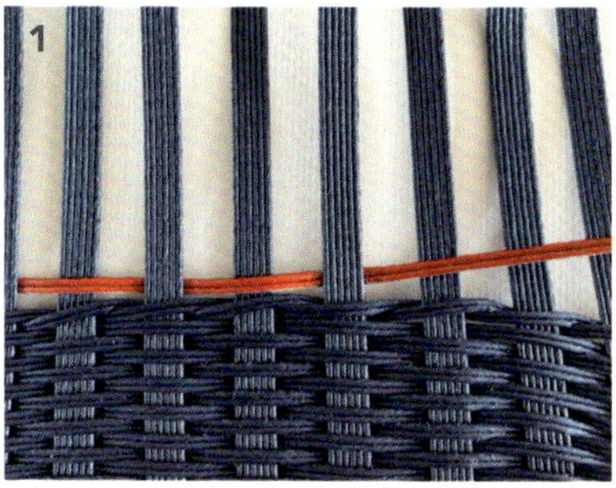

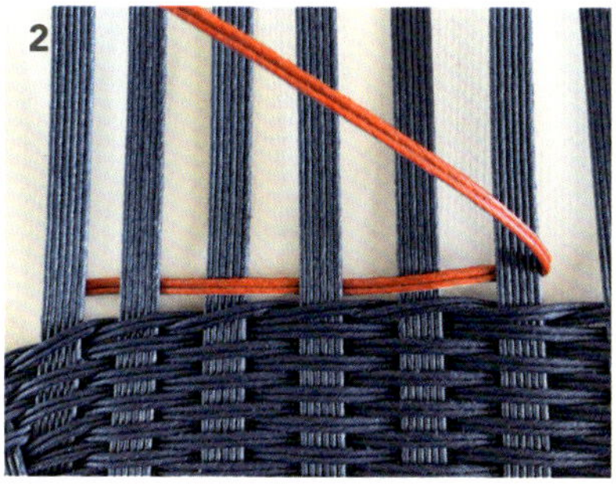

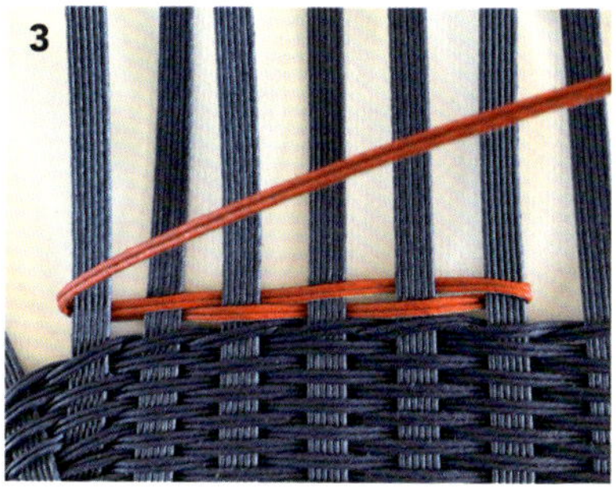

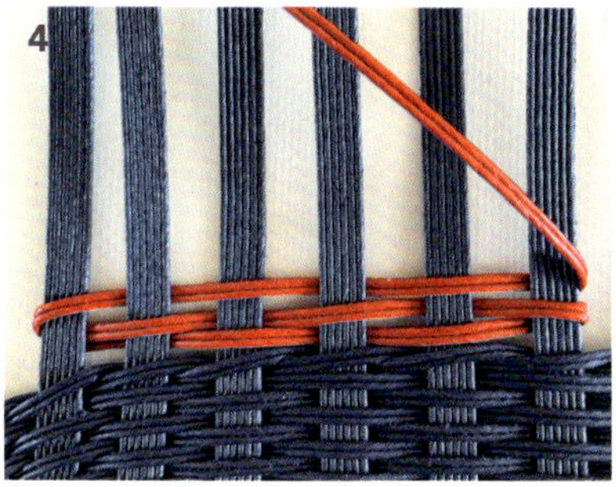

IM ZICKZACK FLECHTEN

1. Das Bandende hinter einer Vertikalen ankleben. Im Wechsel vor eine, hinter eine Vertikale flechten bis zur gewünschten Breite.

2. Das Band umknicken …

3. … und gegengleich zurückflechten.

4. Auf diese Weise bis zur gewünschten Höhe im Zickzack hin- und wieder zurückflechten.

Man muss auch hier gut aufpassen, damit das Geflecht nicht nach oben hin ungewollt enger wird. Die vertikalen Bänder müssen stets parallel bleiben.

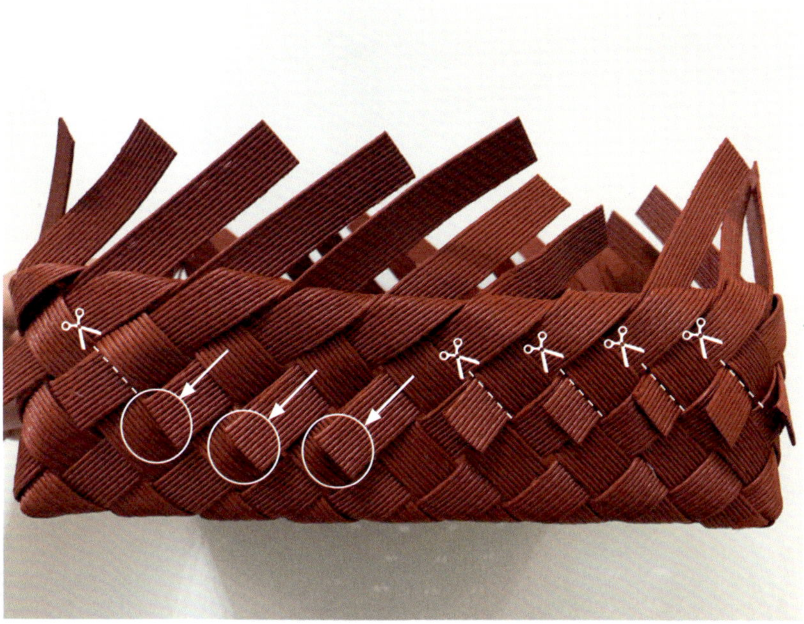

BANDRESTE VERSORGEN

Wenn möglich werden die Reste der Bänder in der nächsten Schlaufe versteckt. Ansonsten die überstehenden Enden abschneiden.

Die Ahle ist hier ein nützliches Hilfsmittel.

DIE GRUNDELEMENTE

STANDARD-BODEN

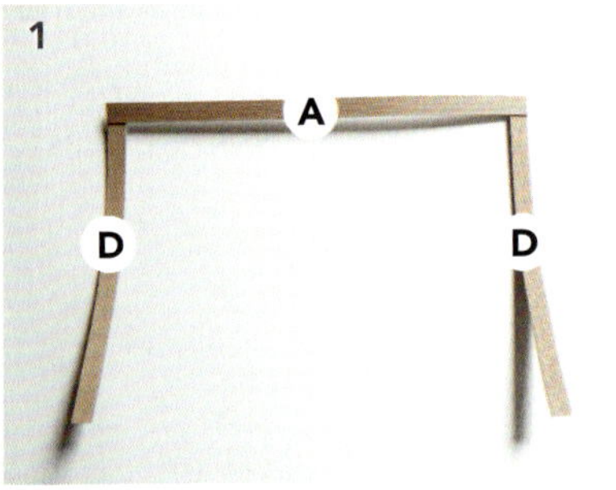

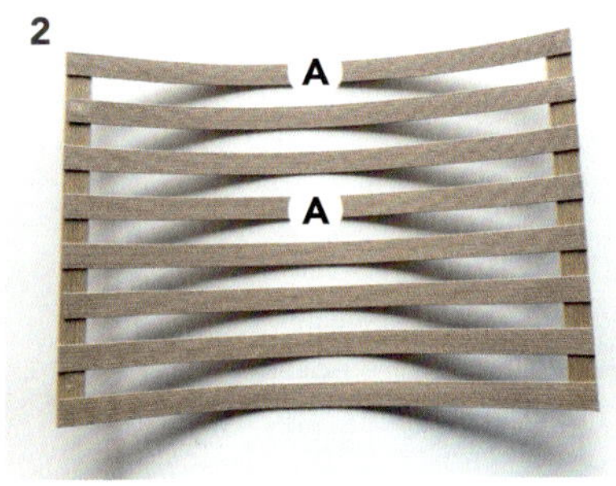

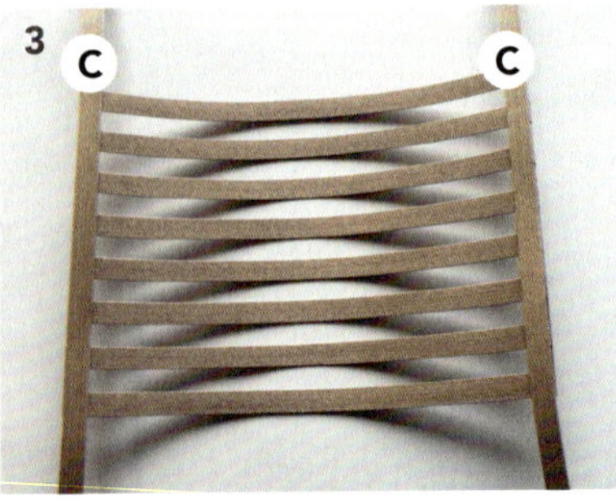

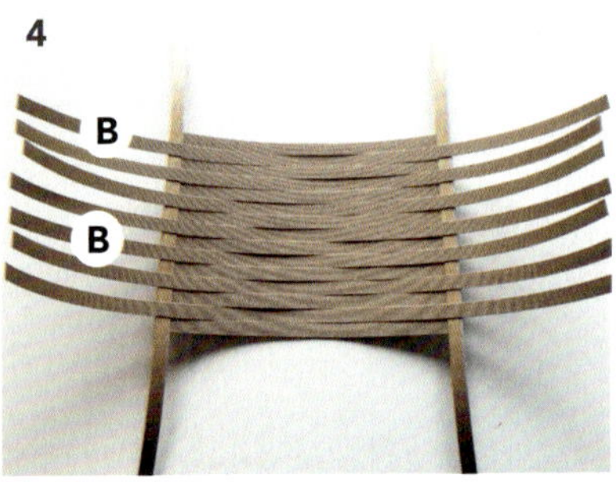

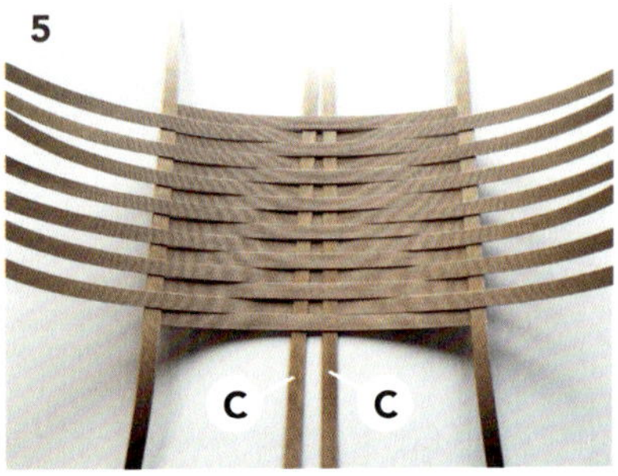

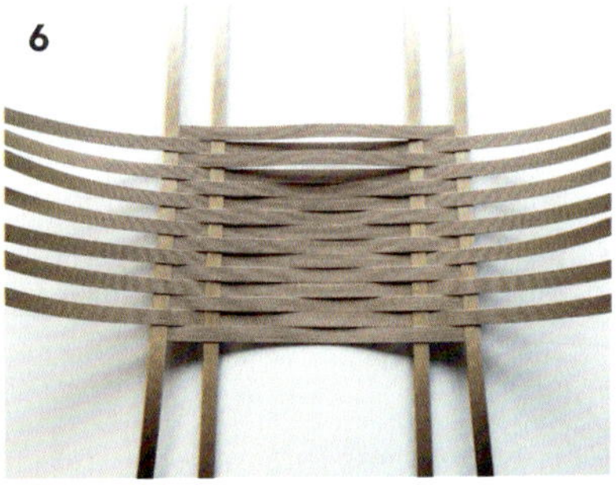

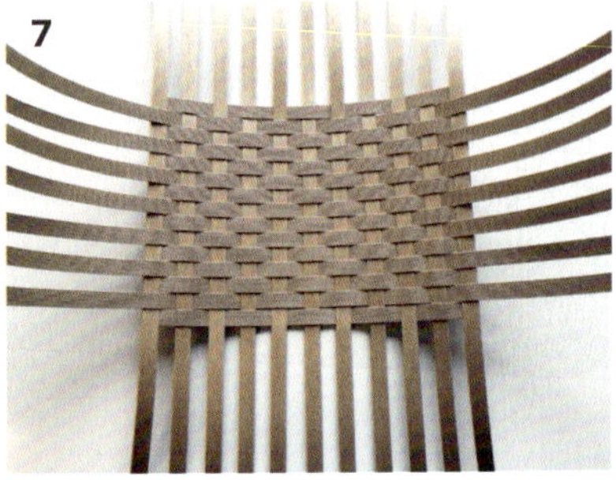

Bei allen Modellen dieses Buches mit Standardboden werden die Bandabschnitte **A**, **B**, **C** und **D** für diesen Boden verwendet.

1. Einen **A**-Abschnitt horizontal hinlegen, an den Ecken die beiden **D**-Abschnitte vertikal nach unten ausrichten. An den Ecken zusammenkleben.

2. Die restlichen **A**-Abschnitte in jeweils einem Abstand, der der Breite von Abschnitt **B** entspricht, ankleben.

Die Breite der Bänder kann minimal abweichen. Wenn es am Ende einen Rest gibt, der übersteht, schneide ich ihn ab.

3. Je einen **C**- auf einen **D**-Abschnitt zentriert ankleben, dabei werden Anfang und Ende der **A**-Abschnitte abgedeckt.

4. Alle B-Abschnitte, mittig in den Zwischenräumen der **A**-Abschnitte ausgerichtet, an die **C**-Abschnitte kleben.

5. Die restlichen **C**-Abschnitte einflechten.

6. Für ein gleichmäßiges Ergebnis am besten immer zwei Abschnitte von der Mitte aus zur Seite schieben.

7. Wenn alle **C**-Abschnitte eingeflochten sind, ist der Boden fertig.

*Ich klebe die **C**-Abschnitte zur besseren Fixierung noch an die **A**-Abschnitte.*

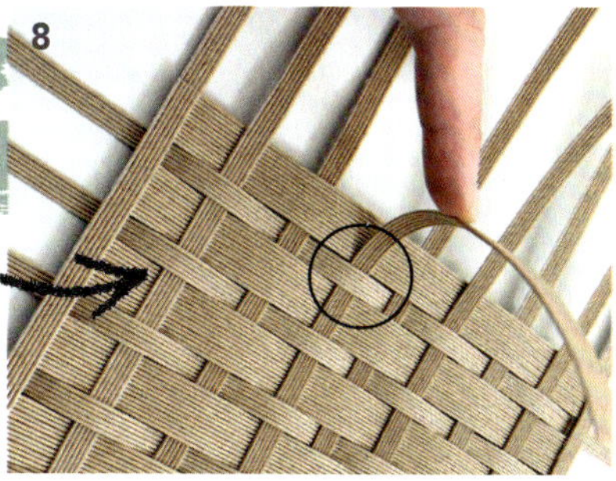

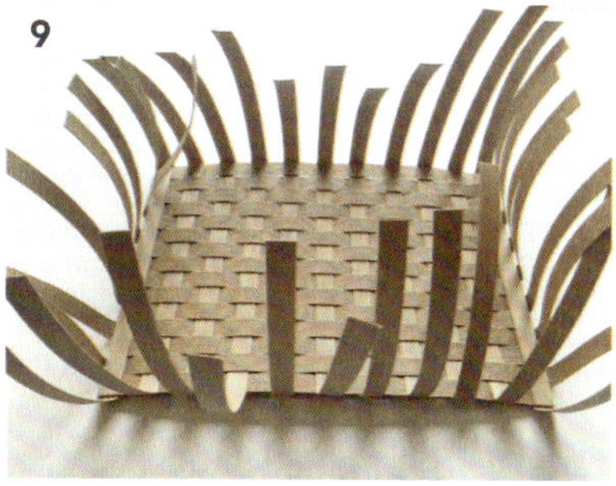

8. Der Boden kann nun gedreht werden – je nachdem, ob die „gute Seite" innen oder außen liegen soll.

9. Die Seitenbänder aufstellen.

OVALER BODEN

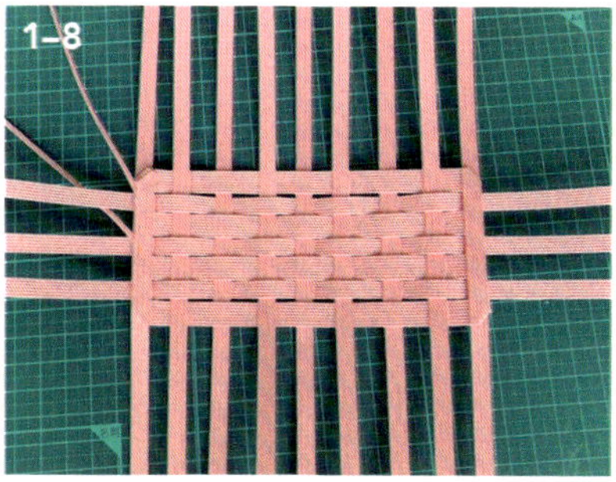

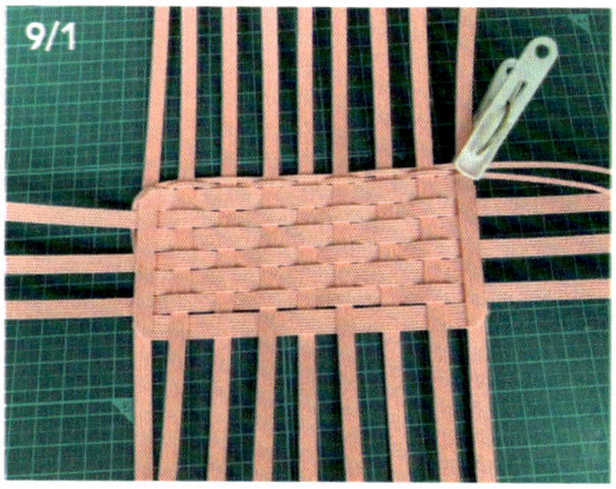

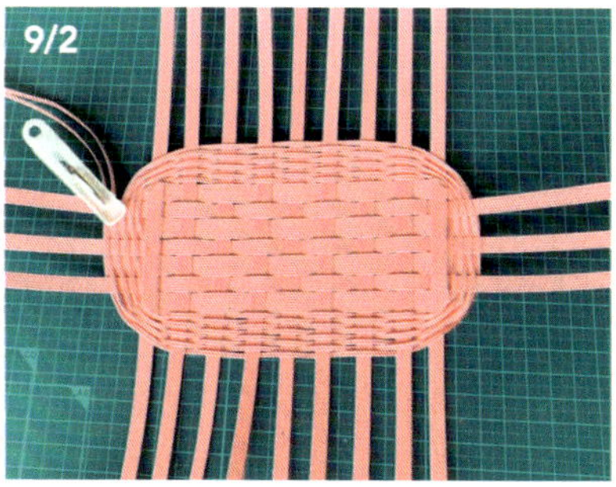

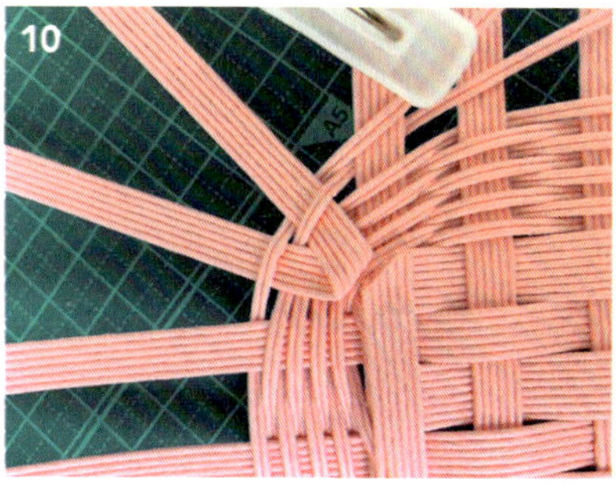

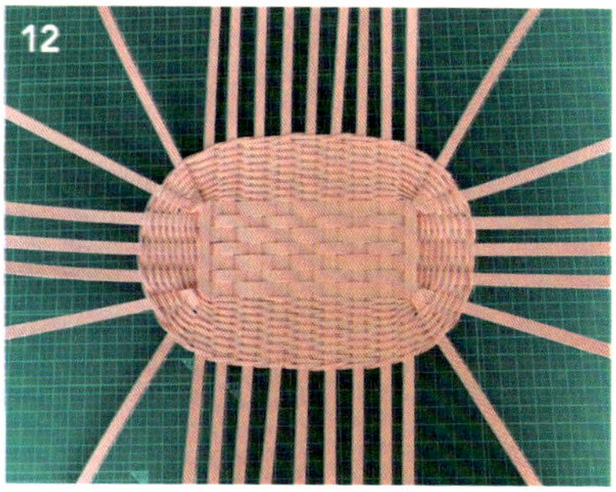

1.–8. Die Schritte 1 bis 8 des Standardbodens ausführen. Im Schritt 2 bei Bedarf die Ecken abschneiden (s. Foto).

9. Mit zwei **E**-Abschnitten geradeaus flechten (s. S. 16). Die Anzahl der Runden richtet sich nach der jeweiligen Anleitung. Achtung: Wenn dieser Arbeitsschritt abgeschlossen ist, die Enden nicht abschneiden, sondern die Bänder z. B. mit einer Wäscheklammer fixieren; sie werden später weiter verflochten.

10. An den Ecken je einen **F**-Abschnitt einfädeln und diesen in der Mitte v-förmig falten.

11. Die Wäscheklammer lösen und weiter mit den **E**-Abschnitten geradeaus flechten, dabei die v-förmigen **F**-Abschnitte einflechten.

12. Zum Abschluss des Bodens die **E**-Abschnitte zweibändig rechtsherum zwirbeln (s. S. 17).

13. Ist man wieder am Startpunkt der Verzwirbelung angekommen, die Reste der **E**-Abschnitte abschneiden und ankleben. Der Boden ist fertig.

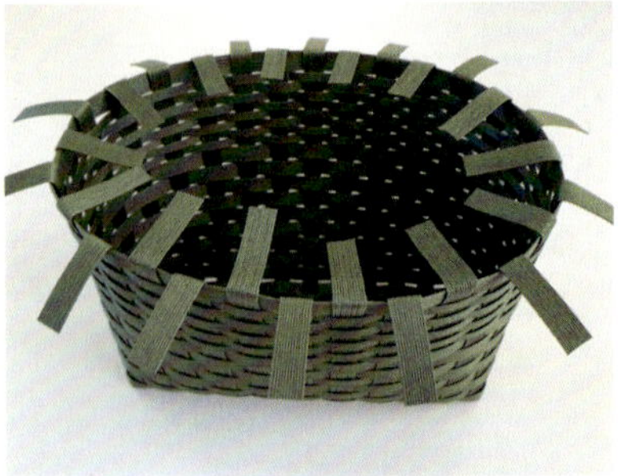

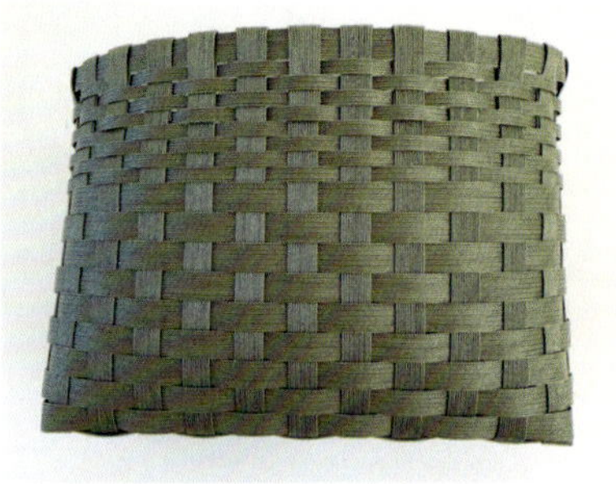

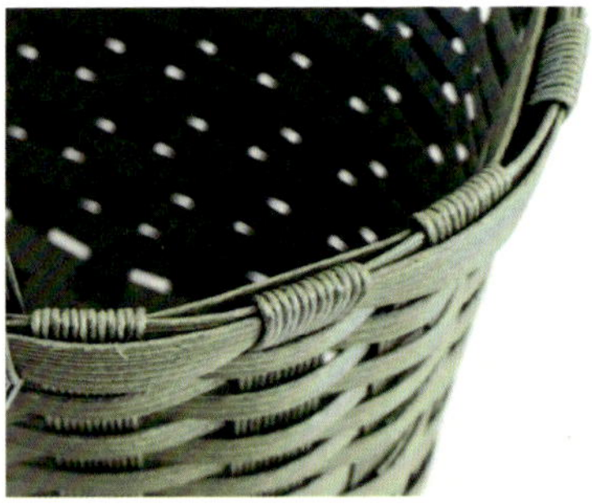

EINFACHER RANDABSCHLUSS

Die überstehenden Bandreste werden über den Rand gefaltet und an der Innen- bzw. Außenseite versorgt (s. S. 19).

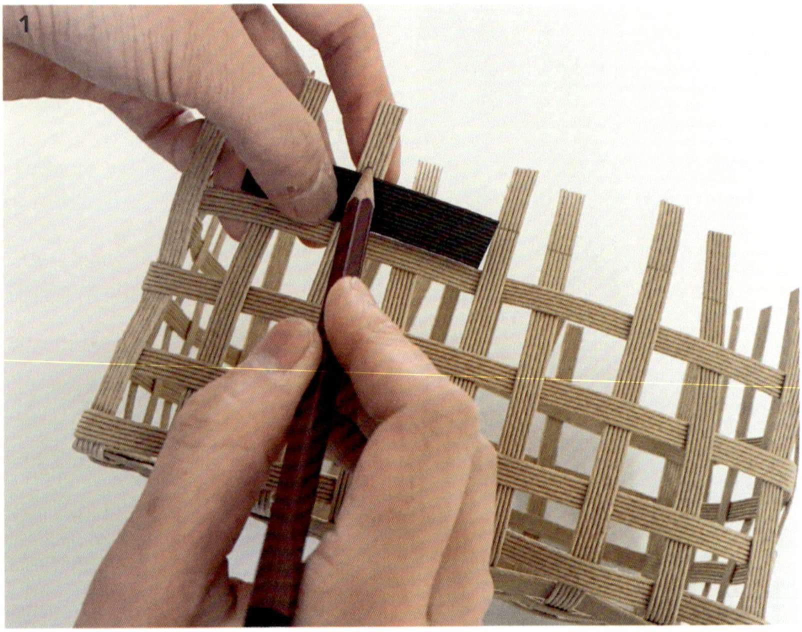

GERADER RANDABSCHLUSS

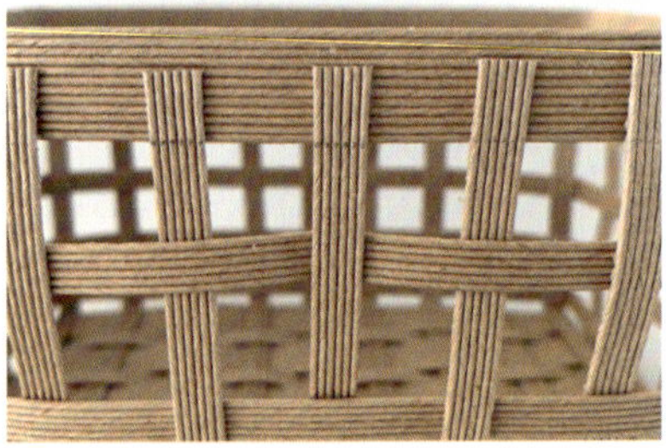

Damit die Randabschlüsse besser aussehen, können wir ein inneres und ein äußeres Band sowie ein Deckband verwenden, welche die Seitenbänder verdecken.

1. Zum Ausmessen der Position der inneren und äußeren Bänder eignet sich ein Stück Kamihimo-Band. Mit Bleistift kleine Markierungen an den Seitenbändern anbringen.

2. Falls nötig, die Bandreste auf gleicher Höhe abschneiden, und zwar so, dass über den Seitenbändern noch genau das Deckband Platz hat (der genaue Abstand richtet sich nach der Breite des Deckbands, auf Foto 4/1 wird das ersichtlich).

3. Das innere Band so von innen an die Seitenbänder ankleben, dass seine Unterkante entlang der Bleistiftmarkierung verläuft.

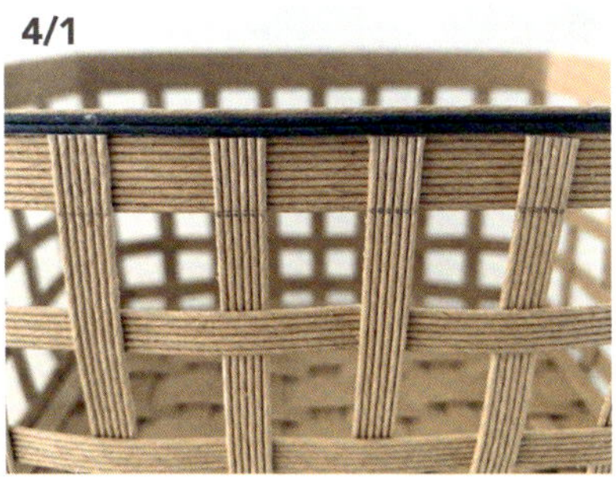

4/1

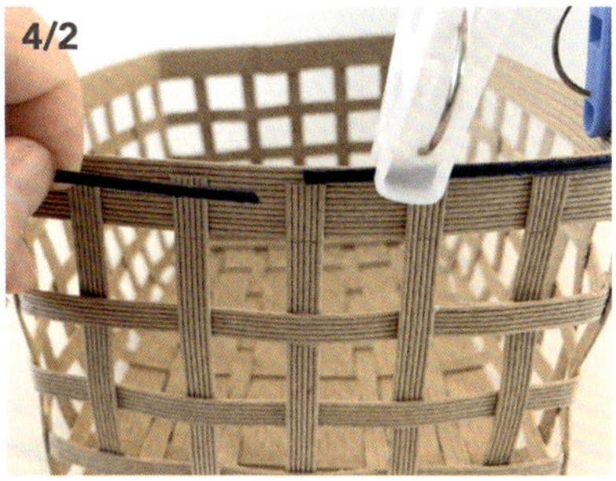

4/2

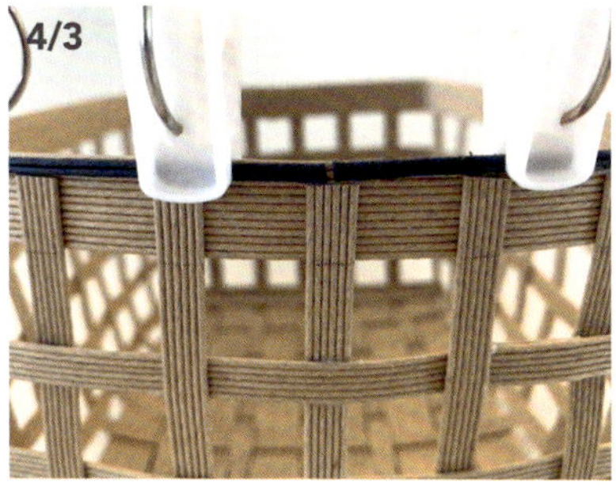

4/3

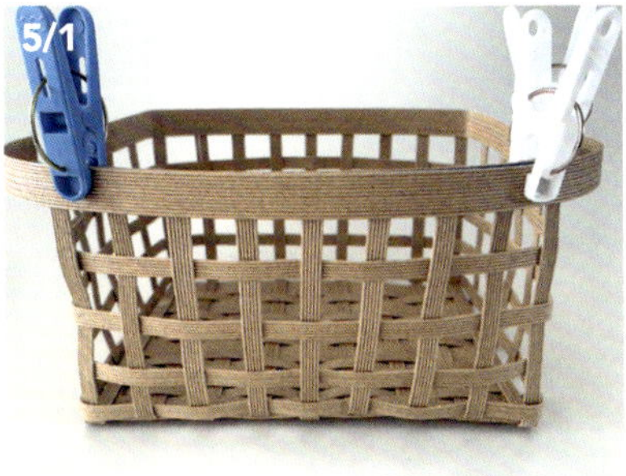

5/1

5/2

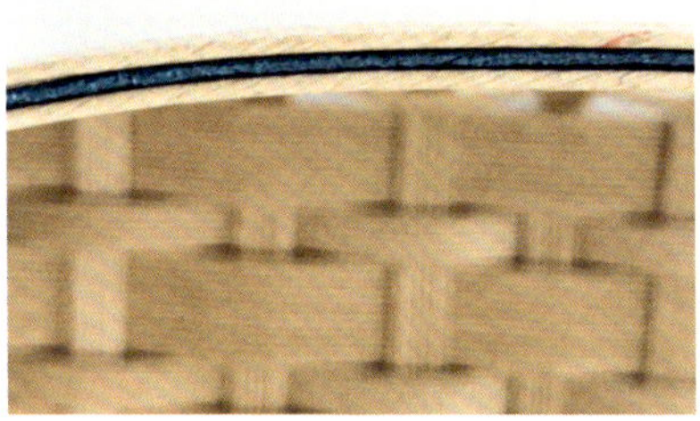

4. Das Deckband oberhalb der Seitenbänder an das innere Band ankleben. Die beiden Enden des Deckbands satt aneinanderstoßen, nicht überlappen lassen. Mit Wäscheklammern fixieren, bis der Leim getrocknet ist.

5. Das äußere Band von außen dagegenkleben.

Bei manchen Modellen sind die Arbeitsschritte 3 und 5 vertauscht.

VARIANTE OHNE DECKBAND:
Etwas einfacher ist ein gerader Randabschluss zwar mit innerem und äußerem Band, aber ohne Deckband. In diesem Fall werden die Seitenbänder auf Höhe der Oberkante der inneren und äußeren Bänder abgeschnitten, Platz für das Deckband ist nicht nötig, Schritt 4 entfällt daher bei dieser Variante.

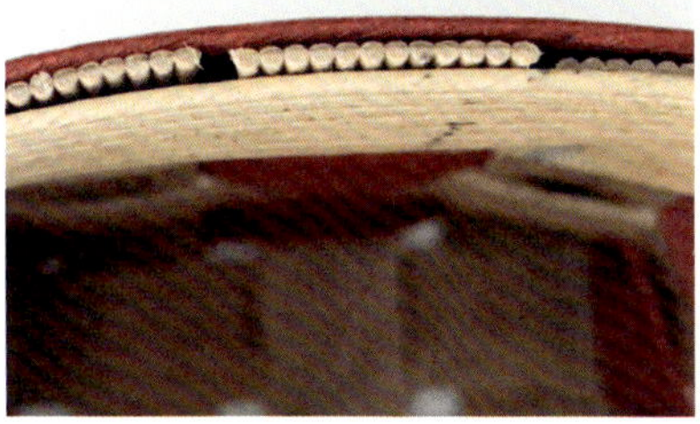

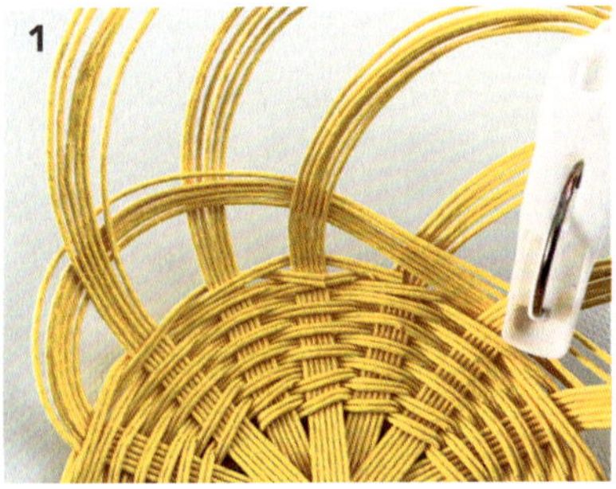

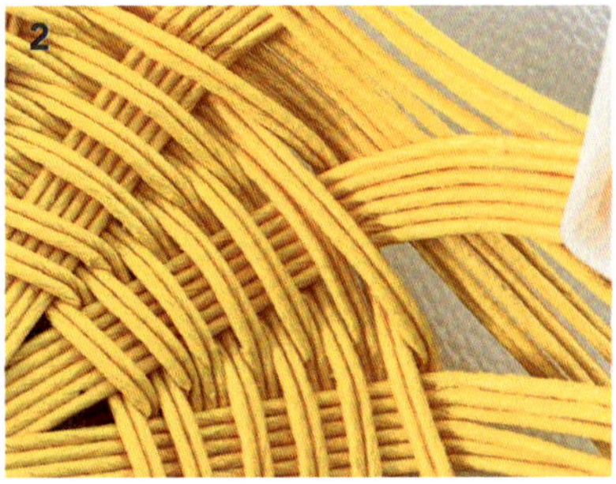

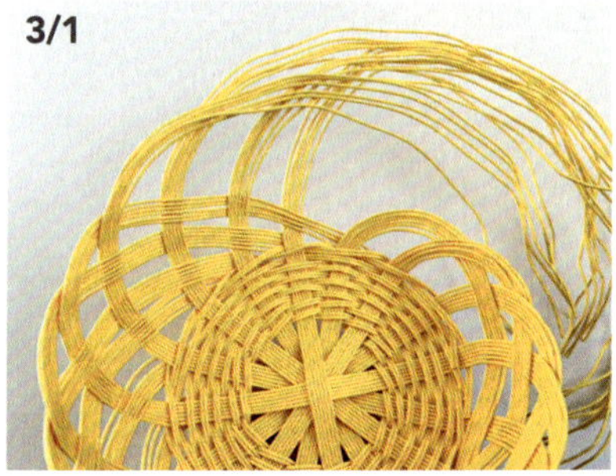

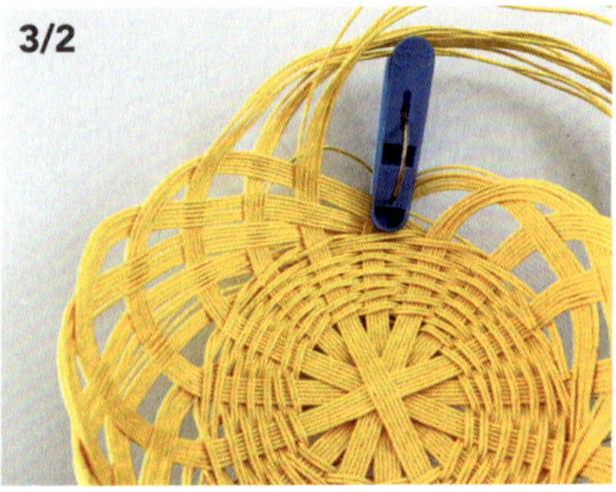

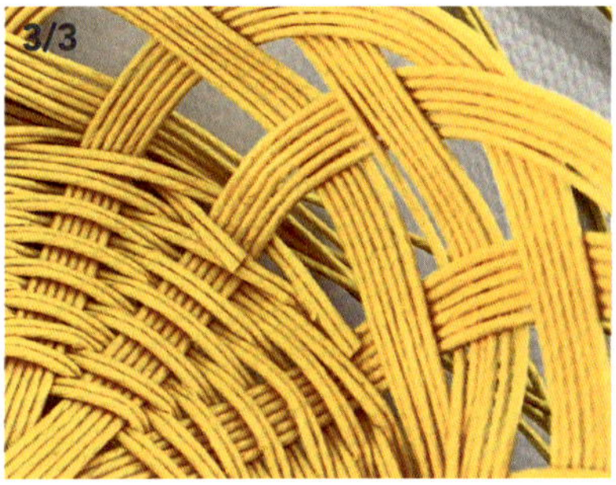

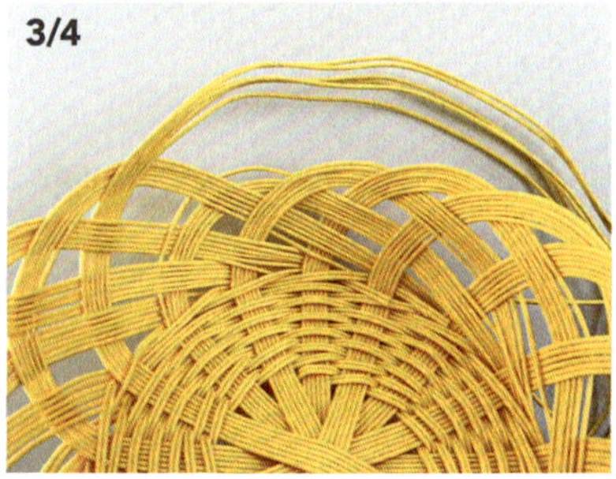

WELLEN-ABSCHLUSS

Beim Wellenabschluss gibt es Varianten, bei welchen die Bänder in Einzelbänder zerteilt werden, z. B. bei der Obstschale (s. S. 48). Beim Hishikagari-Korb (s. S. 91) werden die Bänder hingegen nicht zerteilt.

1. Die erste Schlaufe biegen und in den Nachbarbändern einflechten, wie auf dem Foto zu sehen ist. Auf dem Foto läuft die Schlaufe fünf Bänder weit, das heißt, sie wird am fünften Band fixiert. Das kann jedoch je nach Modell variieren und wird jeweils bei den Anleitungen angegeben. Die Schlaufen hilfsweise mit Wäscheklammern fixieren.

2. Schritt 1 mit den Nachbarbändern wiederholen.

3. Die letzten vier Bänder dem Muster folgend einflechten.

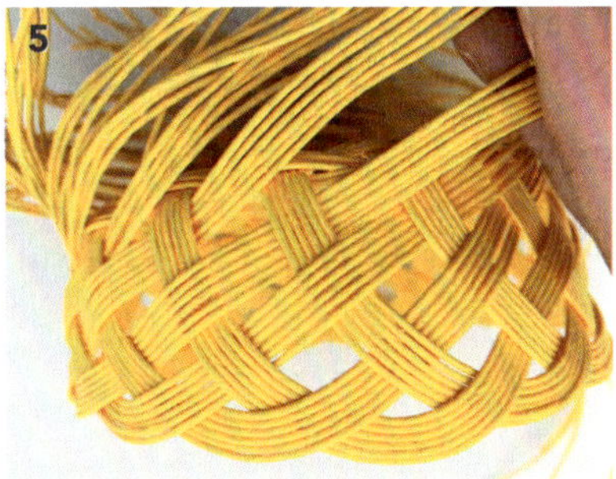
5

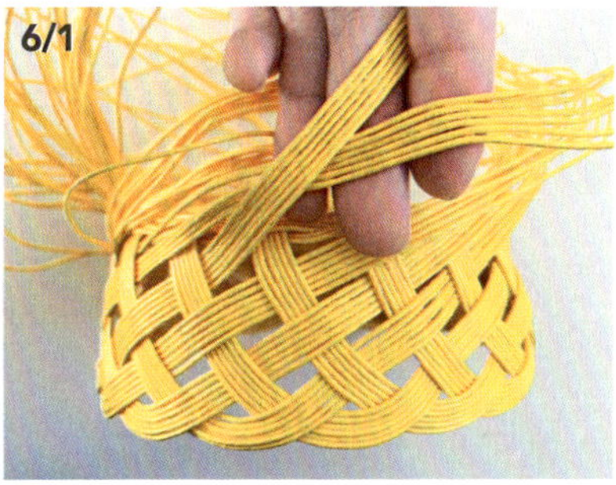
6/1

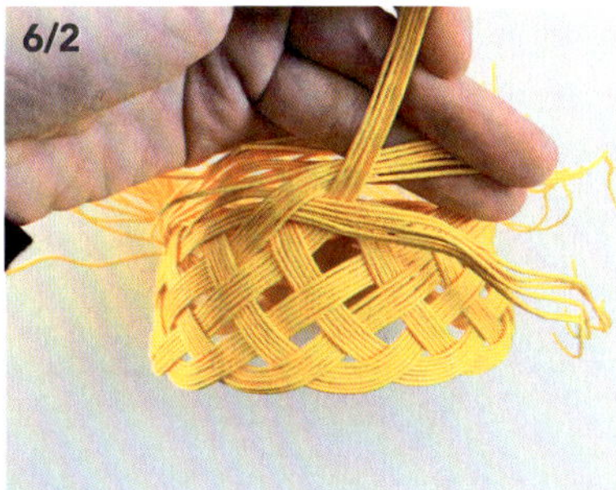
6/2

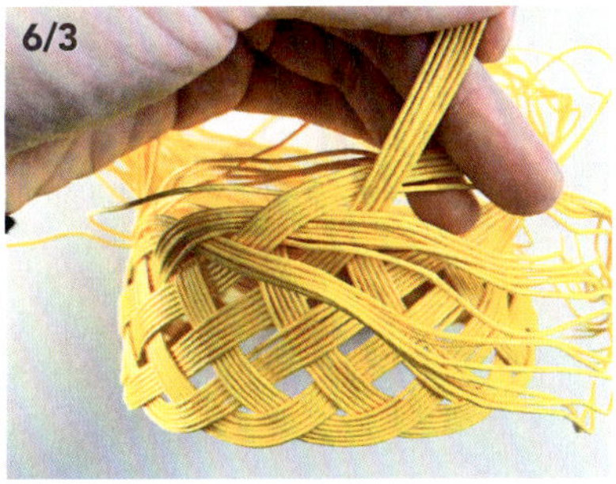
6/3

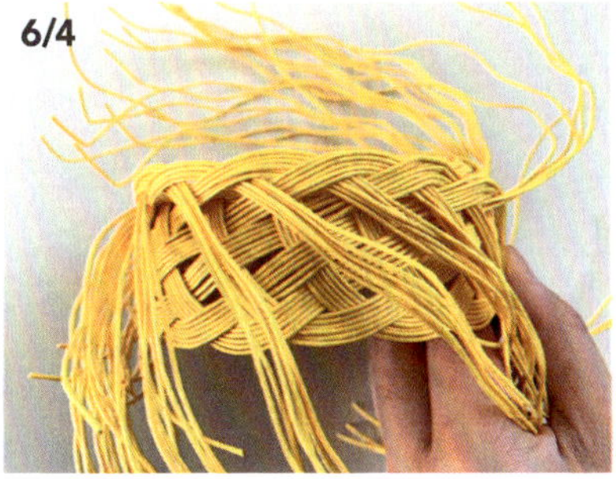
6/4

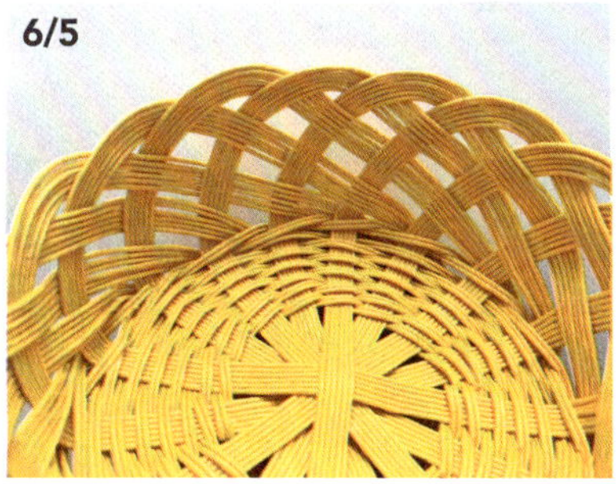
6/5

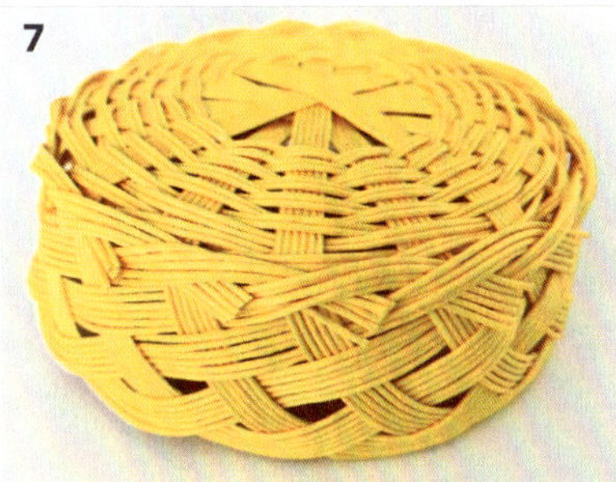
7

4. Wenn alle Bänder eingeflochten sind, die Schlaufen und Bögen zurechtrücken, damit alles gleichmäßig aussieht.

5. Das Werk umdrehen.

6. Die überstehenden Bandreste rundherum wie bei einem französischen Haarzopf flechten.

7. Die Reste abschneiden und bei Bedarf festkleben.

1

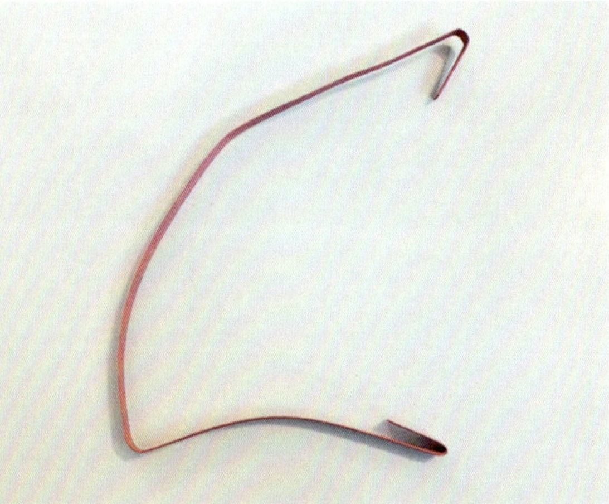

2/1

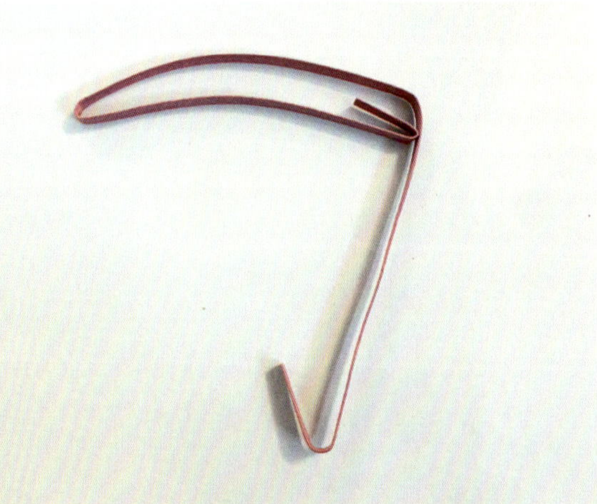

2/2

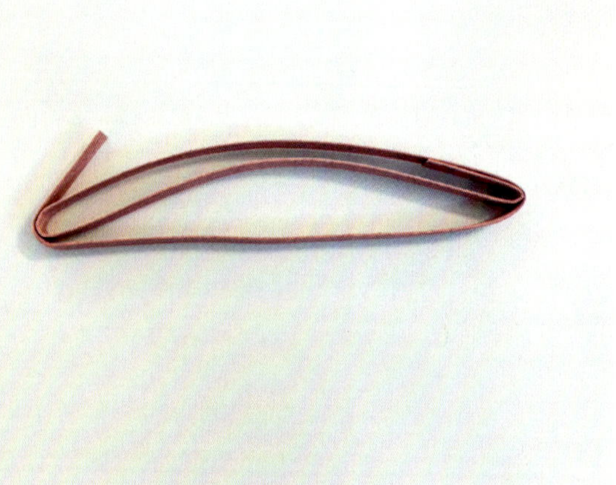

2/3

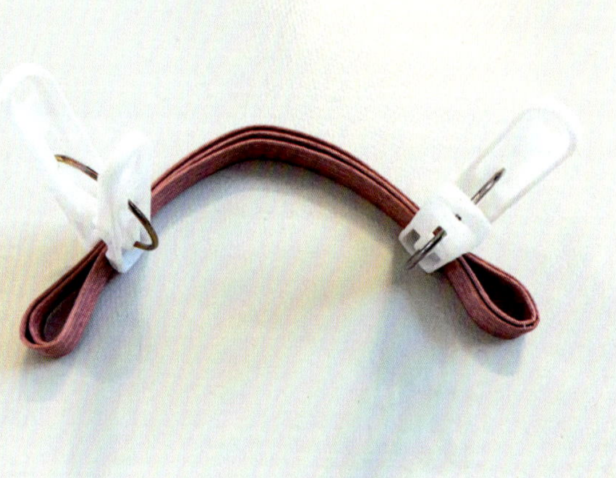

HANDGRIFF

1. Für das Grundgerüst das Band an beiden Enden 5 cm einfalten.

2. Das Band dritteln und wie auf den Fotos zu sehen zusammenlegen. Damit es nicht wieder aufspringt, mit Klammern fixieren.

3

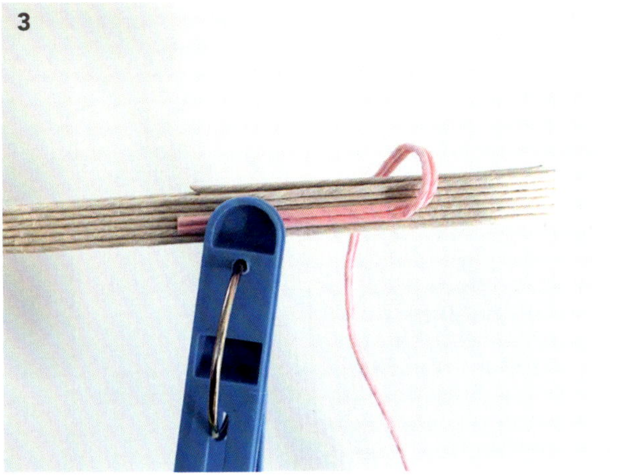

4

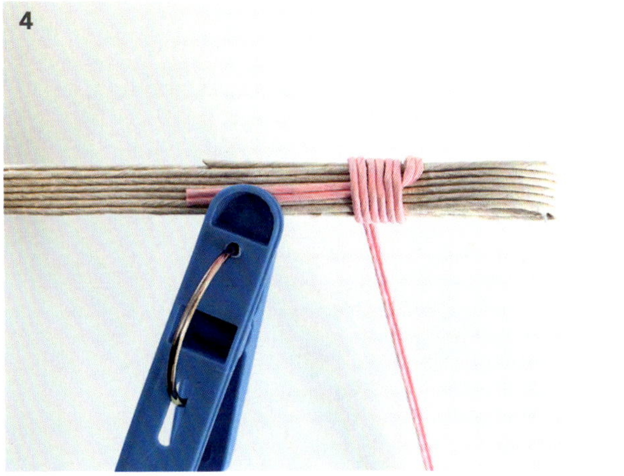

5/1

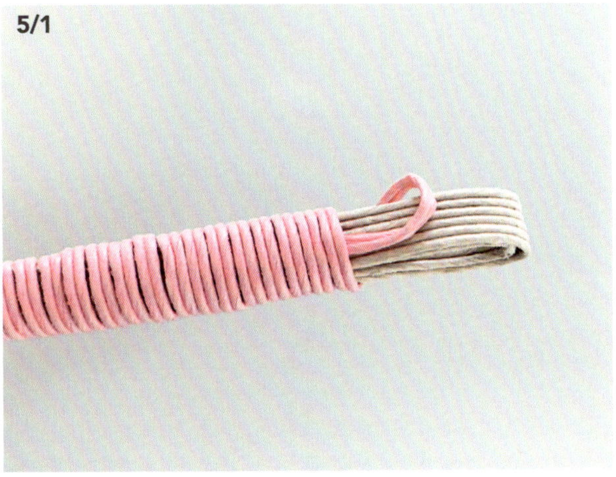

5/2

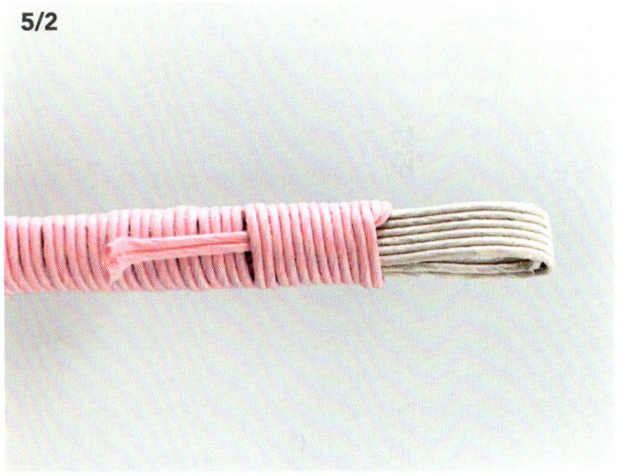

3. Nun wird das Grundgerüst umwickelt: Ein schmales Band 5 cm vom Rand entfernt beginnend auf einer Länge von 3 cm ankleben (die restlichen 2 cm zum Rand bleiben frei).

Ich verwende zum Umwickeln ein 2 Schnur breites Band.

4. Anschließend das Grundgerüst mit dem schmalen Band umwickeln.

5. Ist alles umwickelt, den Bandrest versorgen, indem er am besten mithilfe einer Ahle unter die letzten Schlaufen gesteckt wird (s. S. 19). Das überstehende Ende abschneiden.

VARIANTE ZUM UMWICKELN

Das Umwickeln kann auch in der Mitte des Handgriffs begonnen werden. Der Vorteil dabei ist, dass zwei Bänder zum Umwickeln verwendet werden. So misst das einzelne Band zu Beginn nur die halbe Länge, was es handlicher macht.

HANDGRIFF-VARIANTEN

5

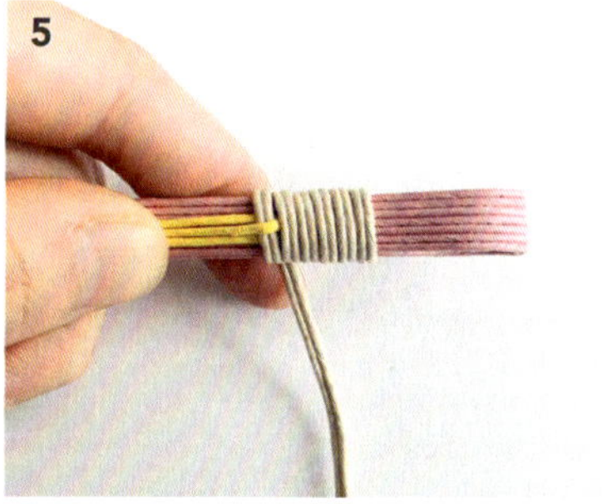

6

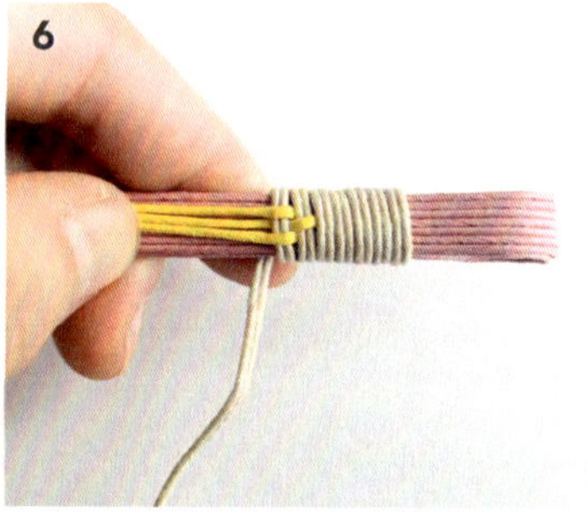

7

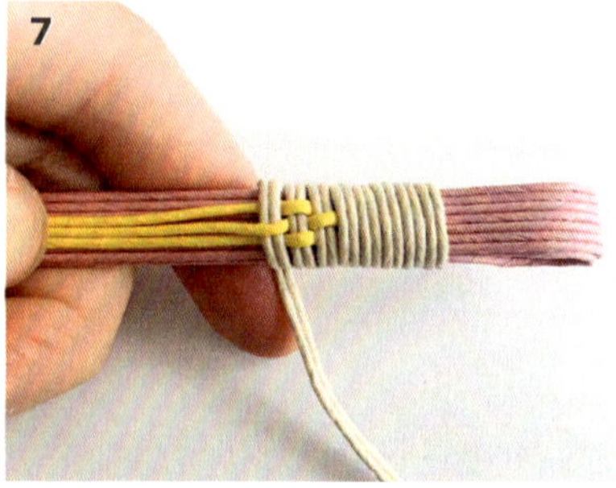

8

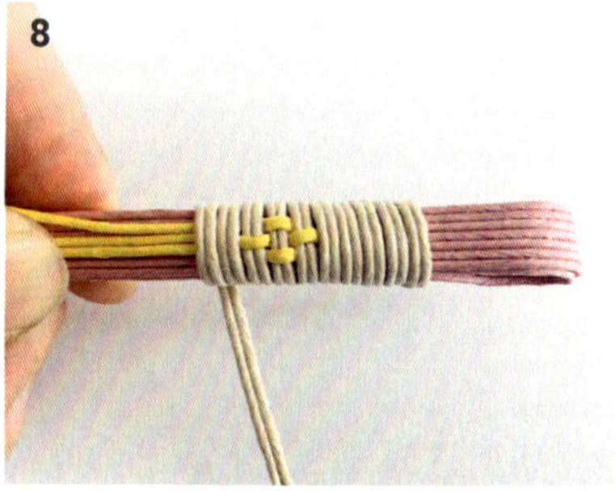

9

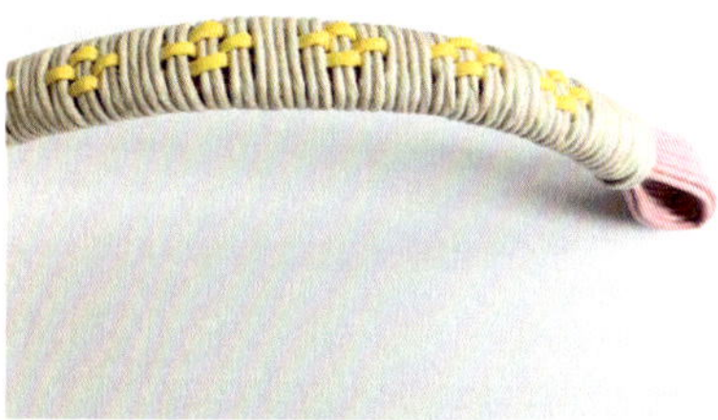

MUSTER EINARBEITEN – VARIANTE 1

1.–2. Das Grundgerüst anfertigen wie bei den Schritten 1 und 2 des Handgriffs (s. S. 26).

3. Das Band zum Umwickeln anbringen wie in Schritt 3 des Handgriffs, aber noch nicht loswickeln.

4. Am Griffansatz (auf der Oberseite) die Enden von drei Schmuckbändern ankleben. Nun erst 2 cm vom Rand entfernt das Band zum Umwickeln herumnehmen und die ersten 2–3 cm umwickeln, dabei die Enden der Schmuckbänder mit fixieren.

5. Beim Umwickeln des Grundgerüsts mit dem schmalen Band die Schmuckbänder umflechten. In der ersten Runde des Musters liegen das mittlere Schmuckband oben, die seitlichen Schmuckbänder unten.

6. In der zweiten Runde des Musters liegen die seitlichen Schmuckbänder oben, das mittlere Band unten.

7. In der letzten Runde des Musters liegen wie bei der ersten Runde das mittlere Schmuckband oben, die seitlichen Bänder unten.

8. Ein paar Mal rundherum wickeln (ohne die Schmuckbänder einzuflechten), und das erste Muster ist fertig.

9. Schritte 5 bis 8 wiederholen.

3/1

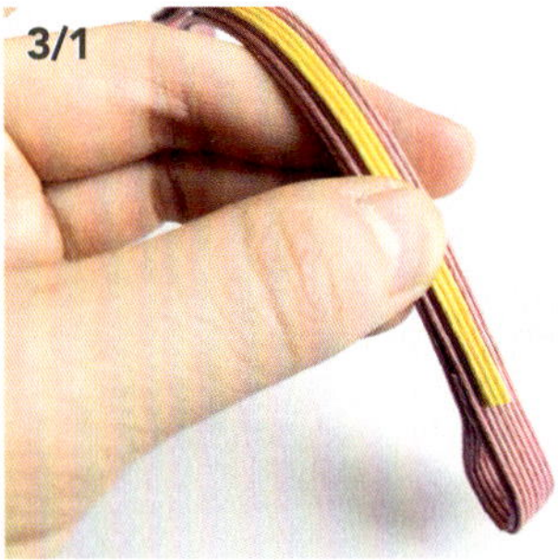

3/2

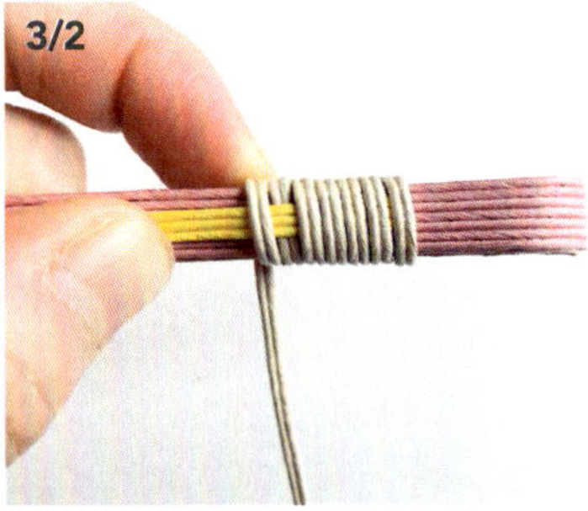

3/3

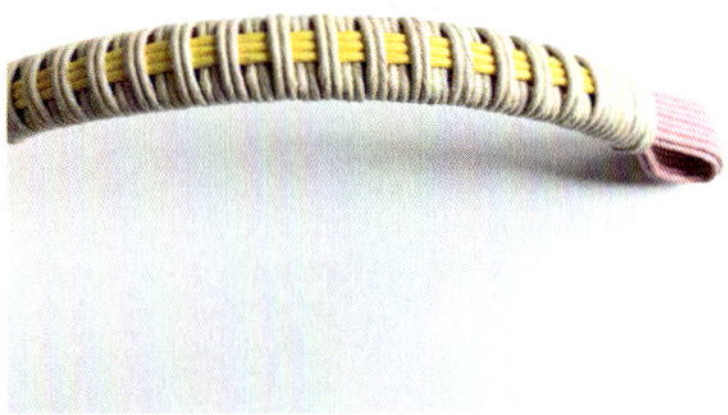

MUSTER EINARBEITEN – VARIANTE 2

1.–2. Das Grundgerüst anfertigen wie bei den Schritten 1 und 2 des Handgriffs (s. S. 26).

3. Ein Schmuckband auf den Handgriff legen und – mittig beginnend – mit einem schmalen Band umwickeln, dabei das Band abwechselnd über und unter dem Schmuckband entlangführen.

EIN 2-D-SUJET ERSTELLEN

1/1

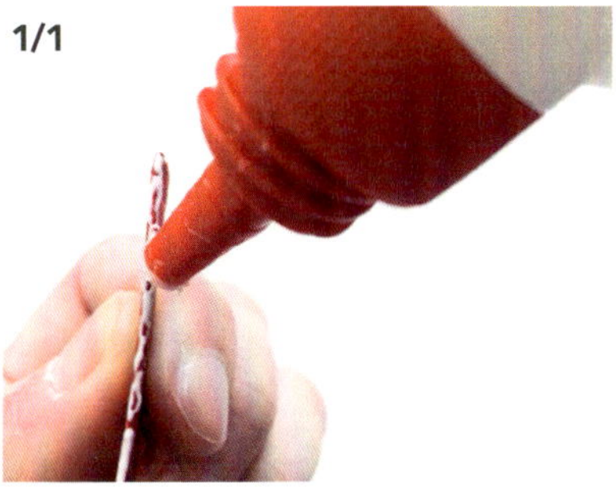

1/2

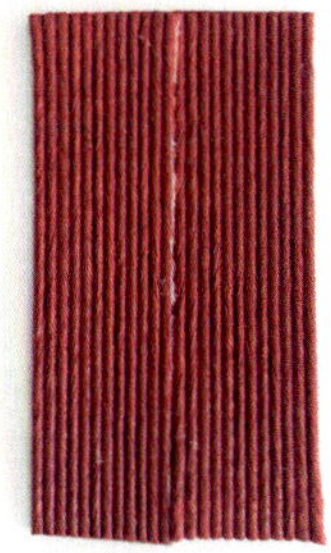

2

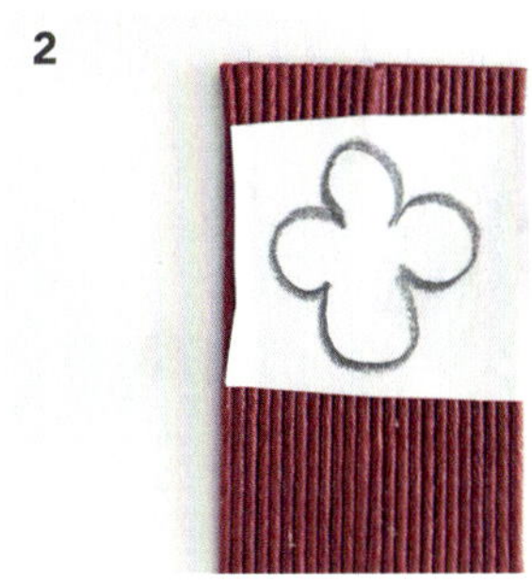

3

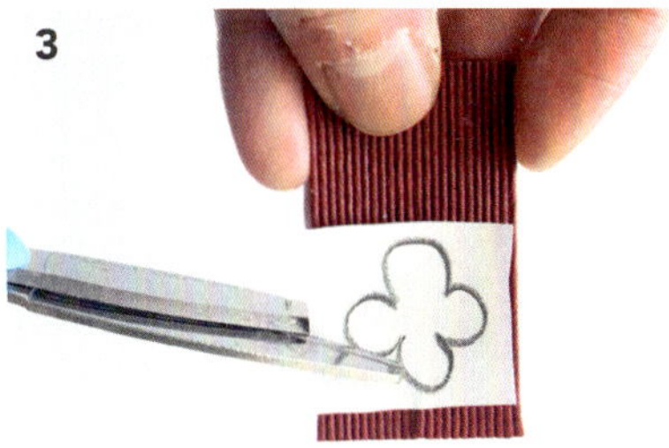

Ein Sujet ist eine kleine Figur oder ein Schmuckelement, das einzeln gefertigt und später am Kamihimo-Modell angeklebt oder angebunden wird. Es kann zwei- oder dreidimensional sein.

1. Für ein 2-D-Sujet zwei oder mehr Bänder seitlich zusammenkleben, sodass die benötigte Flächengröße entsteht.

2. Eine Schablone für das gewünschte Motiv erstellen und auf die Bänder kleben.

3. Das Motiv mit der Schere oder mit dem Cutter ausschneiden.

4. Je nach Modellanleitung verzieren und das fertige Sujet auf das Werk kleben.

1

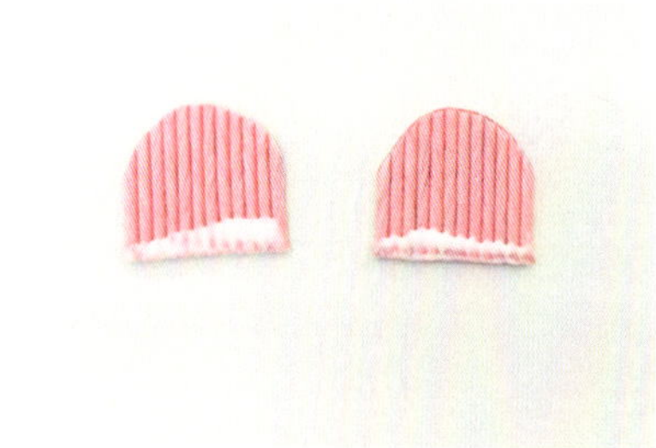

2

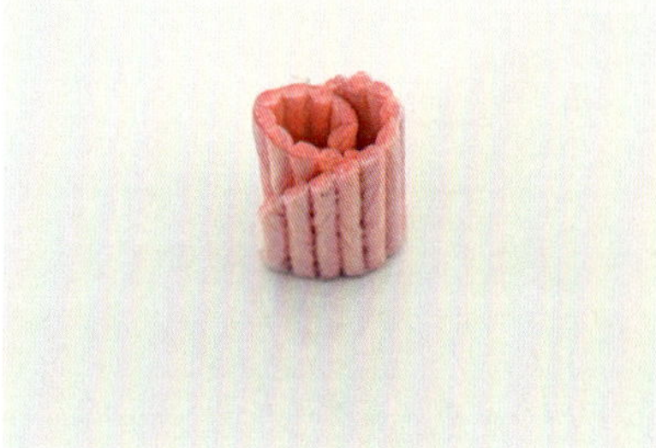

3

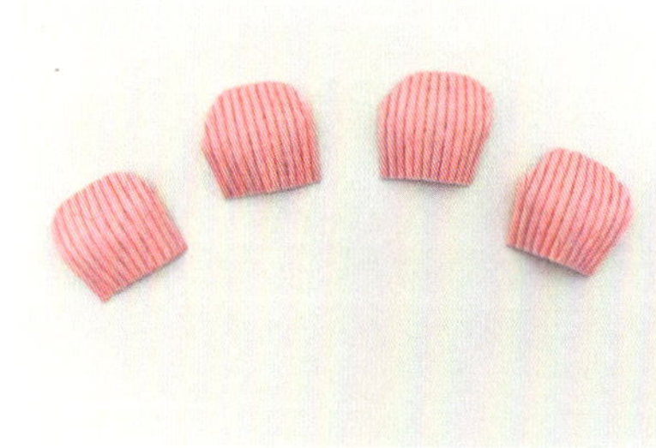

4

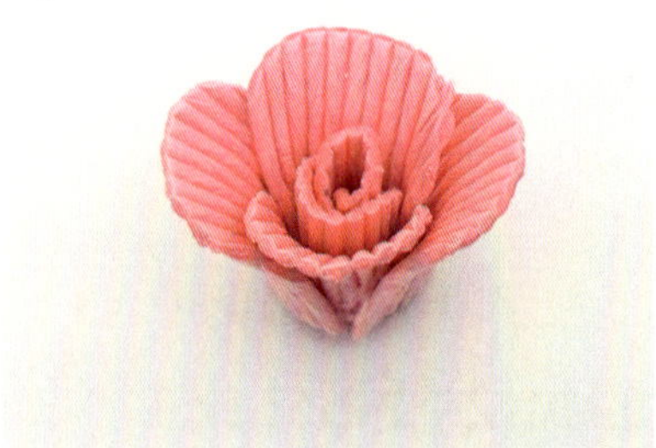

6

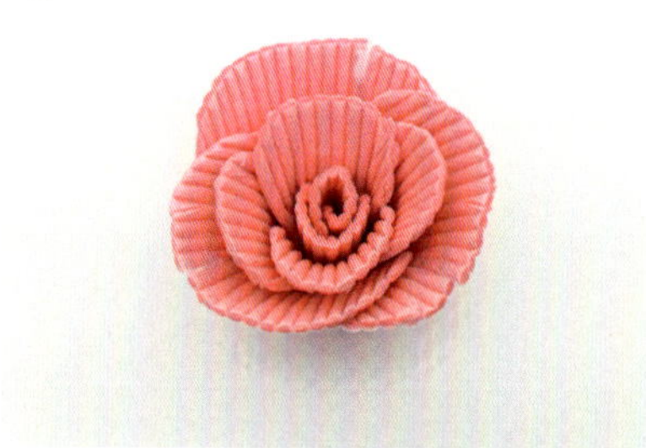

7

EIN 3-D-SUJET ERSTELLEN

3-D-Sujets können mithilfe von Weißleim hergestellt werden.

8

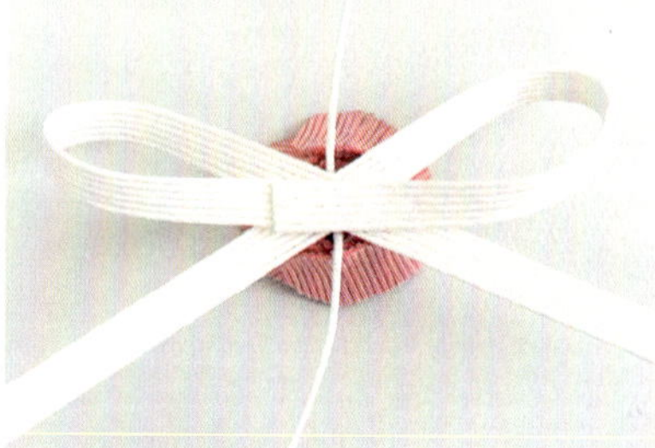

9

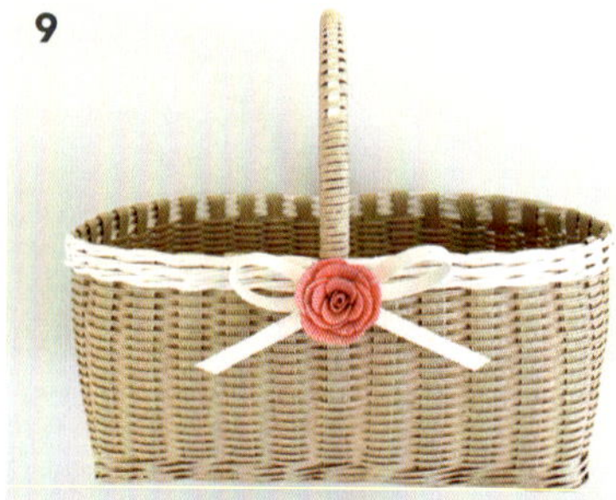

ROSE

0,2 m Papierband in Rosa (Farbe 1), 12 Schnur breit

0,3 m Papierband in Weiß (Farbe 2), 12 Schnur breit

Sie benötigen folgende Abschnitte:

A: 2× 12 Schnur breit (Farbe 1), 1,5 cm lang

B: 4× 12 Schnur breit (Farbe 1), 2 cm lang

C: 6× 12 Schnur breit (Farbe 1), 2 cm lang

D: 8 Schnur breit (Farbe 2), 30 cm lang

E: Rest, 1 Schnur breit (Farbe 2)

1. Den oberen Teil der beiden **A**-Abschnitte jeweils blütenblattähnlich abrunden.

2. Die beiden Teile zusammenrollen und ineinandergeschmiegt zusammenkleben.

3. Auch bei den **B**-Abschnitten den oberen Teil zu Blütenblättern abrunden.

4. Die vier **B**-Blütenblätter an die ineinandergeschmiegten A-Blätter kleben.

5. Nun werden 24 Schnur breite Bänder benötigt. Dazu je zwei **C**-Abschnitte seitlich zusammenkleben wie in Schritt 1 des 2-D-Sujets (s. S. 29). Die drei „Doppelbänder" jeweils auf 1,5 cm zuschneiden und abrunden.

6. Die drei letzten Blütenblätter ankleben. Die Rose ist fertig!

7. Den **D**-Abschnitt zur Doppelschleife zusammenkleben.

8. Den **E**-Abschnitt zuerst an die Unterseite der Rosen, dann an die Schleife kleben.

9. Das Sujet am Kamihimo-Modell befestigen.

3

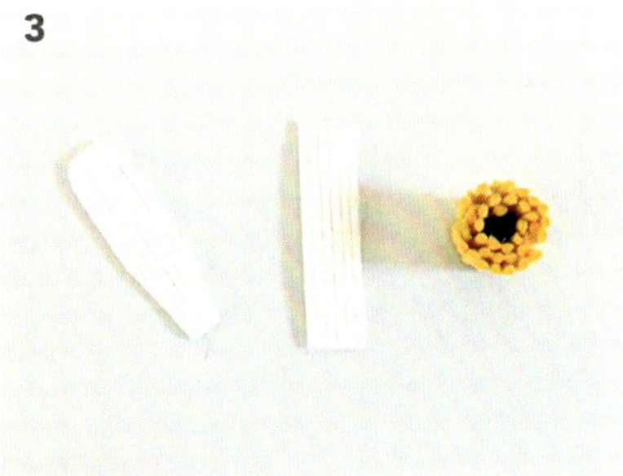

5

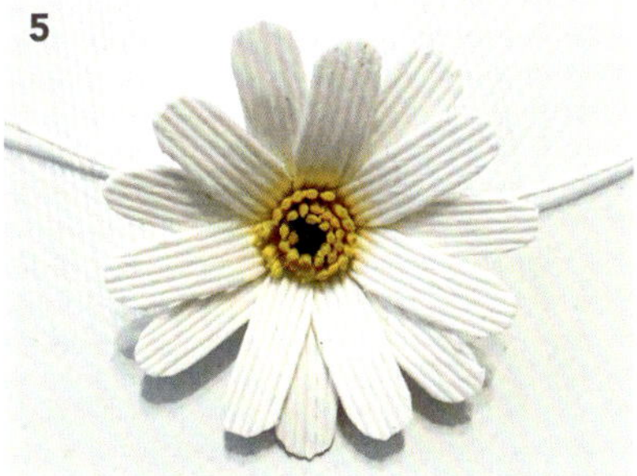

6

7

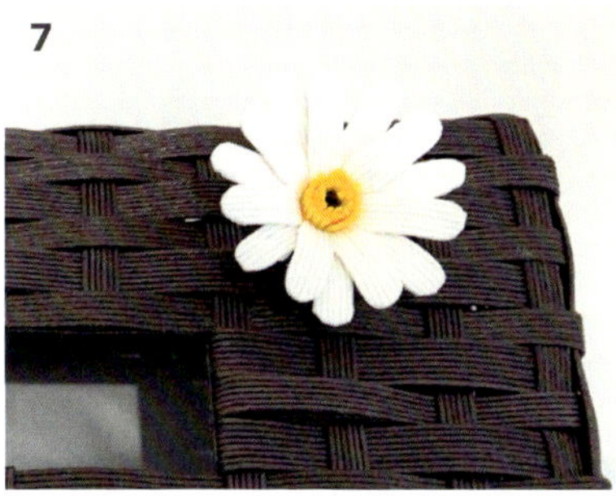

MARGERITE

Rest Papierband in Braun (Farbe 1), 12 Schnur breit

Rest Papierband in Gelb (Farbe 2), 12 Schnur breit

0,3 m Papierband in Weiß (Farbe 3), 12 Schnur breit

Sie benötigen folgende Abschnitte:

A: 12 Schnur breit (Farbe 1), 0,7 cm lang

B: 3× 12 Schnur breit (Farbe 2), 0,7 cm lang

C: 14× 6 Schnur breit (Farbe 3), 2,5 cm lang

D: Rest, 1 Schnur breit (Farbe 3)

E: Rest, 12 Schnur breit (Farbe 2)

1. Bei allen **A**- und **B**-Abschnitten die Einzelschnüre jeweils bis zur Mitte einschneiden.

2. Den **A**-Abschnitt mit den **B**-Abschnitten in 3 Runden einwickeln und zusammenkleben. Das ist die Blütenmitte.

3. Bei den **C**-Abschnitten die Ecken wie auf dem Foto zu sehen abrunden, sodass 14 Margeritenblütenblätter entstehen.

4. Die Blütenblätter an die Blütenmitte ankleben.

5. Den **D**-Abschnitt an der Blütenunterseite ankleben.

6. Einen kleinen Kreis aus Abschnitt E zuschneiden und über die Verbindungsstelle kleben.

7. Das Sujet am Kamihimo-Modell befestigen.

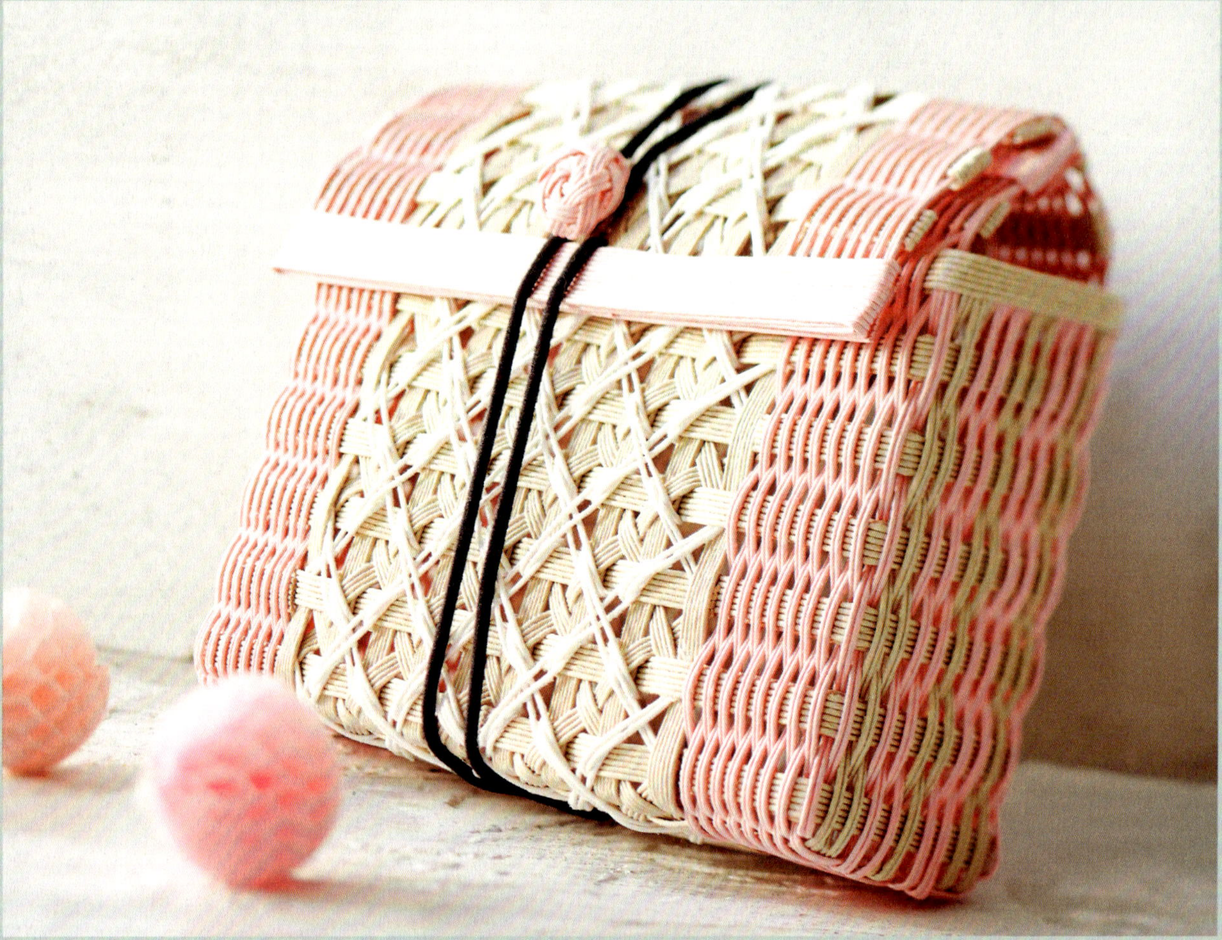
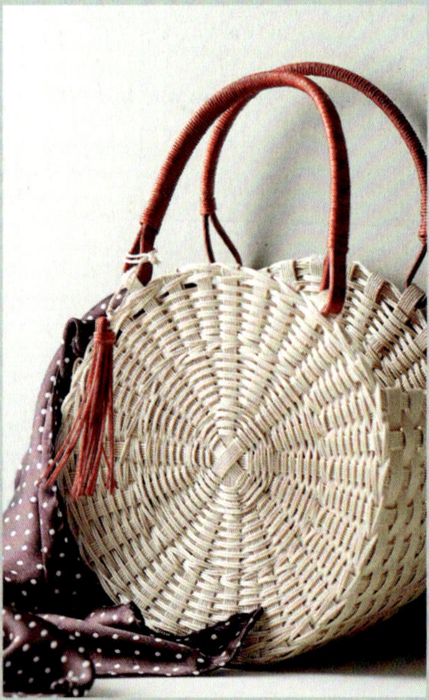
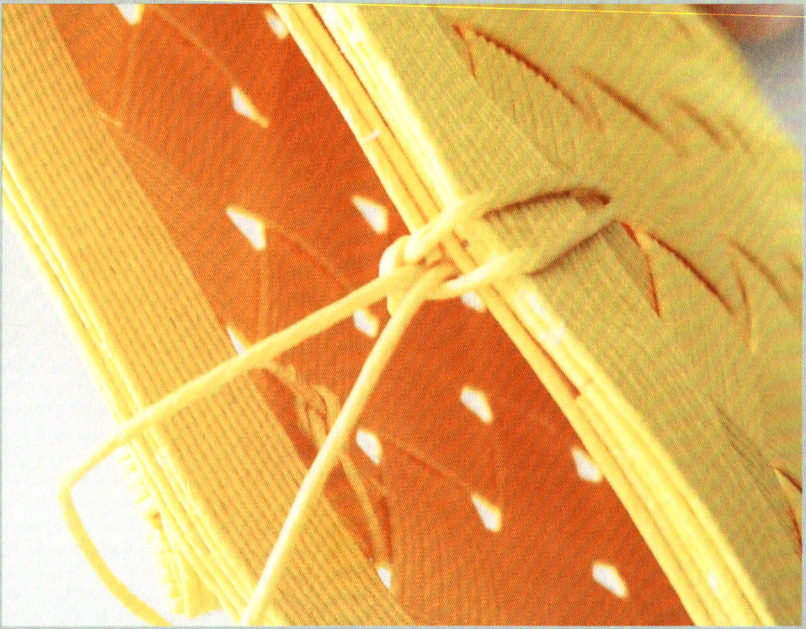

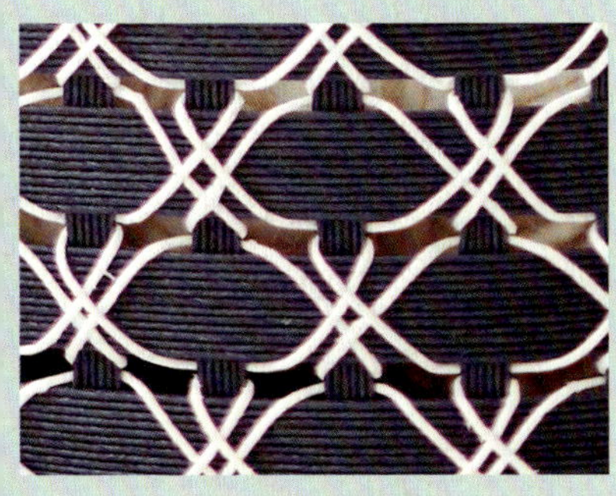
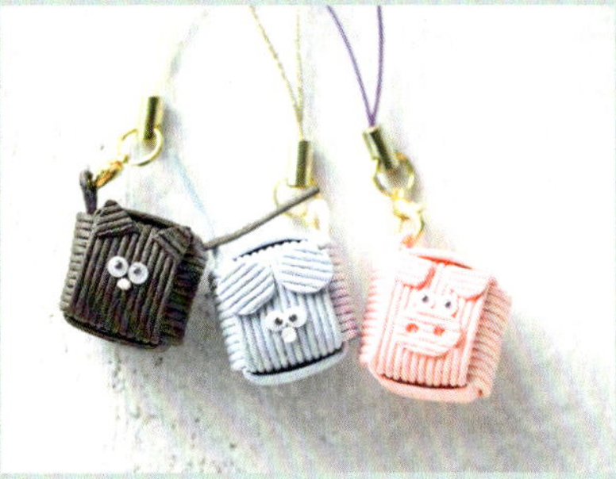
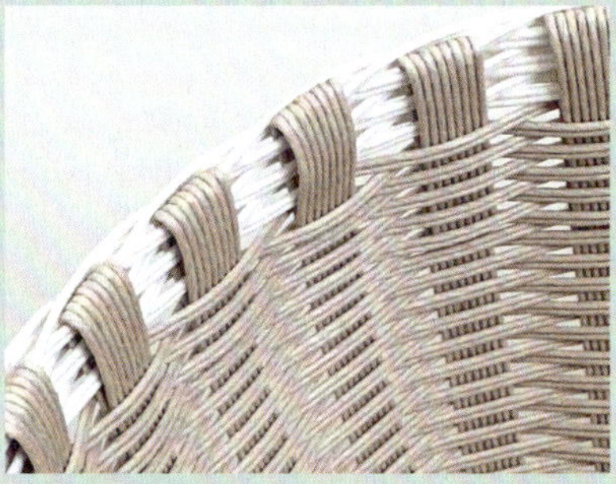
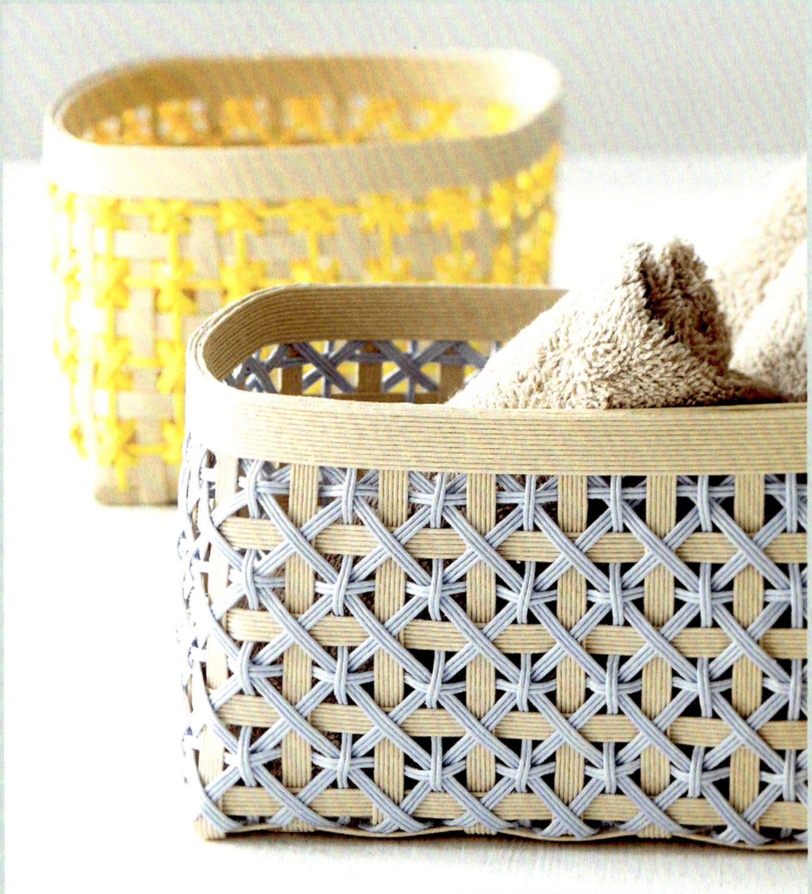
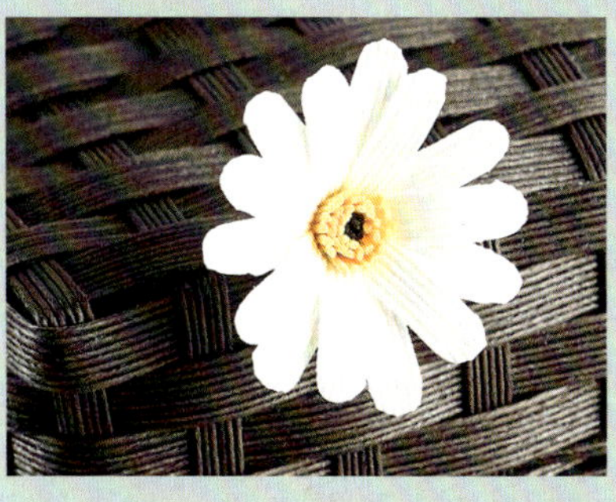
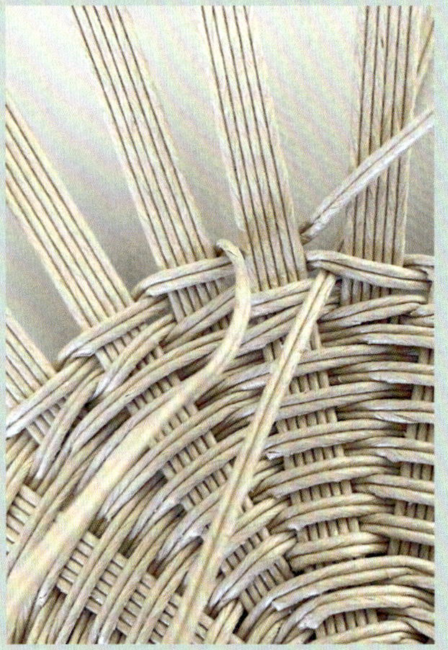

DIE MODELLE

STIFTKÖCHER

Größe: 7 cm (L) × 7 cm (B) × 10–11 cm (H)

Techniken: Ring flechten | Gerader Randabschluss

3,5 m Papierband in Natur (Farbe 1), 12 Schnur breit

1,5 m Papierband in Dunkelblau (Farbe 2), 12 Schnur breit

Sie benötigen folgende Abschnitte:

A: 8× 12 Schnur breit (Farbe 1), 32 cm lang
B: 5× 12 Schnur breit (Farbe 2), 30 cm lang
C: 2× 12 Schnur breit (Farbe 1), 31 cm lang

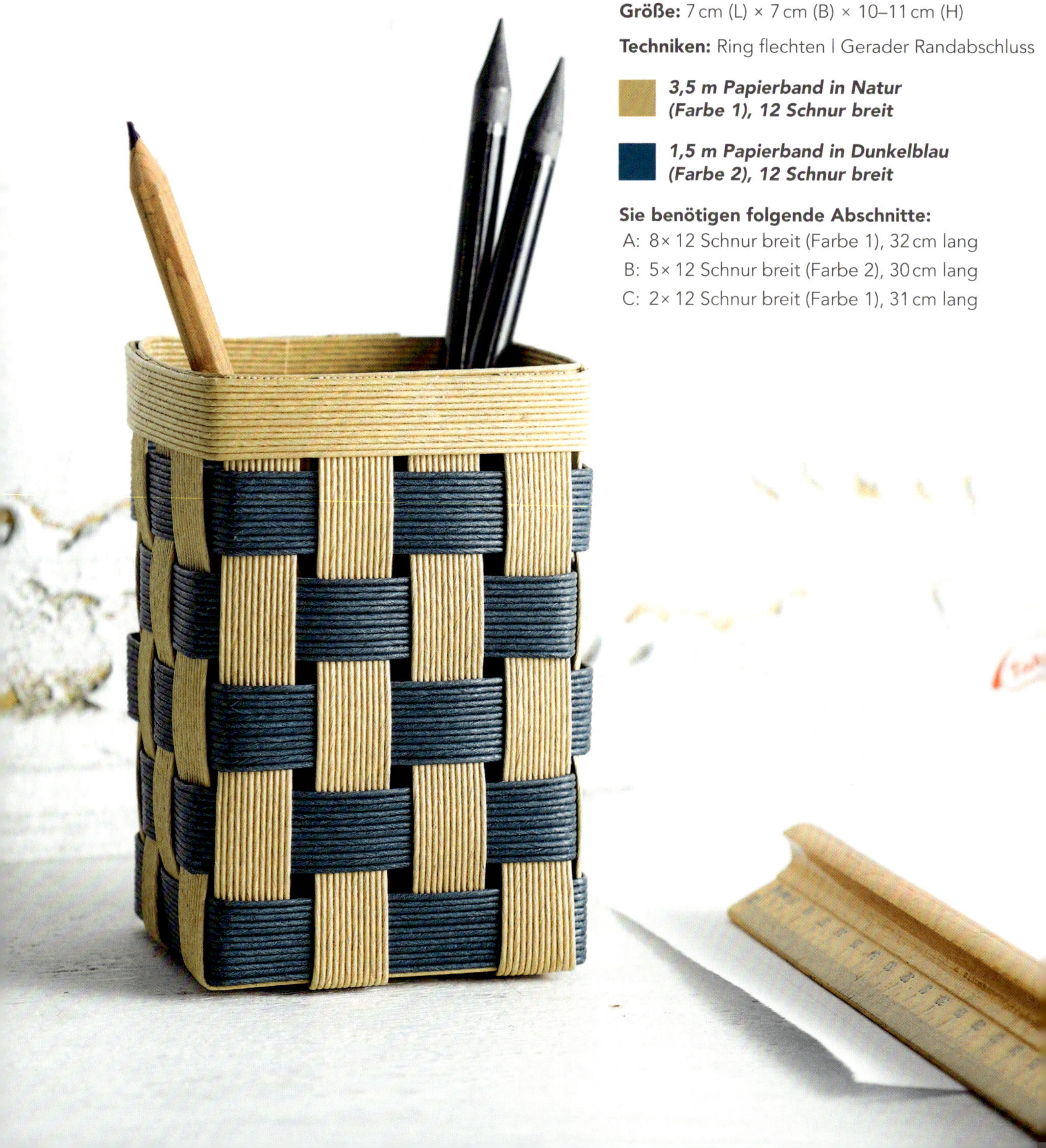

1

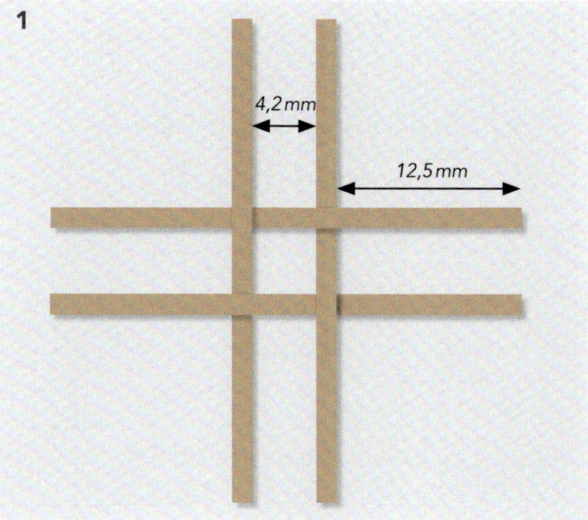

2

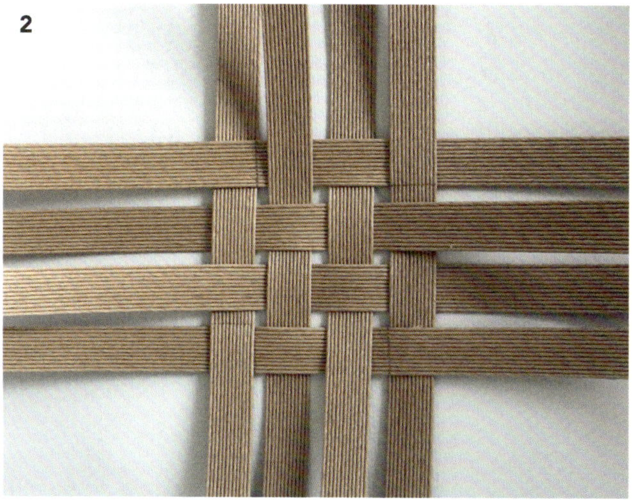

3

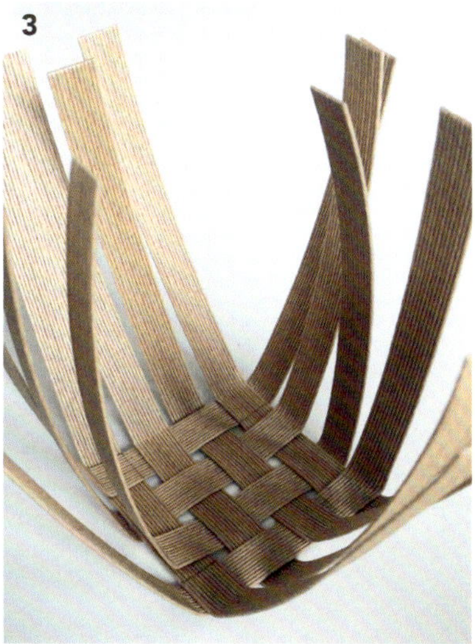

4

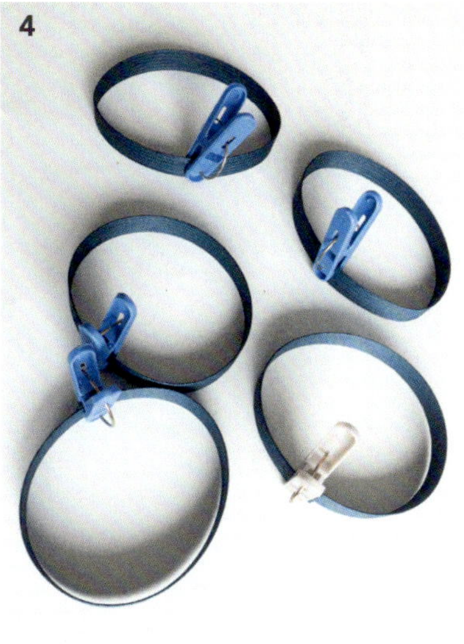

1. Aus vier **A**-Abschnitten ein ineinandergeflochtenes Doppelkreuz erstellen: Das obere horizontale Band verläuft dabei unter dem linken und über dem rechten vertikalen Band. Das untere horizontale Band wird genau entgegengesetzt eingefügt. Dabei die Abschnitte nicht eng aneinanderschieben, sondern gemäß Foto Platz zwischen ihnen lassen. An den Kreuzungen zusammenkleben.

2. Die restlichen **A**-Abschnitte nach demselben Prinzip einflechten – fertig ist der Boden.

3. Die Seitenbänder nach oben falten.

4. Die **B**-Abschnitte 1 cm überlappend zum Ring zusammenkleben (s. S. 16, „Ring flechten"). Während der Leim trocknet, mit Wäscheklammern fixieren.

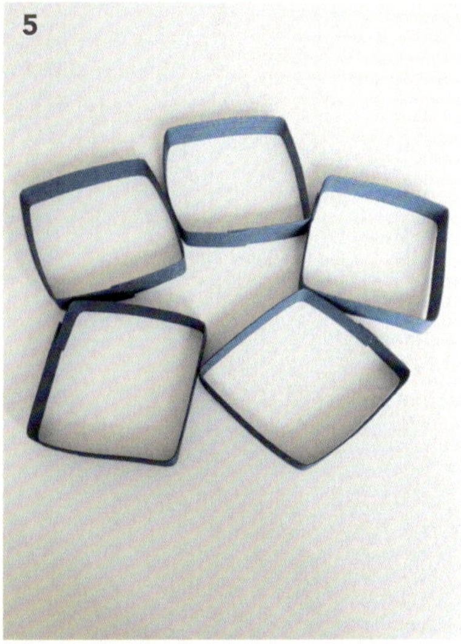
5

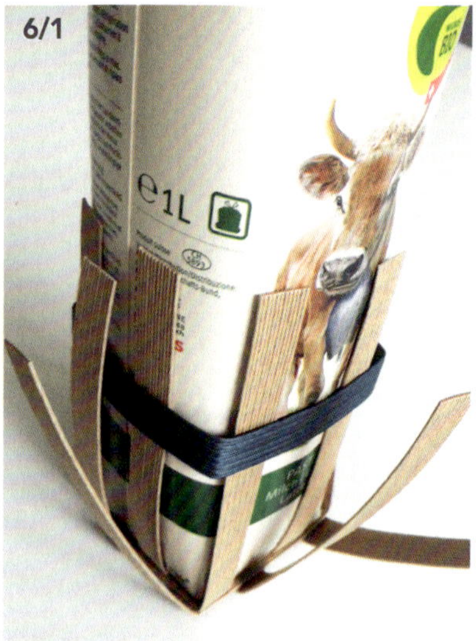
6/1

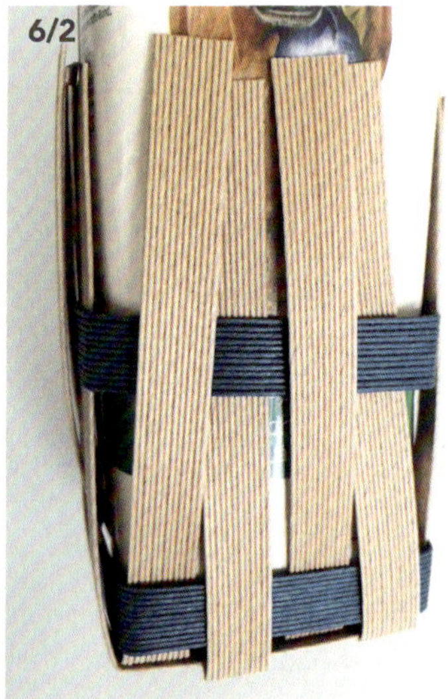
6/2

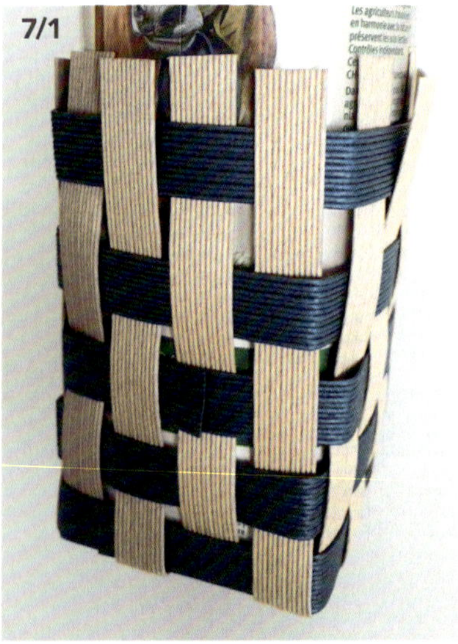
7/1

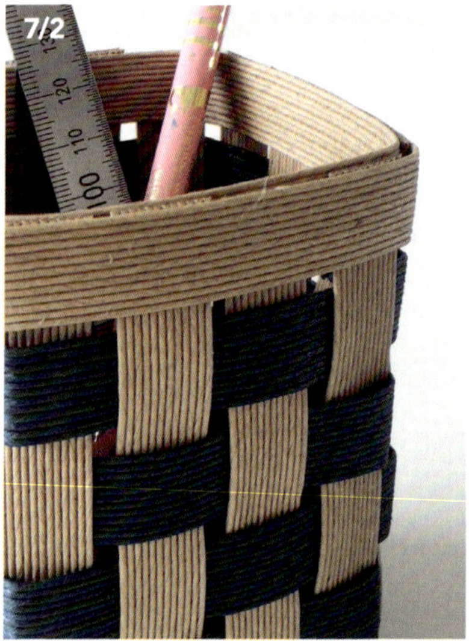
7/2

Hier nehme ich gern einen Tetrapak zu Hilfe.

5. Aus den Ringen Vierecke formen, dazu die Ringe jeweils zweimal auseinanderziehen und wieder zusammendrücken.

6. Die Vierecke hintereinander in die Seitenbänder einschieben und einflechten. So entstehen die Seitenwände des Köchers.

7. Aus den **C**-Abschnitten einen geraden Randabschluss ohne Deckband (s. S. 22) fertigen.

EINFACHE TASCHE

Größe: 28 cm (L) × 10,5 cm (B) × 21 cm (H)

Techniken: Standardboden | Geradeaus flechten | Ring flechten | Einfacher Randabschluss | Handgriff

28,5 m Papierband in Grün, 12 Schnur breit

Sie benötigen folgende Abschnitte:

A: 4× 12 Schnur breit, 28 cm lang
B: 3× 12 Schnur breit, 81 cm lang
C: 11× 12 Schnur breit, 63 cm lang
D: 2× 12 Schnur breit, 10,5 cm lang
E: 10× 12 Schnur breit, 80 cm lang
F: 8× 6 Schnur breit, 80 cm lang
G: 2× 12 Schnur breit, 80 cm lang
H: 2× 8 Schnur breit, 80 cm lang
I: 2× 8 Schnur breit, 60 cm lang
J: 2× 2 Schnur breit, 460 cm lang

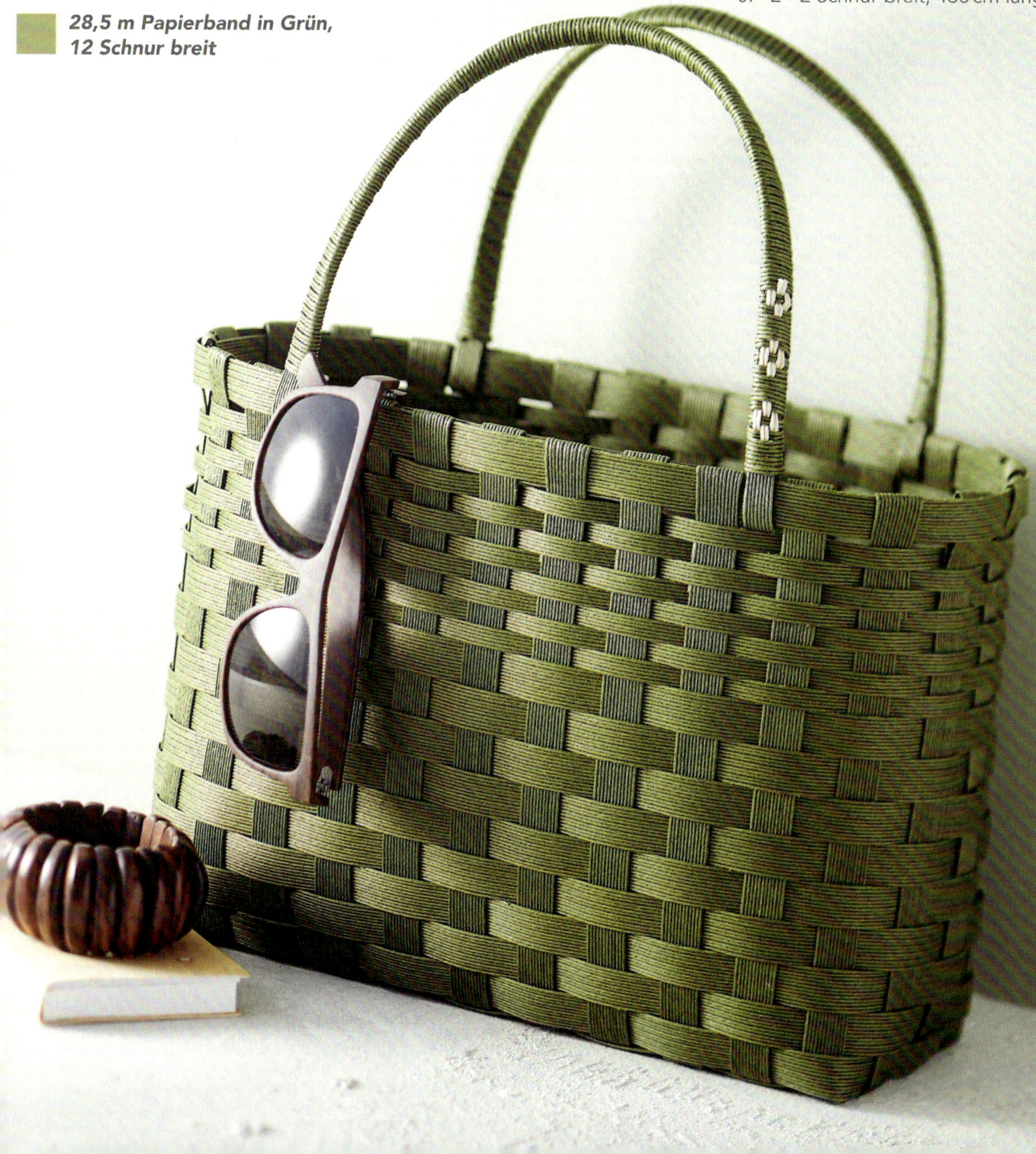

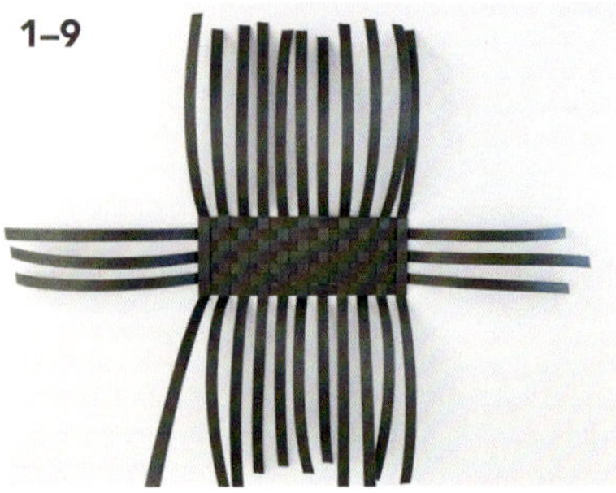
1–9

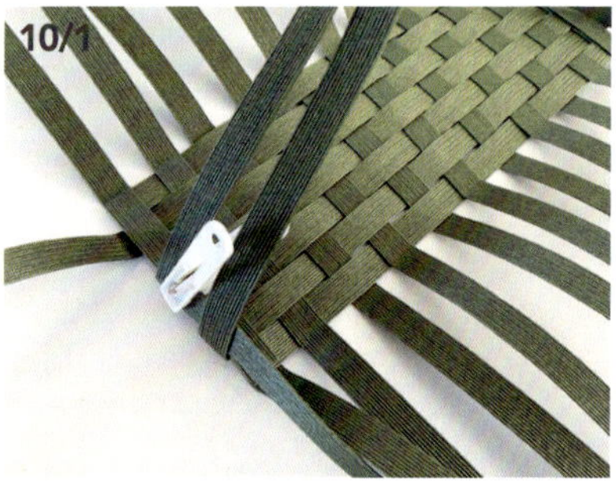
10/1

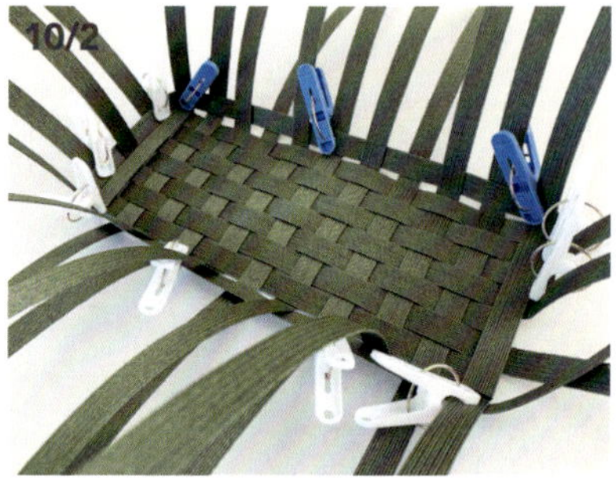
10/2

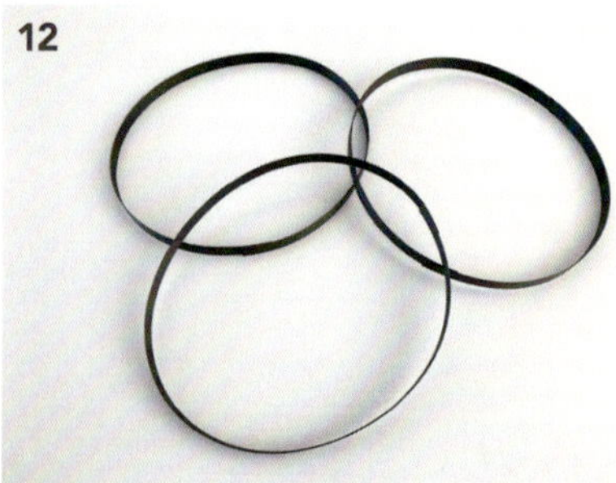
12

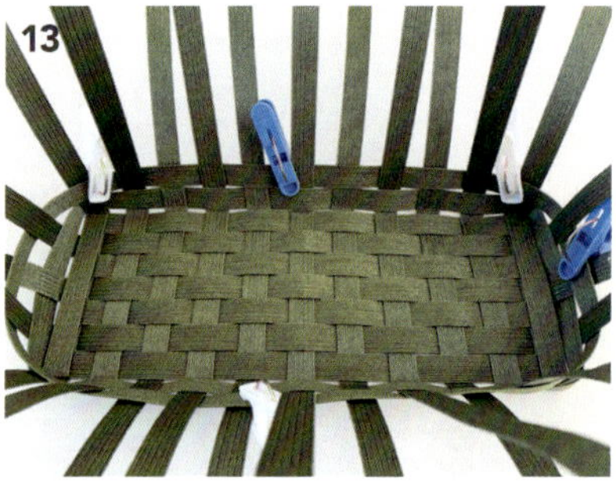
13

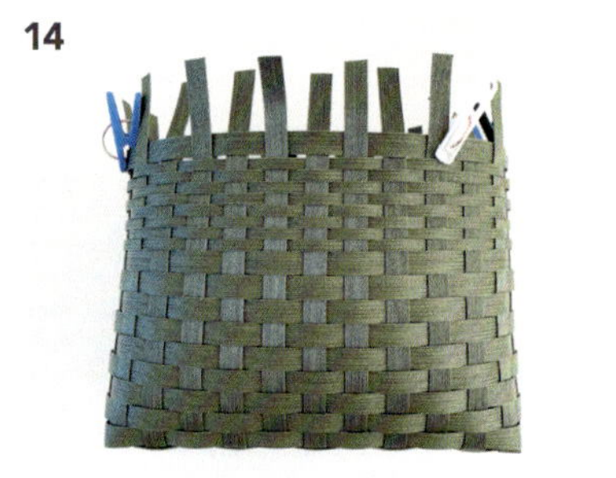
14

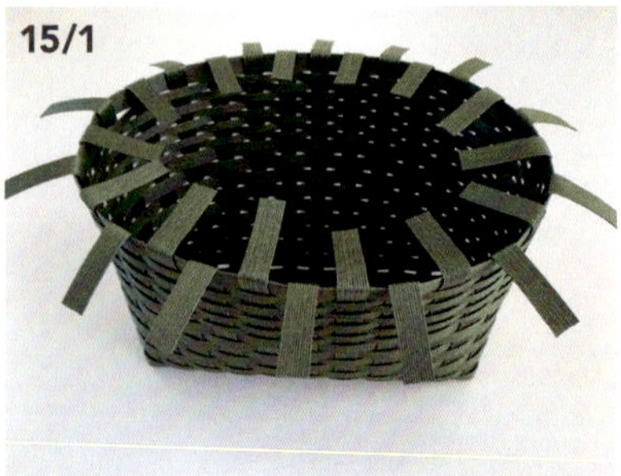
15/1

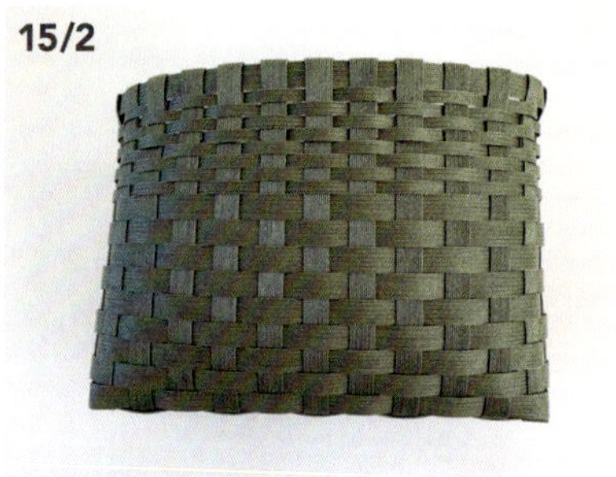
15/2

1.–9. Einen Standardboden mit den Abschnitten **A, B, C** und **D** erstellen (s. S. 20) und wie auf dem Foto zu sehen vor sich platzieren.

10. Den ersten **E**-Abschnitt mit einer Wäscheklammer am mittleren links überstehenden Abschnitt fixieren und einmal rundherum flechten. Dabei weitere Wäscheklammern zu Hilfe nehmen (s. S. 17, „Geradeaus flechten").

11. Anfang und Ende des **E**-Abschnitts überlappend zusammenkleben. Dabei darauf achten, dass die Klebestelle von außen nicht sichtbar ist.

12. Die Überlappung vom ersten, eben eingeflochtenen **E**-Abschnitt messen. Die restlichen neun **E**-Abschnitte mit derselben Überlappung vorbereiten, sodass Ringe entstehen.

13. Acht **E**-Abschnitte von oben, dem Flechtmuster gemäß, einflechten (s. S. 16, „Ring flechten"). Den letzten **E**-Abschnitt beiseitelegen.

14. Die Arbeitsschritte 10–13 mit allen **F**-Abschnitten wiederholen. Als letzte Reihe den letzten **E**-Abschnitt einflechten.

15. Überstehende Reste der Seitenbänder am oberen Taschenrand abwechselnd nach innen und nach außen falten und einflechten (s. S. 22, „Einfacher Randabschluss").

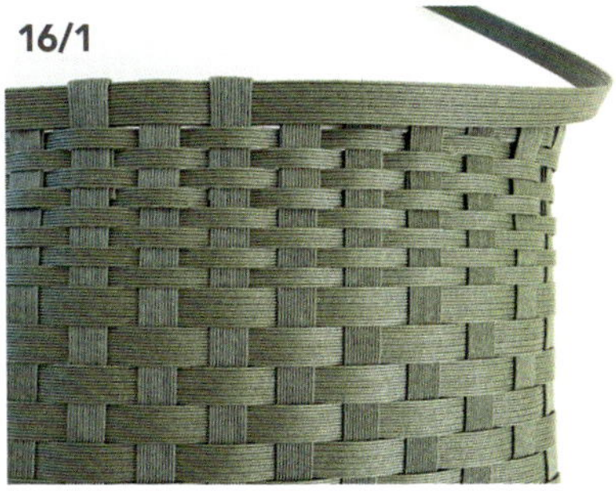
16/1

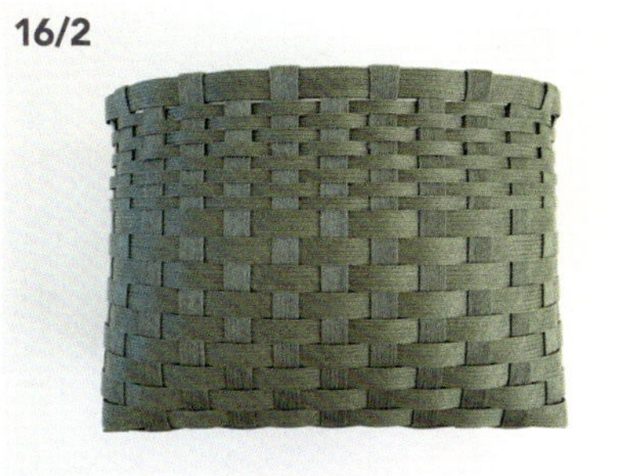
16/2

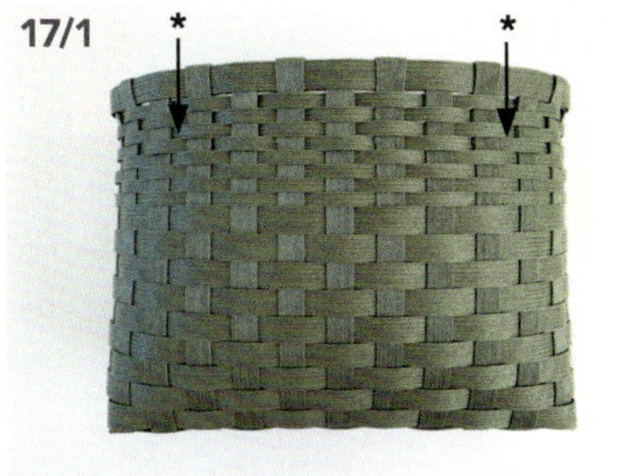
17/1

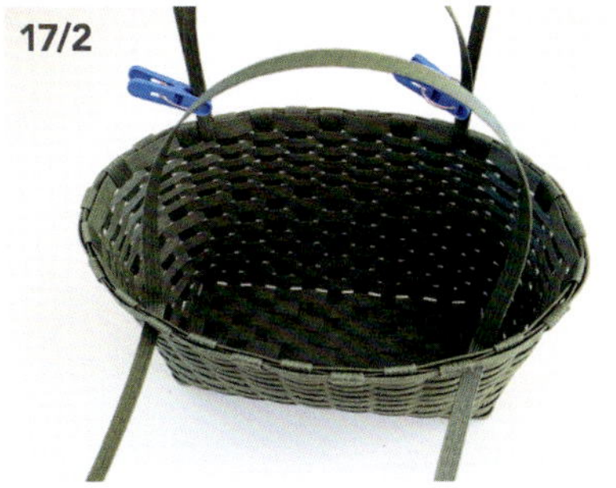
17/2

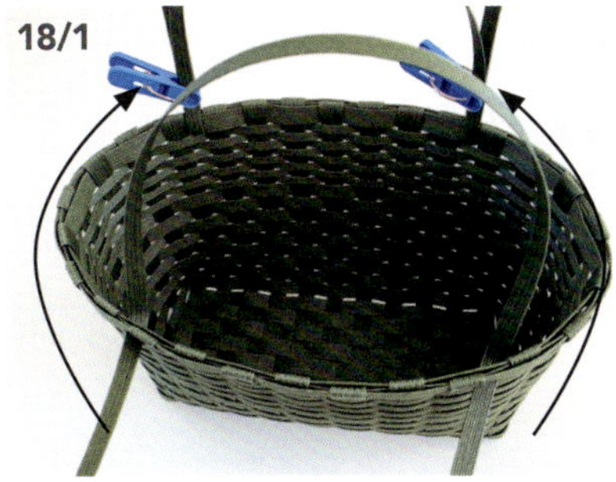
18/1

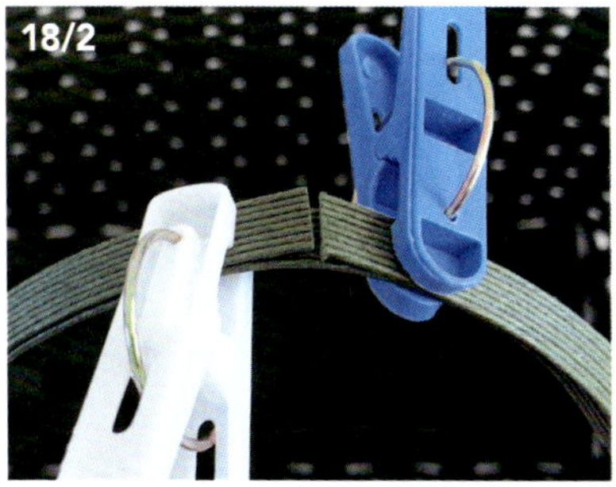
18/2

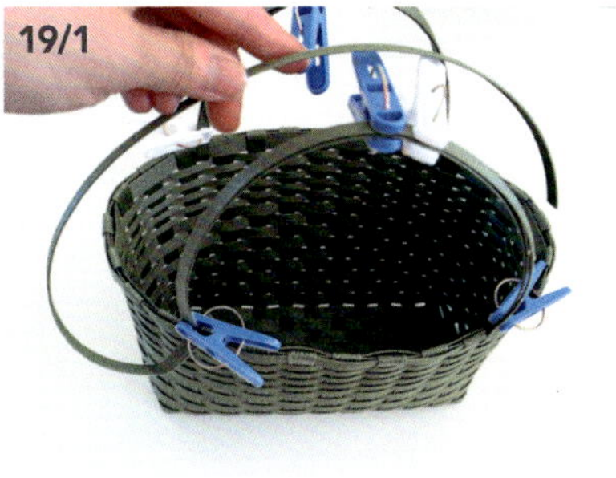
19/1

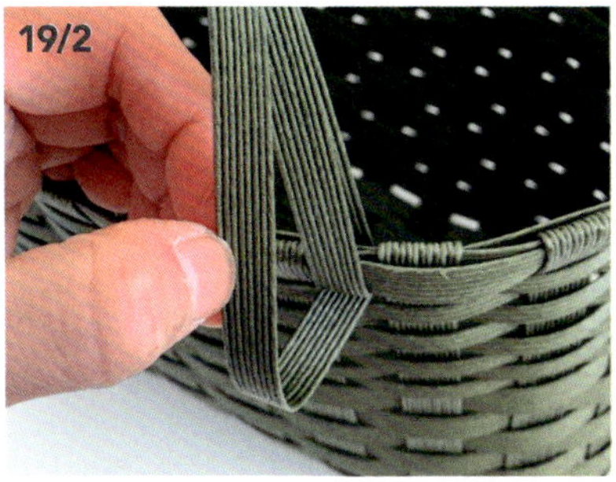
19/2

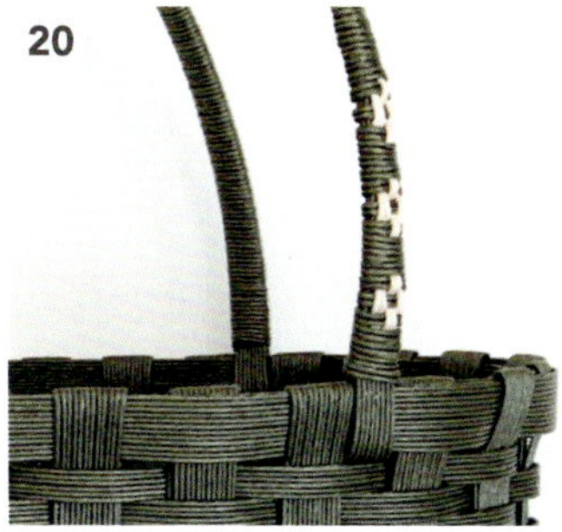
20

16. Die **G**-Abschnitte jeweils innen und außen in den Rand einflechten. Nach einer Runde die jeweiligen Enden zusammenkleben.

17. An den mit * gekennzeichneten Positionen werden die beiden Handgriffe befestigt. Dazu die **H**-Abschnitte jeweils an einer Taschenseite hineinstecken.

18. Die Enden der **H**-Abschnitte herumfalten und ganzflächig auf die **H**-Abschnitte kleben, sodass der Griff gedoppelt wird. Während der Leim trocknet, mit Wäscheklammern fixieren.

19. Die **I**-Abschnitte ebenfalls jeweils bei Position * hineinstecken und die Bandreste (etwa 10 cm) innen an die **H**-Abschnitte ankleben. Der Griff ist jetzt dreilagig.

20. Mit den **J**-Abschnitten jeweils einen Handgriff komplett umwickeln. Wer mag, flechtet ein Muster ein (s. S. 26, „Handgriff").

KOSMETIKTUCH-BOX

Größe: 26 cm (L) × 13 cm (B) × 8 cm (H)

Techniken: Standardboden | Geradeaus flechten | Ring flechten | Einfacher Randabschluss

11,5 m Papierband in Braun, 12 Schnur breit

zusätzlich: Gummiband

Sie benötigen folgende Abschnitte:

A: 8× 8 Schnur breit, 26 cm lang
B: 7× 6 Schnur breit, 48 cm lang
C: 3× 6 Schnur breit, 35 cm lang
D: 2× 6 Schnur breit, 13 cm lang
E: 4× 8 Schnur breit, 82 cm lang
F: 2× 2 Schnur breit, 680 cm lang
G: 2× 12 Schnur breit, 82 cm lang
H: 2× 6 Schnur breit, 14 cm lang
I: 2× 6 Schnur breit, 5 cm lang

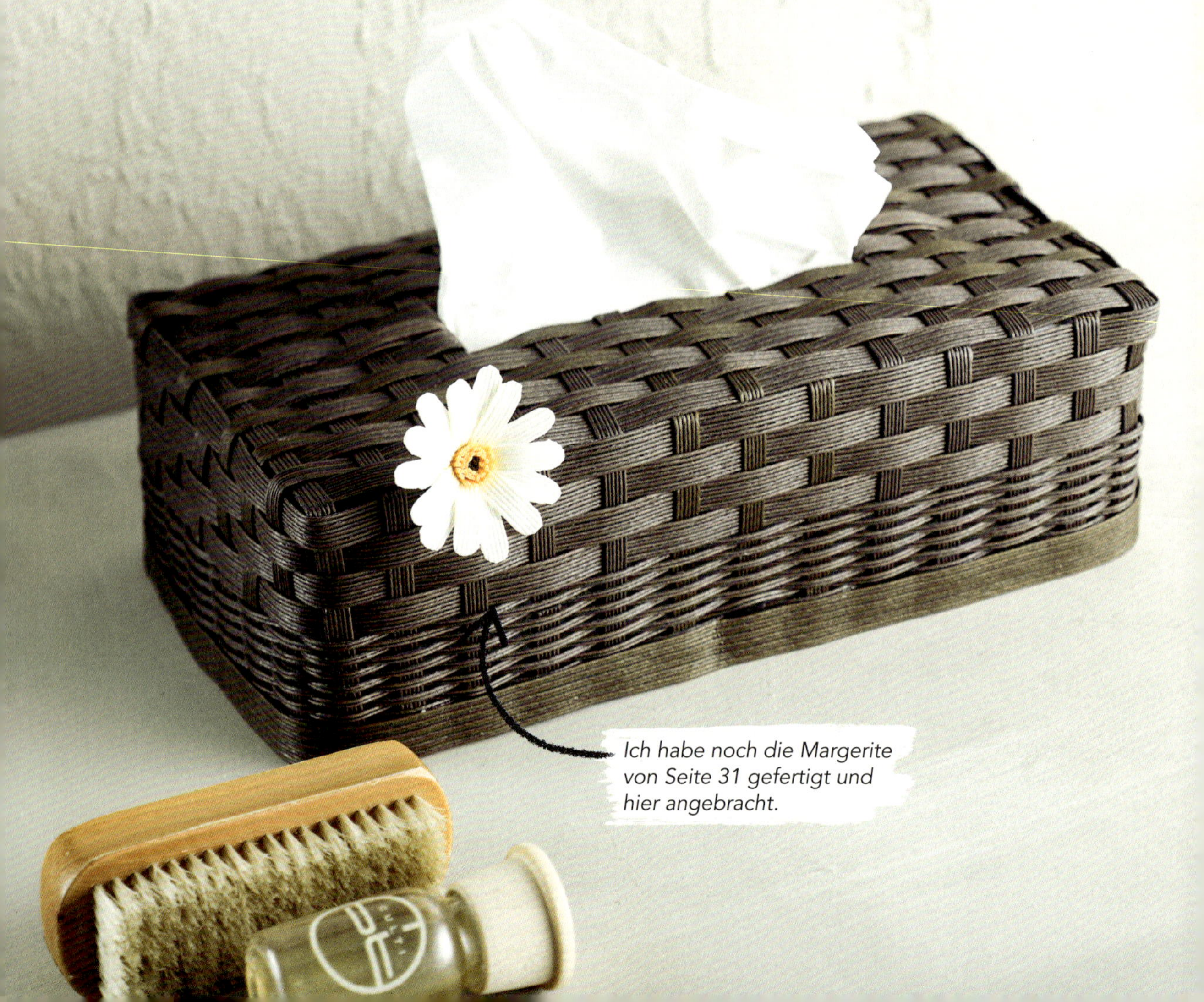

Ich habe noch die Margerite von Seite 31 gefertigt und hier angebracht.

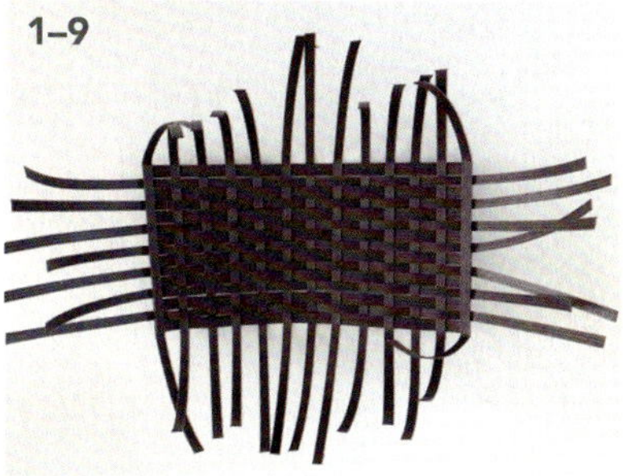

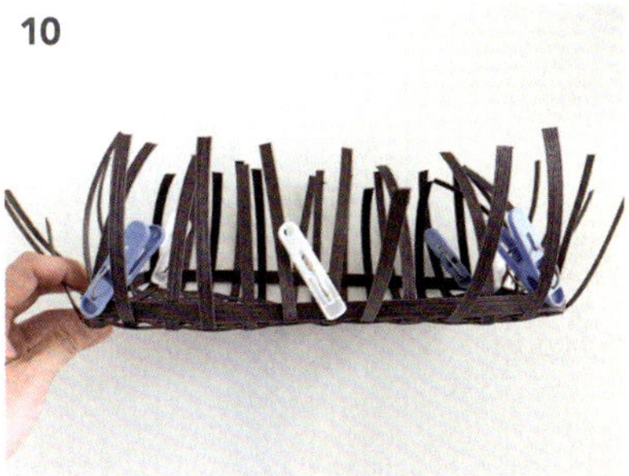

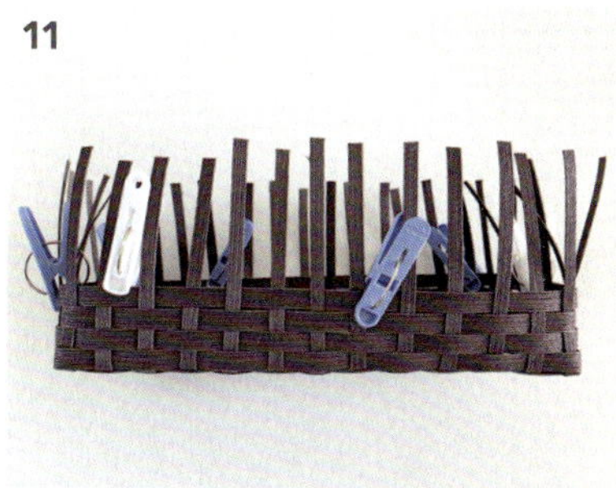

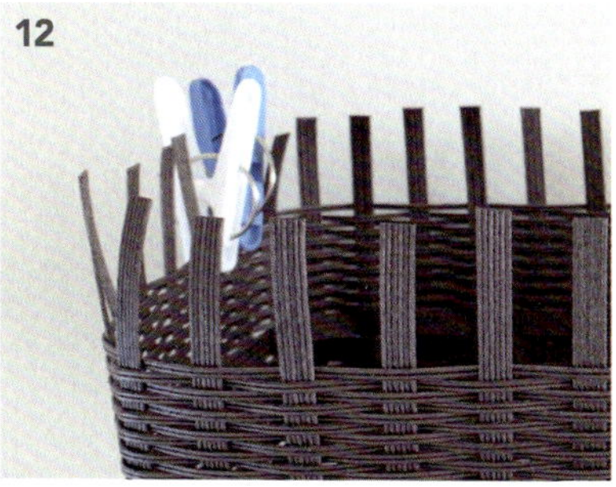

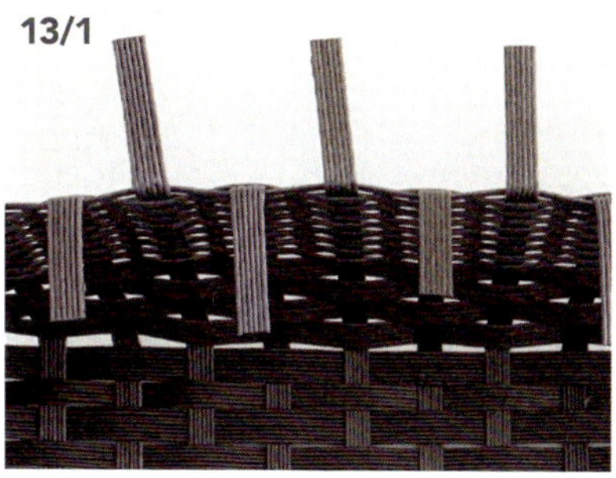

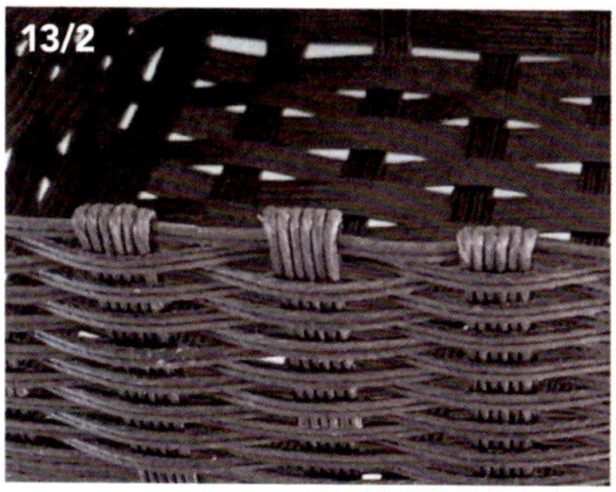

Sie erhalten insgesamt 8 Reihen vom breiten und 16 Reihen vom schmalen Geflecht.

1.–9. Einen Standardboden mit den Abschnitten **A, B, C** und **D** erstellen (s. S. 20) und die Seitenbänder hochfalten.

10. Nun die Seitenwände beginnen. Dazu einen **E**-Abschnitt einmal rundherum einflechten und die Enden überlappend zusammenkleben. Dabei darauf achten, dass die Klebestelle von außen nicht sichtbar ist (s. S. 16, „Geradeaus flechten").

11. Die Überlappung vom ersten, eben eingeflochtenen **E**-Abschnitt messen. Die restlichen drei **E**-Abschnitte mit derselben Überlappung vorbereiten, sodass Ringe entstehen, und diese dem Muster gemäß einflechten (s. S. 37, „Einfache Tasche", und S. 16, „Ring flechten").

12. Dann mit den beiden **F**-Abschnitten gleichzeitig 8 Runden geradeaus flechten (s. S. 16). Nach dem Flechten ergibt sich in der Regel ein Bandrest. Diesen Rest abschneiden und die Enden ankleben.

13. Überstehende Reste der Seitenbänder abwechselnd nach innen und nach außen falten und einflechten (s. S. 22, „Einfacher Randabschluss").

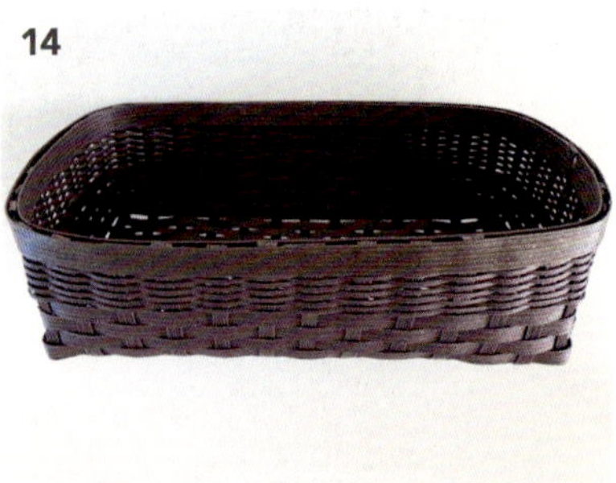

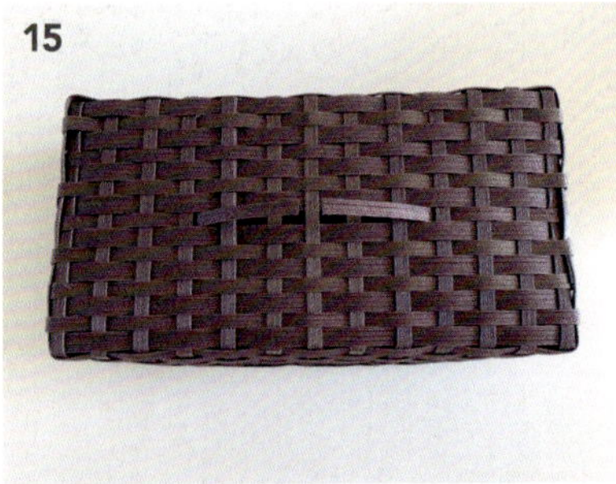

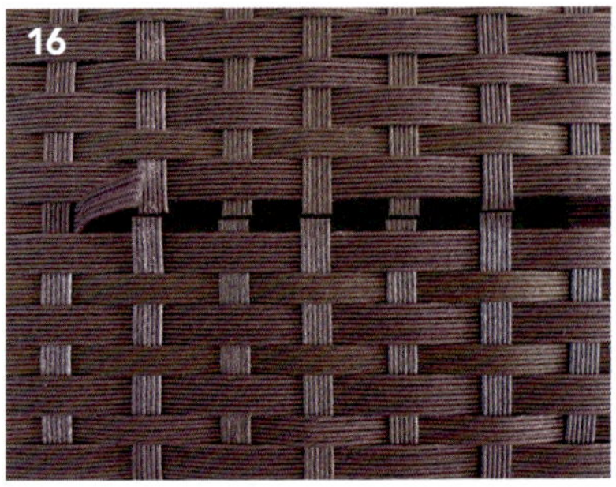

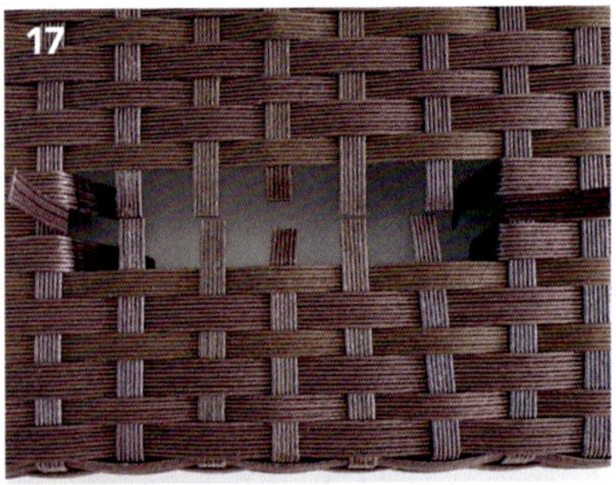

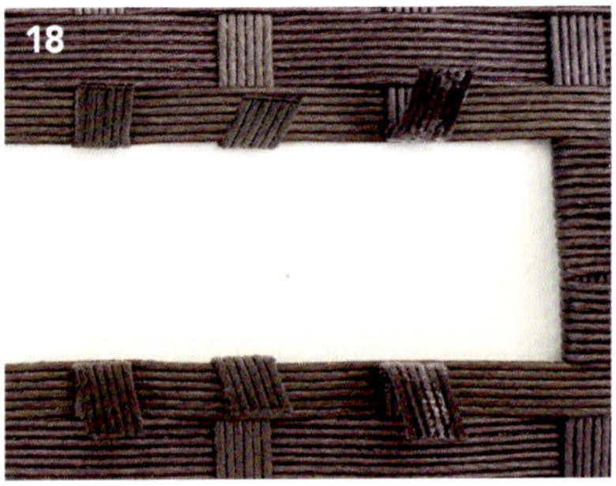

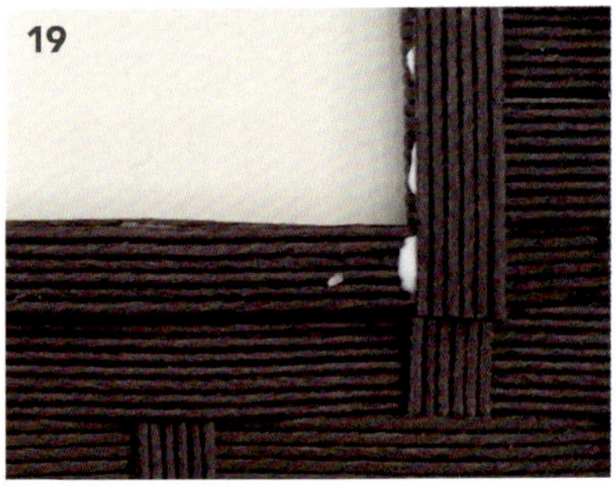

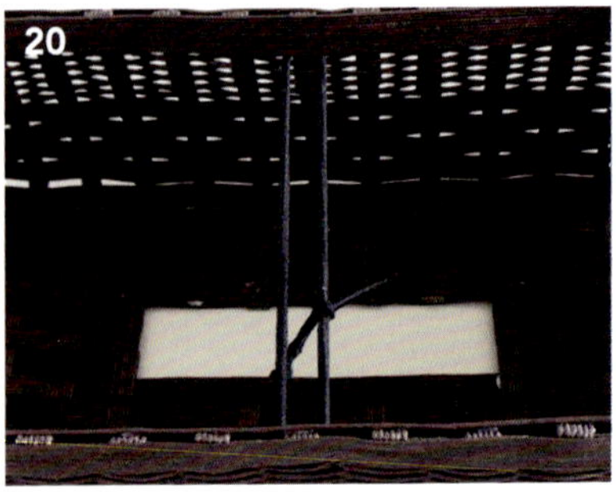

14. Die **G**-Abschnitte innen und außen an den Rand ankleben. Die Enden jeweils zusammenkleben.

15. Die Box auf den Kopf stellen. Das mittlere breite Band des Bodens (**B**-Abschnitt) in der Mitte zerschneiden und am vierten **C**-Abschnitt – jeweils von der Seite aus gezählt – nach oben klappen.

16. Die mittleren, innerhalb der entstandenen Öffnung liegenden fünf **C**-Bänder in der Mitte zerschneiden, sodass ein schmaler Schlitz entsteht.

17. Nun den Schlitz verbreitern: Bei jeweils einer Reihe ober- und unterhalb des Schlitzes ebenfalls die mittleren **B**-Abschnitte in der Mitte zerschneiden und am vierten **C**-Abschnitt wegklappen – diesmal nach unten (ins Innere der Box).

18. Die nach oben bzw. nach unten geklappten **B**-Abschnitte einflechten (s. S. 22, „Einfacher Randabschluss"). Die **C**-Abschnitte alle nach innen klappen und ankleben.

19. Die Abschnitte **H** und **I** von innen an die Schlitzkanten kleben.

20. Zur Stabilisierung der Box ein Gummiband wie auf dem Foto ins Geflecht ziehen und verknoten.

EINFACHER KORB

Größe: 22 cm (L) × 15 cm (B) × 11 cm (H)

Techniken: Standardboden | Geradeaus flechten | Dreibändig zwirbeln | Einfacher Randabschluss

17,5 m Papierband in Natur (Farbe 1), 12 Schnur breit

3 m Papierband in Weiß (Farbe 2), 12 Schnur breit

Sie benötigen folgende Abschnitte:

A: 8× 8 Schnur breit (Farbe 1), 22 cm lang
B: 7× 8 Schnur breit (Farbe 1), 50 cm lang
C: 11× 8 Schnur breit (Farbe 1), 44 cm lang
D: 2× 8 Schnur breit (Farbe 1), 15 cm lang
E: 3× 2 Schnur breit (Farbe 1), 240 cm lang
F: 6× 2 Schnur breit (Farbe 1), 540 cm lang
G: 3× 2 Schnur breit (Farbe 2), 240 cm lang
H: 3× 8 Schnur breit (Farbe 1), 40 cm lang
I: 8 Schnur breit (Farbe 1), 22 cm lang
J: 2 Schnur breit (Farbe 1), 350 cm lang
K: 4 Schnur breit (Farbe 2), 25 cm lang

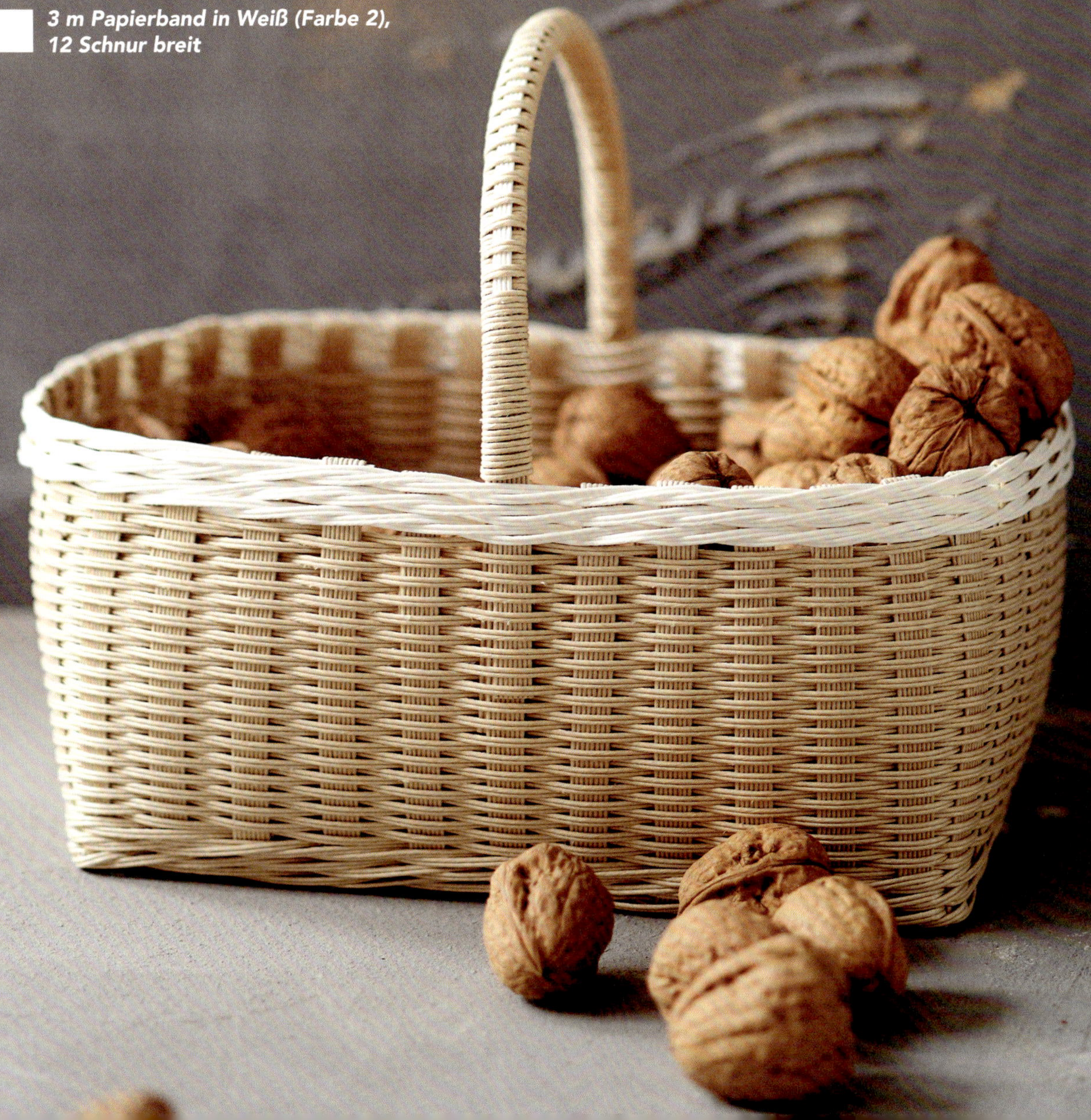

13/1

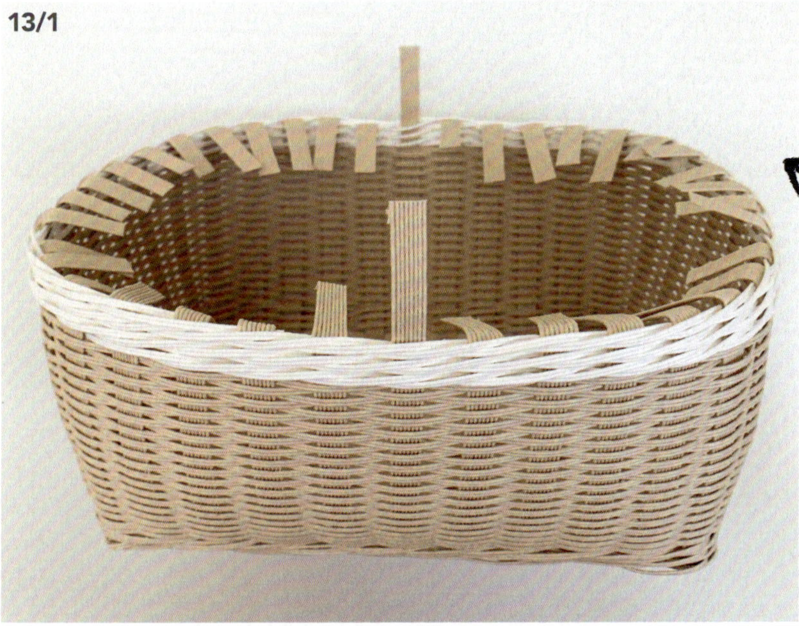

Die 18 Runden mit zwei Abschnitten ergeben insgesamt 36 Reihen!

13/2

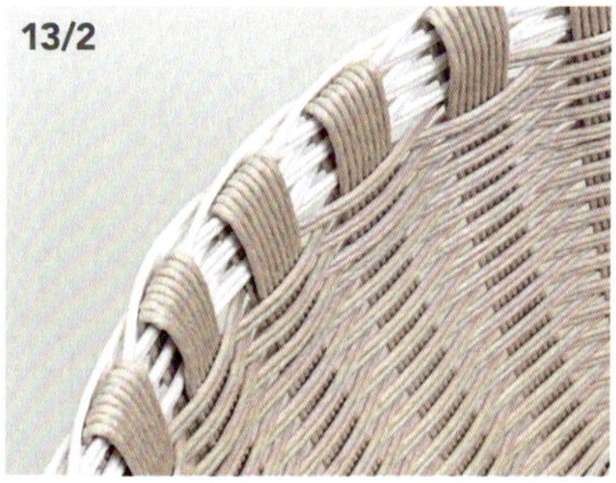

1.–9. Einen Standardboden mit den Abschnitten **A**, **B**, **C** und **D** erstellen (s. S. 20) und die Seiten aufstellen.

10. Die drei **E**-Abschnitte 3 Runden lang dreibändig zwirbeln (s. S. 18).

11. Anschließend zwei **F**-Abschnitte gleichzeitig 18 Runden geradeaus flechten (s. S. 16). Nach den 18 Runden ergeben sich in der Regel Bandreste. Diese abschneiden und die Enden ankleben.

12. Als farblichen Akzent noch 3 Runden mit den **G**-Abschnitten dreibändig zwirbeln (s. S. 18).

13. Zum Abschluss Reste der Seitenbänder (**C**-Abschnitte) nach innen falten und im Seitengeflecht versorgen (s. S. 22, „Einfacher Randabschluss"). Jedoch auf beiden langen Seiten jeweils den mittleren **C**-Abschnitt stehen lassen; diese Überstände werden für den Handgriff gebraucht.

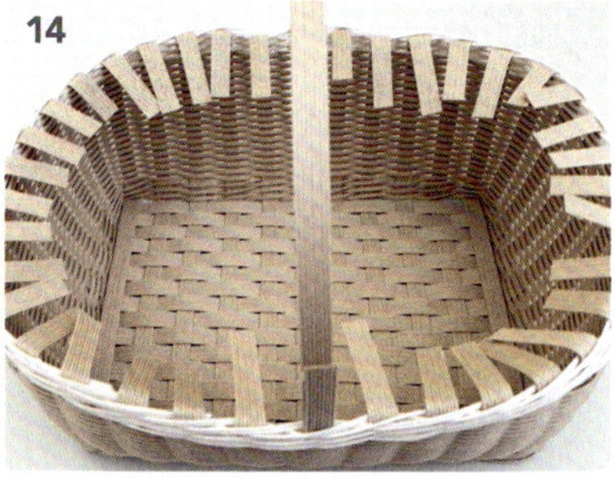
14

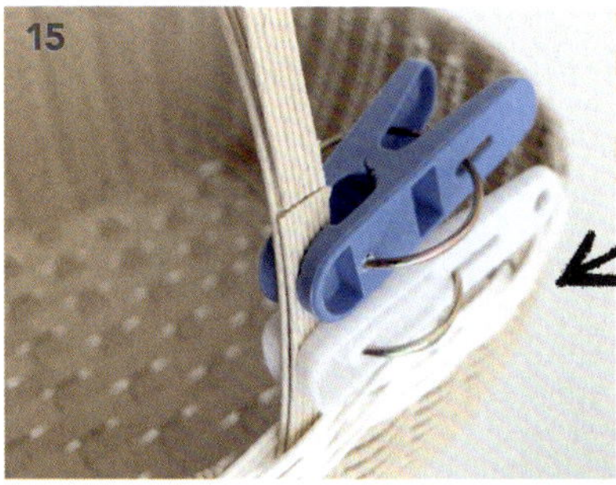
15

Ich verwende auch hier Wäscheklammern zum Fixieren.

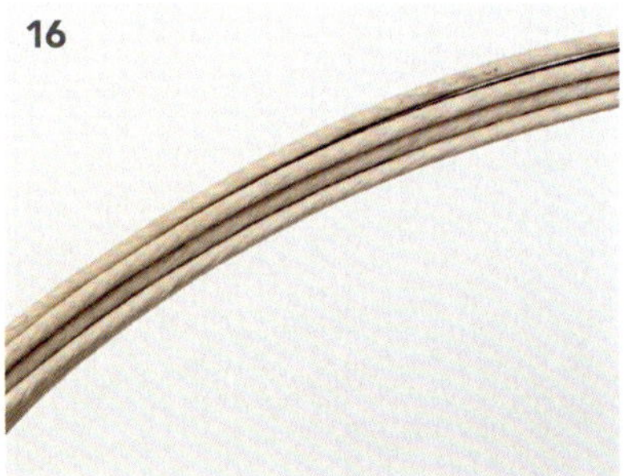
16

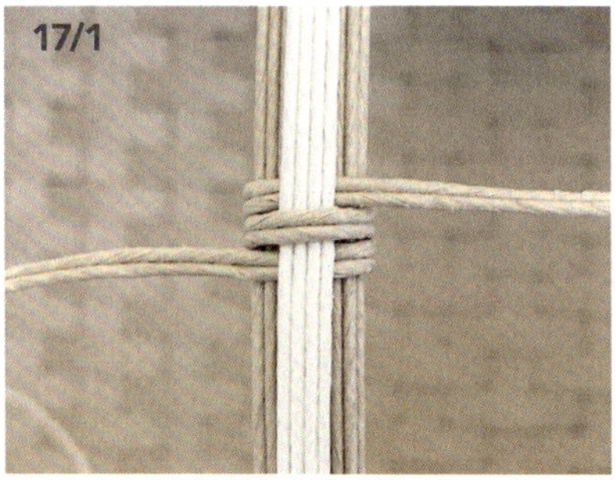
17/1

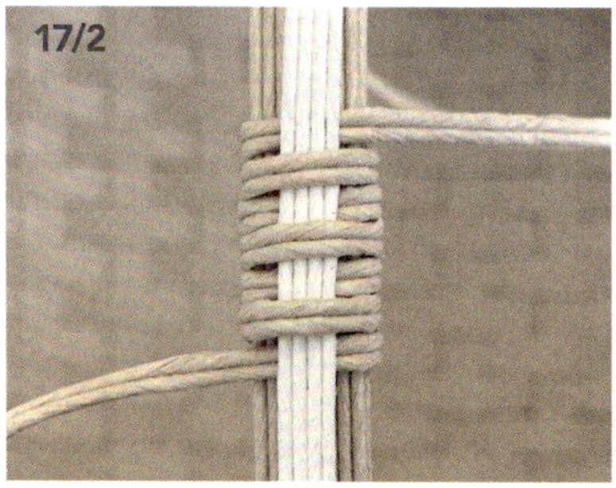
17/2

14. Für den Handgriff die beiden Enden eines **H**-Abschnitts jeweils von innen zu den mittleren, stehen gelassenen **C**-Abschnitten stecken. Den **H**-Abschnitt so weit hineinschieben, dass das Bogenmaß zwischen den Überlappungen 22 cm beträgt (denn genau diese Strecke wird im nächsten Schritt verstärkt). Die Überlappungen der Abschnitte **C** und **H** zusammenkleben.

15. Den **I**-Abschnitt genau zwischen die Überlappungen auf den **H**-Abschnitt kleben. Der Griff ist nun gedoppelt und dadurch stabiler.

16. Den zweiten **H**-Abschnitt außen über dem Griff einstecken und ankleben. Dasselbe mit dem dritten **H**-Abschnitt machen. Der Griff ist nun vier Schichten stark.

17. Zuletzt den **J**-Abschnitt mittig von unten an den Griff kleben und das kontrastfarbige Schmuckband **K** auf den Griff legen. Den Griff mit dem **J**-Abschnitt umwickeln, dabei auf Wunsch ein Muster einarbeiten (s. S. 28, „Muster einarbeiten – Variante 2").

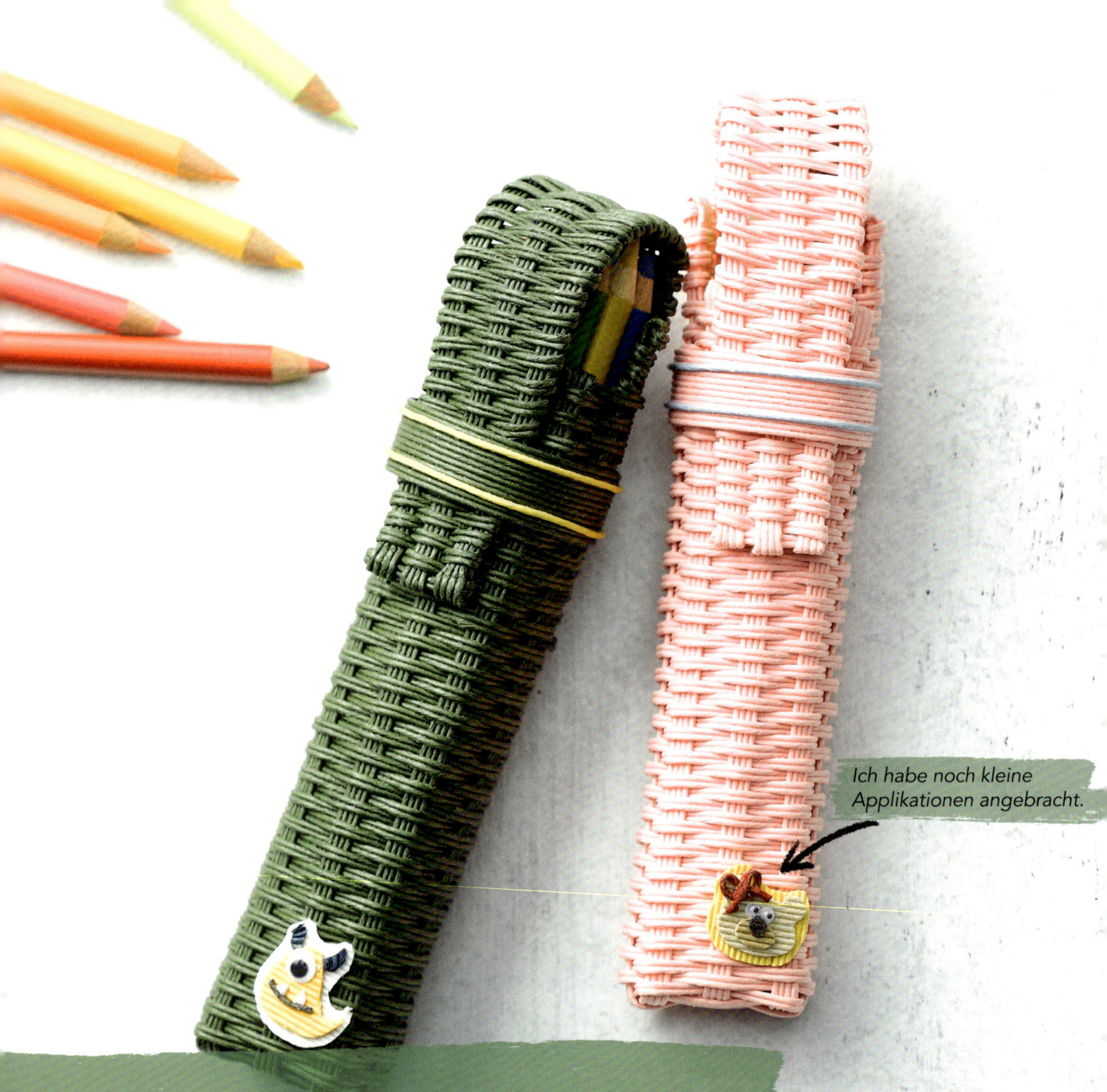

STIFTETUI

Größe: 3 cm (L) × 2 cm (B) × 16 cm (H)

Techniken: Standardboden | Geradeaus flechten | Im Zickzack flechten | Bänder ansetzen | Einfacher Randabschluss

5 m Papierband in Grün oder Rosa, 12 Schnur breit

Sie benötigen folgende Abschnitte:

A: 2× 6 Schnur breit, 3 cm lang
B: 4 Schnur breit, 42 cm lang
C: 3× 4 Schnur breit, 51 cm lang
D: 2× 4 Schnur breit, 2 cm lang
E: 2× 2 Schnur breit, 400 cm lang
F: 2 Schnur breit, 250 cm lang
G: 12 Schnur breit, 16 cm lang

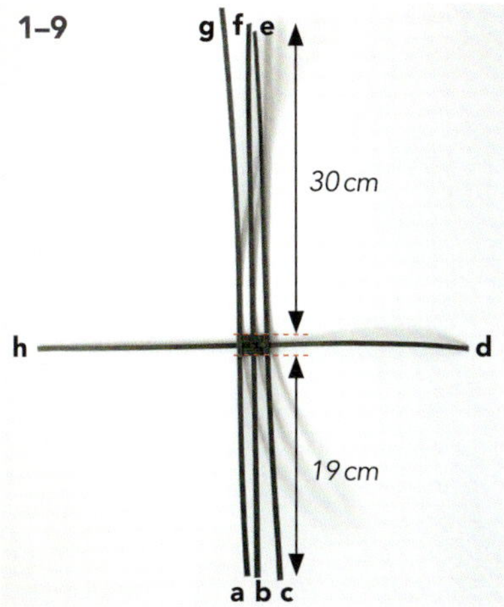

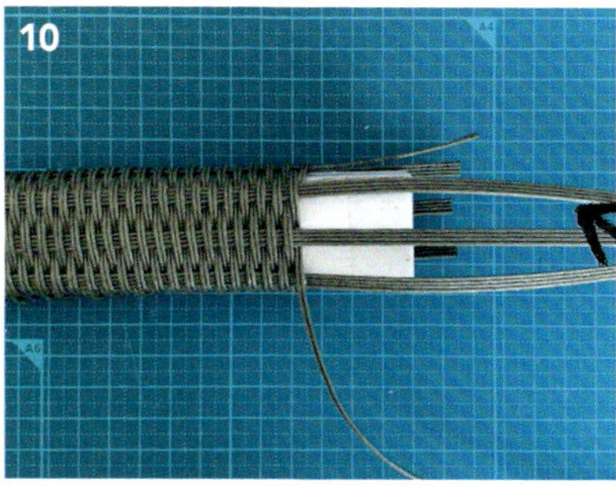

Ich verwende einen schmalen Karton zum Stabilisieren der Form.

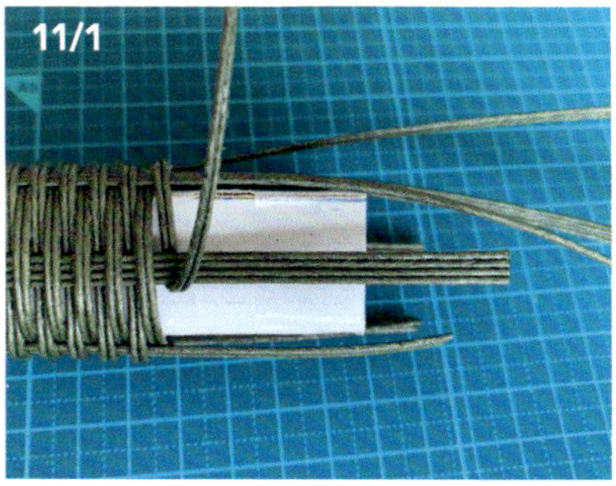

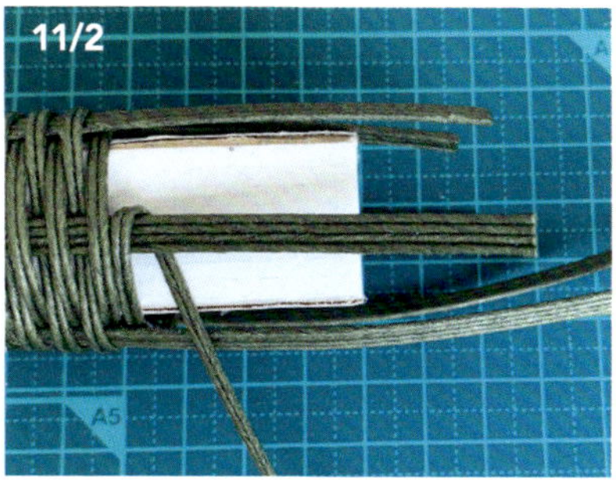

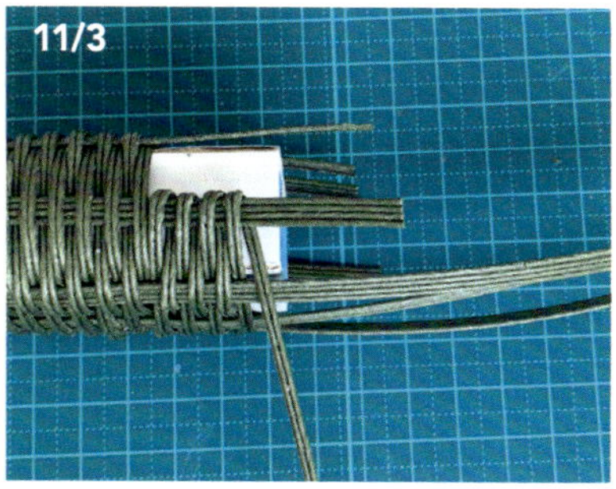

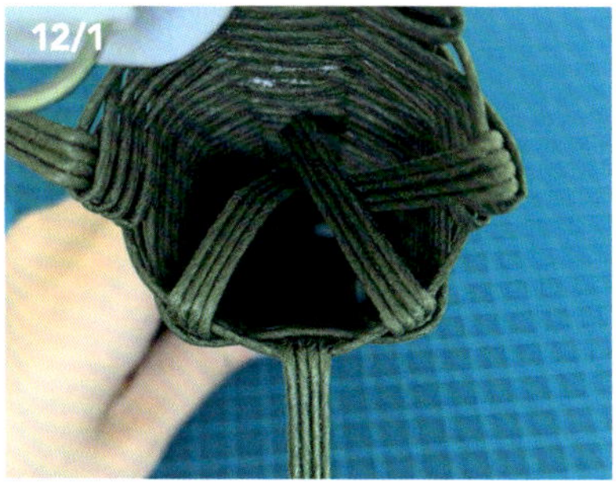

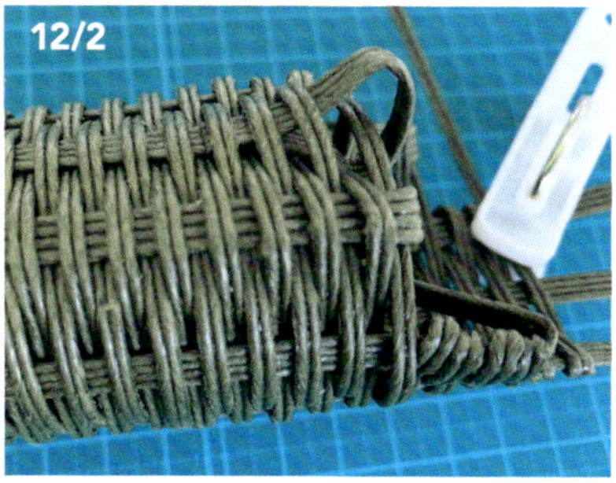

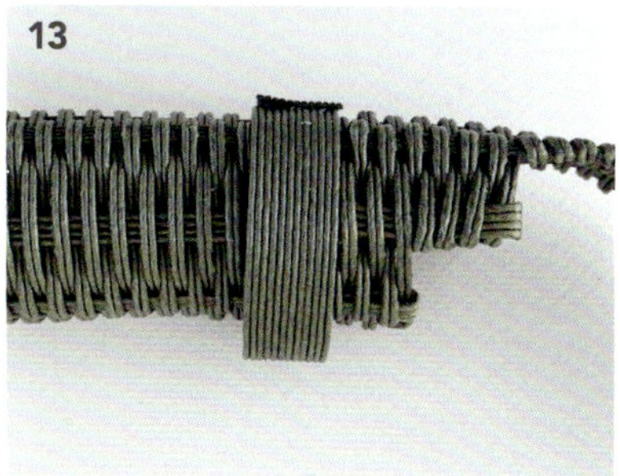

1.–9. Einen Standardboden mit den Abschnitten **A**, **B**, **C** und **D** erstellen (s. S. 20), dabei wird der **C**-Abschnitt nicht symmetrisch platziert: Auf einer Seite beträgt der Rest 30 cm, auf der anderen Seite 19 cm. Die Seitenbänder hochfalten.

10. Mit den zwei **E**-Abschnitten gleichzeitig 30 Runden geradeaus flechten (s. S. 16) – das ergibt einen schmalen Köcher mit 60 Reihen Geflecht. Danach den unteren Abschnitt auf der Höhe abschneiden, wo das Flechten begonnen hat. Den Rest innen ankleben.

11. Mit dem zweiten **E**-Abschnitt weiterflechten: erst zwischen **d** und **h** 4× im Zickzack, dann zwischen **e** und **g** 52× im Zickzack flechten (s. S. 19). Ist der **E**-Abschnitt aufgebraucht, den **F**-Abschnitt ansetzen (s. S. 15) und damit weiterflechten.

12. Die Reste abwechselnd nach innen und nach außen falten und versorgen (s. S. 22, „Einfacher Randabschluss").

13. Den **G**-Abschnitt am Etui ankleben, sodass die Deckellasche hineingeschoben und das Etui verschlossen werden kann.

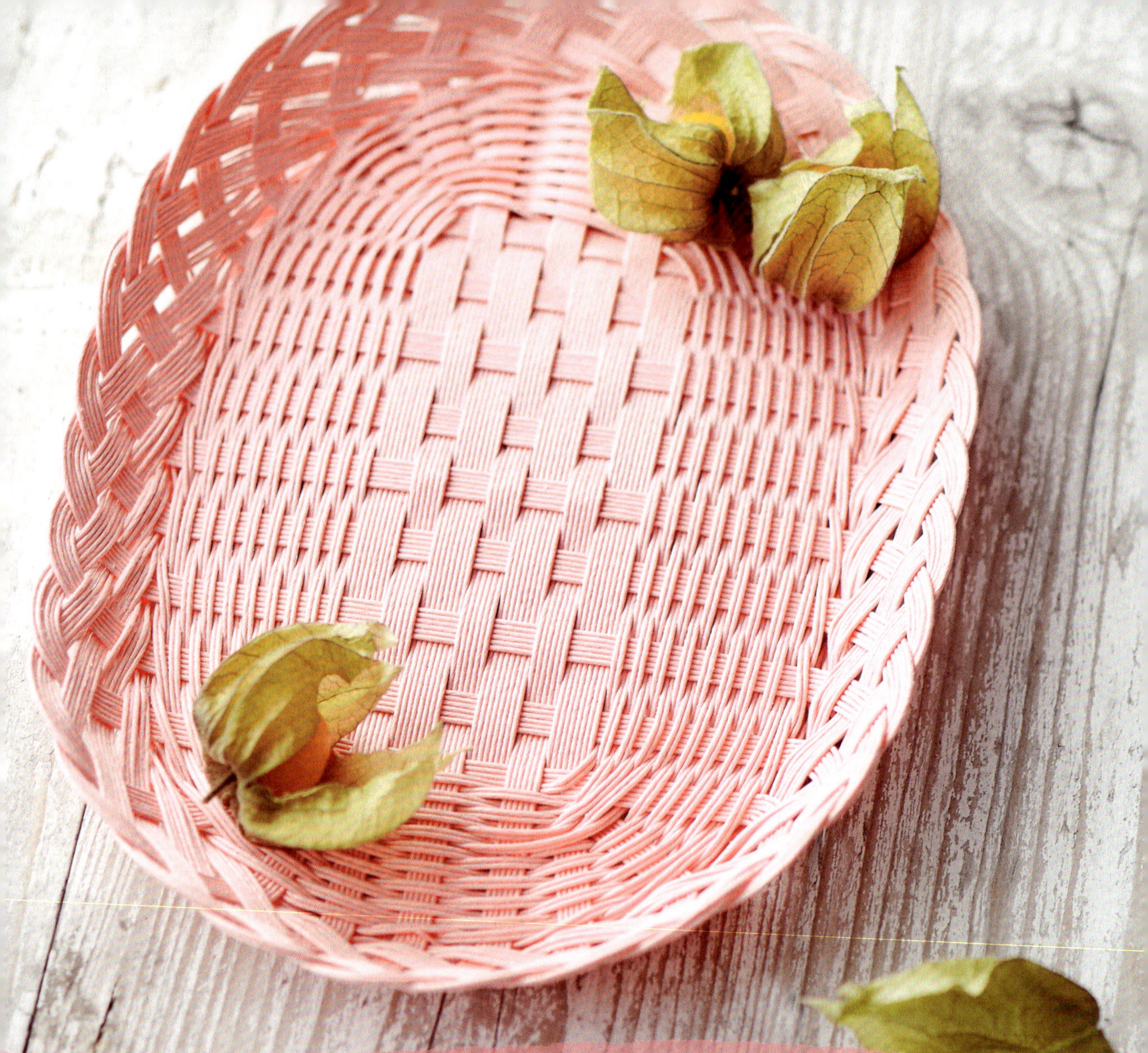

OBSTSCHALE

Größe: 21 cm (L) × 14 cm (B) × 3,5 cm (H)

Techniken: Ovaler Boden | Geradeaus flechten | Zweibändig zwirbeln rechtsherum | Wellenabschluss

10 m Papierband in Rosa, 12 Schnur breit

Sie benötigen folgende Abschnitte:

A: 4× 8 Schnur breit, 14 cm lang
B: 3× 6 Schnur breit, 68 cm lang
C: 9× 6 Schnur breit, 61 cm lang
D: 2× 6 Schnur breit, 6 cm lang
E: 2× 2 Schnur breit, 450 cm lang
F: 4× 6 Schnur breit, 56 cm lang

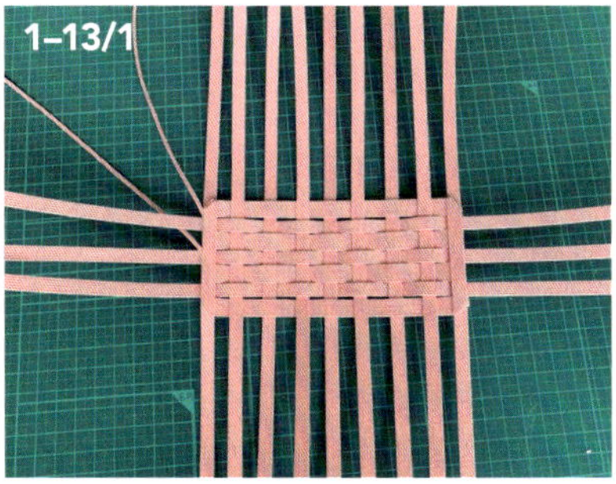
1–13/1

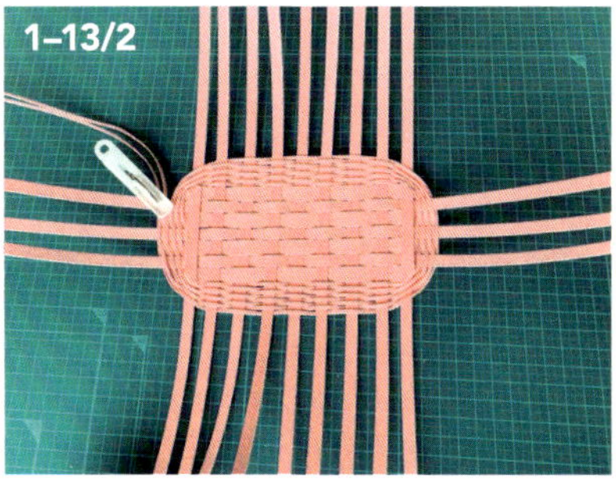
1–13/2

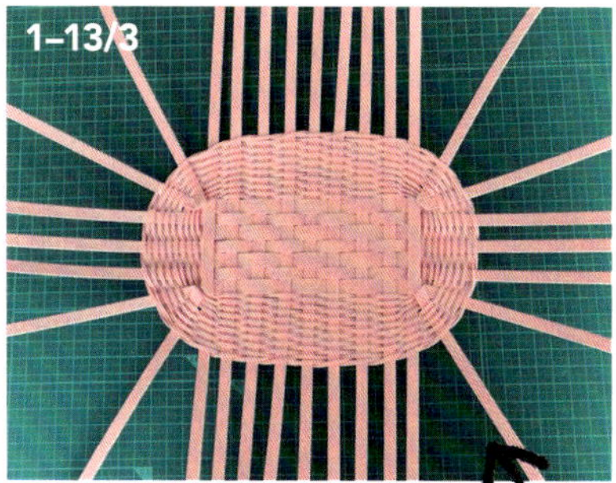
1–13/3

*Die Abschnitte **B** und **C** schön gleichmäßig verteilen.*

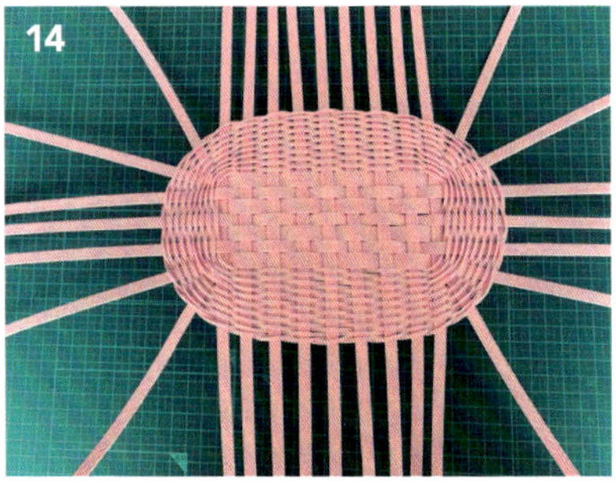
14

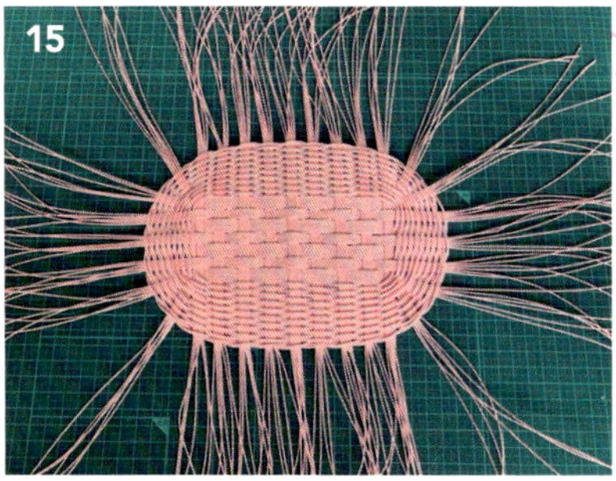
15

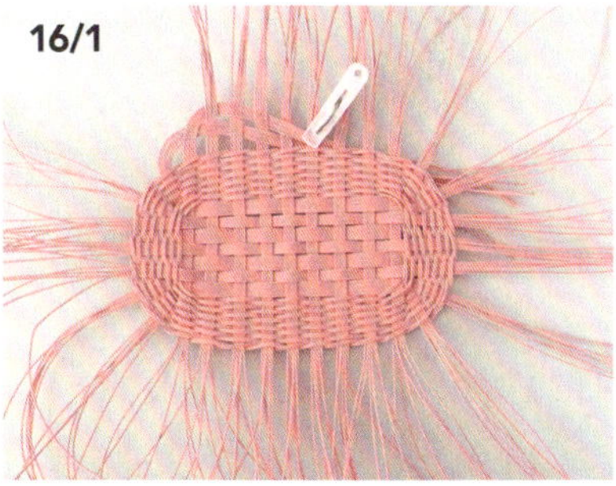
16/1

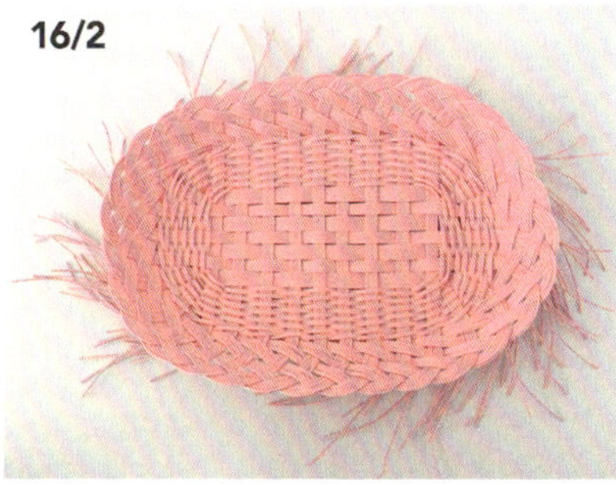
16/2

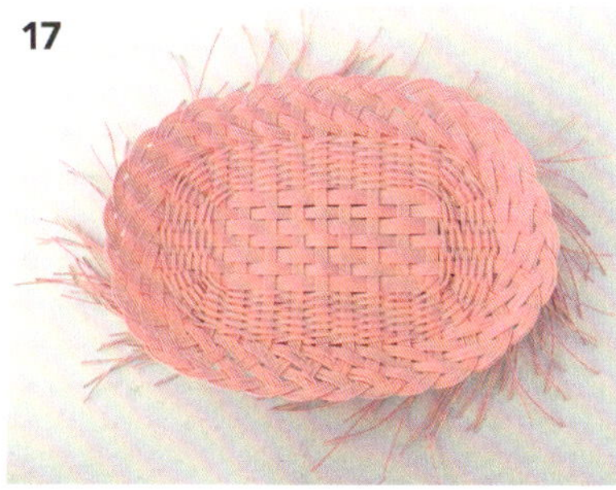
17

1.–13. Einen ovalen Boden aus den Abschnitten **A**, **B**, **C** und **D** flechten (s. S. 21). Daran schließen sich 4 Runden geradeaus flechten (s. S. 16) mit den beiden **E**-Abschnitten an. An den Ecken je einen Abschnitt **F** einfädeln, v-förmig falten und nochmals 4 Runden geradeaus flechten. Es ergeben sich 8 Reihen. Zum Abschluss des Bodens die **E**-Abschnitte zweibändig rechtsherum zwirbeln (s. S. 17).

14. Die Arbeit umdrehen.

15. Die Bänder wie auf dem Foto zu Einzelschnüren zerteilen.

16. Mit den zerteilten Enden einen Wellenabschluss fertigen. Dabei laufen die Schlaufen fünf Bänder weit, das heißt, sie werden jeweils am fünften Band fixiert (s. S. 24).

17. Die Arbeit auf den Kopf drehen und die überstehenden Bandreste rundherum flechten wie bei einem französischen Haarzopf, dann so abschneiden, dass 3–5 mm überstehen.

RUNDE TASCHE

Größe: 18 cm (B) × 8 cm (D)

Techniken: Geradeaus flechten | Zweibändig zwirbeln rechtsherum/linksherum | Im Zickzack flechten | Handgriff

16,5 m Papierband in Natur (Farbe 1), 12 Schnur breit

3,5 m Papierband in Rot (Farbe 2), 12 Schnur breit

Sie benötigen folgende Abschnitte:

A: 16× 6 Schnur breit (Farbe 1), 38 cm lang
B: 4× 2 Schnur breit (Farbe 1), 650 cm lang
C: 32× 6 Schnur breit (Farbe 1), 16 cm lang
D: 6 Schnur breit (Farbe 1), 430 cm lang
E: 2× 2 Schnur breit (Farbe 1), 21 cm lang
F: 2× 1 Schnur breit (Farbe 1), 60 cm lang
G: 2× 6 Schnur breit (Farbe 2), 105 cm lang
H: 2× 2 Schnur breit (Farbe 2), 200 cm lang

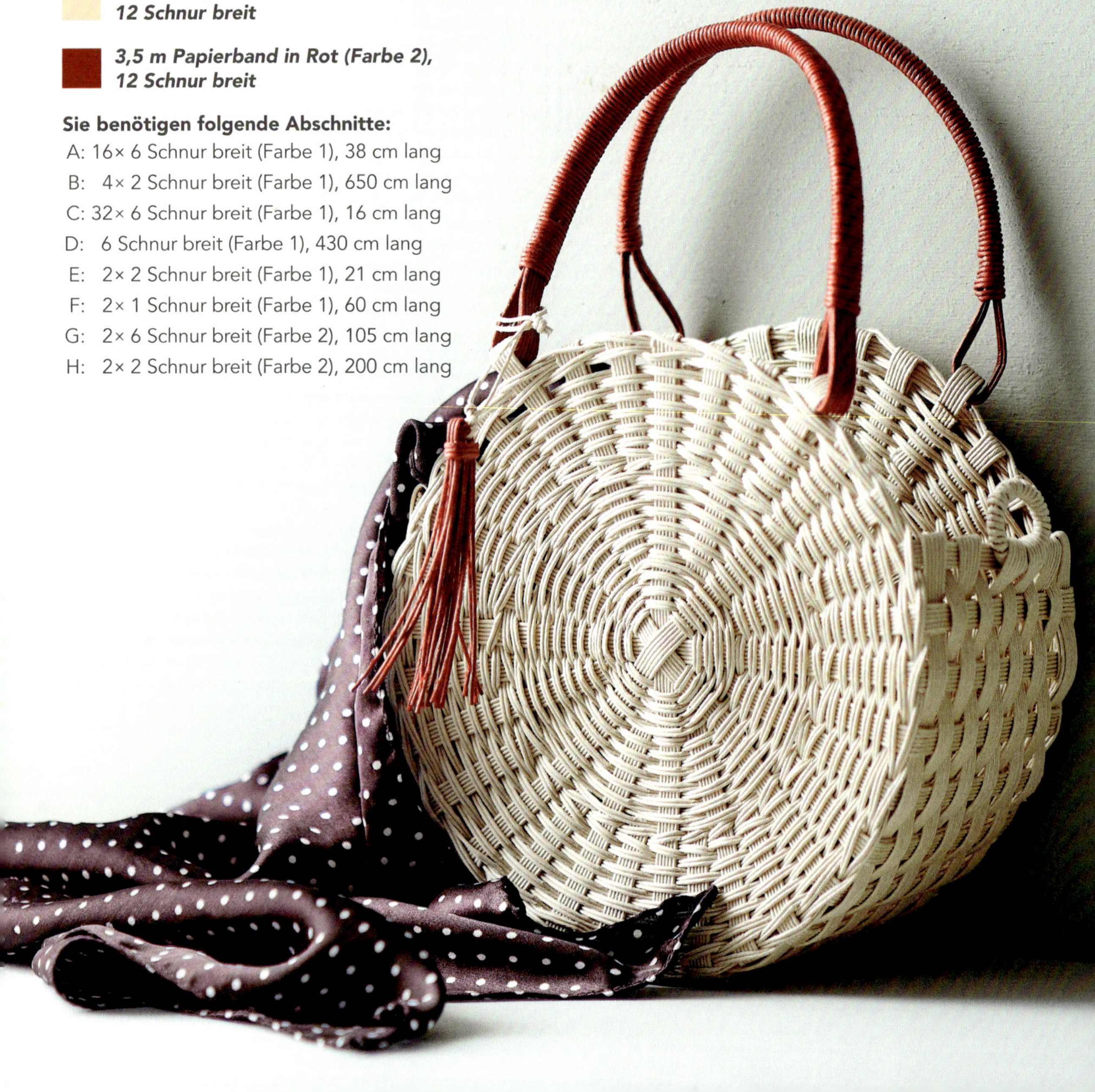

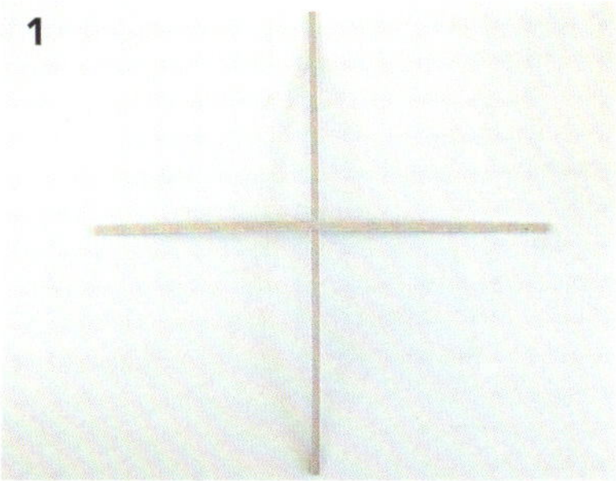

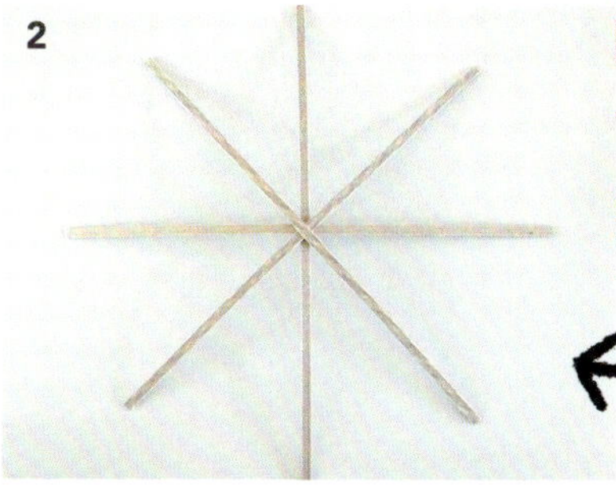

Ich achte hier auf gleichmäßige Abstände, damit die Tasche später perfekt wird.

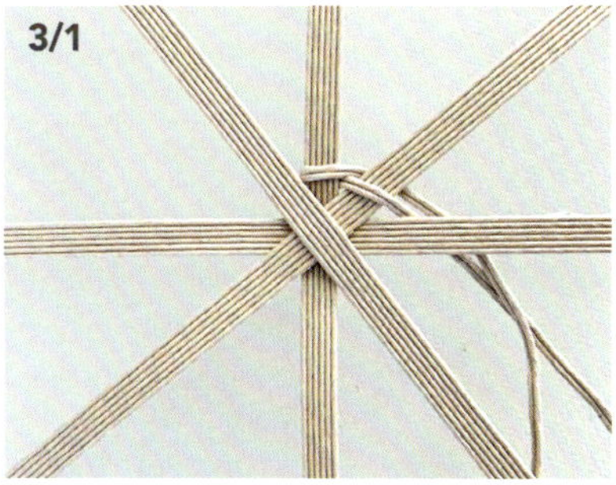

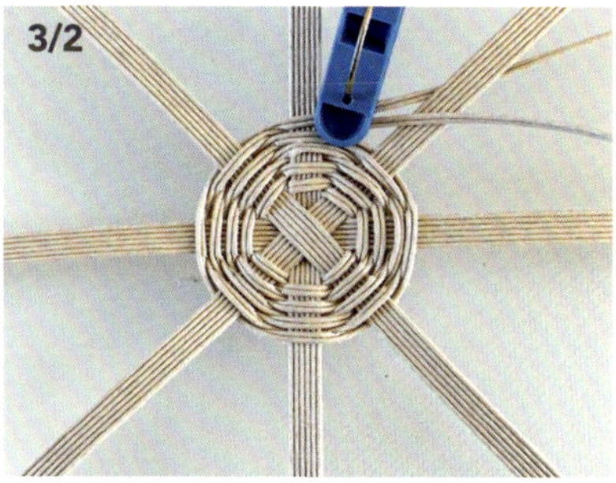

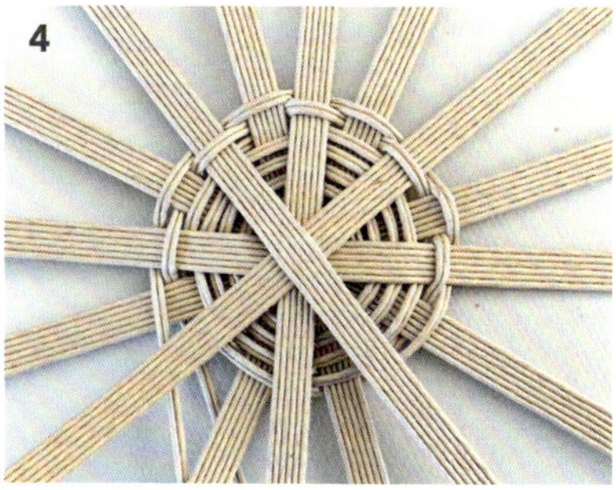

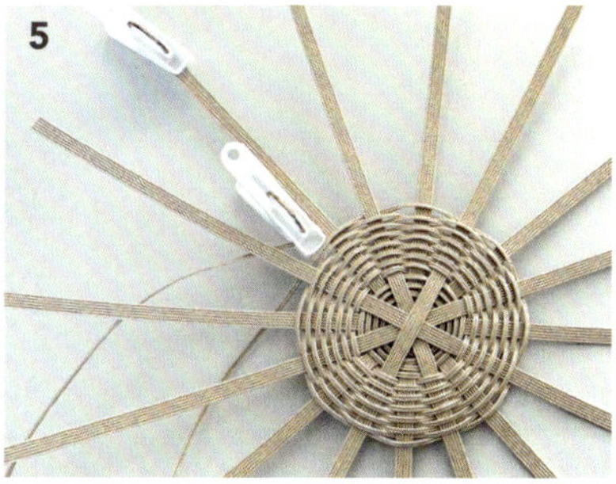

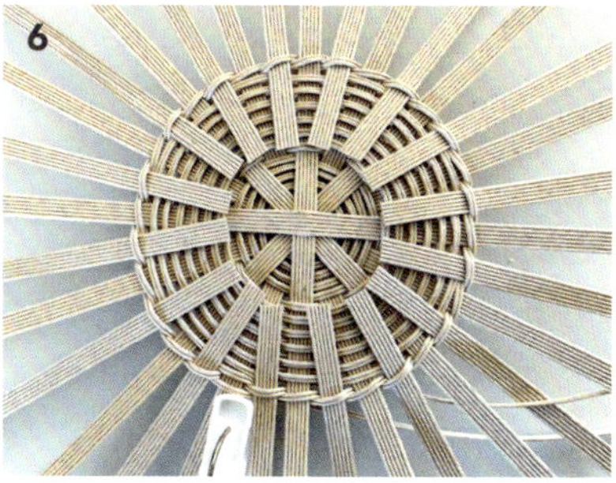

1. Zwei **A**-Abschnitte zu einem Kreuz zusammenkleben.

2. Zwei weitere **A**-Abschnitte ebenfalls zu einem Kreuz zusammenkleben und versetzt auf das erste Kreuz kleben, sodass eine Sternform entsteht.

3. Mit zwei **B**-Abschnitten gleichzeitig 4 Runden geradeaus flechten (s. S. 16), das ergibt insgesamt 8 Reihen. Auf Starthöhe der beiden **B**-Abschnitte die Reste mit einer Wäscheklammer fixieren (nicht abschneiden!).

4. Die Schritte 1 und 2 mit vier weiteren **A**-Abschnitten wiederholen. Diesen Stern wie auf dem Foto versetzt auf der Rückseite des ersten Sterns ankleben. (Das Foto zeigt die Außenseite.)

5. Wäscheklammer entfernen und mit den beiden **B**-Abschnitten weitere 6 Runden geradeaus flechten. Danach wieder auf Starthöhe der Abschnitte die Reste mit einer Wäscheklammer fixieren.

6. 16 **C**-Abschnitte in die Zwischenräume kleben.

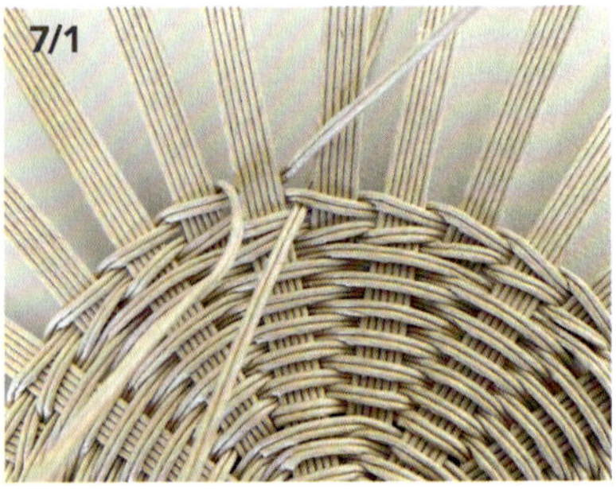

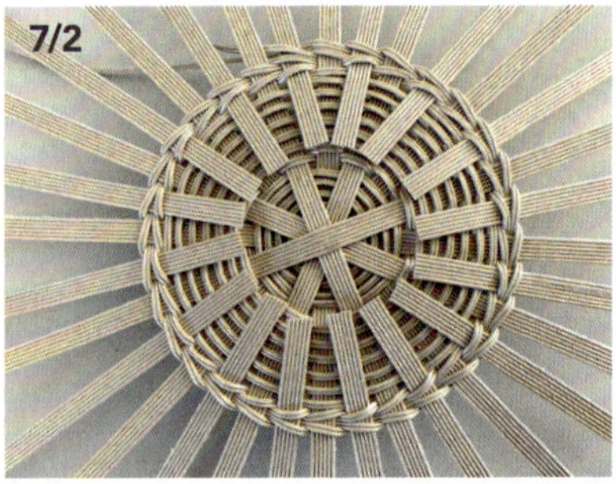

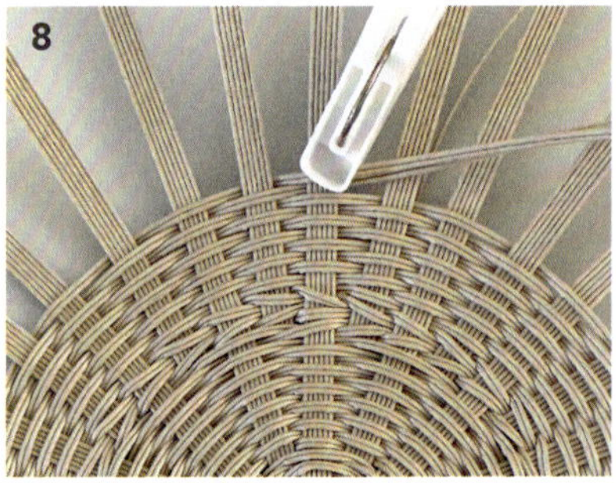

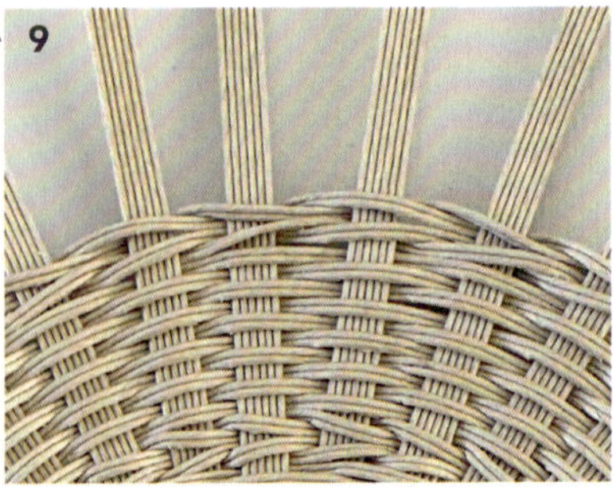

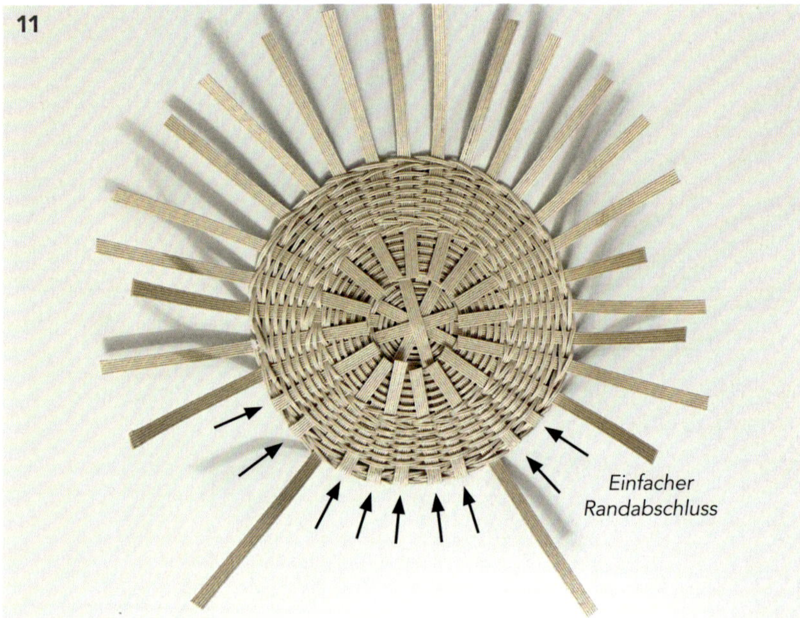

7. Wäscheklammer entfernen und mit den beiden **B**-Abschnitten 1 Runde zweibändig rechtsherum zwirbeln, dann 1 Runde zweibändig linksherum zwirbeln (s. S. 17, 18).

8. Nun 5 Runden geradeaus flechten (s. S. 16).

9. Zum Schluss nochmals je 1 Runde zweibändig rechtsherum und zweibändig linksherum zwirbeln. Die Reste abschneiden und innen ankleben.

10. Für die zweite Hälfte der Tasche Schritte 1–9 wiederholen.

11. Die mit weißen Pfeilen markierten **A**-Abschnitte bei beiden Taschenhälften zur Innenseite umklappen und einflechten (s. S. 22, „Einfacher Randabschluss").

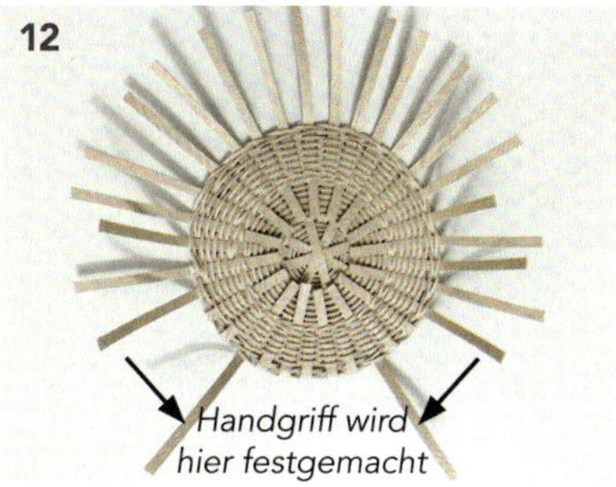

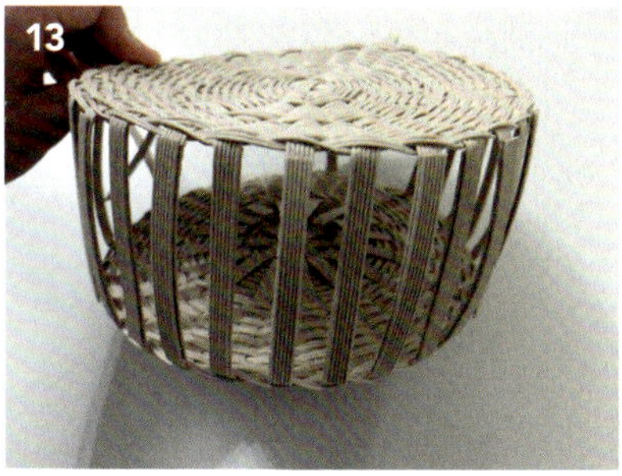

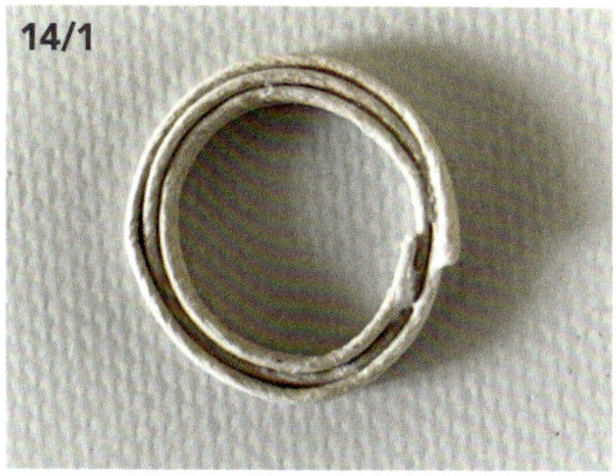

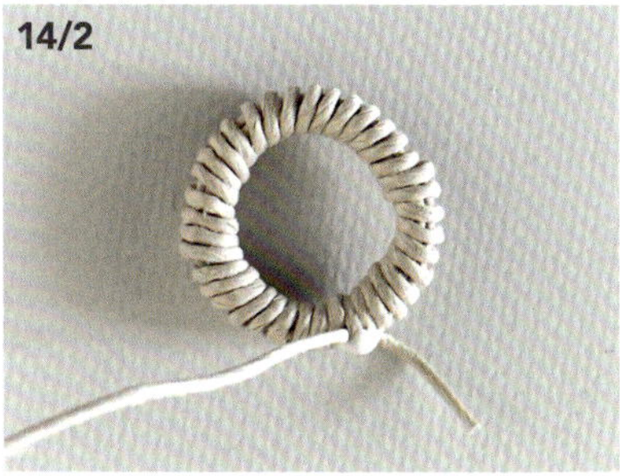

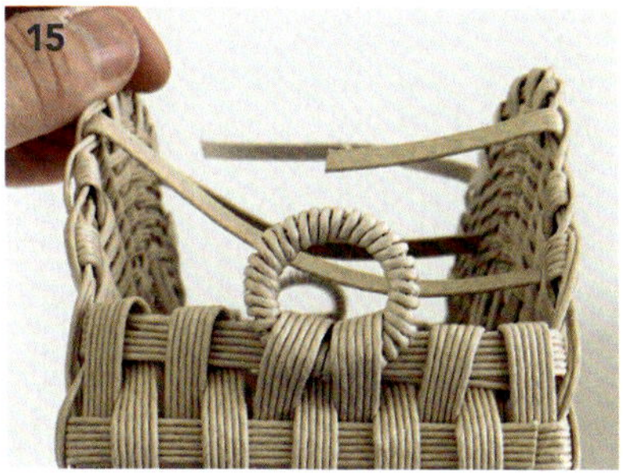

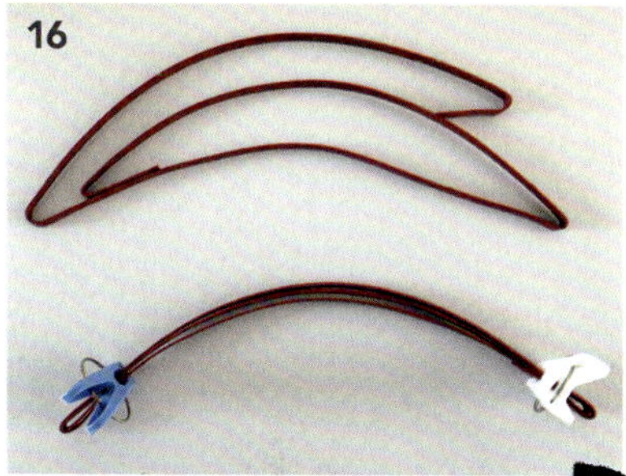

Ein Griff in Kontrastfarbe sieht toll aus. Schlichter wird eine komplett unifarbene Tasche.

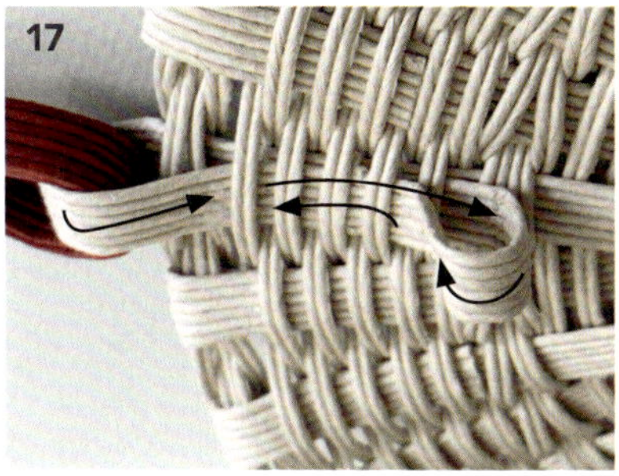

12. Die beiden **A**-Abschnitte, an denen später der Handgriff befestigt wird, bleiben lang. Die restlichen **A**-Abschnitte auf 8 cm Überstand kürzen.

13. Die 8-cm-Reste zur Tascheninnenseite umklappen und zusammenkleben. Die beiden langen **A**-Abschnitte nicht verkleben.

14. Für die Handgriffe zunächst zwei Ringe erstellen: Jeden **E**-Abschnitt jeweils dreifach zusammenkleben und mit je einem **F**-Abschnitt umwickeln.

15. Den **D**-Abschnitt an die Innenseite einer Taschenhälfte ankleben und das Gerüst der **A**-Abschnitte ausflechten: 11 Reihen im Zickzack flechten (s. S. 19). Die Ringe für die Handgriffe mittig mit einflechten.

16. Aus den **G**-Abschnitten die Grundgerüste für zwei Handgriffe erstellen und diese jeweils mit den **H**-Abschnitten umwickeln (s. S. 26).

17. Mithilfe der noch überstehenden **A**-Abschnitte einen Handgriff auf jeder Seite befestigen.

READER-HÜLLE

Größe: 13 cm (L) × 19 cm (B)

Techniken: Gerader Randabschluss

9 m Papierband in Gelb, 12 Schnur breit

Sie benötigen folgende Abschnitte:
für die Hülle

A: 12× 12 Schnur breit, 58 cm lang
B: 12 Schnur breit, 32 cm lang
C: 3 Schnur breit, 60 cm lang
D: 12 Schnur breit, 30 cm lang

für den Knopf

E: 2× 6 Schnur breit, 45 cm lang
F: 1 Schnur breit, 10 cm lang
G: 1 Schnur breit, 30 cm lang

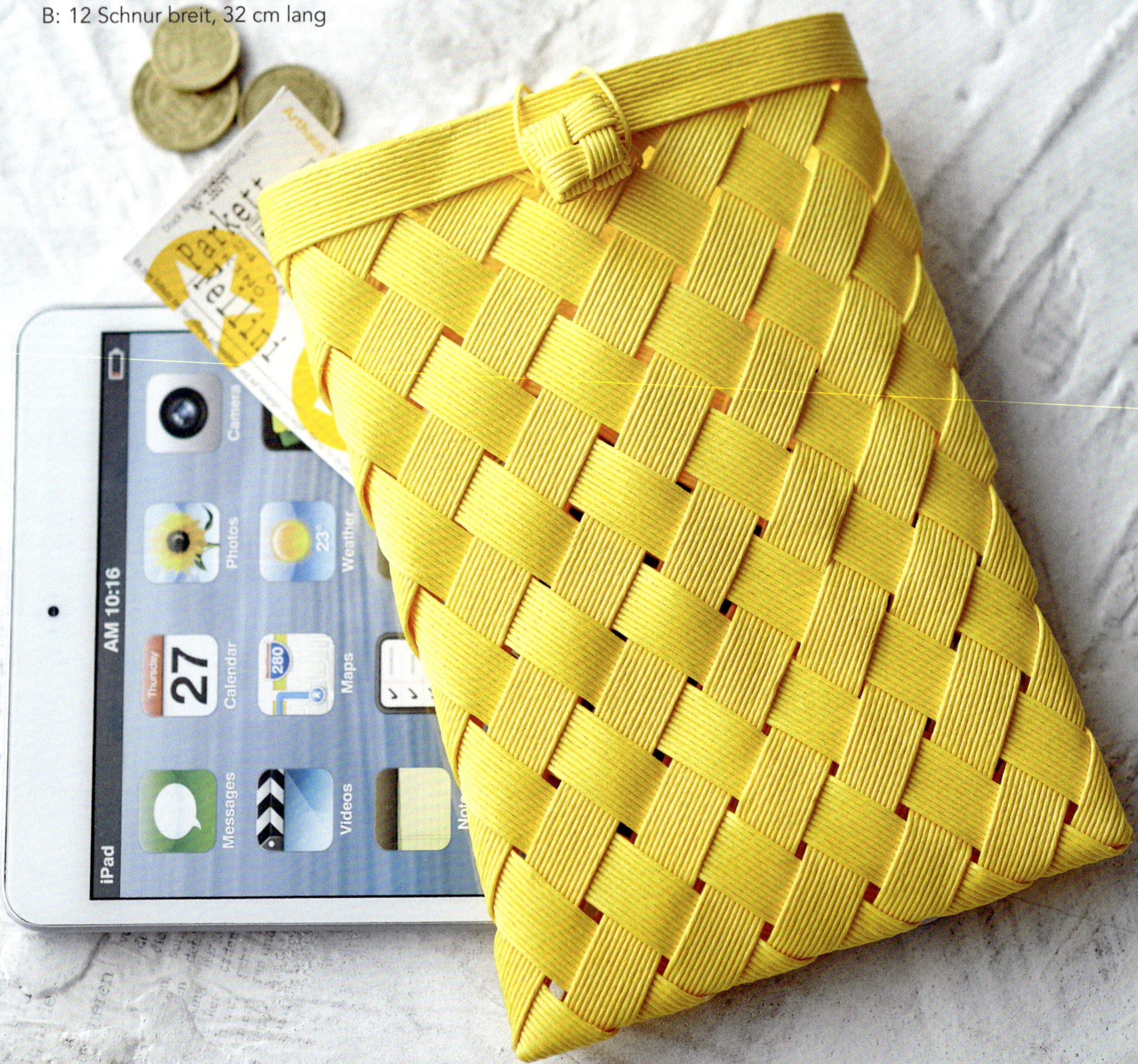

DIE HÜLLE FLECHTEN

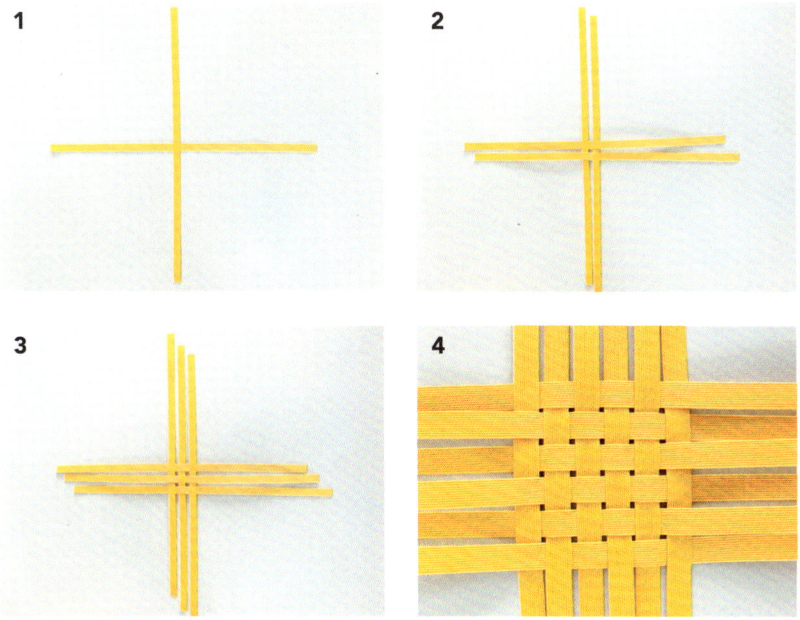

Achten Sie darauf, dass der Abstand zwischen den Bändern gleichmäßig ist!

1. Aus jeweils zwei **A**-Abschnitten ein Kreuz bilden (das senkrechte Band verläuft über dem waagerechten Band) und in der Mitte zusammenkleben. Sie erhalten sechs Kreuze.

2. Das zweite Kreuz so nach unten rechts versetzt in das erste Kreuz schieben, dass das waagerechte Band des zweiten Kreuzes über dem senkrechten Band des ersten Kreuzes und das senkrechte Band des zweiten Kreuzes unter dem waagerechten Band des ersten Kreuzes liegt.

3. Erneut nach unten und rechts versetzt ein weiteres Kreuz platzieren. Es ist wichtig, dass die Enden der Abschnitte gleichmäßig „abgetreppt" erscheinen.

4. Legen Sie die restlichen Kreuze auf die gleiche Weise an, sodass aus den insgesamt sechs Kreuzen ein geflochtenes Quadrat entsteht.

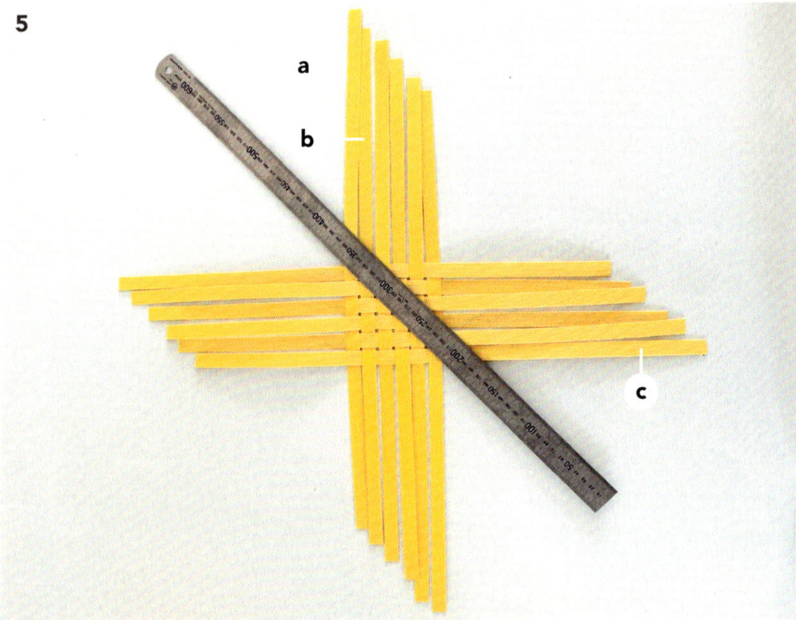

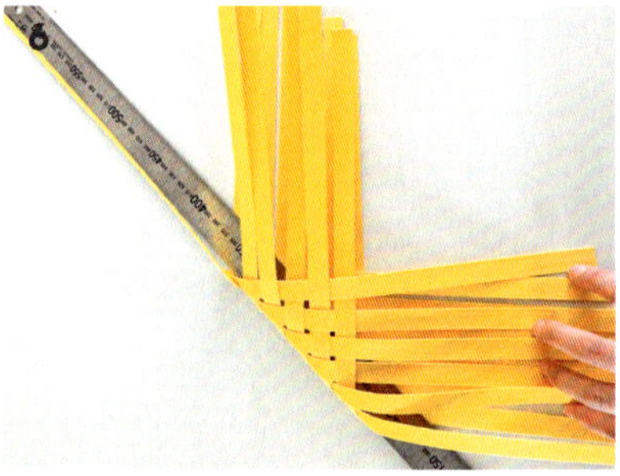

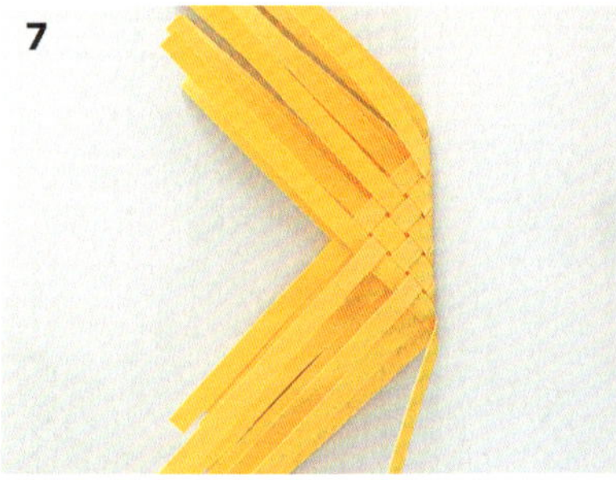

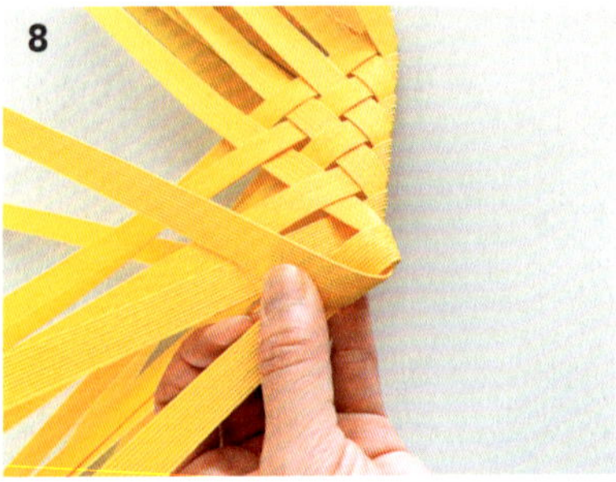

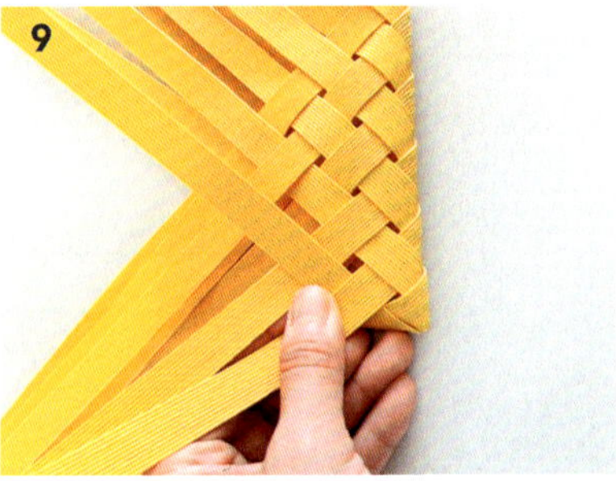

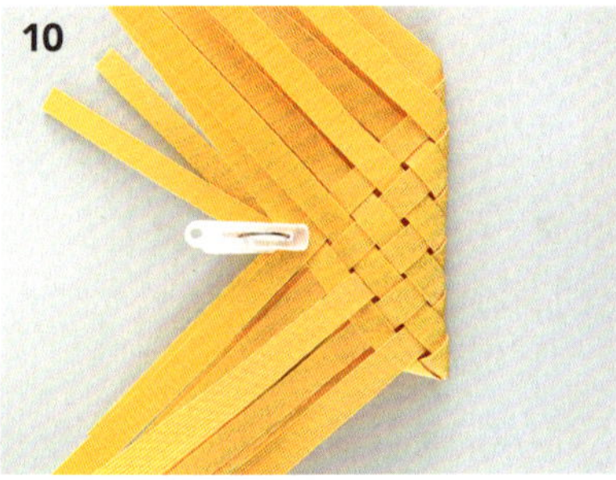

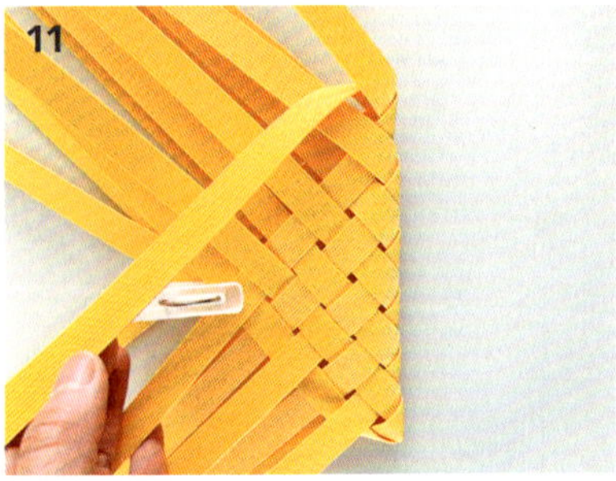

5. Diagonal von Ecke zu Ecke des Quadrats ein Lineal platzieren. Gleich geht es mit den Bändern **a**, **b** und **c** weiter.

6. Das Quadrat über das Lineal nach oben falten und ein wenig flach drücken.

7. Wenden Sie das Quadrat, sodass die losen Bandenden nach links oben und links unten zeigen.

8. Biegen Sie nun Band **a** nach vorne um …

9. … und schieben Sie es unter dem ersten losen Bandende hindurch.

10. Band **a** in die weiteren Bandenden einflechten, bis das Band in das Quadrat integriert ist. Mit einer Wäscheklammer fixieren.

11. Nun Band **b** auf die gleiche Weise einflechten: nach oben umbiegen, unter dem ersten losen Bandende hindurchschieben …

12

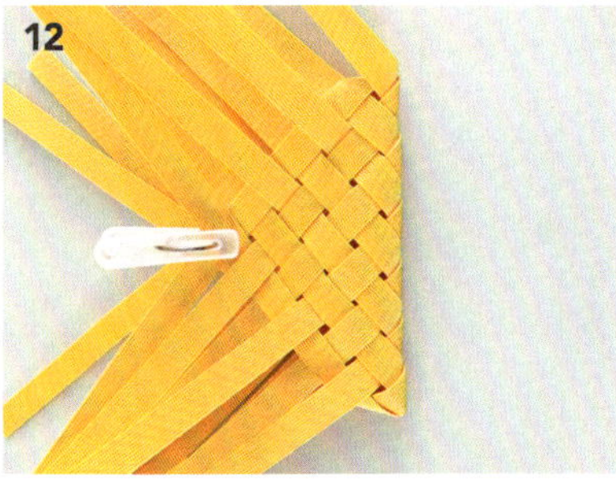

13

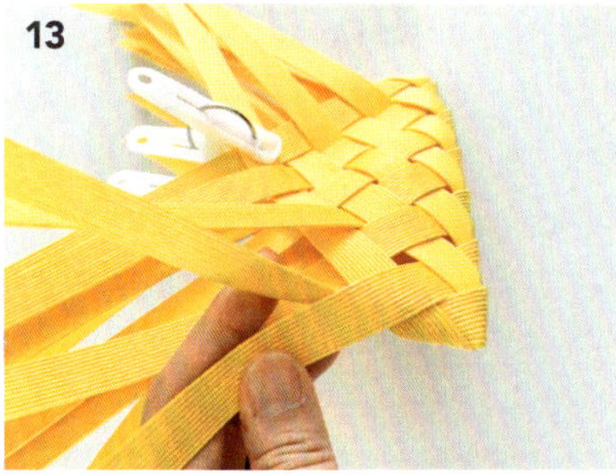

14

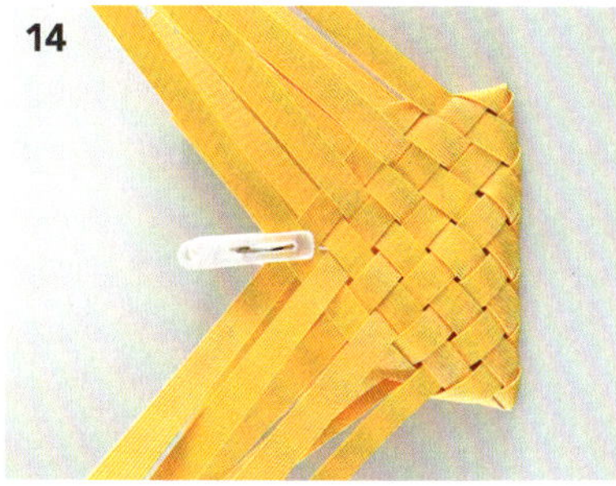

15

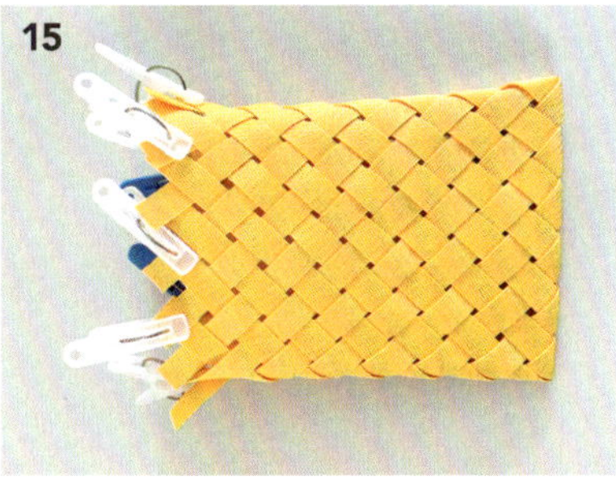

16

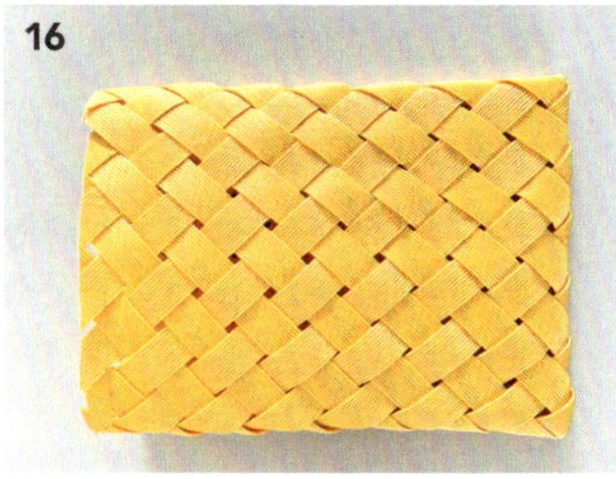

17/1

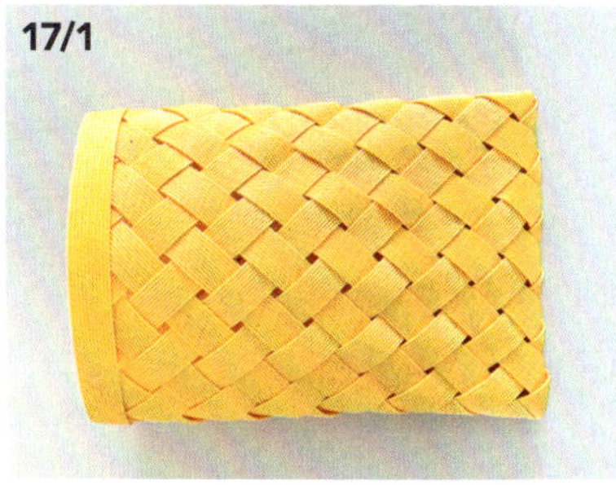

17/2

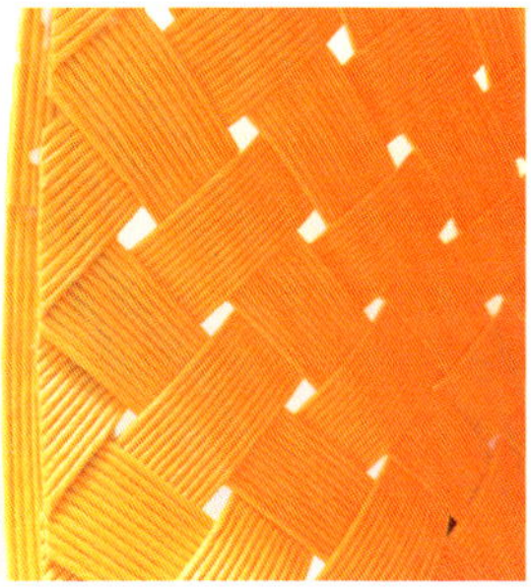

18

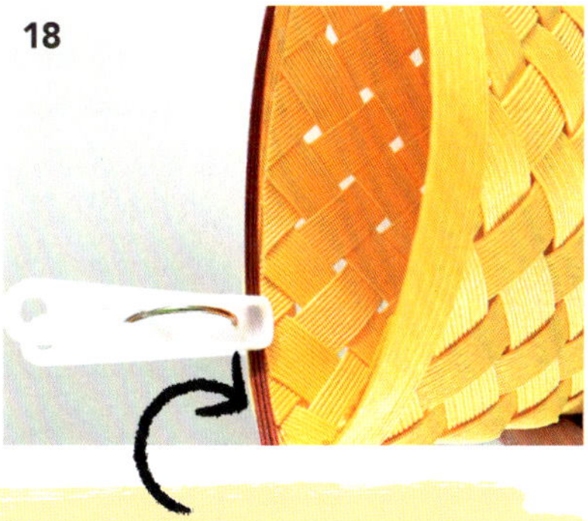

Ich habe C hier in einer anderen Farbe angebracht, damit es besser zu erkennen ist.

19

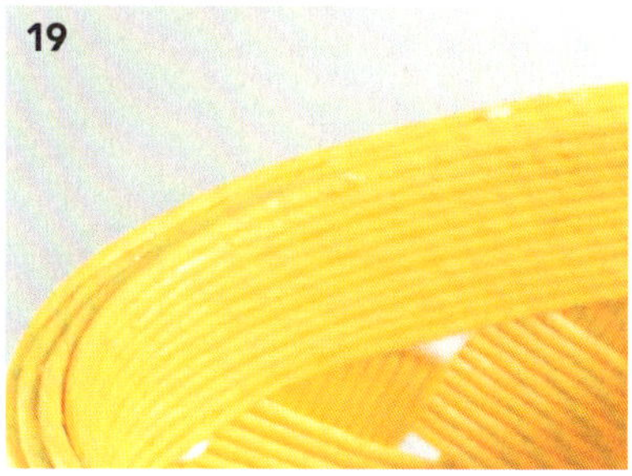

12. … und wie in Schritt 10 in das Quadrat integrieren. Ebenfalls mit einer Wäscheklammer fixieren.

13. Wiederholen Sie die Schritte 8 bis 10 mit Band **c** …

14. … um auch dieses in das Quadrat zu integrieren.

15. Auf die gleiche Weise werden nun abwechselnd an der oberen und der unteren Kante die losen Bandenden in das Quadrat integriert. So entsteht die Hüllenform.

16. Die Wäscheklammern entfernen und die überstehenden Enden abschneiden.

17. Einen geraden Randabschluss fertigen (s. S. 22): Dazu den **B**-Abschnitt als äußeres Band von außen so auf die Schnittkante kleben, dass 4 Schnur überstehen.

18. Von innen auf den Überstand den **C**-Abschnitt als Deckband kleben.

19. Den **D**-Abschnitt von innen als inneres Band, bündig mit dem **B**-Abschnitt, gegenkleben.

DEN KNOPF FLECHTEN

Ich habe zwei verschiedene Farben verwendet, damit das Flechten auf den Fotos leichter nachzuvollziehen ist.

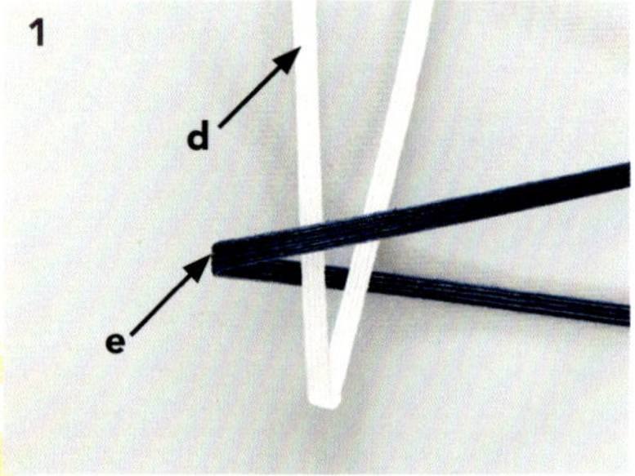

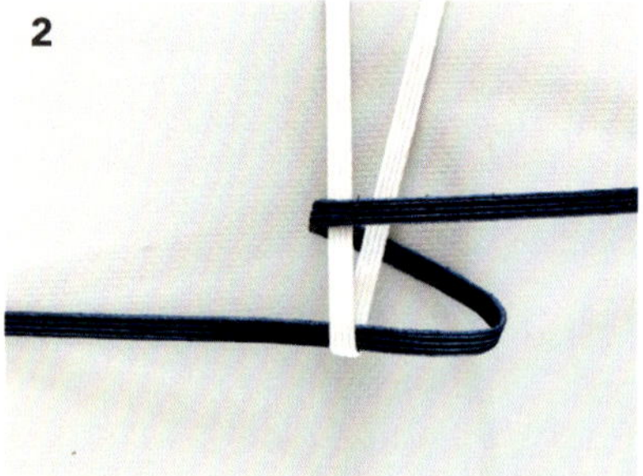

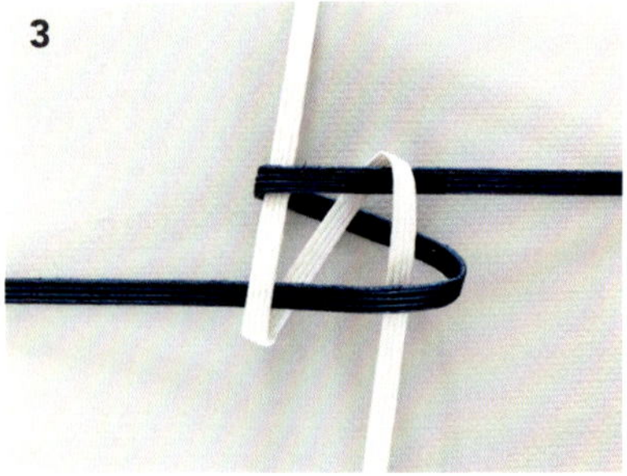

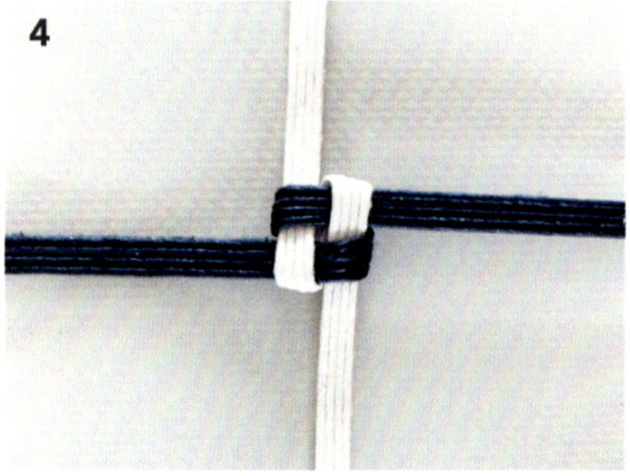

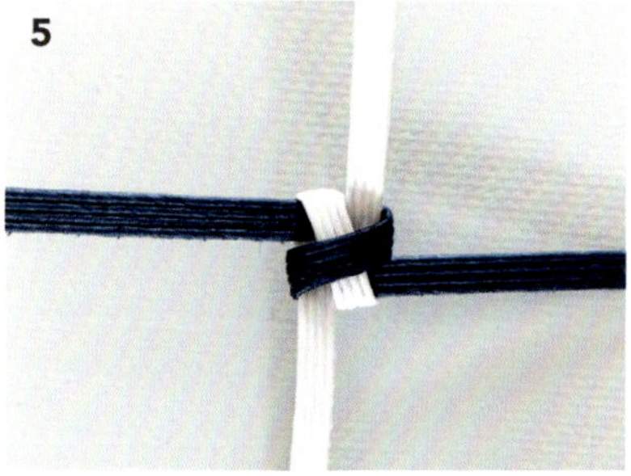

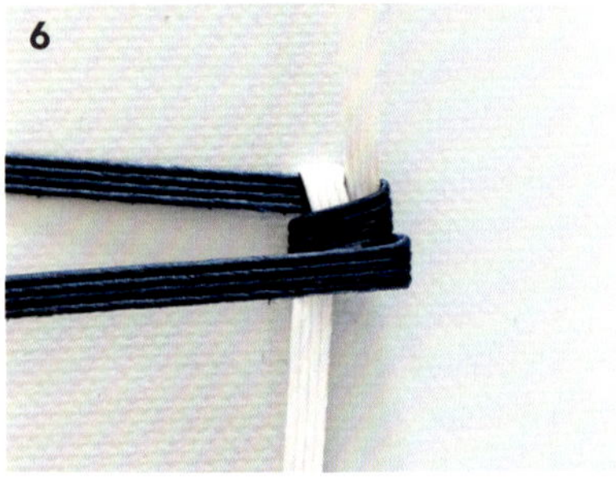

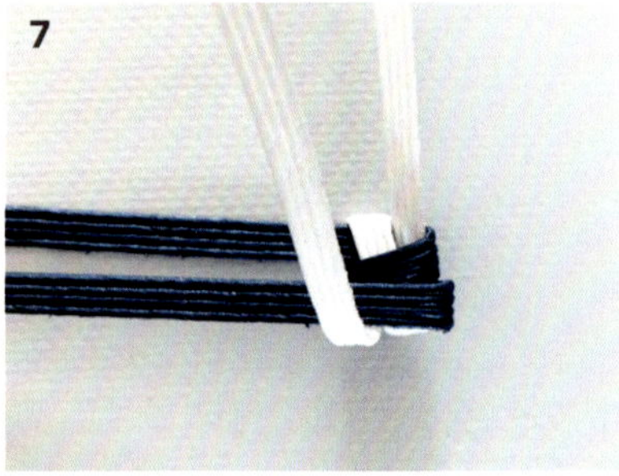

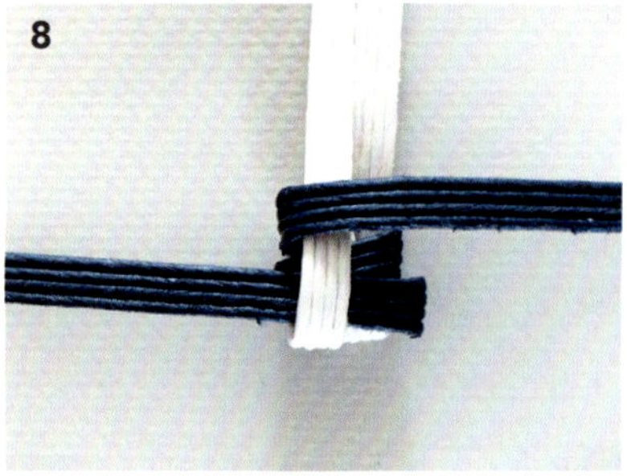

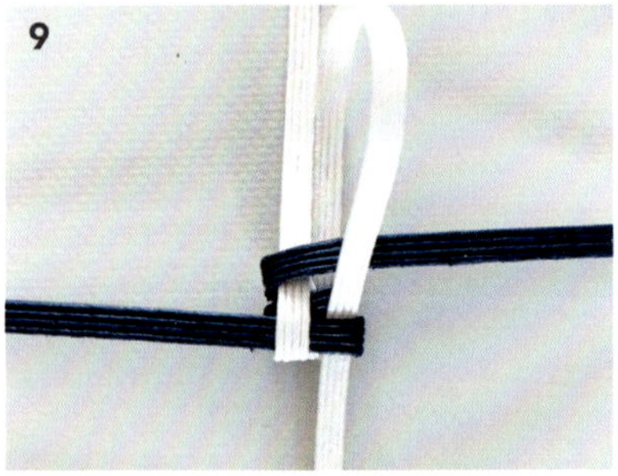

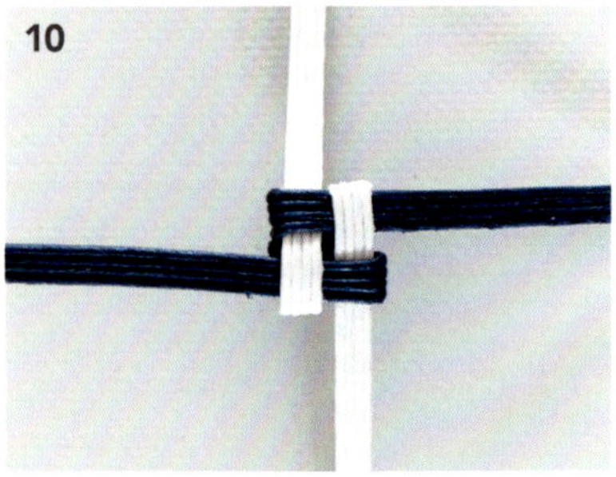

1. Die beiden **E**-Abschnitte mittig falten und wie hier gezeigt ineinanderschieben.

2. Das untere Ende von Band **d** nach links umbiegen und durch die Schlaufe in Band **e** führen.

3. Das rechte Ende von Band **e** über Band **d** nach unten biegen und durch die neue Schlaufe in Band **d** führen.

4. Ziehen Sie sanft an den Bandenden, sodass ein Mini-Quadrat entsteht.

5. Das Mini-Quadrat wenden.

6. Das rechte Ende von Band **d** nach links umbiegen …

7. … dann das linke Ende von Band **e** nach oben umbiegen und darüberführen.

8. Biegen Sie nun das obere Ende von Band **d** nach rechts um, führen Sie es dabei über das linke Ende von Band **e**.

9. Das rechte Ende von Band **e** nach unten umbiegen, über das obere Ende von Band **d** und durch die neue Schlaufe im unteren Ende von Band **d** hindurch.

10. Erneut sanft an den Bandenden ziehen.

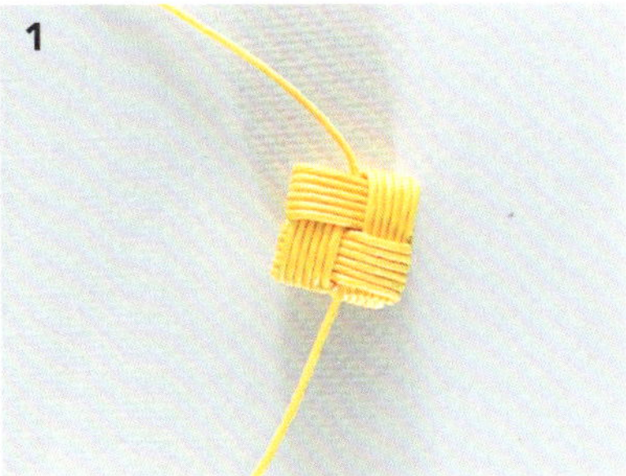

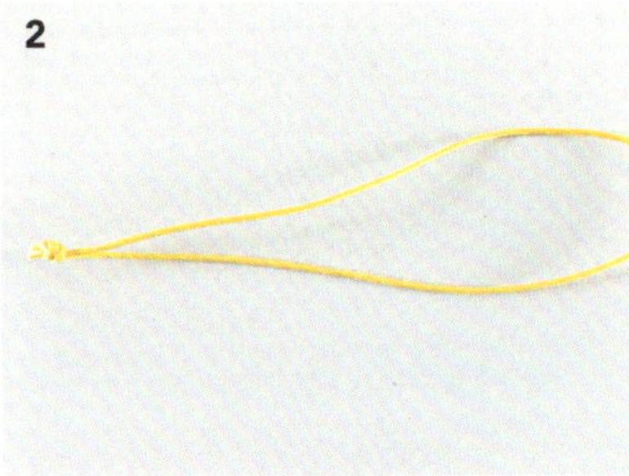

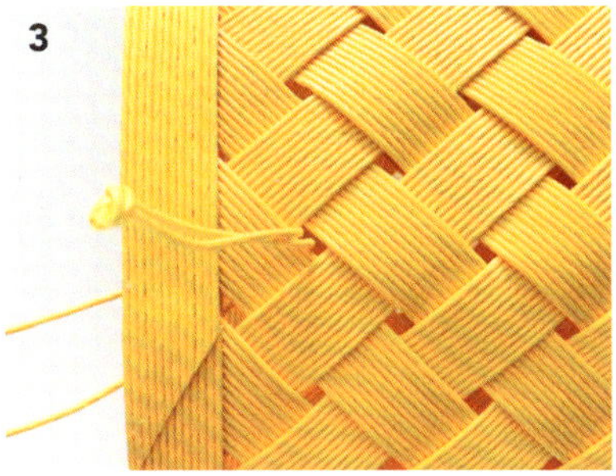

DEN KNOPF BEFESTIGEN

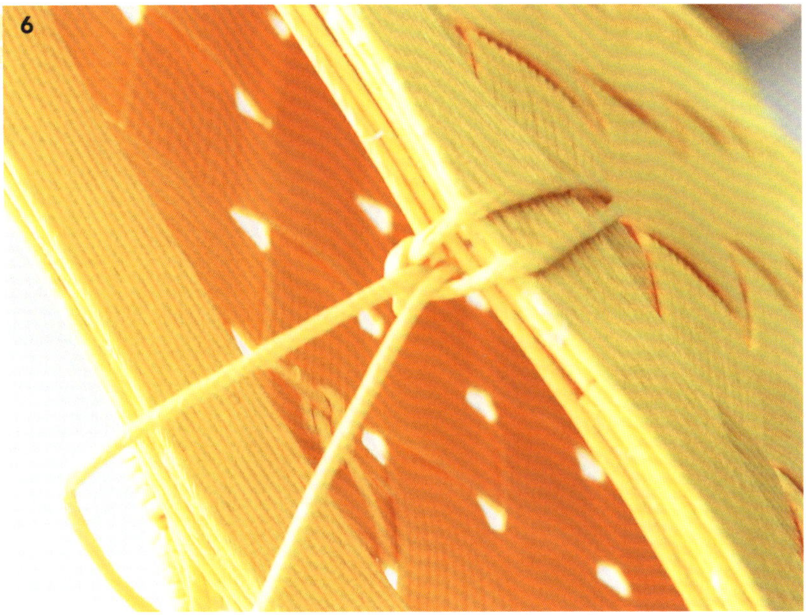

1. Ziehen Sie den **F**-Abschnitt mittig durch den Knopf.

2. Aus dem **G**-Abschnitt eine Schlaufe bilden, diese unten verknoten.

3. Die Schlaufe durch ein Loch oben und möglichst mittig in der Hülle führen, sodass der Knoten nach außen zeigt.

4. Ziehen Sie die Schlaufe um den oberen Rand der Hülle fest.

5. Auf der anderen Seite den Knopf befestigen, indem Sie die Enden des **F**-Abschnitts durch ein Loch führen und innen verknoten.

6. Die Schlaufe in den Knopf einhängen.

SCHACHTEL
MIT DECKEL

Größe: 21 cm (L) × 15 cm (B) × 6 cm (H)

27 m Papierband in Rot, 12 Schnur breit

Sie benötigen folgende Abschnitte:
für die Schachtel

A: 6× 11 Schnur breit, 55 cm lang
B: 4× 11 Schnur breit, 53 cm lang
C: 4× 11 Schnur breit, 50 cm lang
D: 4× 11 Schnur breit, 47 cm lang
E: 4× 11 Schnur breit, 44 cm lang
F: 4× 11 Schnur breit, 41 cm lang
G: 4× 11 Schnur breit, 38 cm lang

für den Deckel

H: 6× 12 Schnur breit, 50 cm lang
I: 4× 12 Schnur breit, 48 cm lang
J: 4× 12 Schnur breit, 45 cm lang
K: 4× 12 Schnur breit, 42 cm lang
L: 4× 12 Schnur breit, 39 cm lang
M: 4× 12 Schnur breit, 36 cm lang
N: 4× 12 Schnur breit, 31 cm lang

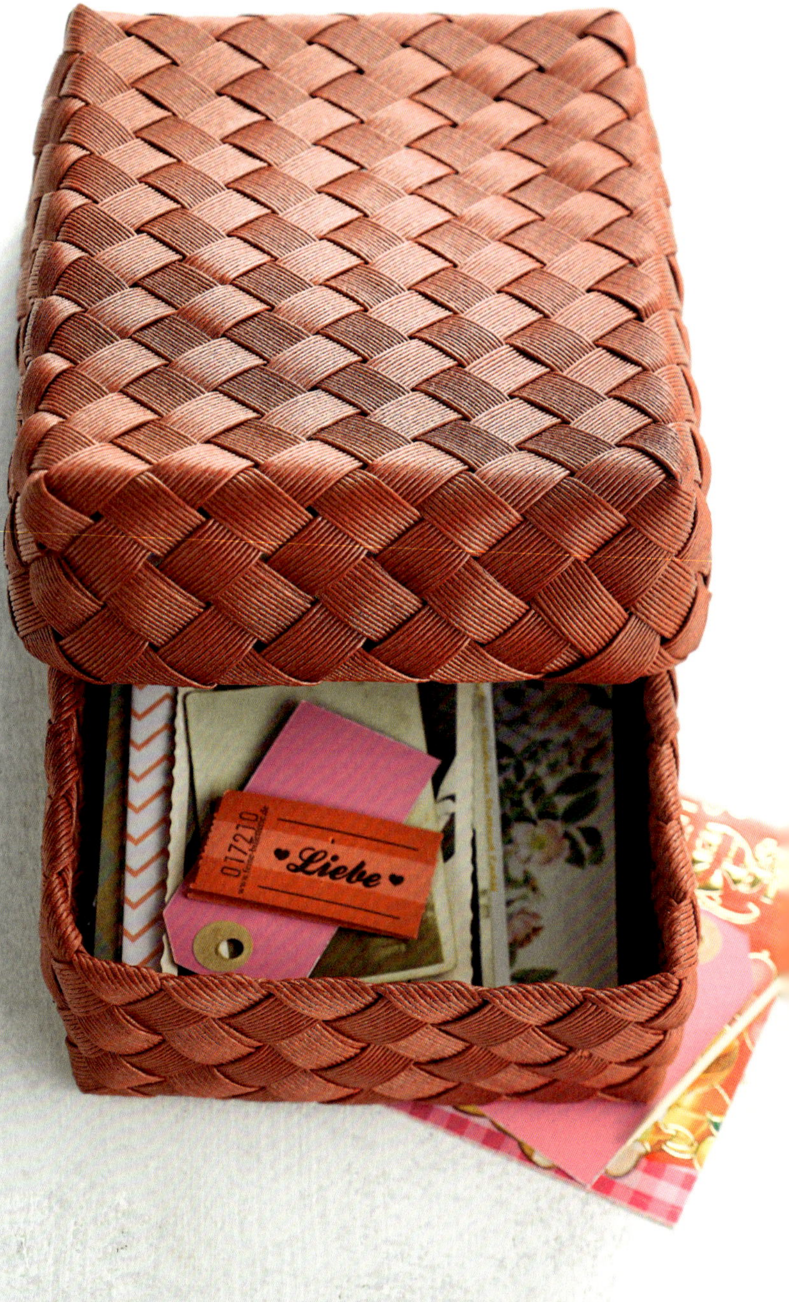

DIE SCHACHTEL FLECHTEN

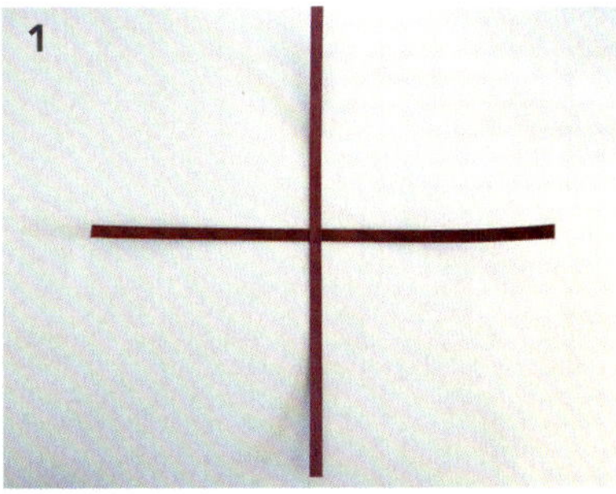

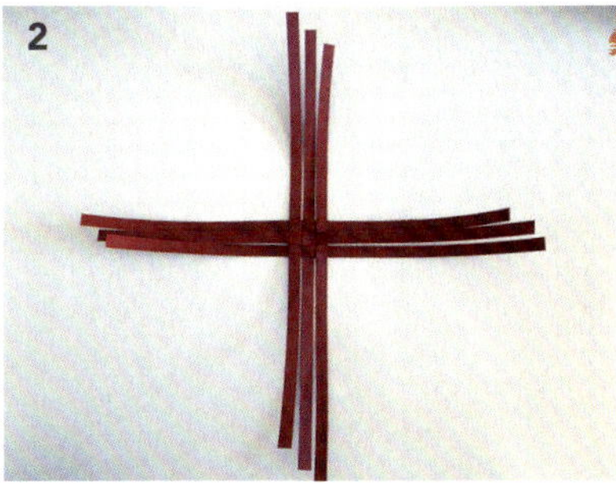

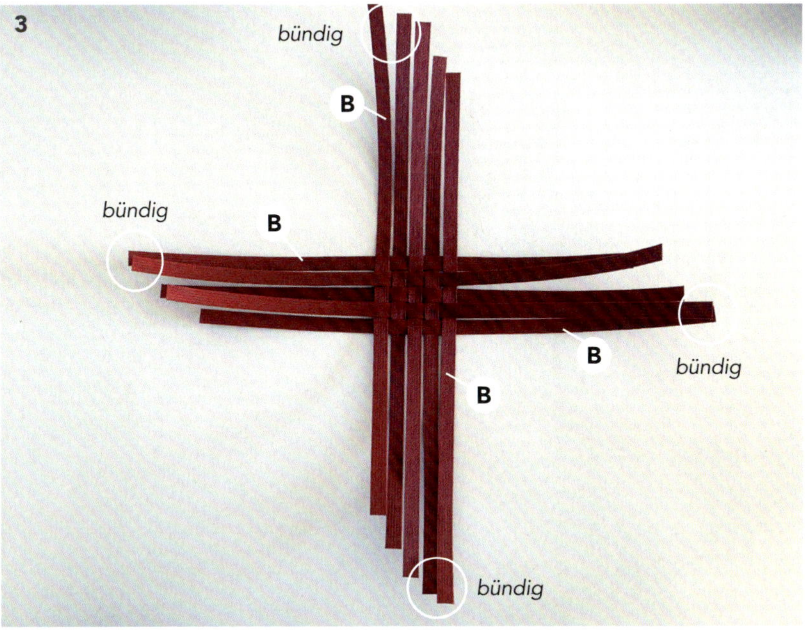

1. Aus jeweils zwei **A**-Abschnitten ein Kreuz bilden (das senkrechte Band verläuft über dem waagerechten Band) und in der Mitte zusammenkleben. Sie erhalten drei Kreuze.

2. Die drei Kreuze wie auf dem Foto von oben links nach unten rechts zusammenfügen. Das heißt, das waagerechte Band des zweiten Kreuzes liegt über dem senkrechten Band des ersten Kreuzes und das senkrechte Band des zweiten Kreuzes liegt unter dem waagerechten Band des ersten Kreuzes. Das dritte Kreuz auf dieselbe Art anfügen, sodass in der Mitte ein regelmäßiges Geflecht entsteht.

3. Auf jeder Seite einen **B**-Abschnitt einflechten. Die markierten Enden müssen bündig zu den **A**-Abschnitten sein. (Die Bündigkeit auf der einen Seite bewirkt einen Versatz auf der anderen Seite.)

Vor dem Zusammenfügen die Bänder mit einem Wassersprüher anfeuchten, so lassen sie sich einfacher zusammenfügen.

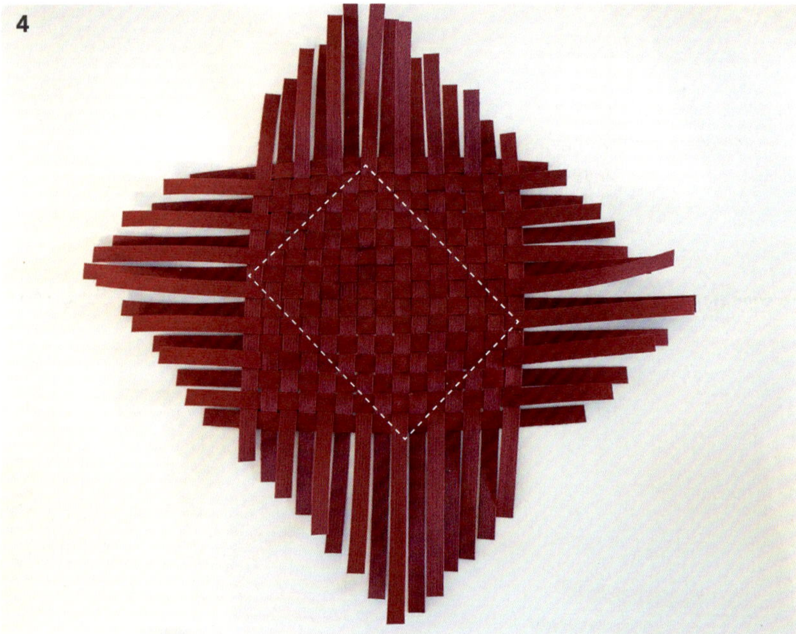

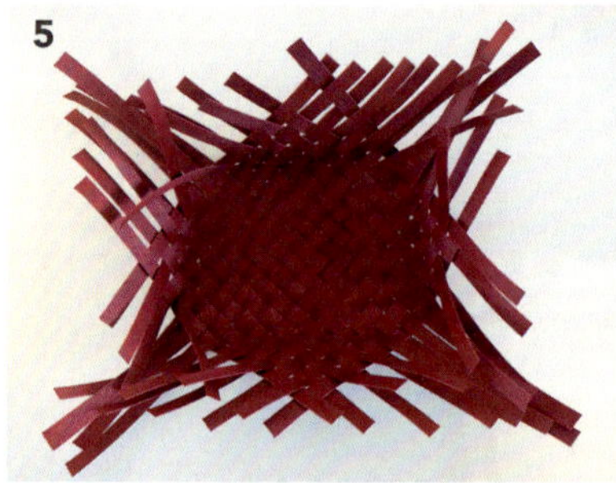

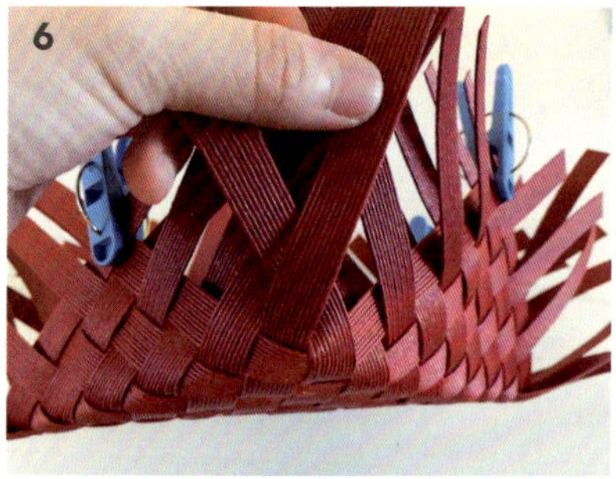

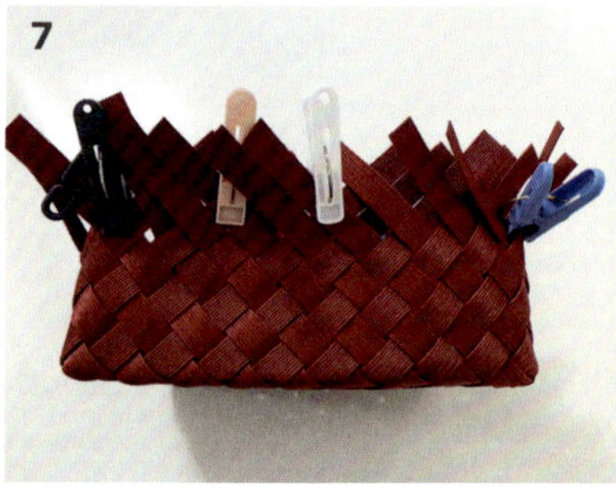

4. Auf dieselbe Weise die Abschnitte **C**, **D**, **E**, **F** und **G** einflechten. Die Enden sind immer um 1,5 cm versetzt.

5. Die Seiten gemäß der weißen Markierung in Foto 4 hochklappen, sodass bereits grob die Schachtelform entsteht.

6. Die Bänder an den Ecken diagonal nach oben weiterflechten.

7. 3 Reihen flechten, jeweils mit Klammern oben fixieren.

TOPP

Mach mit beim

#TOPPprojekt

#TOPPprojekt
@frechverlag

Camping

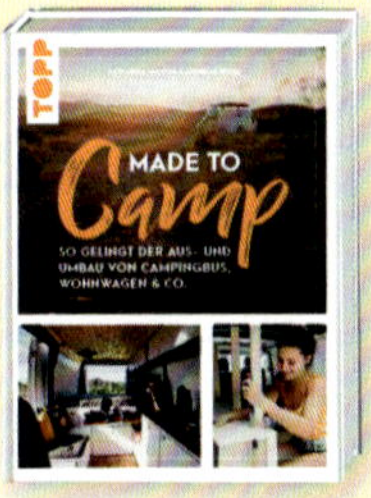

Made to Camp
ISBN 978-3-7724-**4501**-9
160 S., HC, € (D) 18,00

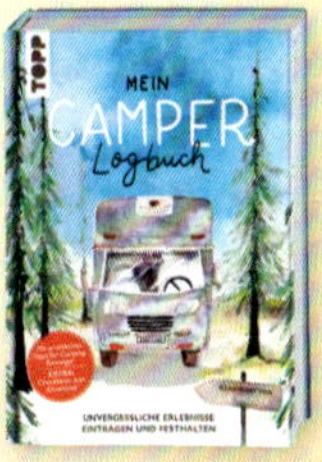

Mein Camper-Logbuch
ISBN 978-3-7724-**4548**-4
144 S., HC, € (D) 15,00

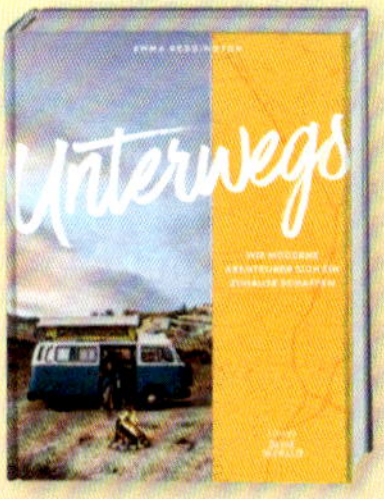

Unterwegs. Wie moderne Abenteurer sich ein Zuhause schaffen
ISBN 978-3-7724-**7284**-8
328 S., HC, € (D) 30,00

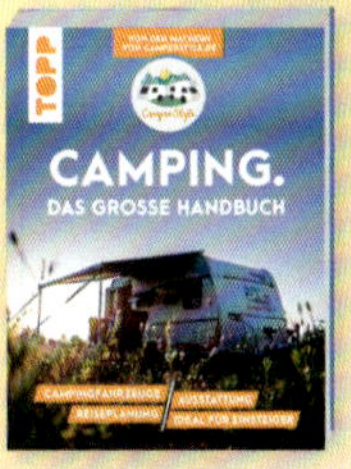

Camping. Das große Handbuch. Von den Machern von CamperStyle.de
ISBN 978-3-7724-**4549**-1
400 S., SC, € (D) 29,00

Nachhaltigkeit

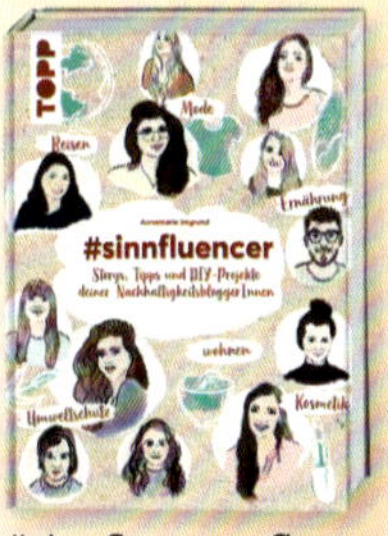

#sinnfluencer. Storys, Tipps und DIY Projekte der Nachhaltigkeits-bloggerInnen
ISBN 978-3-7724-**4537**-8
160 S., HC, € (D) 22,00

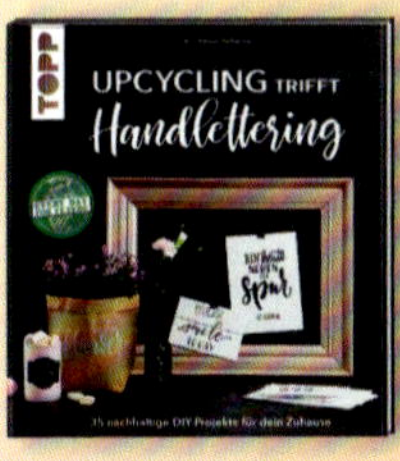

Upcycling trifft Handlettering
ISBN 978-3-7724-**4524**-8
128 S., HC, € (D) 17,00

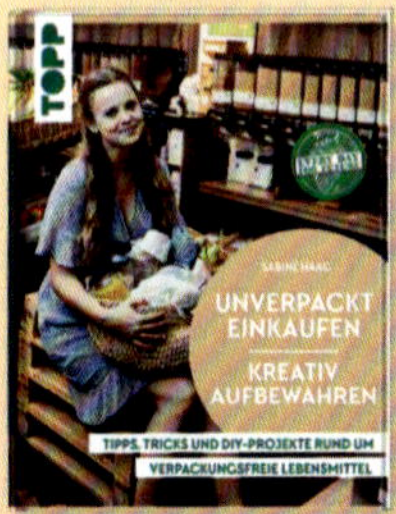

Unverpackt einkaufen - Kreativ aufbewahren
ISBN 978-3-7724-**4523**-1
96 S., HC, € (D) 14,00

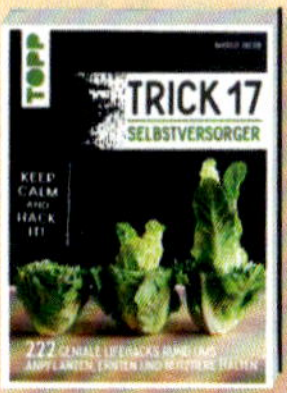

Trick 17 – Selbstversorger
ISBN 978-3-7724-**4522**-4
320 S., SC, € (D) 19,00

Kreativ Leben

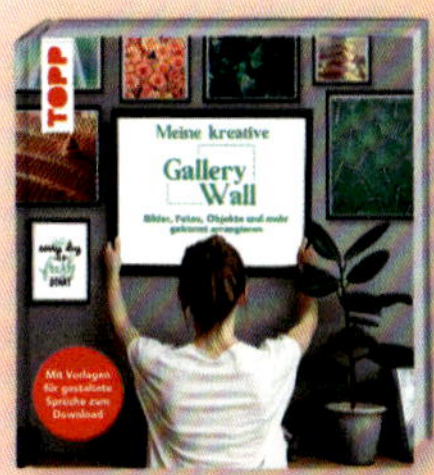

Meine kreative Gallery Wall
ISBN 978-3-7724-**4546**-0
144 S., HC, € (D) 18,00

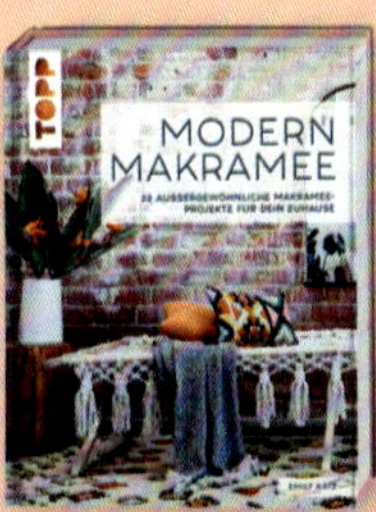

Modern Makramee
ISBN 978-3-7724-**4552**-1
256 S., HC, € (D) 25,00

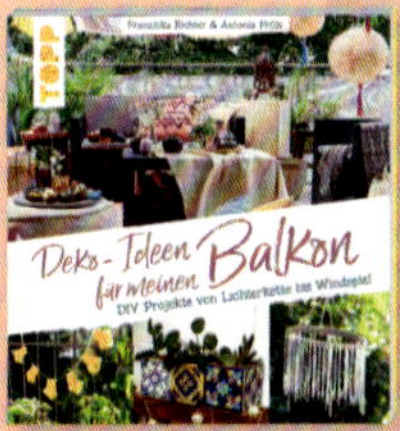

Deko-Ideen für meinen Balkon
ISBN 978-3-7724-**4544**-6
128 S., SC, € (D) 15,00

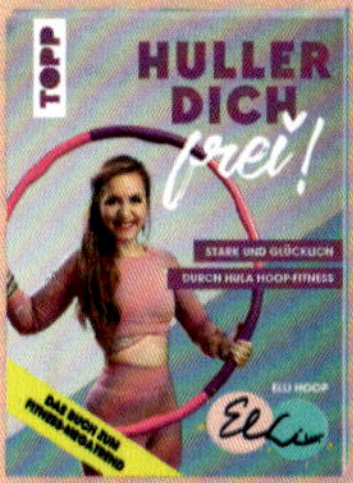

Huller dich frei! mit Elli Hoop. Stark und glücklich durch Hula Hoop Fitness
ISBN 978-3-7724-**4554**-5
96 S., SC, € (D) 15,00

www.topp-kreativ.de

Handlettering

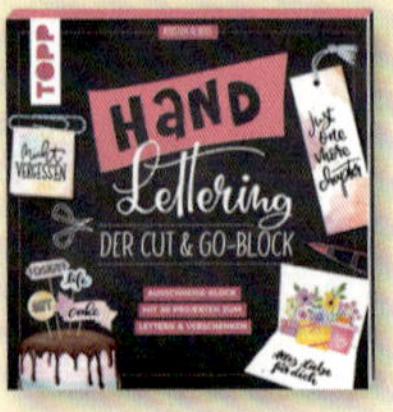

Handlettering. Der Cut & Go-Block
ISBN 978-3-7724-**4738**-9
96 S., SC, € (D) 10,00

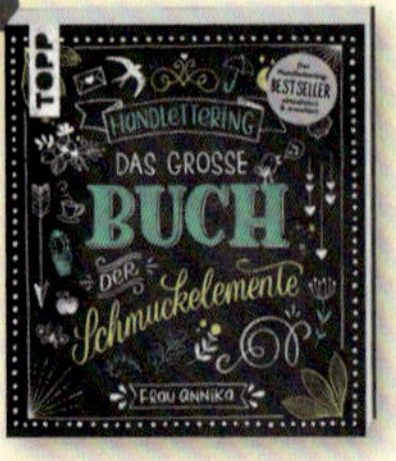

Handlettering. Das große Buch der Schmuckelemente
ISBN 978-3-7724-**4741**-9
160 S., HC, € (D) 17,00

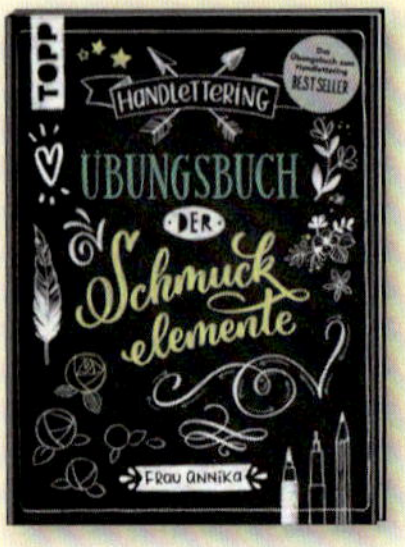

Handlettering. Übungsbuch der Schmuckelemente
ISBN 978-3-7724-**4742**-6
64 S., SC, € (D) 10,00

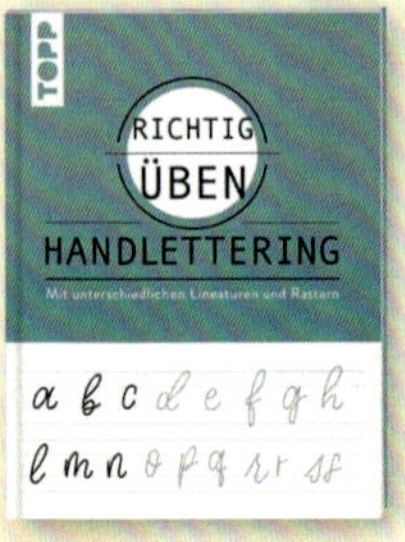

Richtig üben Handlettering
ISBN 978-3-7724-**4708**-2
80 S., SC, € (D) 10,00

Ausmalen

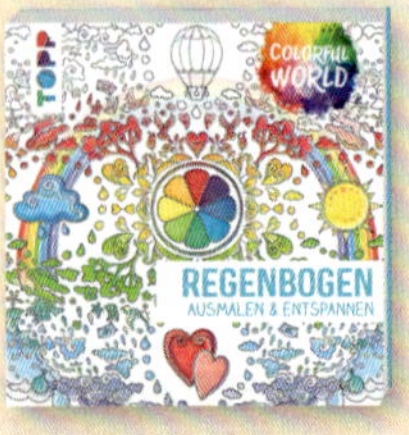

Colorful World – Regenbogen
ISBN 978-3-7724-**4716**-7
144 S., SC, € (D) 10,00

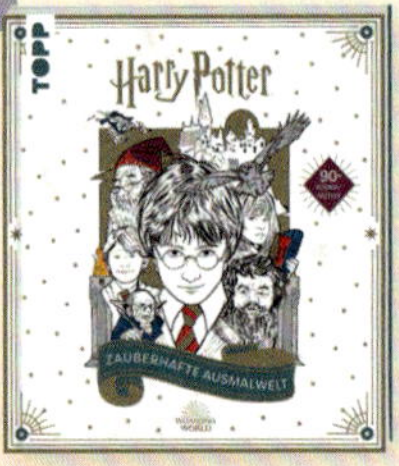

Harry Potter – Zauberhafte Ausmalwelt
ISBN 978-3-7724-**4740**-2
96 S., SC, € (D) 16,00

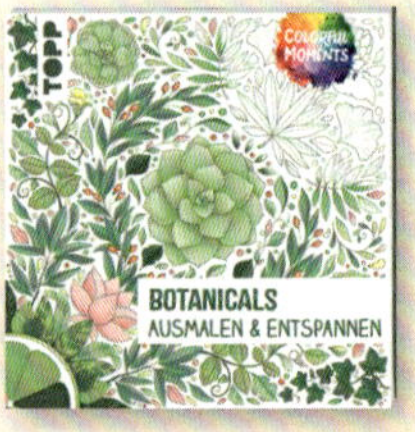

Colorful Moments – Botanicals
ISBN 978-3-7724-**4733**-4
96 S., SC, € (D) 8,00

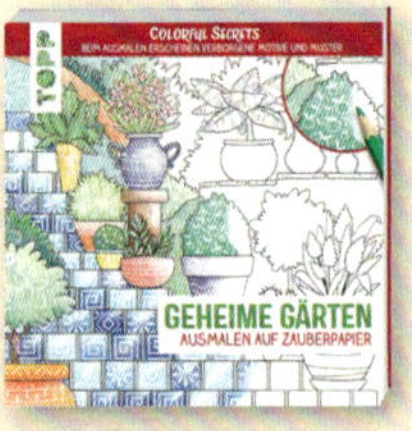

Colorful Secrets – Geheime Gärten (Ausmalen auf Zauberpapier)
ISBN 978-3-7724-**4717**-4
96 S., SC, € (D) 10,00

Malen & Zeichnen

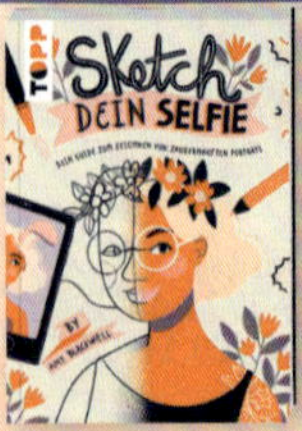

Sketch dein Selfie
ISBN 978-3-7724-**4729**-7
144 S., SC, € (D) 16,00

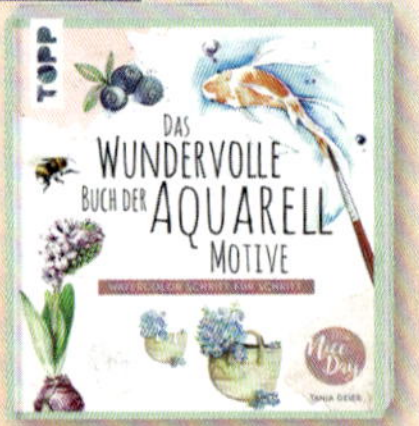

Das wundervolle Buch der Aquarell-Motive
ISBN 978-3-7724-**4737**-2
144 S., SC, € (D) 17,00

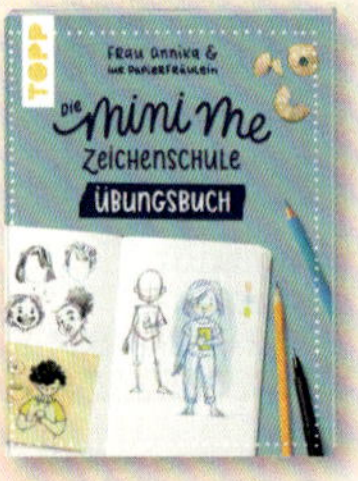

Die Mini me Zeichenschule Übungsbuch
ISBN 978-3-7724-**4727**-3
64 S., SC, € (D) 10,00

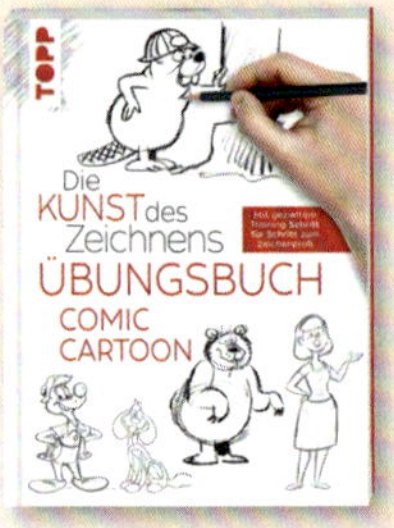

Die Kunst des Zeichnens – Comic Cartoon Übungsbuch
ISBN 978-3-7724-**4769**-3
112 S., SC, € (D) 10,00

Rätseln

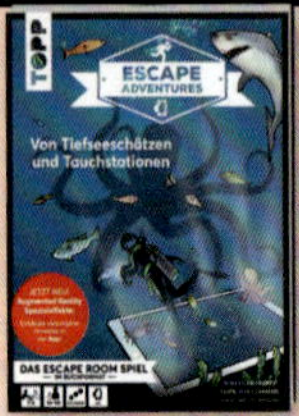

Escape Adventures AR – Augmented Reality. Von Tiefseeschätzen und Tauchstationen
ISBN 978-3-7724-**4531**-6
48 S., SC, € (D) 15,00

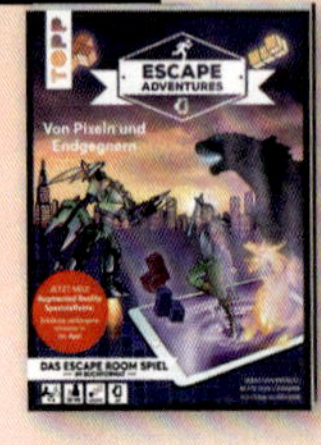

Escape Adventures AR – Augmented Reality. Von Pixeln und Endgegnern
ISBN 978-3-7724-**4532**-3
48 S., SC, € (D) 15,00

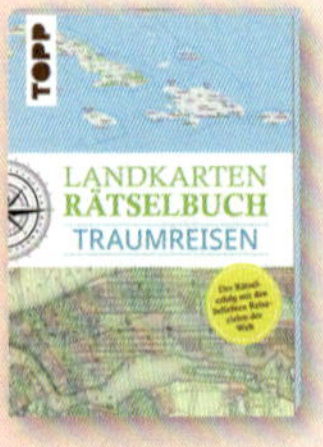

Landkarten Rätselbuch – Traumreisen
ISBN 978-3-7724-**4533**-0
224 S., SC, € (D) 15,99

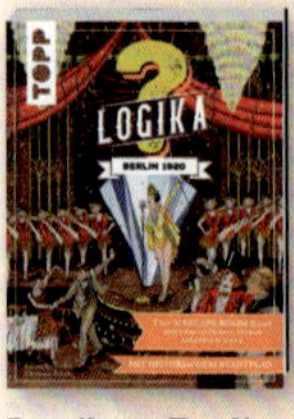

Logika – Berlin 1920: Logikrätsel für zwischendurch von leicht bis schwer
ISBN 978-3-7724-**4534**-7
144 S., SC, € (D) 12,00

DIY / Basteln

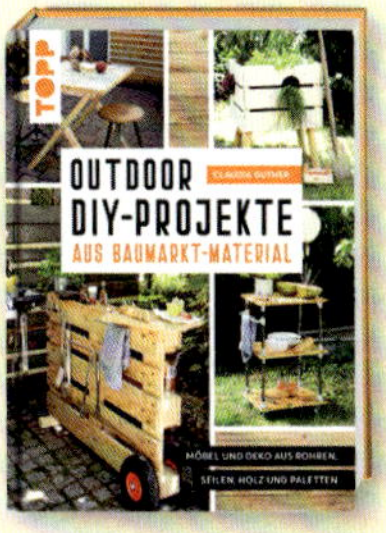

Outdoor-DIY-Projekte aus Baumarktmaterial
ISBN 978-3-7724-**4520**-0
128 S., HC, € (D) 18,00

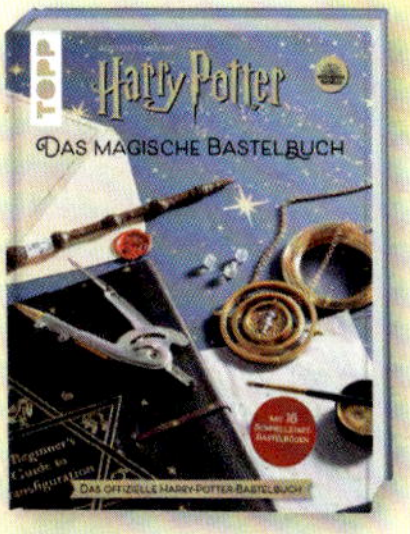

Harry Potter – Das magische Bastelbuch
ISBN 978-3-7724-**4472**-2
196 S., HC, € (D) 20,00

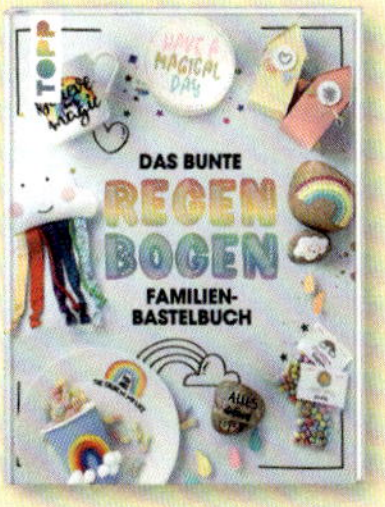

Das bunte Regenbogen Familien-Bastelbuch
ISBN 978-3-7724-**4519**-4
80 S., HC, € (D) 14,00

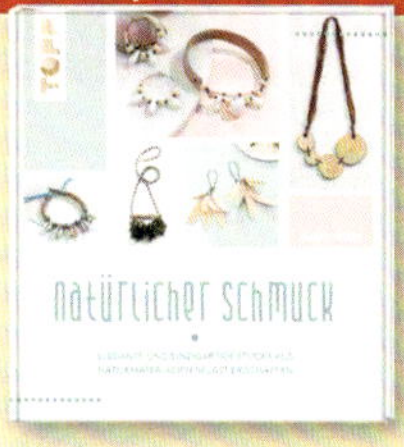

Natürlicher Schmuck
ISBN 978-3-7724-**4510**-1
80 S., HC, € (D) 14,00

Mann - O - Mann

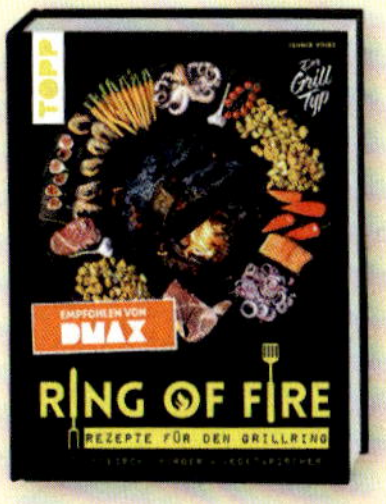

Ring of Fire. Rezepte für den Grillring.
ISBN 978-3-7724-**8068**-3
160 S., HC, € (D) 19,00

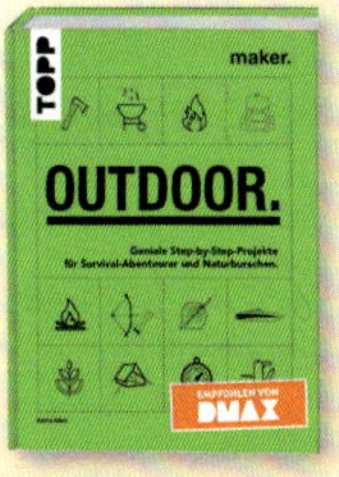

Maker. Outdoor.
ISBN 978-3-7724-**7149**-0
160 S., HC, € (D) 20,00

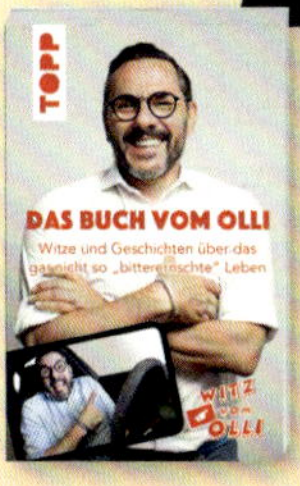

Das Buch vom Olli
ISBN 978-3-7724-**4516**-3
160 S., SC, € (D) 15,00

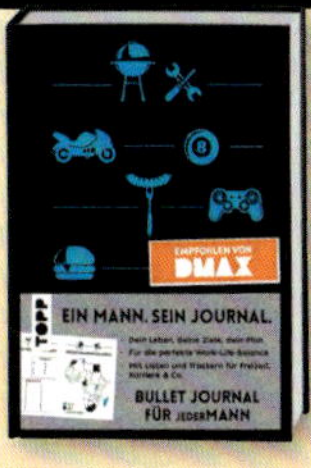

Ein Mann. Sein Journal
ISBN 978-3-7724-**4502**-6
224 S., HC, € (D) 15,00

KinderKreativ

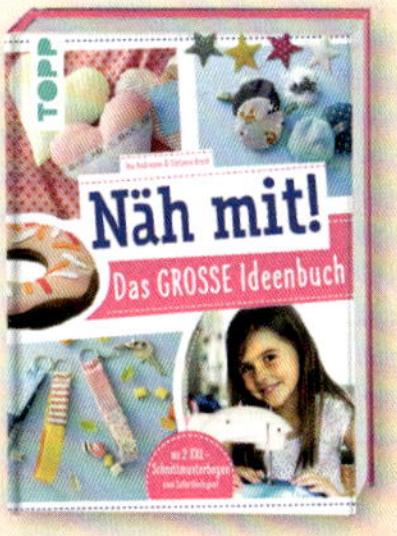

Näh mit! Das große Ideenbuch
ISBN 978-3-7724-**4451**-7
176 S., HC, € (D) 15,00

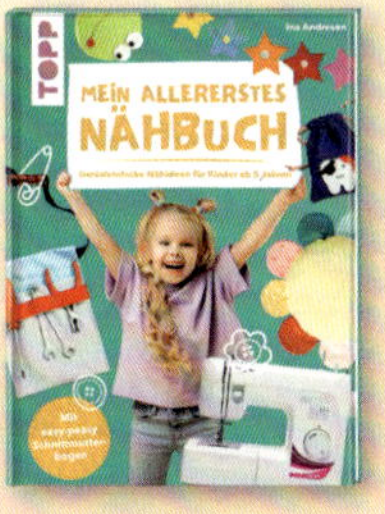

Mein allererstes Nähbuch
ISBN 978-3-7724-**4450**-0
96 S., HC, € (D) 14,00

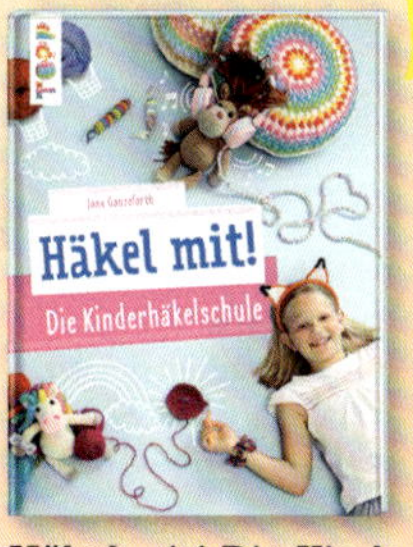

Häkel mit! Die Kinderhäkelschule
ISBN 978-3-7724-**4449**-4
128 S., HC, € (D) 15,00

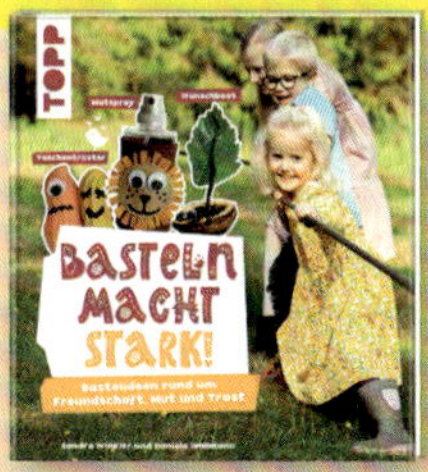

Basteln macht stark!
ISBN 978-3-7724-**4448**-7
128 S., HC, € (D) 15,00

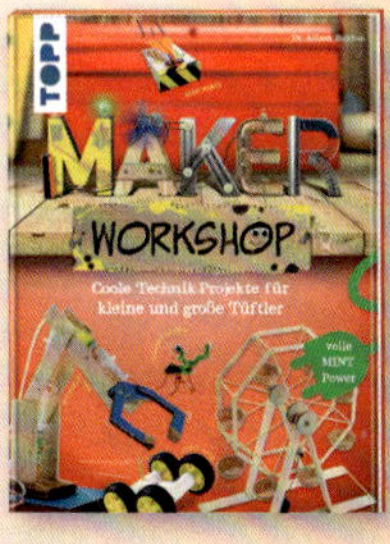

Maker Workshop
ISBN 978-3-7724-**4453**-1
112 S., HC, € (D) 15,00

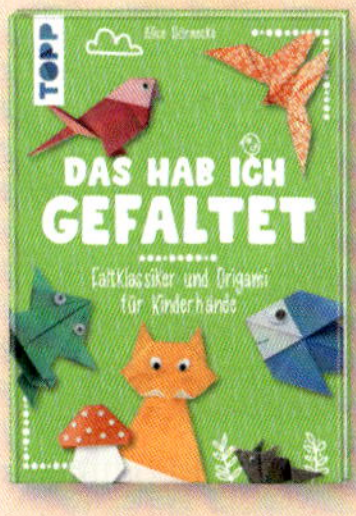

Das hab ich gefaltet
ISBN 978-3-7724-**4452**-4
72 S., HC, € (D) 10,00

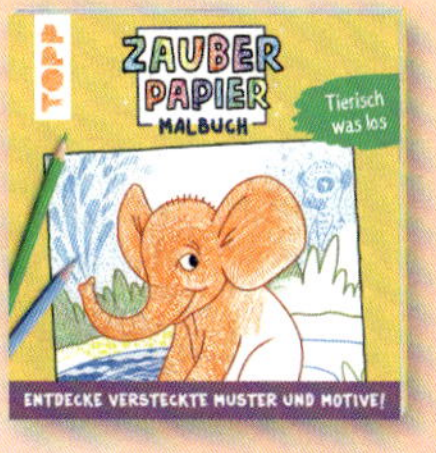

Zauberpapier Malbuch Tierisch was los
ISBN 978-3-7724-**4464**-7
48 S., SC, € (D) 6,00

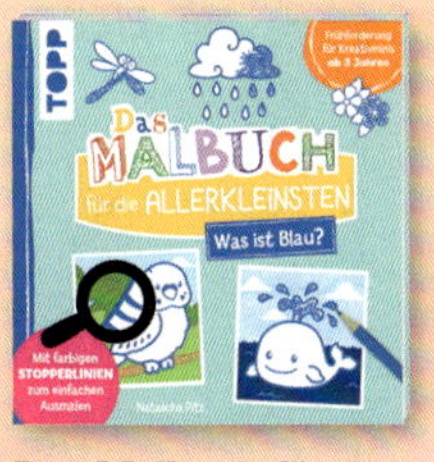

Das Malbuch für die Allerkleinsten – Was ist blau?
ISBN 978-3-7724-**4462**-3
48 S., SC, € (D) 6,00

Handarbeiten

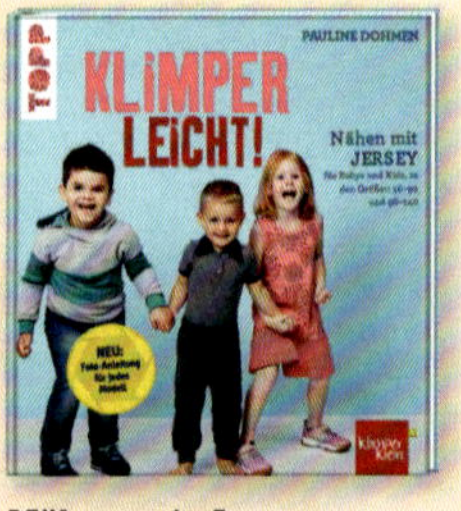

Nähen mit Jersey KLIMPERLEICHT
ISBN 978-3-7724-**4862**-1
128 S., HC, € (D) 20,00

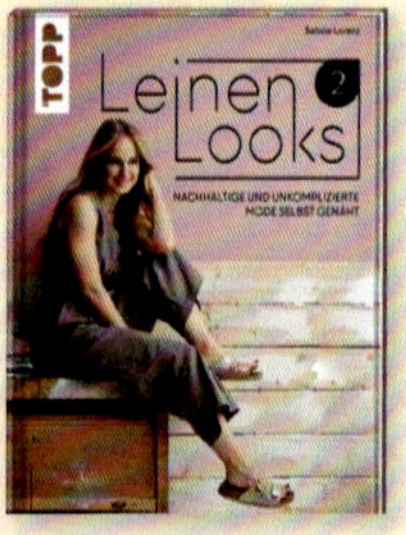

LeinenLooks 2
ISBN 978-3-7724-**4868**-3
112 S., HC, € (D) 22,00

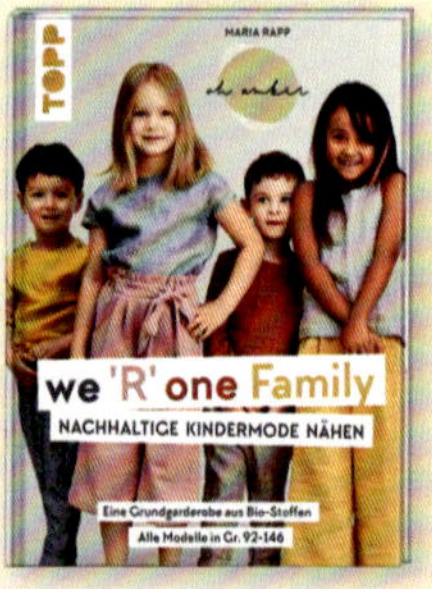

We R one Family – Nachhaltige Kindermode nähen
ISBN 978-3-7724-**4867**-6
112 S., HC, € (D) 20,00

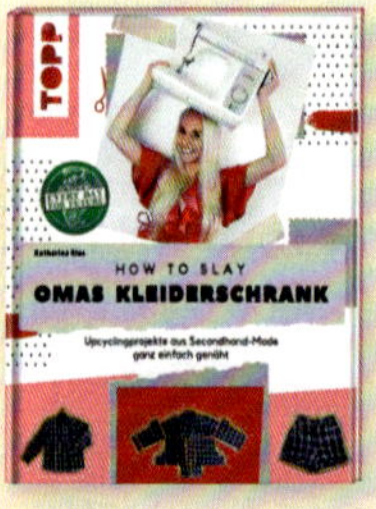

How to slay Omas Kleiderschrank
ISBN 978-3-7724-**4858**-4
112 S., HC € (D) 18,00

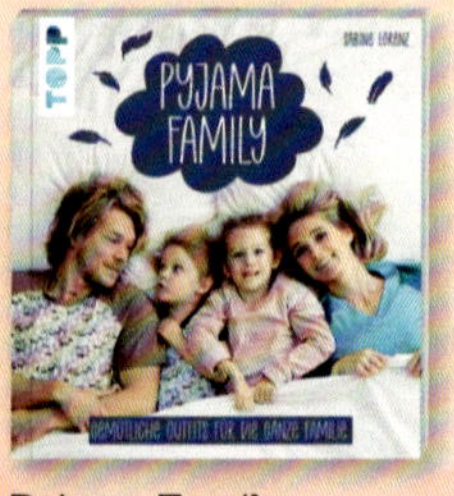

Pyjama Family
ISBN 978-3-7724-**4864-5**
112 S., HC, € (D) 19,00

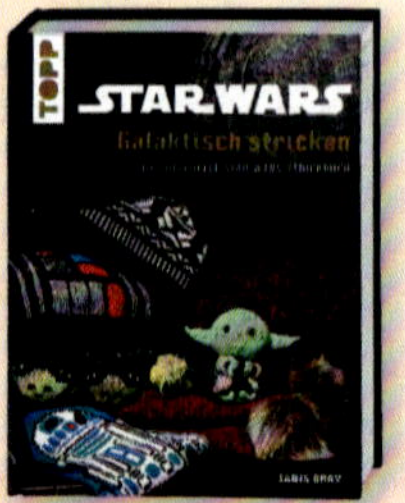

Star Wars: Galaktisch stricken
ISBN 978-3-7724-**4861**-4
208 S., HC, € (D) 25,00

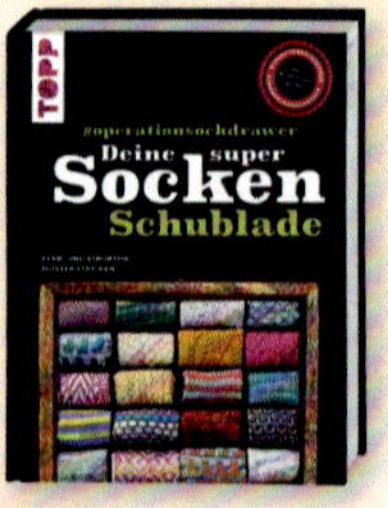

Deine super Socken-Schublade – #operationsockdrawer
ISBN 978-3-7724-**4859**-1
144 S., HC, € (D) 20,00

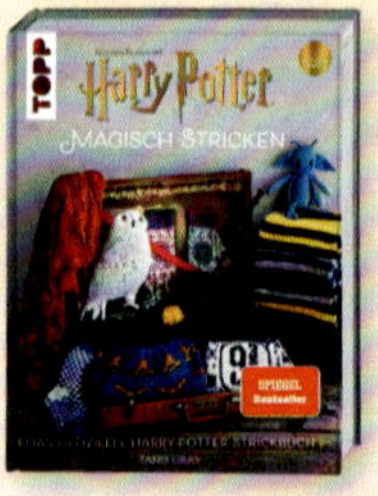

Harry Potter: Magisch stricken
ISBN 978-3-7724-**4830**-0
208 S., HC € (D) 24,99

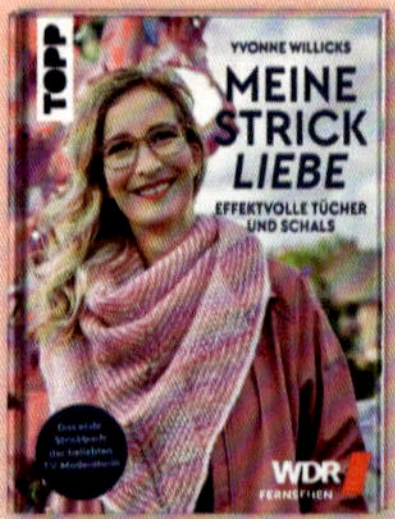

Meine Strickliebe – Effektvolle Tücher und Schals
ISBN 978-3-7724-**4855**-3
112 S., HC, € (D) 20,00

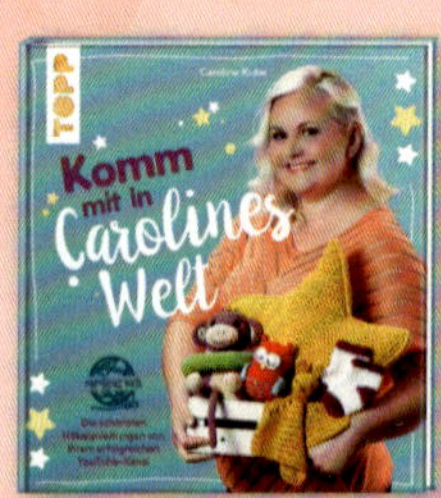

Komm mit in Carolines Welt
ISBN 978-3-7724-**4854**-6
128 S., HC, € (D) 18,00

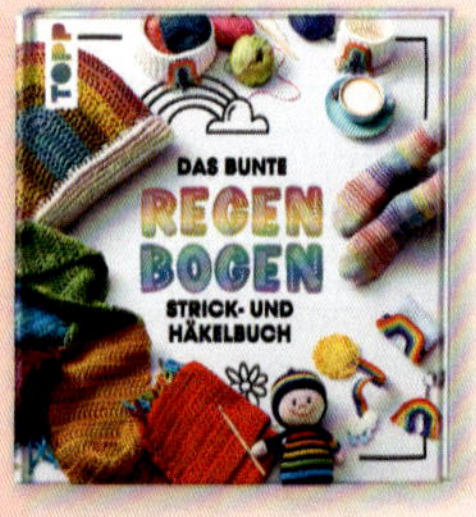

Das bunte Regenbogen Strick- und Häkelbuch
ISBN 978-3-7724-**4865**-2
112 S., HC € (D) 16,00

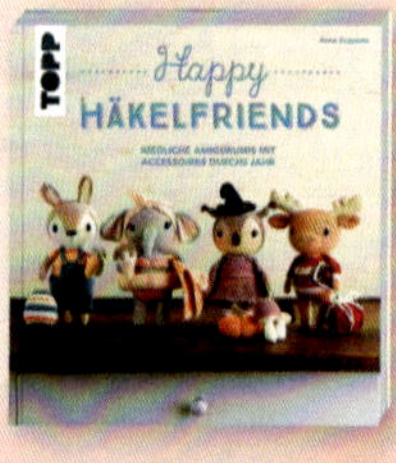

Happy Häkelfriends
ISBN 978-3-7724-**4853**-9
144 S., SC, € (D) 15,00

8/1

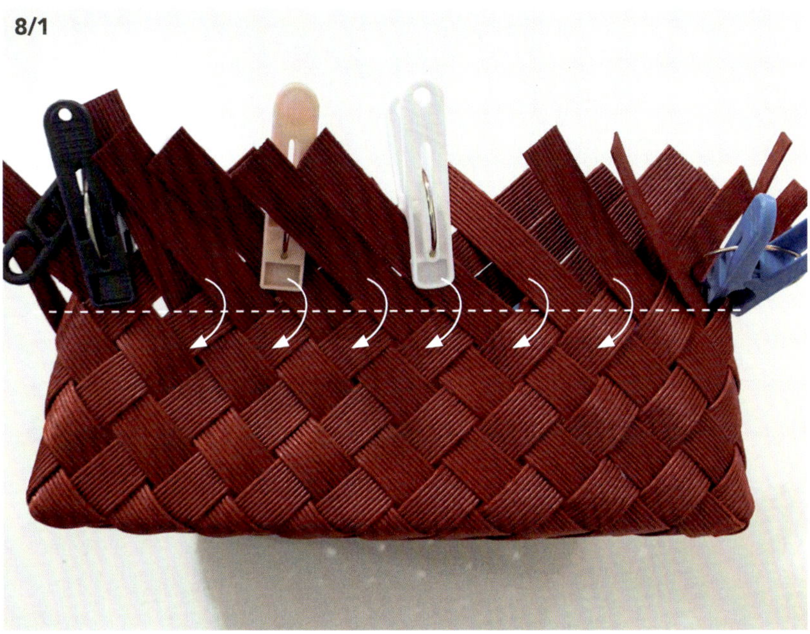

8/2

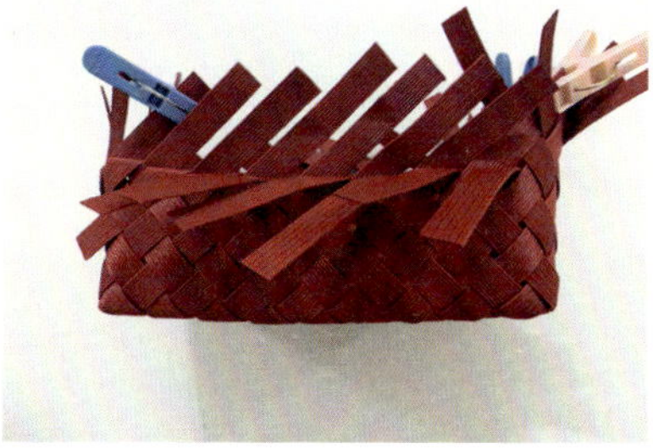

9

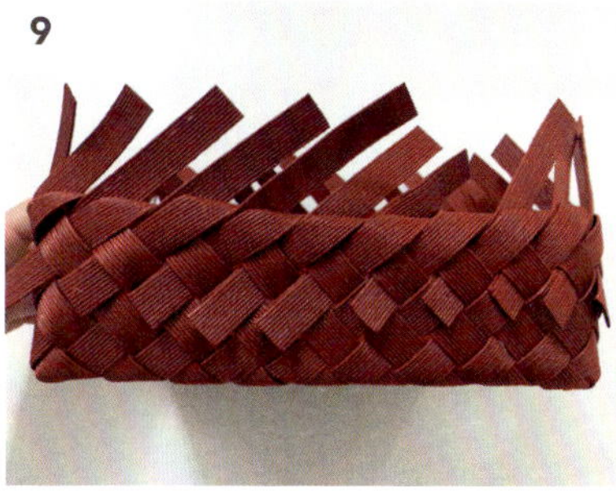

11

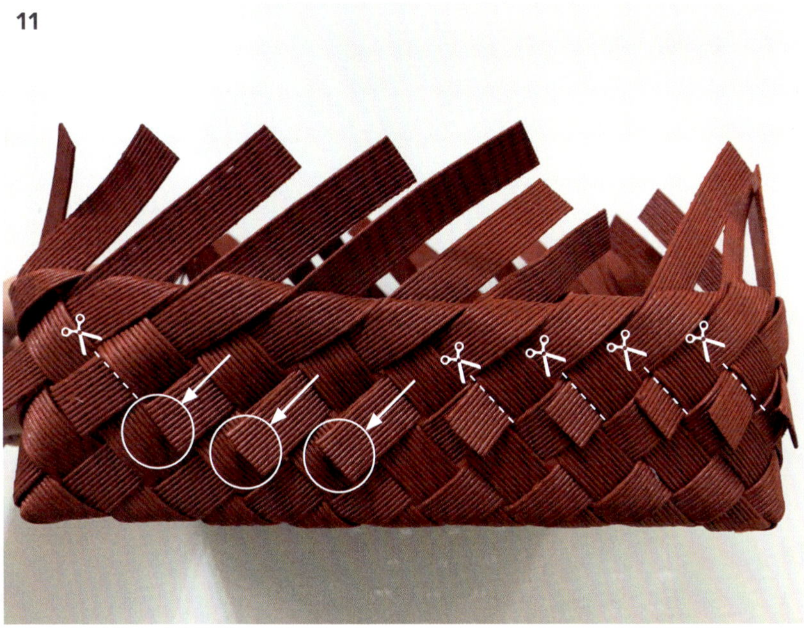

8. Nun den oberen Schachtelrand flechten: Alle Seitenbänder der einen Richtung um 45 Grad nach außen falten …

9. … und diagonal nach unten flechten.

10. Die Reste werden je nach Bandlänge abgeschnitten oder versorgt.

11. Die restlichen, noch hochstehenden Seitenbänder der anderen Richtung um 45 Grad falten und in die andere Richtung diagonal nach unten flechten. Die Enden werden je nach Rest abgeschnitten oder versorgt.

DEN DECKEL FLECHTEN

1. Die Schritte 1 bis 11 für die Box wiederholen, dafür die Abschnitte **H** bis **N** verwenden. Bei Schritt 7 allerdings nur 2 statt 3 Reihen flechten.

NADELKISSEN

Größe: 5 cm (D) × 3 cm (H)

Techniken: Geradeaus flechten | Zweibändig zwirbeln rechtsherum | Einfacher Randabschluss

4 m Papierband in Grün, 12 Schnur breit

Sie benötigen folgende Abschnitte:

A: 8× 3 Schnur breit, 18 cm lang

B: 1 Schnur breit, 400 cm lang

C: 2× 2 Schnur breit, 150 cm lang

Ich habe das Nadelkissen aus Bandresten gemacht!

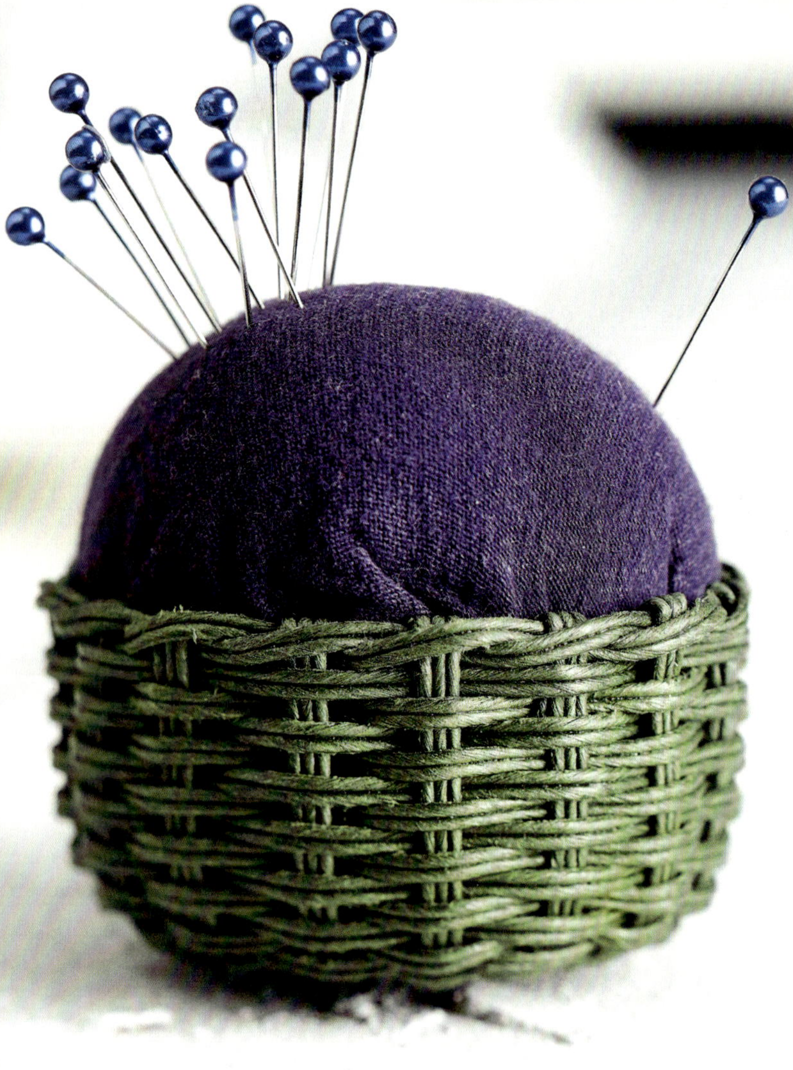

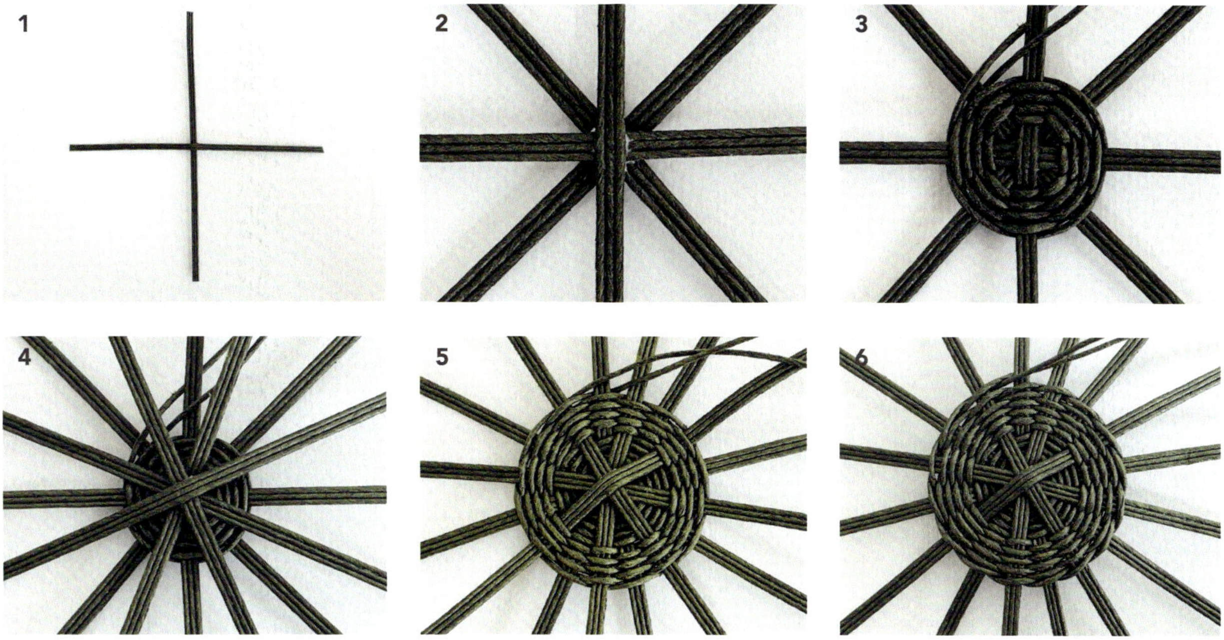

Das Nadelkissen startet wie die „Runde Tasche" von Seite 52.

1. Zwei **A**-Abschnitte zu einem Kreuz zusammenkleben.

2. Die nächsten zwei **A**-Abschnitte ebenfalls zu einem Kreuz zusammenkleben und versetzt auf das erste Kreuz kleben, sodass eine Sternform entsteht.

3. Den **B**-Abschnitt in der Mitte falten, sodass er gedoppelt ist, und dann mit beiden Enden gleichzeitig 4 Runden geradeaus flechten (s. S. 16). Diese 4 Runden bei doppeltem Band ergeben insgesamt 8 Reihen. Auf Starthöhe des **B**-Abschnitts die Reste mit einer Wäscheklammer fixieren (nicht abschneiden!).

4. Die Schritte 1 und 2 mit den restlichen **A**-Abschnitten wiederholen. Diesen Stern dann versetzt auf den ersten Stern kleben.

5. Wäscheklammer entfernen und mit beiden **B**-Enden gleichzeitig 4 Runden weiter geradeaus flechten. Diese 4 Runden ergeben insgesamt 8 Reihen.

6. Danach eine Runde zweibändig rechtsherum zwirbeln (s. S. 17).

7

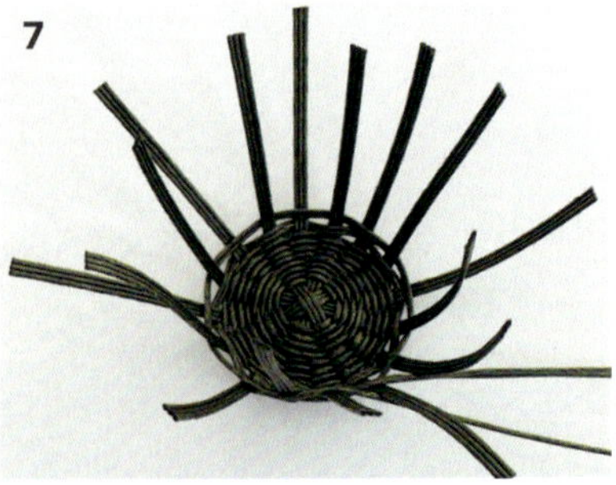

8

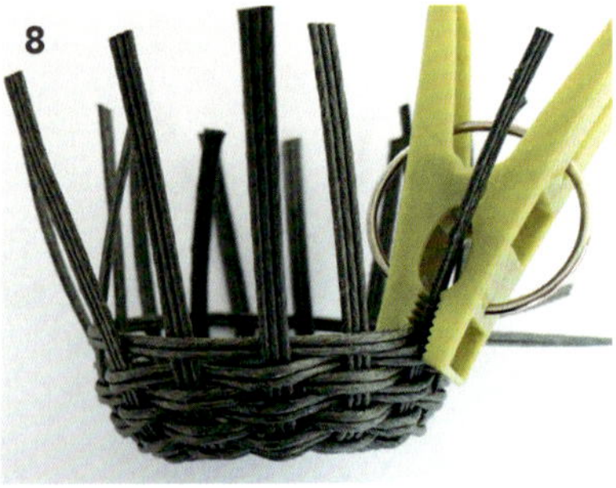

9

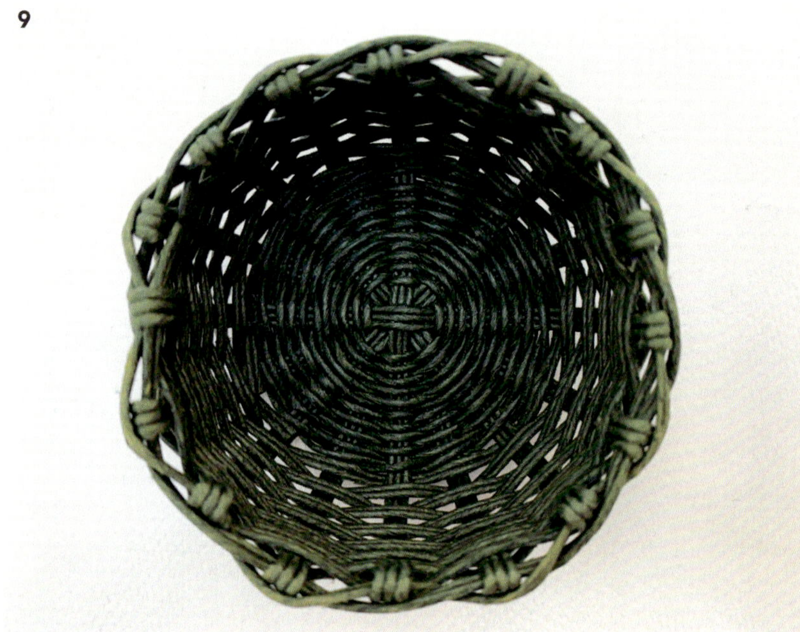

7. Die **B**-Reste abschneiden und ankleben. Die Seitenbänder (**A**-Abschnitte) falten und aufstellen. Der runde Boden ist fertig.

8. Mit den beiden **C**-Abschnitten gleichzeitig 6 Runden geradeaus flechten, sodass die Seitenwand 12 Reihen hoch ist.

9. Als letzte Runde zweibändig rechtsherum zwirbeln.

10. Die Reste der **A**-Abschnitte herumklappen und einflechten (s. S. 22, „Einfacher Randabschluss“).

11. Ein kleines Kissen fertigen und in das Körbchen stopfen.

Das Kissen besteht z. B. aus Stoffresten, gefüllt mit Watte.

aus Papierbandresten gefertigt

Sie benötigen folgende Abschnitte:
2× 3 Schnur breit, 110 cm lang

ARMBAND

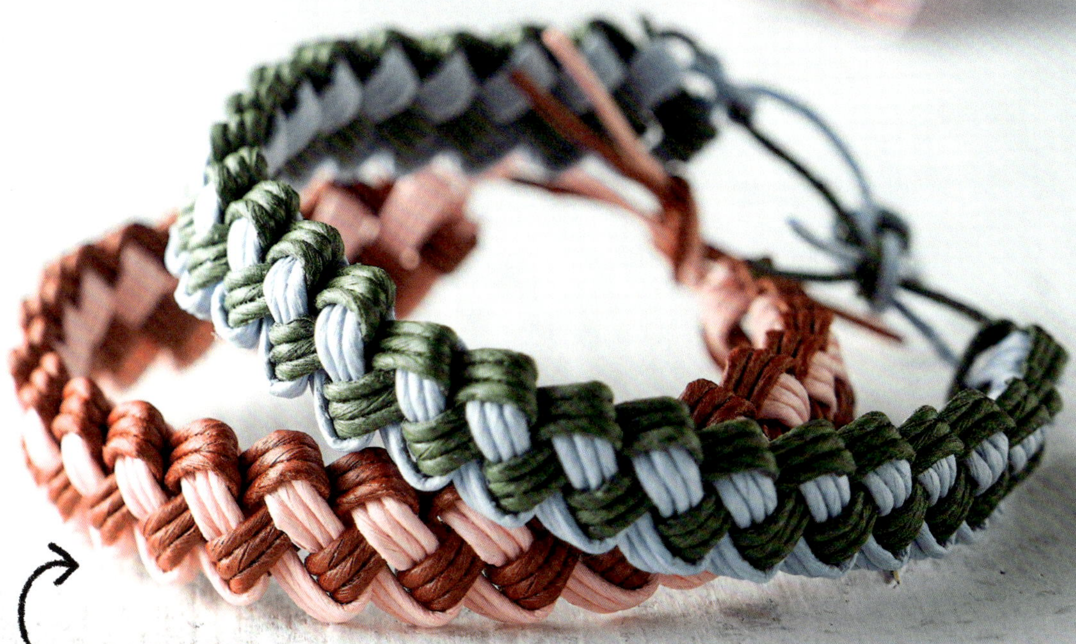

Aus Resten gemacht! Auch Kinder können diese Bänder schon flechten.

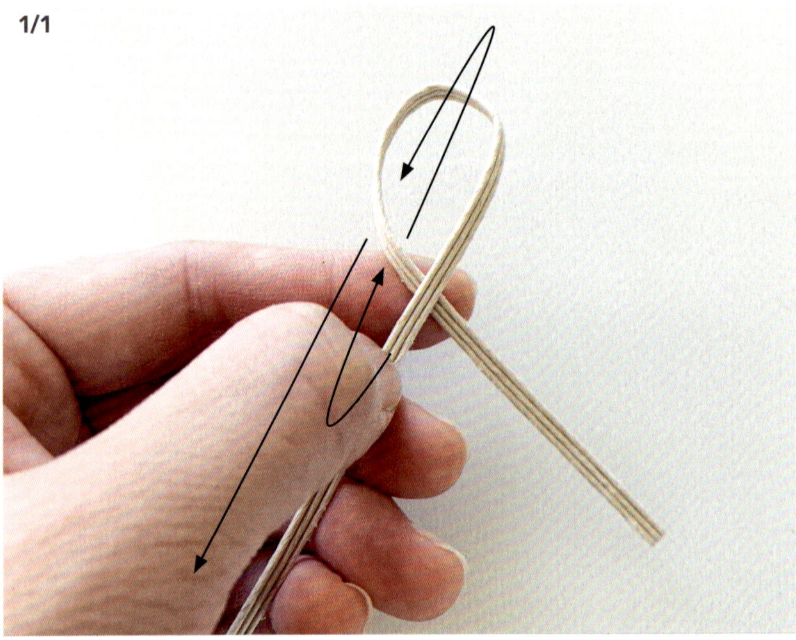

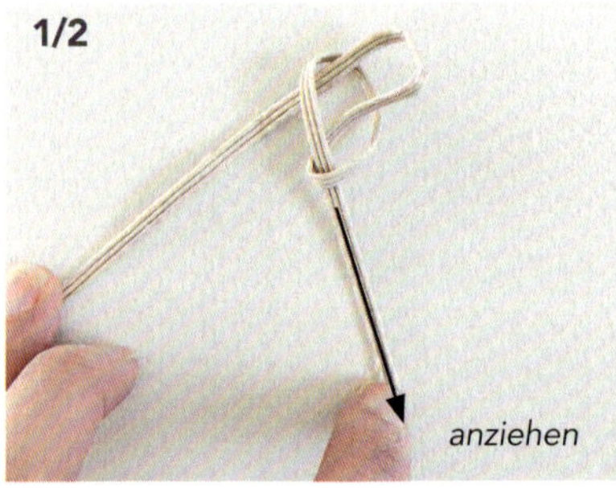

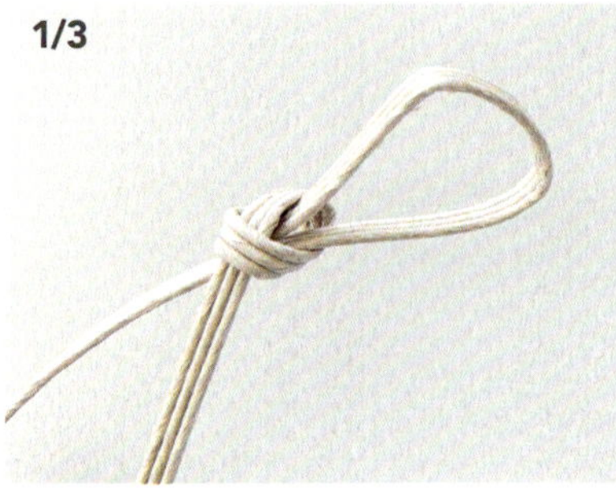

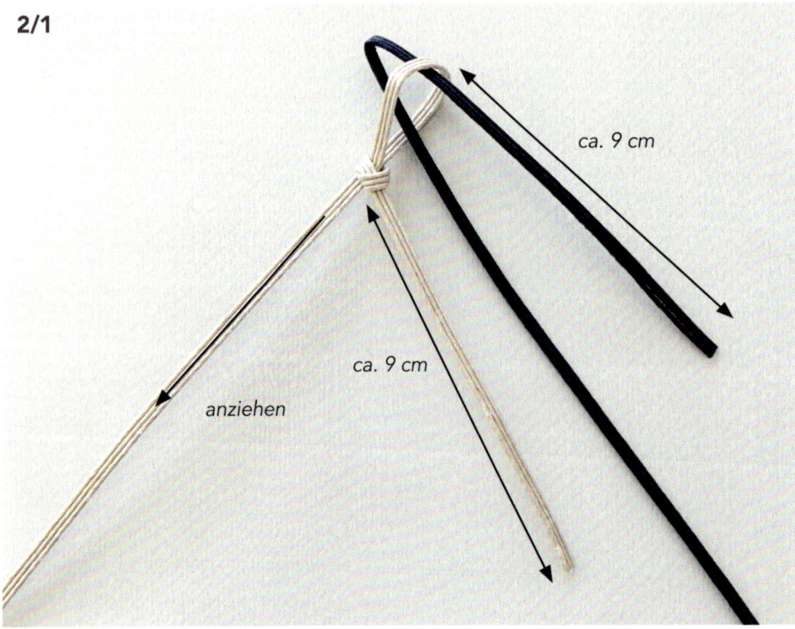

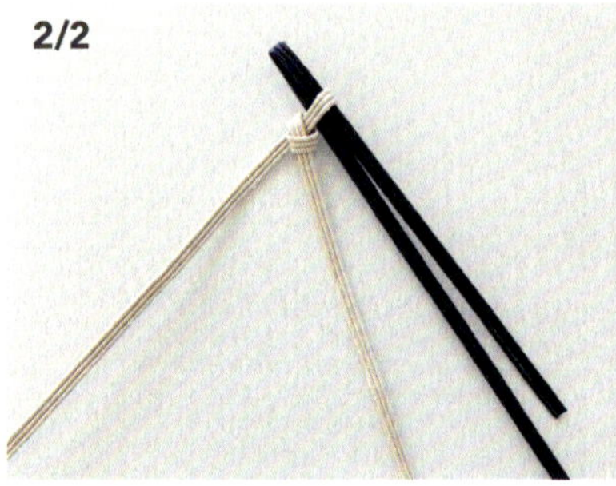

1. Mit einem Abschnitt eine Schlaufe bilden, sodass ein Rest von 9 cm bleibt.

2. Den anderen Abschnitt wie auf dem Foto durch die Schlaufe führen und anziehen, sodass eine neue Schlaufe entsteht. Wieder einen Rest von ungefähr 9 cm belassen.

3/1

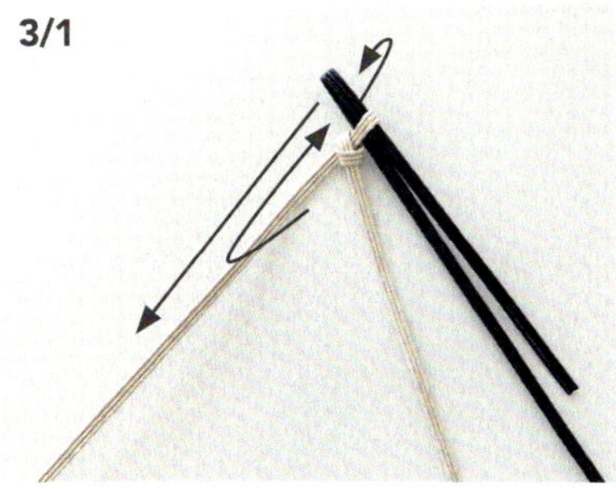

3/2

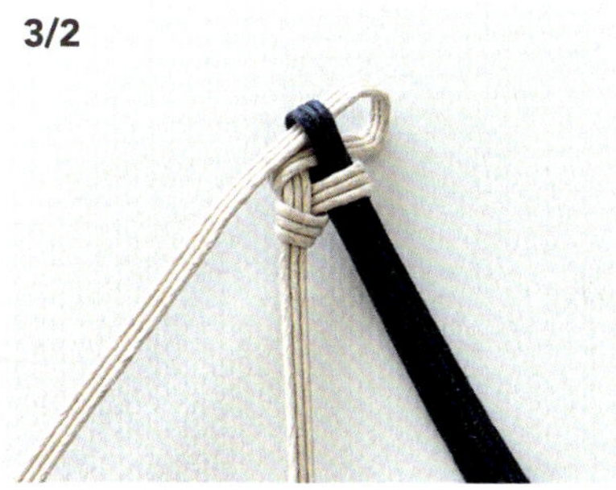

3/3

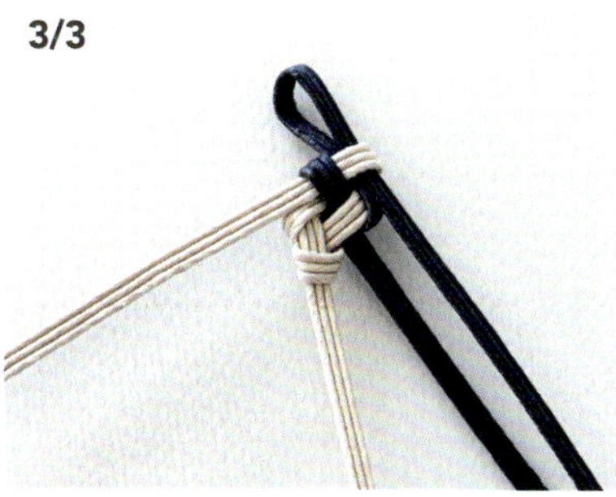

3/4

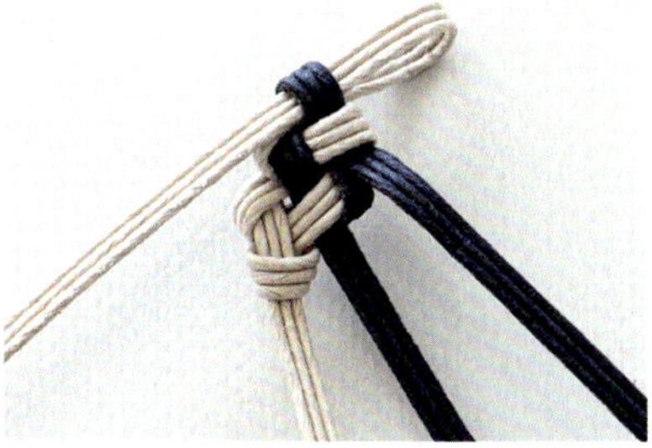

3/5

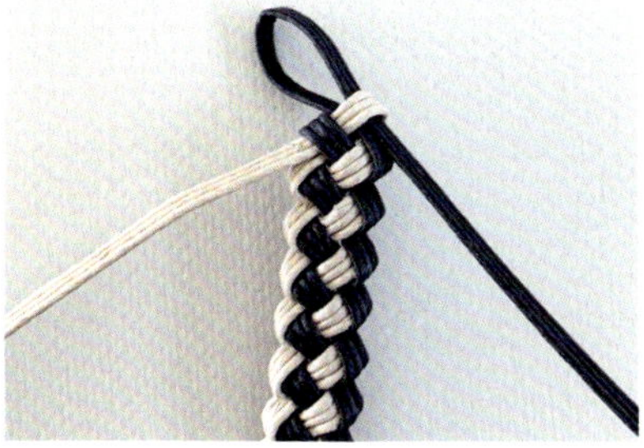

4/1

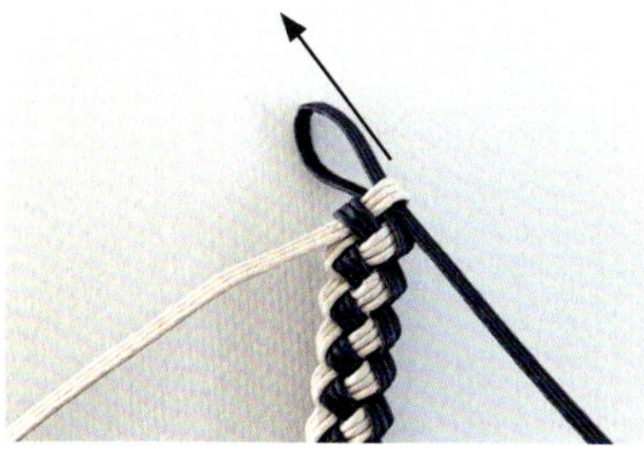

4/2

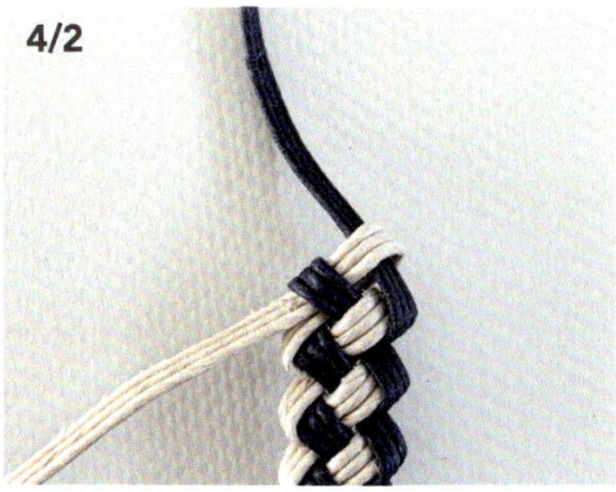

5

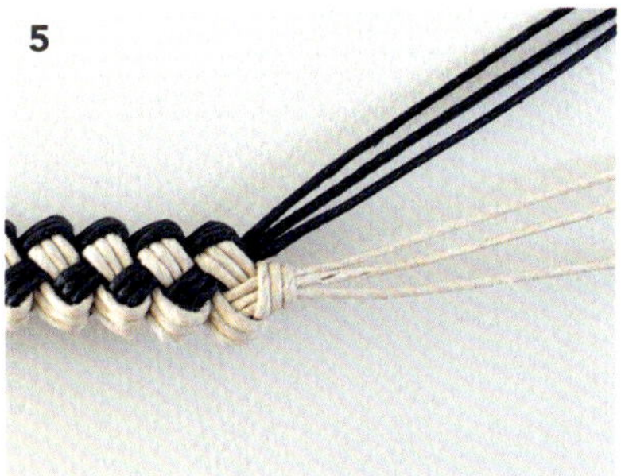

6

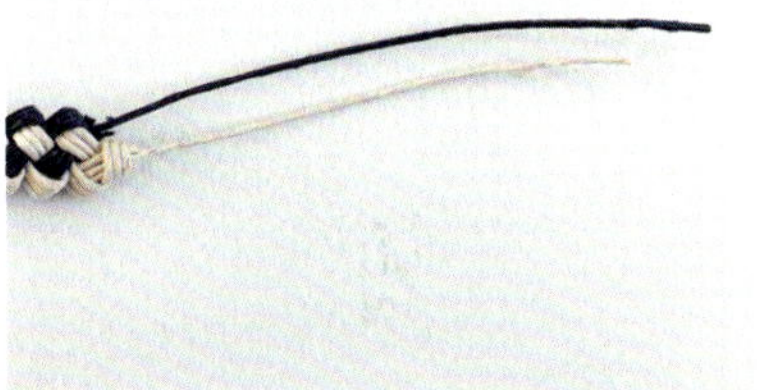

3. Schritt 3/1 und 3/2 immer wiederholen, bis das Armband lang genug ist (für einen Erwachsenen etwa 17 cm).

4. Als Abschluss die Schlaufe auflösen, indem Sie das Band nach oben durchziehen.

5. Beide Reste in Einzelschnüre zerteilen.

6. An beiden Armbandseiten je 2 von 3 Schnüren abschneiden. Mit den verbleibenden Einzelschnüren wird das Armband am Handgelenk zugebunden.

CHARMS

Größe: 1,6 cm (L) × 1,6 cm (B) × 1,6 cm (H)

aus Papierbandresten gefertigt
zusätzlich: Charms-Anhänger

Sie benötigen folgende Abschnitte:

A: 3× 12 Schnur breit (auf Wunsch in verschiedenen Farben), 7 cm lang
B: 1 Schnur breit, 3 cm lang

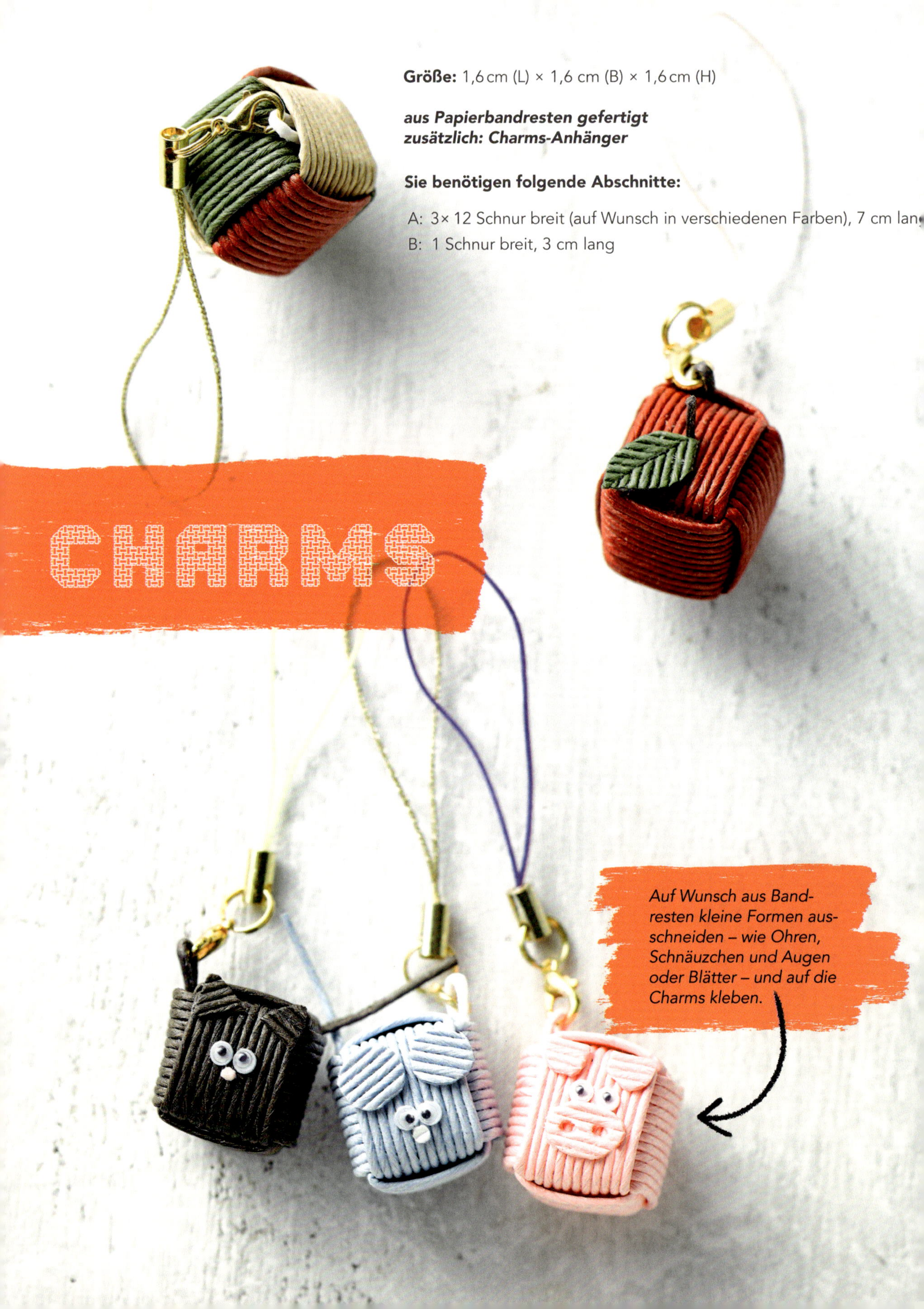

Auf Wunsch aus Bandresten kleine Formen ausschneiden – wie Ohren, Schnäuzchen und Augen oder Blätter – und auf die Charms kleben.

1/1

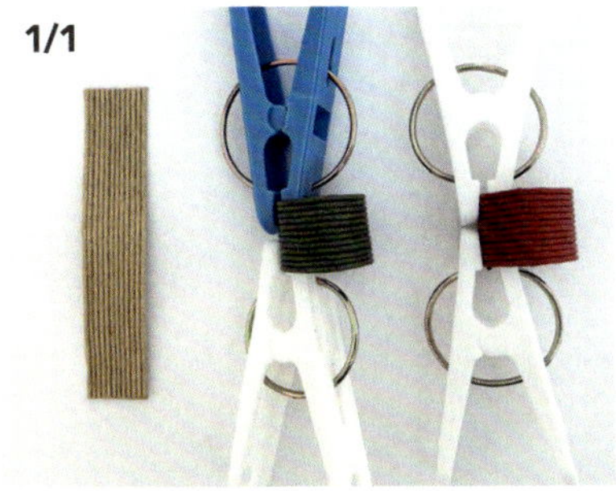

1/2

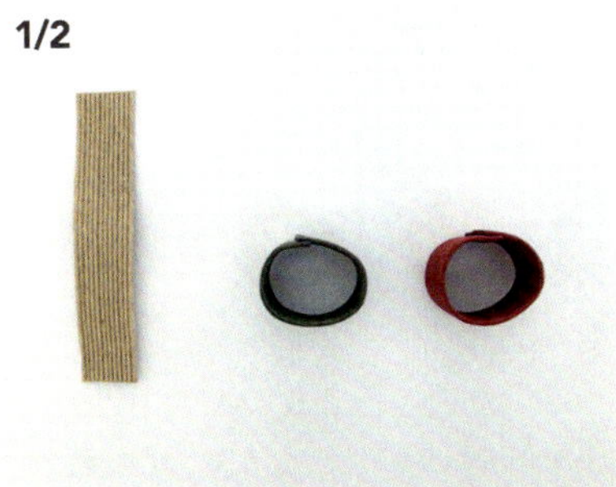

2/1

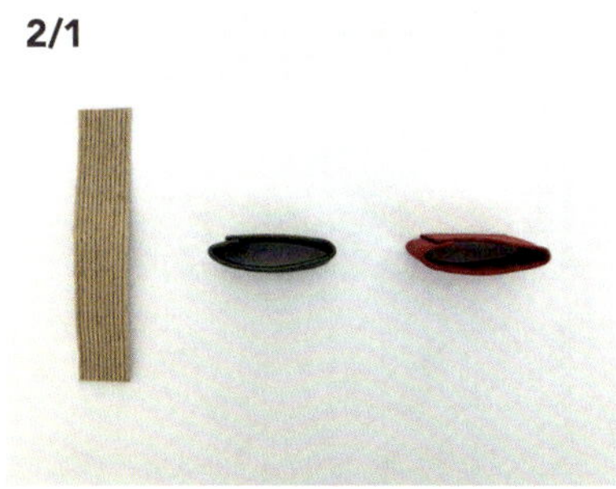

2/2

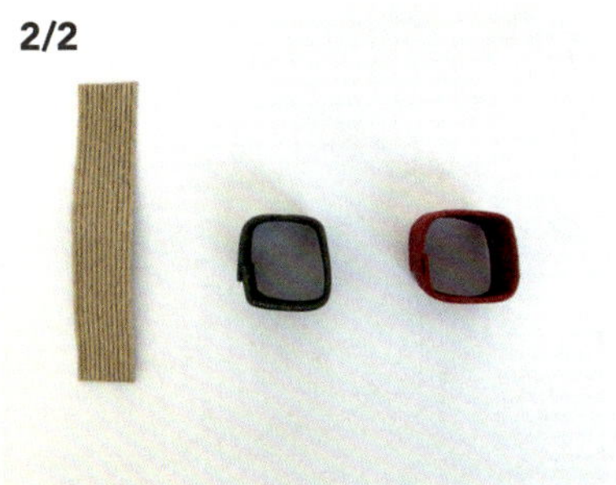

3

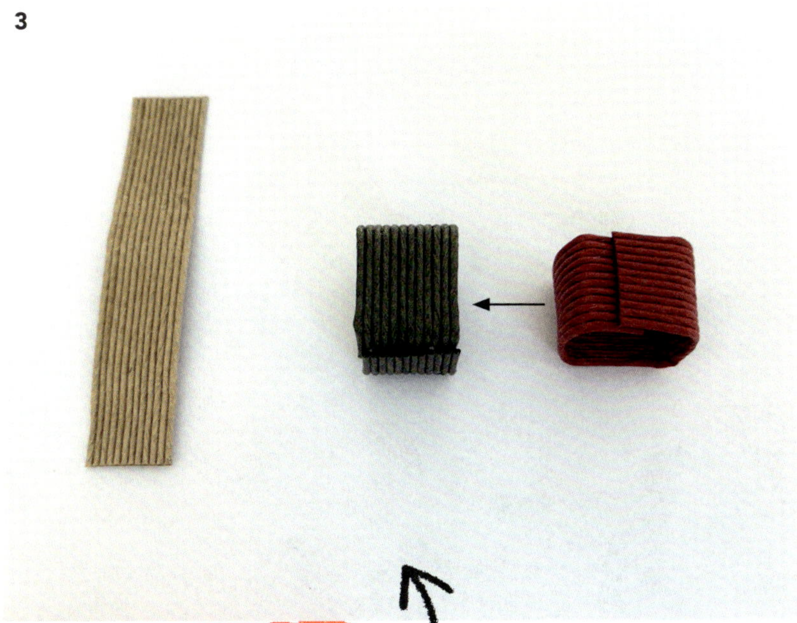

Achten Sie beim Ineinanderstecken auf die Klebestellen: Die am grünen Viereck sollte seitlich liegen, die am roten Viereck sollte verdeckt werden.

1. Zwei **A**-Abschnitte jeweils zum Ring formen und 5 mm überlappend zusammenkleben.

2. Beide Ringe zum Viereck formen, indem Sie sie zweimal auseinanderziehen und zusammendrücken.

3. Das eine Viereck drehen und ins andere Viereck stecken.

4

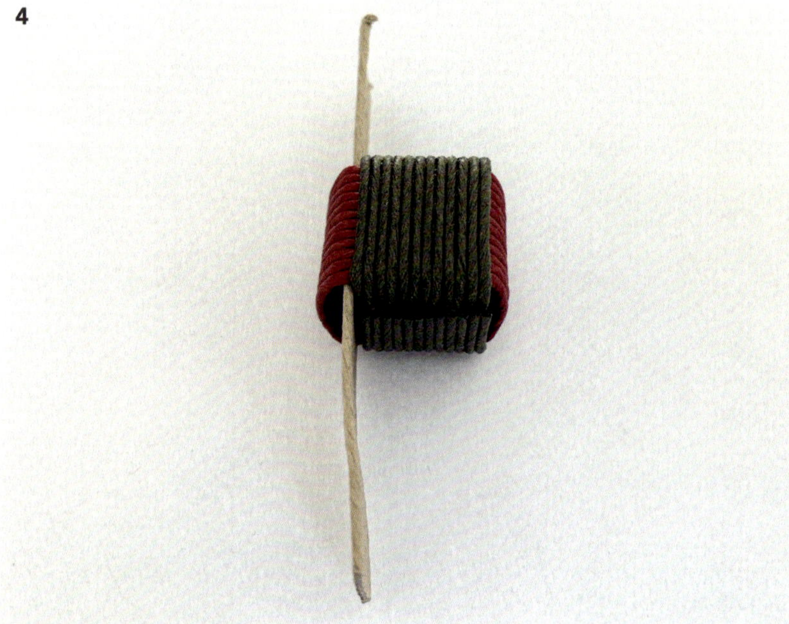

5/1

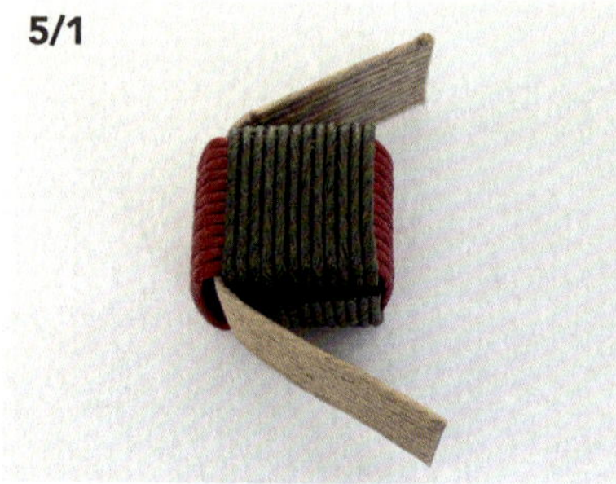

5/2

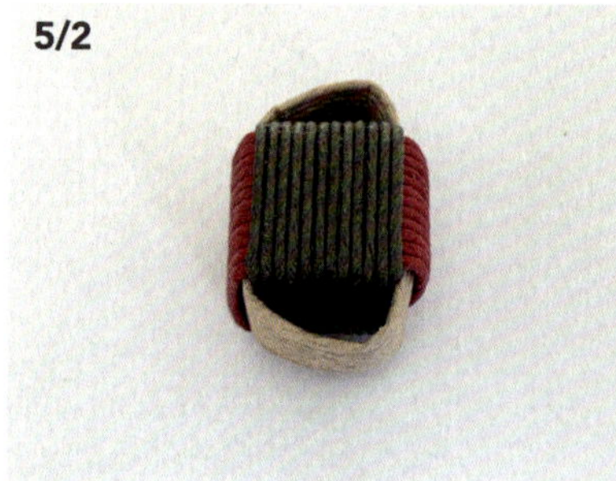

5/3

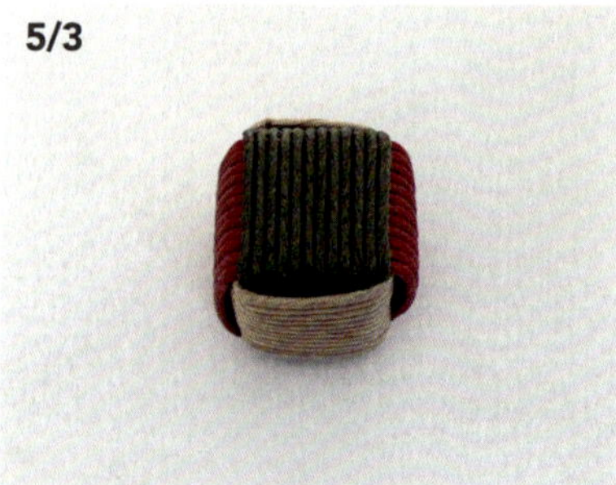

6/1

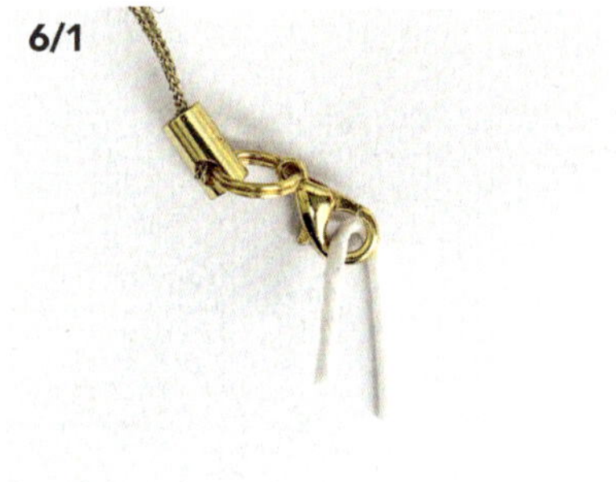

6/2

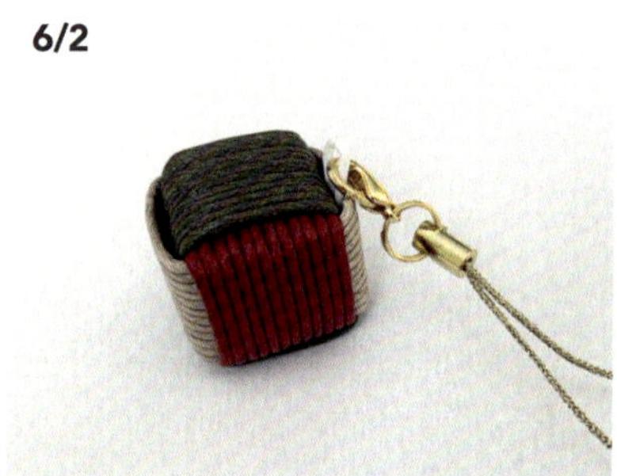

4. Den letzten **A**-Abschnitt durch eine Lasche am Viereck ziehen, bis es mittig sitzt.

5. Beide Enden dieses letzten Abschnitts umfalten und am anderen Ende des Vierecks in die Lasche stecken.

6. Den **B**-Abschnitt durch einen Charms-Anhänger fädeln und beide Enden in eine Lasche stecken und festkleben.

AJIRO-HANDTASCHE

Größe: 26 cm (L) × 9 cm (B) × 17,5 cm (H)

Techniken: Bänder ansetzen | Gerader Randabschluss | Handgriff

20 m Papierband in Natur (Farbe 1), 12 Schnur breit

9 m Papierband in Natur hell (Farbe 2), 12 Schnur breit

Sie benötigen folgende Abschnitte:

A: 6× 12 Schnur breit (Farbe 1), 67 cm lang
B: 18× 12 Schnur breit (Farbe 1), 50 cm
C: 2× 6 Schnur breit (Farbe 2), 860 cm lang
D: 2× 12 Schnur breit (Farbe 1), 75 cm lang
E: 4 Schnur breit (Farbe 1), 74 cm lang
F: 2× 8 Schnur breit (Farbe 1), 80 cm lang
G: 2× 8 Schnur breit (Farbe 1), 60 cm lang
H: 2× 2 Schnur breit (Farbe 1), 460 cm lang

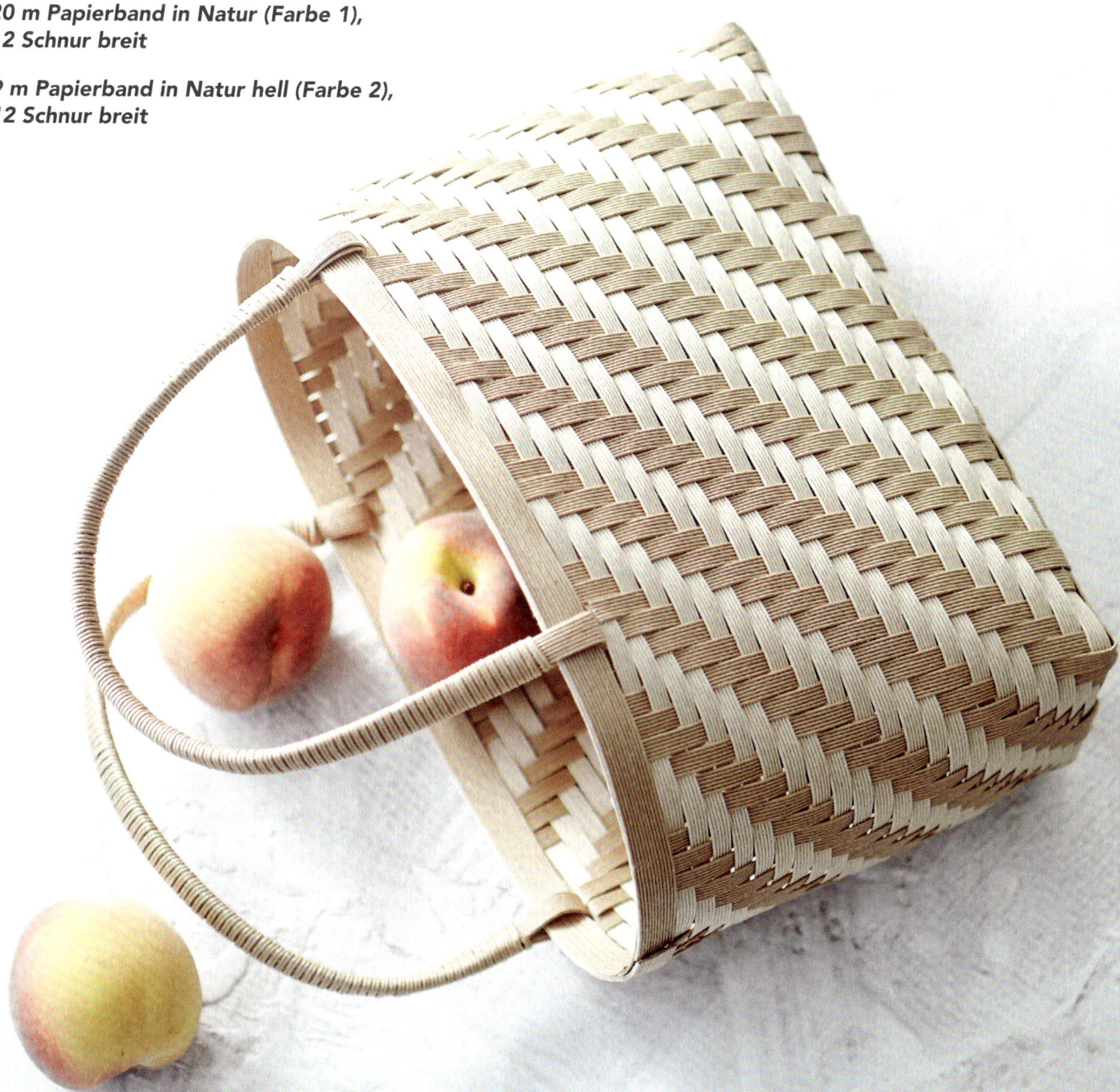

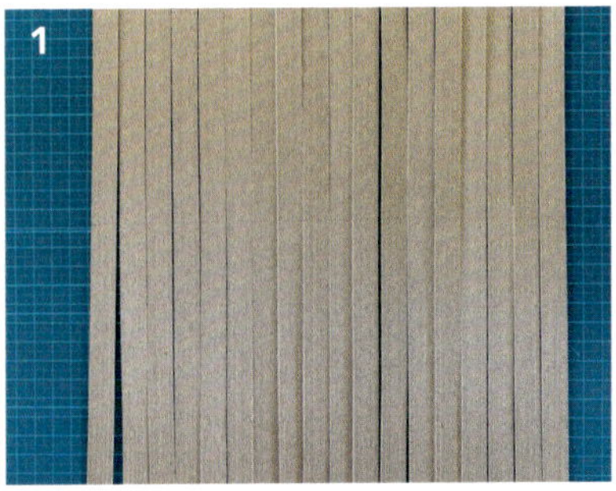

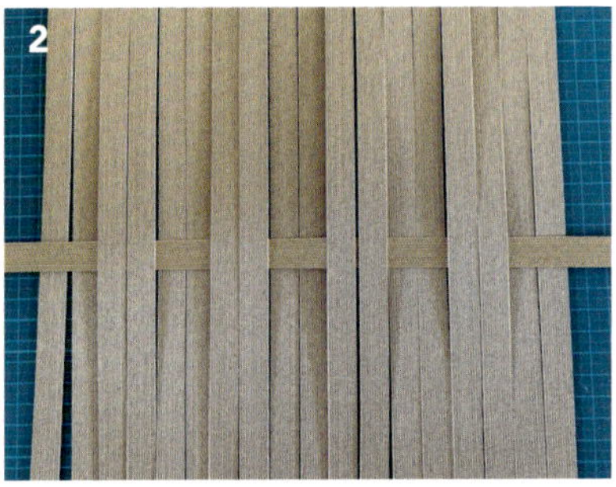

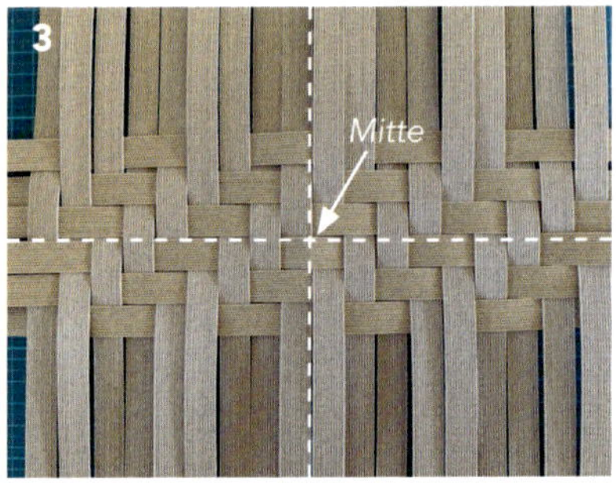

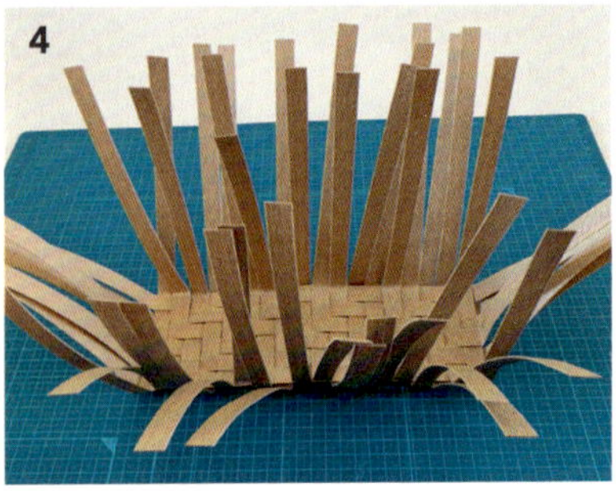

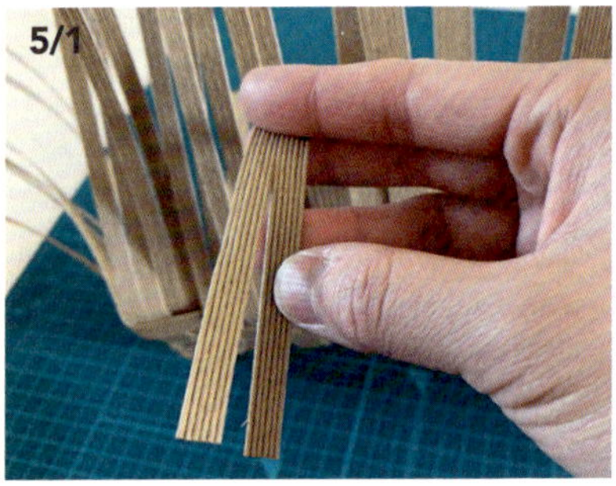

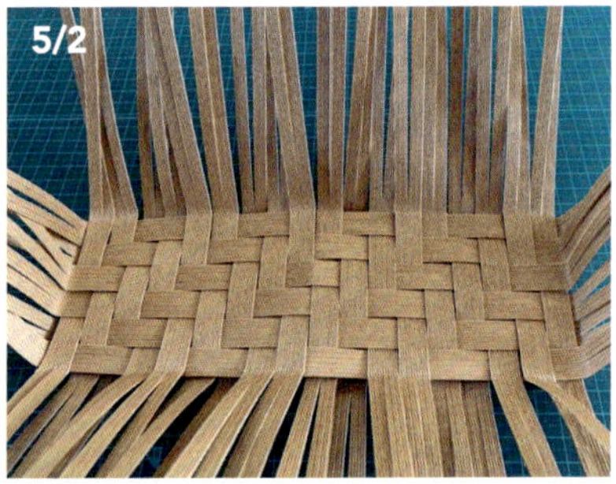

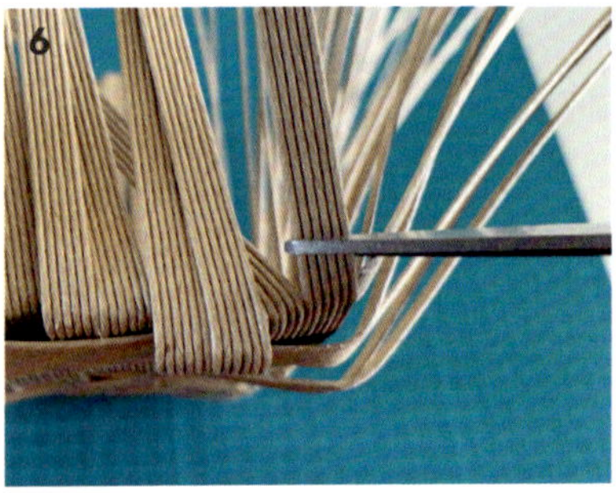

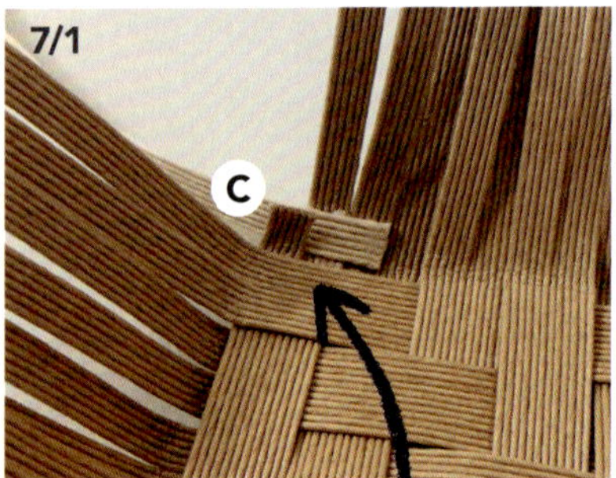

Von der Tascheninnenseite aus gesehen.

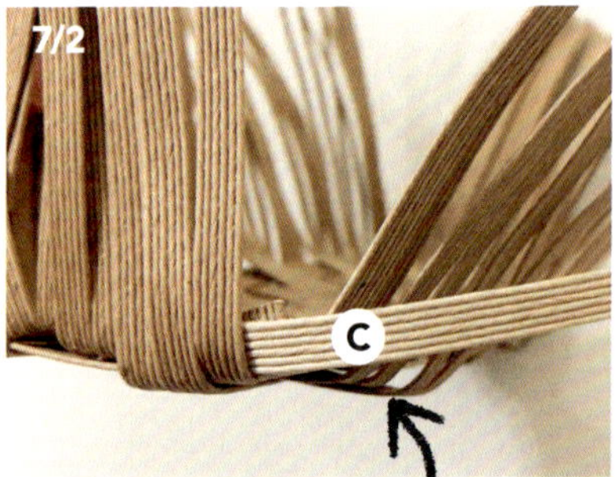

Von außen gesehen.

1. Die **B**-Abschnitte nebeneinander hinlegen und z. B. mit einem Buch fixieren, die Mitte mit Bleistift markieren.

2. Einen **A**-Abschnitt in der Mitte beginnend einflechten, dabei immer über bzw. unter zwei Bänder arbeiten.

3. Die übrigen **A**-Abschnitte jeweils um ein Band versetzt einflechten. Dabei die Mitte beachten, das heißt, es befinden sich jeweils 3 Reihen Geflecht oberhalb und unterhalb der Mittellinie; außerdem werden auch die **A**-Abschnitte mittig ausgerichtet.

4. Die Seitenbänder aufstellen – der Boden ist nun fertig.

5. Alle Seitenbänder bis zum Rand des Bodens halbieren.

6. Lediglich in einer (!) Ecke eine Seitenbandhälfte abschneiden.

7. Einen **C**-Abschnitt innen, im rechten Winkel zum eben abgeschnittenen Band, ankleben. **C** liegt dabei unter dem abgeschnittenen Rest (vom Tascheninneren aus betrachtet).

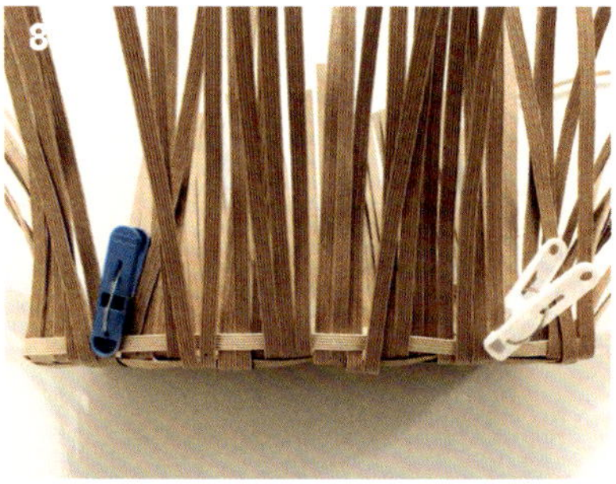

8

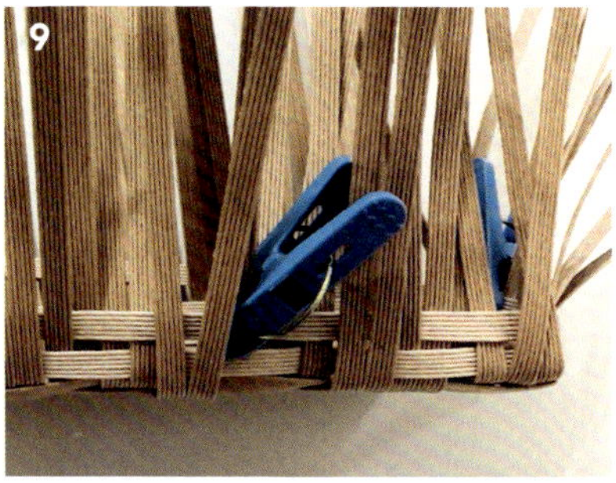

9

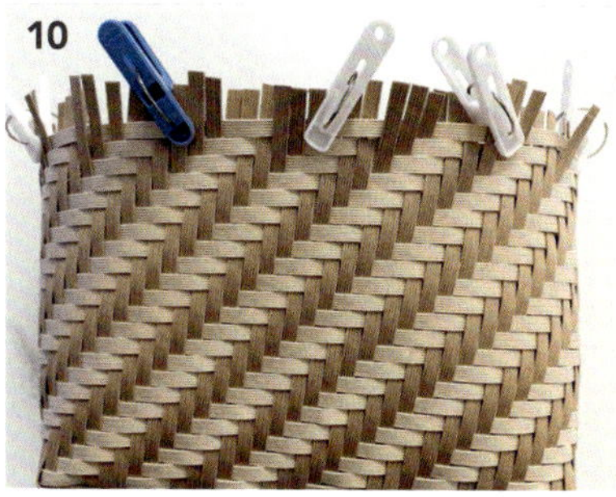

10

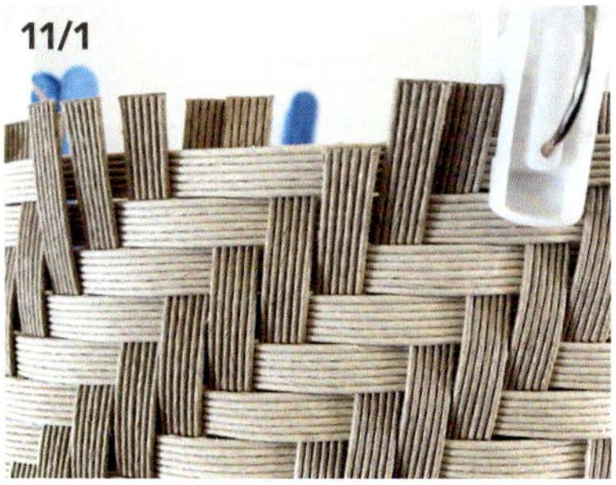

11/1

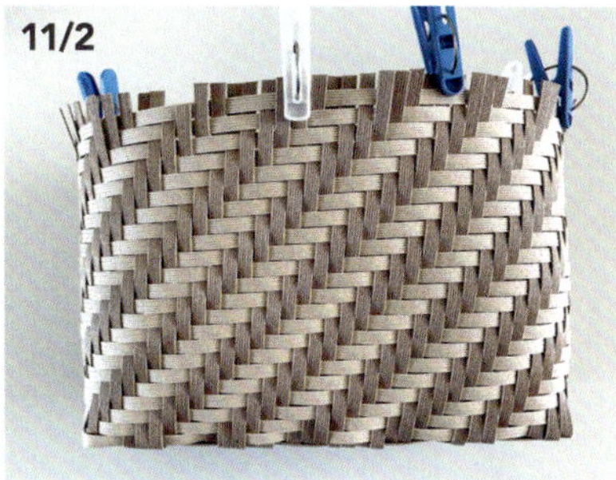

11/2

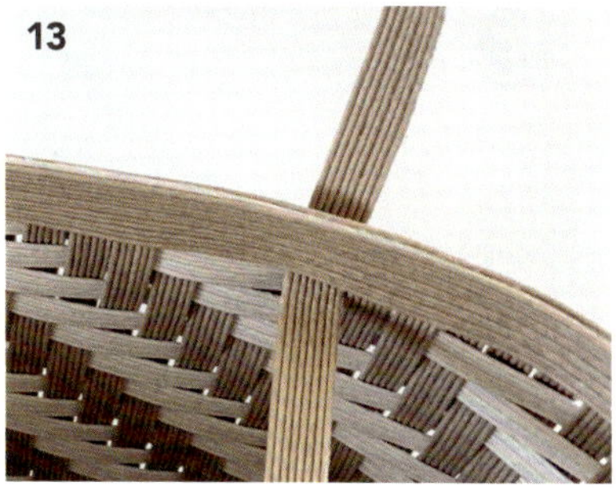

13

8. Mit Abschnitt **C** nun beginnen, die Seiten der Tasche auszuflechten, dabei immer über drei, unter drei vertikalen Seitenbandhälften flechten. Wäscheklammern zum Fixieren verwenden.

9. Der Flechtrhythmus ist nach jeder Runde verschoben, weil in Schritt 6 eine Seitenbandhälfte abgeschnitten wurde. Es wird also weiterhin noch über drei, unter drei geflochten, aber mit jeder neuen Runde ist das Geflecht um eine Seitenbandhälfte versetzt.

10. Ist der **C**-Abschnitt aufgebraucht, den zweiten ansetzen (s. S. 15, „Bänder ansetzen"). Bis obenhin weiterflechten.

11. Die Reste des jeweils siebten und achten Seitenbands (von der Taschenecke aus gezählt) oberhalb des letzten **C**-Abschnitts abschneiden – das sind die vier Stellen, an denen später der Handgriff befestigt wird. Die übrigen Seitenbänder so zuschneiden, dass jeweils ein Rest von 8 Schnur Breite (etwa 1,2 cm) stehen bleibt.

12. Mit den beiden **D**-Abschnitten als inneres bzw. äußeres Band sowie dem **E**-Abschnitt als Deckband einen geraden Randabschluss erstellen (s. S. 22).

13. An den Stellen, wo die Bandreste weggeschnitten wurden und sich nun ein Schlitz befindet, jeweils Anfang und Ende eines **F**-Abschnitts hindurchfädeln und die Enden auf dem **F**-Abschnitt – die Schmalseiten stumpf aneinander stoßend – ankleben. Der Griff ist nun gedoppelt.

14. Beide Enden der **G**-Abschnitte unter den Schlitzen ins Geflecht stecken und **G** auf den eben gedoppelten Griff kleben – der Griff ist nun drei Bänder stark und somit stabil.

Wenn Sie sich die Fotos der „Einfachen Tasche" auf Seite 39 anschauen, ist der Handgriff ein Kinderspiel.

15. Mit den beiden **H**-Abschnitten jeweils einen Handgriff komplett umwickeln (s. S. 26).

YOTSUME-KÖRBCHEN

Größe: 19 cm (L) × 13 cm (B) × 11 cm (H)

Techniken: Standardboden | Geradeaus flechten | Gerader Randabschluss

8,5 m Papierband in Natur hell (Farbe 1), 12 Schnur breit

4 m Papierband in Hellblau (Farbe 2), 12 Schnur breit

Sie benötigen folgende Abschnitte:

A: 6× 12 Schnur breit (Farbe 1), 19 cm lang
B: 5× 6 Schnur breit (Farbe 1), 44 cm lang
C: 9× 6 Schnur breit (Farbe 1), 38 cm lang
D: 2× 6 Schnur breit (Farbe 1), 13 cm lang
E: 4× 6 Schnur breit (Farbe 1), 67 cm lang
F: 2× 12 Schnur breit (Farbe 1), 67 cm lang
G: 2 Schnur breit (Farbe 1), 130 cm lang
H: 56× 3 Schnur breit (Farbe 2), 18 cm lang
I: 4× 2 Schnur breit (Farbe 2), 67 cm lang
J: 28× 2 Schnur breit (Farbe 2), 14 cm lang
K: 2× 12 Schnur breit (Farbe 1), 19 cm lang
L: 2× 6 Schnur breit (Farbe 1), 13 cm lang

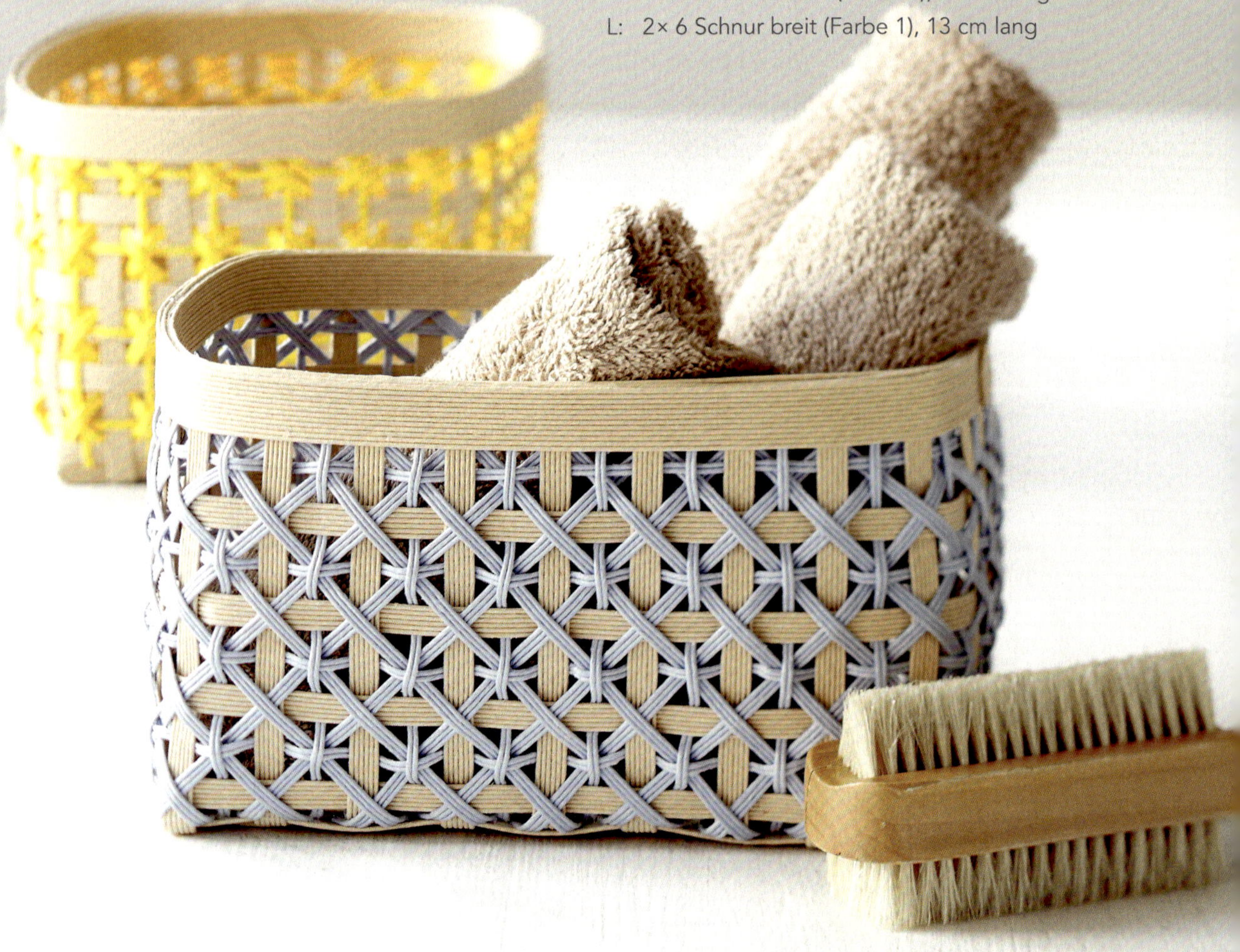

11

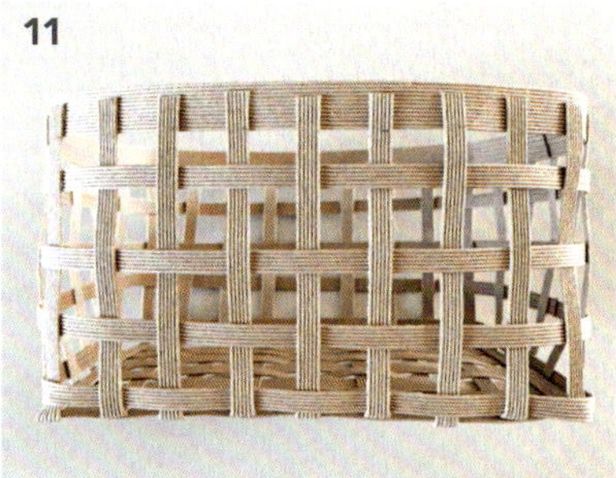

12/1

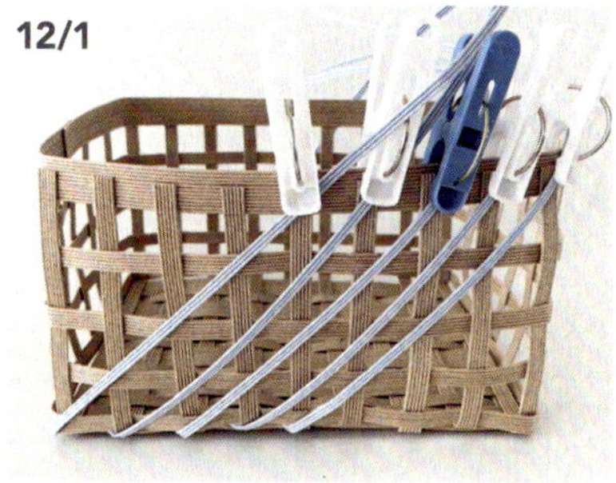

12/2

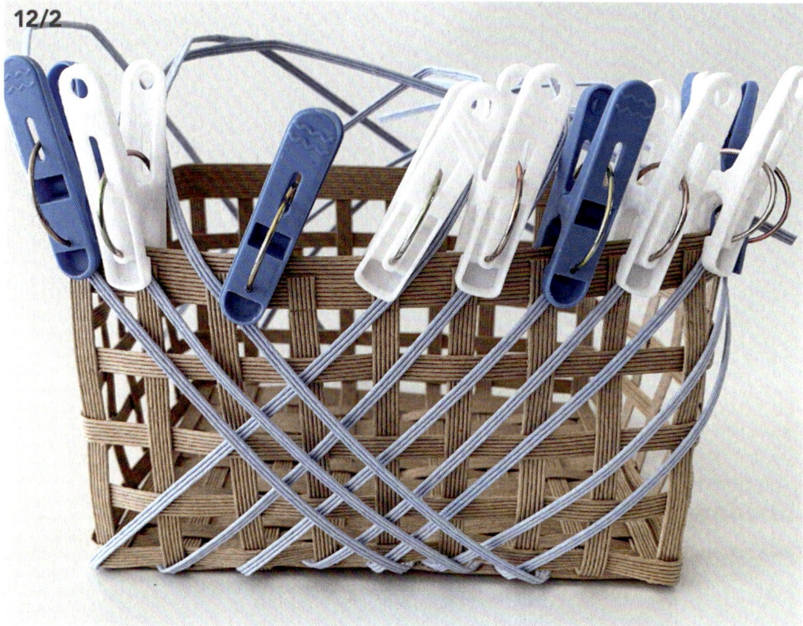

13/1

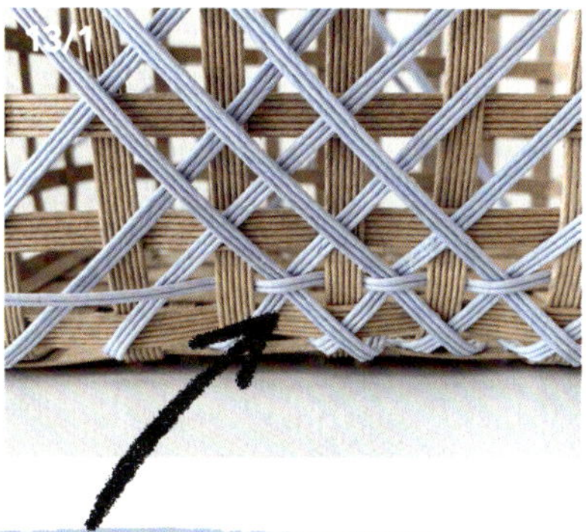

Die I-Bänder fixieren die H-Bänder genau an ihren Kreuzungspunkten.

13/2

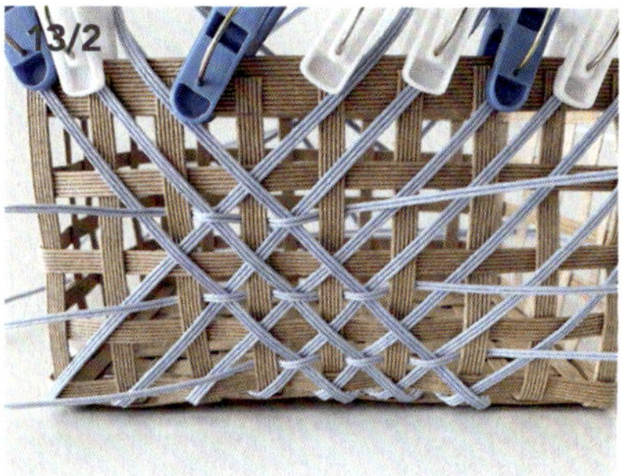

14

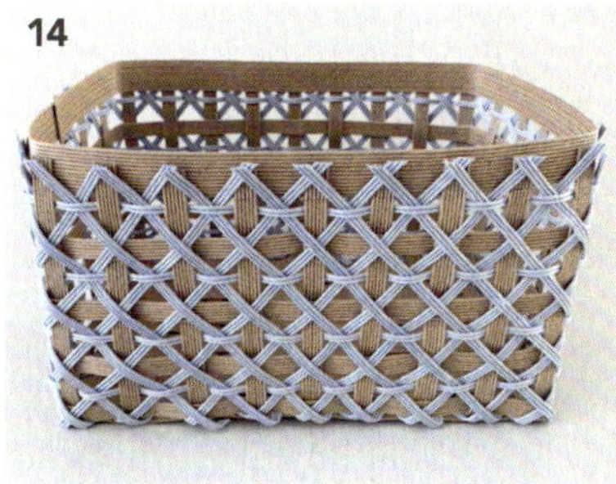

1.–9. Einen Standardboden mit den Abschnitten **A**, **B**, **C** und **D** erstellen (s. S. 20).

10. Die Seitenbänder aufstellen und die vier **E**-Abschnitte mit 1,5 cm Abstand zueinander einflechten (s. S. 16, „Geradeaus flechten"). An den Ecken festkleben, damit sie fixiert sind.

11. Einen **F**-Abschnitt innen am oberen Rand der **E**-Abschnitte ankleben, dabei oben eine Breite von 3 Schnur für das Deckband freilassen (s. S. 22, „Gerader Randabschluss").

12. Die **H**-Abschnitte unten, im Inneren des Körbchens, auf einer Länge von 5 mm ankleben und dann außen im 45-Grad-Winkel in beide Richtungen hinaufziehen. Darauf achten, dass diese schrägen **H**-Abschnitte die annähernd quadratischen Zwischenräume zwischen **E** und **F** diagonal kreuzen. Oben mit Wäscheklammern fixieren.

13. Zwischen den **E**- und den **H**-Abschnitten die **I**-Abschnitte horizontal einflechten: für jede Reihe einen eigenen **I**-Abschnitt verwenden. Auf diese Weise werden auch gleich die **H**-Abschnitte fixiert.

14. Die Schritte 12 und 13 wiederholen, bis die Seiten fertig sind. Anfang und Ende der **I**-Abschnitte jeweils innen zusammenkleben.

16/1

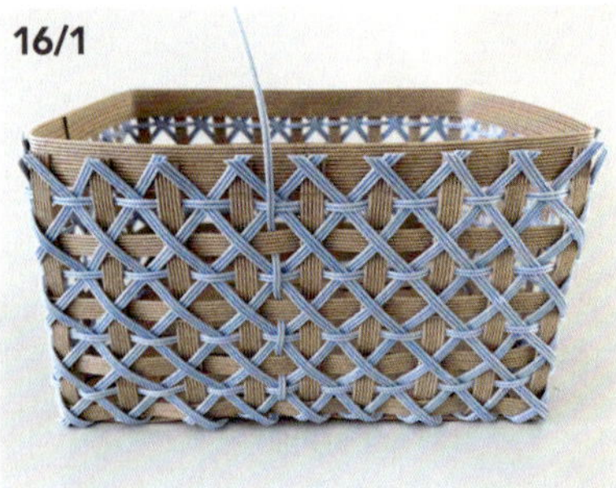

16/2

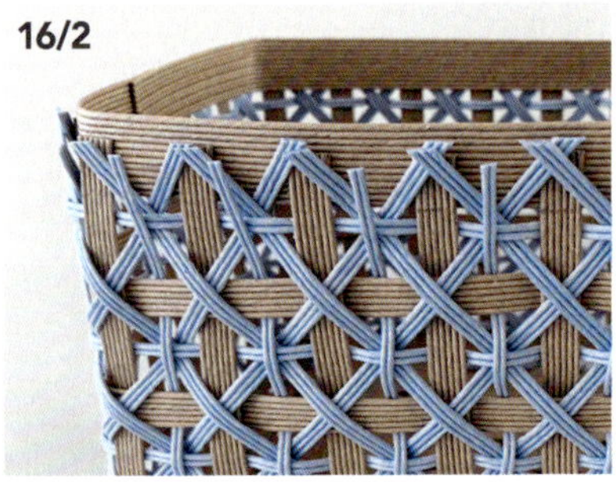

17/1

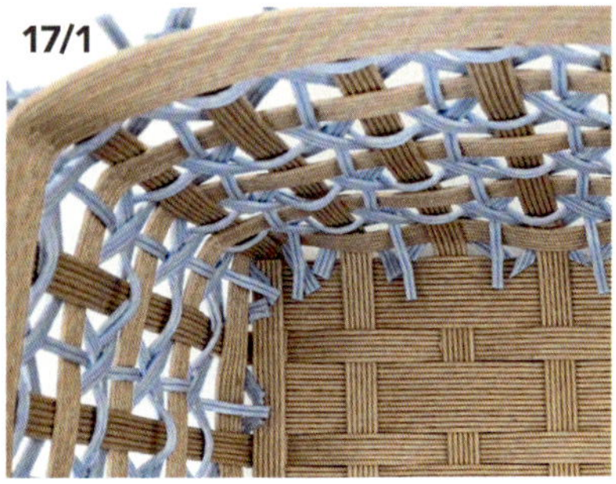

17/2

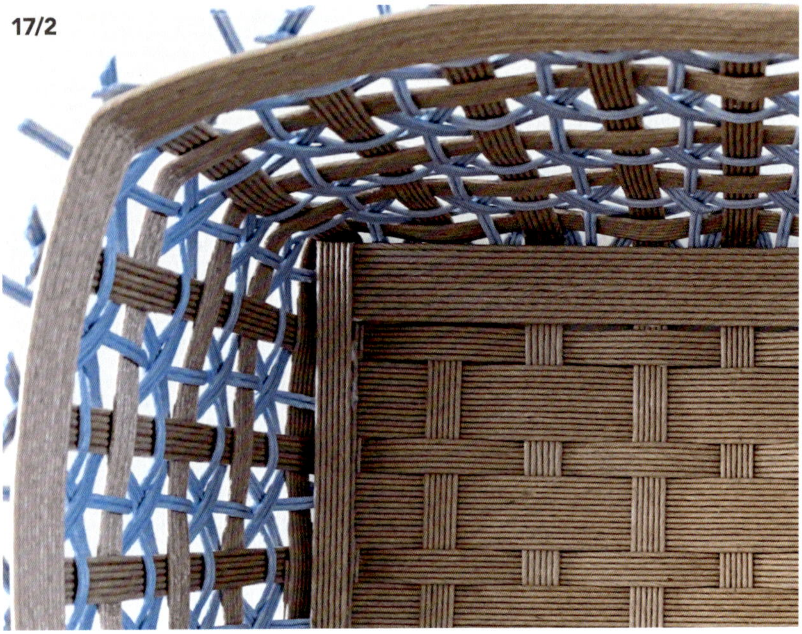

18

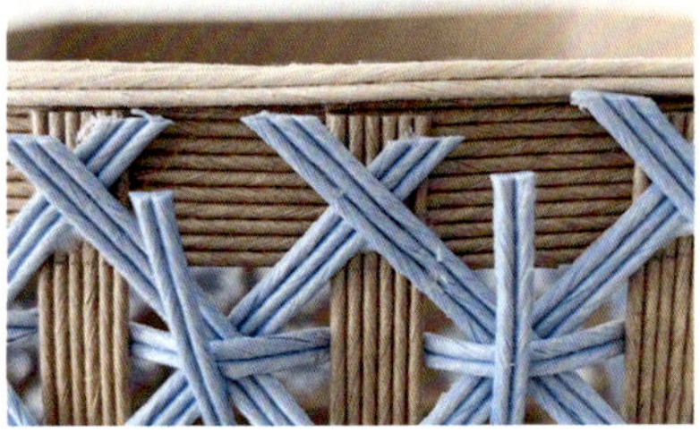

19

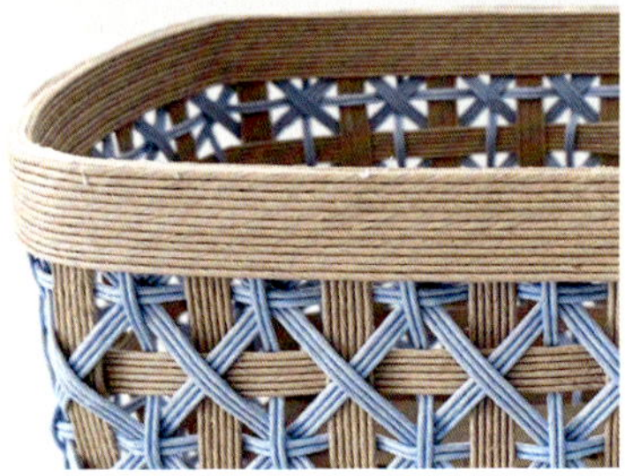

15. Die **H**-Abschnitte oben ungefähr bündig mit den **C**-Abschnitten abschneiden und ankleben.

16. Die **J**-Bänder vertikal einflechten und unten innen auf einer Länge von 5 mm ankleben. Oben auf gleicher Höhe wie die **H**-Abschnitte abschneiden und ankleben.

17. Die Abschnitte **K** und **L** am Innenboden ankleben, um die Reste der Abschnitte **H** und **J** abzudecken.

18. Den geraden Randabschluss vollenden (s. S. 22), dazu oberhalb der Seitenbänder den **G**-Abschnitt (als Deckband) in 2 Runden an das innere Band kleben.

19. Zum Schluss den verbliebenen **F**-Abschnitt als äußeres Band gegen das innere Band (ebenfalls ein **F**-Abschnitt) mit dem Deckband (**G**-Abschnitt) kleben, sodass der Rand schön verdeckt ist.

PRINZESSINNEN-SCHATZDOSE

Größe Box: 13 cm (L) x 10,5 cm (B) x 8 cm (H)
Größe Innenbox: 7 cm (L) × 10 cm (B) × 3,5 cm (H)

Techniken: Standardboden | Geradeaus flechten | Ring flechten | Gerader Randabschluss | Ein 2-D-Sujet erstellen

Die verwendeten Bänder und Zuschnitte finden Sie auf der nächsten Seite.

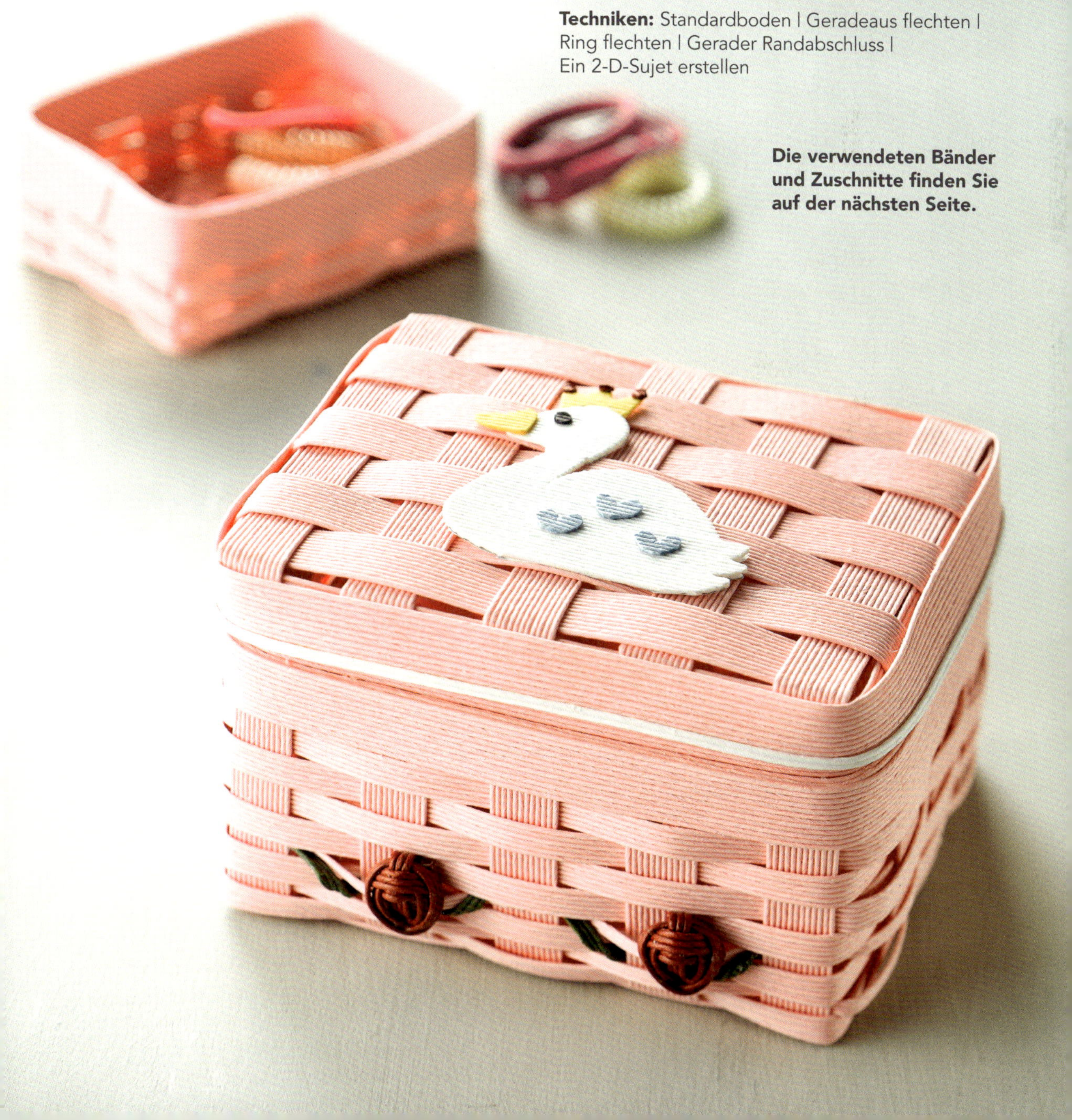

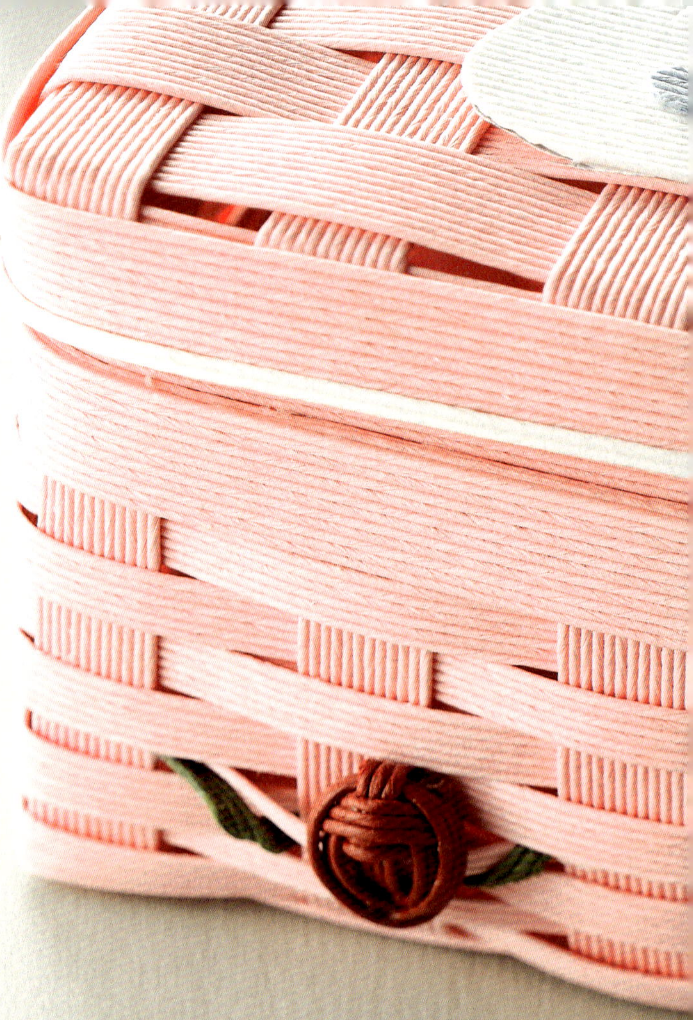

17,5 m Papierband in Rosa (Farbe 1), 12 Schnur breit

1 m Papierband in Weiß (Farbe 2), 12 Schnur breit

0,25 m Papierband in Grün (Farbe 3), 12 Schnur breit

0,5 m Papierband in Rot (Farbe 4), 12 Schnur breit

Rest Papierband in Hellblau (Farbe 5), 12 Schnur breit

Rest Papierband in Gelb (Farbe 6), 12 Schnur breit

Sie benötigen folgende Abschnitte:
für die Box

A: 4× 12 Schnur breit (Farbe 1), 13 cm lang
B: 3× 12 Schnur breit (Farbe 1), 30 cm lang
C: 5× 12 Schnur breit (Farbe 1), 27 cm lang
D: 2× 12 Schnur breit (Farbe 1), 10,5 cm lang
E: 6× 6 Schnur breit (Farbe 1), 51 cm lang
F: 2× 3 Schnur breit (Farbe 1), 51 cm lang
G: 2× 12 Schnur breit (Farbe 1), 51 cm lang
H: 2 Schnur breit (Farbe 1), 50 cm lang
I: 12 Schnur breit (Farbe 1), 100 cm lang
J: 4 Schnur breit (Farbe 1), 235 cm lang

für den Deckel

K: 4× 12 Schnur breit (Farbe 1), 13 cm lang
L: 3× 12 Schnur breit (Farbe 1), 18 cm lang
M: 5× 12 Schnur breit (Farbe 1), 16 cm lang
N: 2× 12 Schnur breit (Farbe 1), 10,5 cm lang
O: 2× 12 Schnur breit (Farbe 1), 51 cm lang
P: 2 Schnur breit (Farbe 1), 50 cm lang
Q: 2× 12 Schnur breit (Farbe 1), 4 cm lang
R: 2 Schnur breit (Farbe 2), 51 cm lang

für die Innenbox

S: 4× 11 Schnur breit (Farbe 1), 7 cm lang
T: 3× 11 Schnur breit (Farbe 1), 18 cm lang
U: 3× 12 Schnur breit (Farbe 1), 22 cm lang
V: 2× 12 Schnur breit (Farbe 1), 10 cm lang
W: 5× 4 Schnur breit (Farbe 1), 37 cm lang
X: 2× 12 Schnur breit (Farbe 1), 37 cm lang
Y: 2 Schnur breit (Farbe 1), 36 cm lang

für die Verzierungen

Z1: 3 Schnur breit (Farbe 3), 25 cm lang
Z2: 2× 3 Schnur breit (Farbe 4), 50 cm lang
Z3: 4× 12 Schnur breit (Farbe 2), 8 cm lang
Z4: Rest (Farbe 4)
Z5: Rest (Farbe 5)

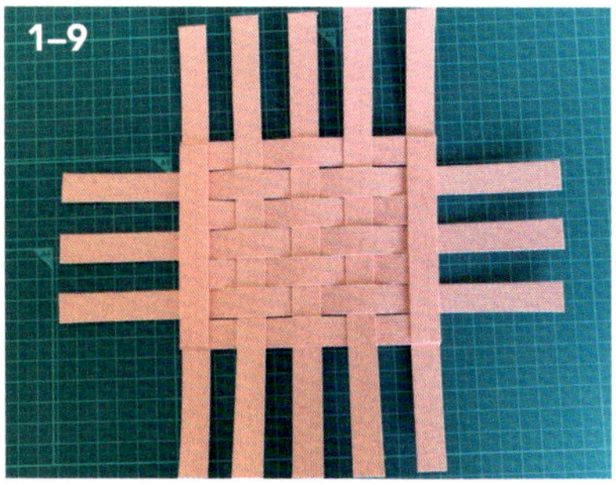

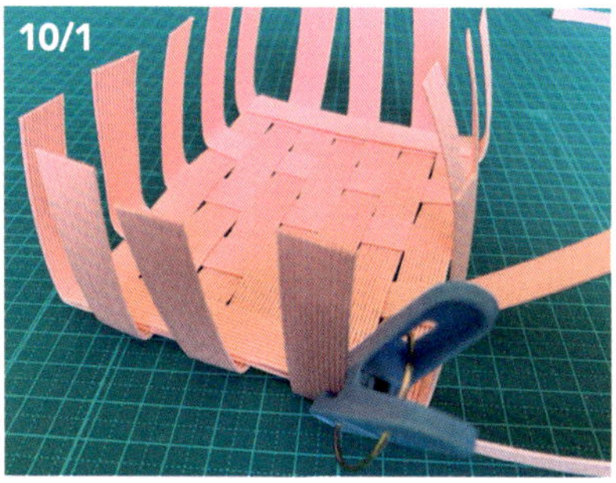

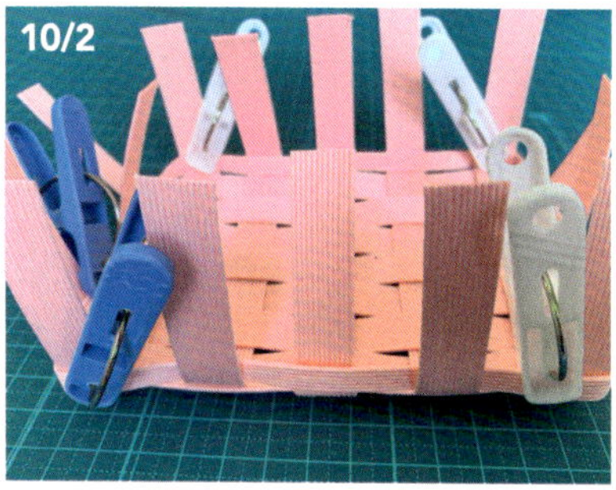

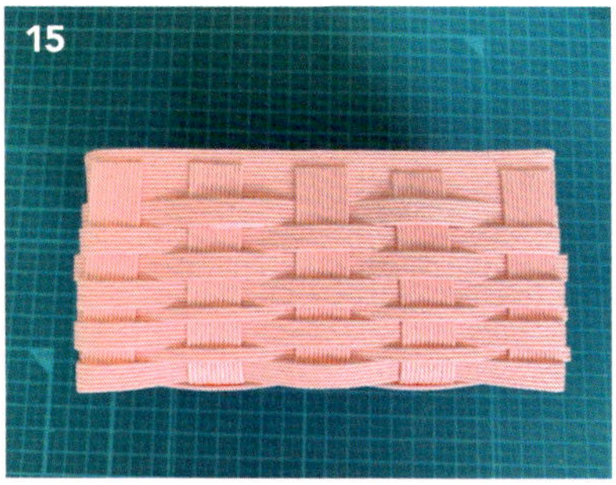

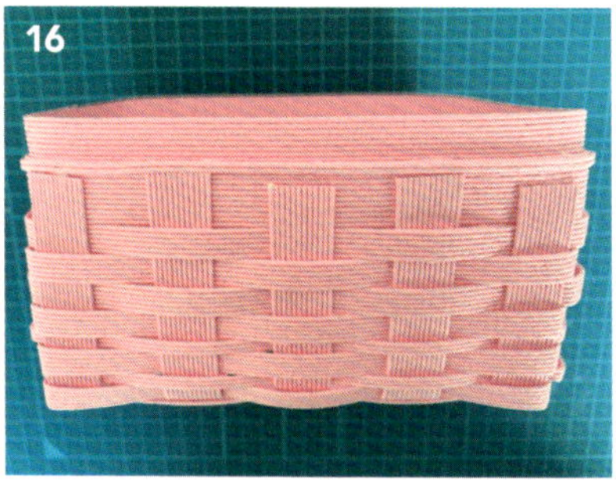

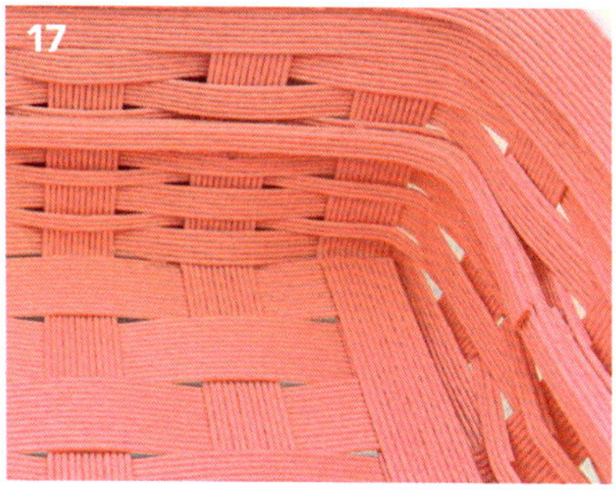

DIE BOX FLECHTEN

1.–9. Einen Standardboden mit den Abschnitten **A**, **B**, **C** und **D** erstellen (s. S. 20).

10. Die Seitenbänder hochfalten und einen **E**-Abschnitt mit einer Wäscheklammer an einem äußeren Seitenband fixieren. Einmal rundherum geradeaus flechten (s. S. 16).

11. Die beiden überlappenden Enden des **E**-Abschnitts zusammenkleben.

Darauf achten, dass die Klebestelle von außen nicht sichtbar ist.

12. Die Überlappung dieses ersten **E**-Abschnitts messen. Die restlichen **E**-Abschnitte und die **F**-Abschnitte mit derselben Überlappung zusammenkleben, sodass Ringe entstehen (s. S. 16).

13. Nun diese Ringe von oben in die Seitenbänder einschieben und dabei einflechten, und zwar in folgender Reihenfolge: 1 × **F** – 1 × **E** – 1 × **F** – 4 × **E**.

14. Die Reste der Abschnitte **B** und **C** (also die Reste der Seitenbänder) so abschneiden, dass sie noch 10 Schnur breit über dem obersten waagerecht eingeflochtenen Band überstehen.

Zum leichteren Abmessen der 10-Schnur-Breite nehme ich einen Rest Papierband zu Hilfe.

15. Nun folgt ein gerader Randabschluss (s. S. 22): Den **G**-Abschnitt von innen gegen die Seitenbänder kleben, sodass er 2 Schnur breit übersteht. Auf diesen 2 Schnur breiten Absatz den **H**-Abschnitt als Deckband kleben.

16. Den **I**-Abschnitt von innen nur auf einer Breite von 4 Schnur an den **G**-Abschnitt ankleben, sodass oben 8 Schnur breit überstehen und von außen sichtbar sind. Dieser Überstand sorgt dafür, dass der Deckel später gut aufliegt und nicht abrutscht. Achtung: Der **I**-Abschnitt wird zweimal herumgeführt und jeweils angeklebt (er liegt dann doppelt).

17. Mit dem **J**-Abschnitt im Inneren der Box eine Art Auflager für die spätere Innenbox fertigen. Dazu den **J**-Abschnitt innerhalb der Box in 5 cm Höhe (= Oberkante des Auflagers, innen vom Boden aus gemessen) mehrmals rundherum einkleben, bis das Band aufgebraucht ist.

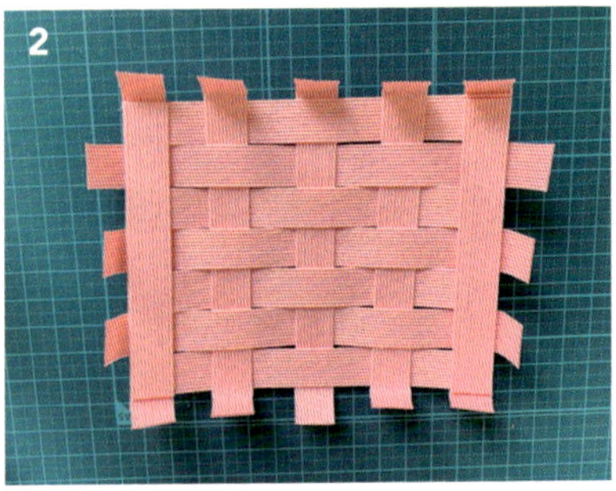

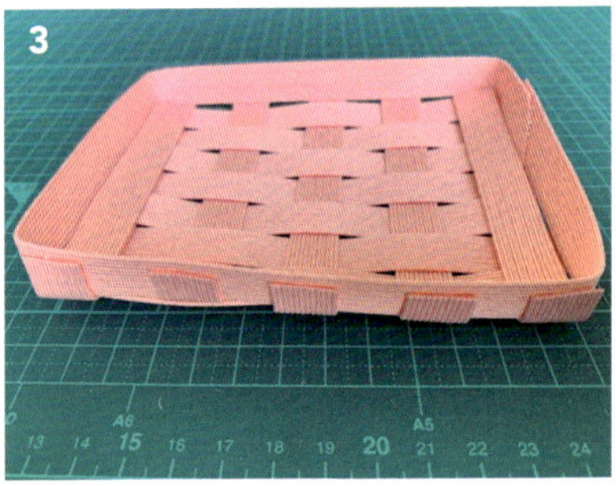

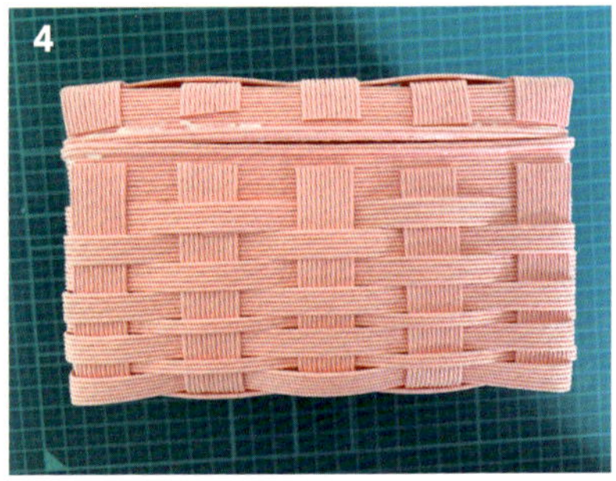

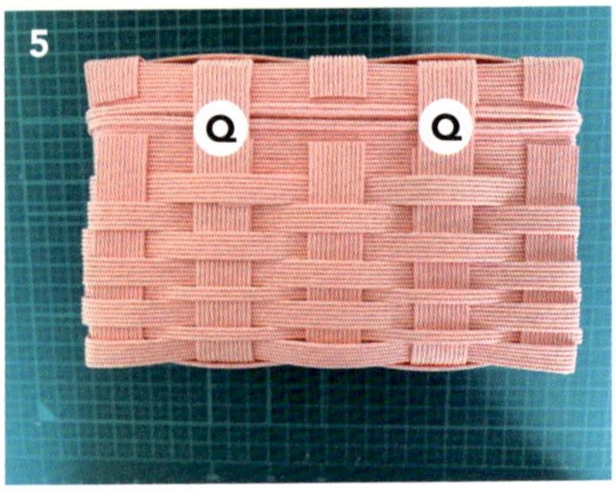

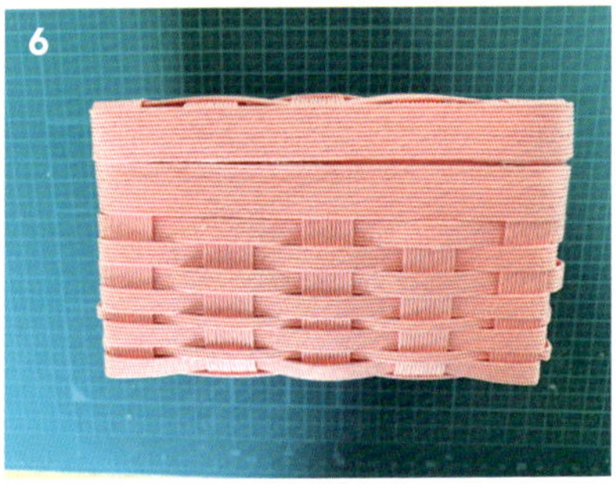

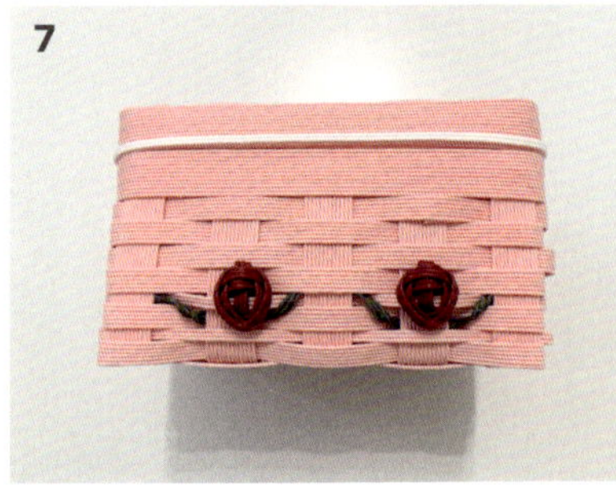

DEN DECKEL FLECHTEN

1. Mit den Abschnitten **K**, **L**, **M** und **N** einen Standardboden erstellen (s. S. 20).

2. Die Reste der Seitenbänder auf eine Breite, die 10 Schnur entspricht, abschneiden und die Reste hochfalten.

3. Einen geraden Randabschluss fertigen (s. S. 22): Einen **O**-Abschnitt als inneres Band an die Seitenbandreste kleben.

4. Den **P**-Abschnitt als Deckband oberhalb der Seitenbänder an den **O**-Abschnitt kleben. Den Deckel auf die Box aufsetzen.

5. An der Rückseite der Box die beiden **Q**-Abschnitte vertikal über den Übergang vom Deckel zur Box kleben, damit sie als eine Art Scharnier fungieren können.

6. Den zweiten **G**-Abschnitt von außen ringsherum um die Box sowie den zweiten **O**-Abschnitt von außen ringsherum um den Deckel kleben, damit die „Scharniere" verdeckt werden und ein schöner Abschluss entsteht.

7. Zum Schluss noch eine Verzierung aufbringen: Den **R**-Abschnitt rundherum von außen an den **O**-Abschnitt am Deckel kleben.

Wie ich die Rose gemacht habe, erfahren Sie auf S. 84.

DIE INNENBOX FLECHTEN

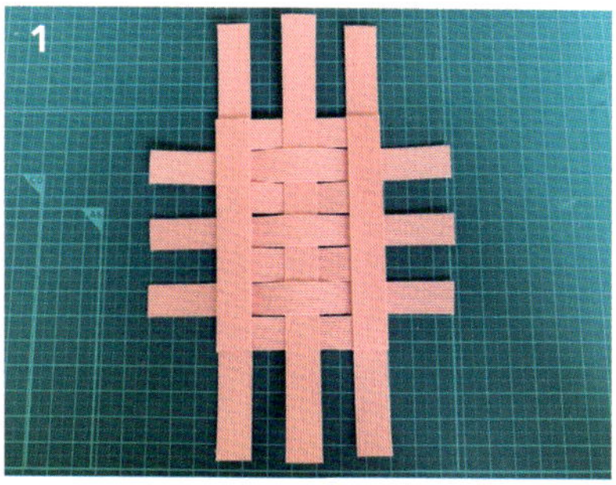

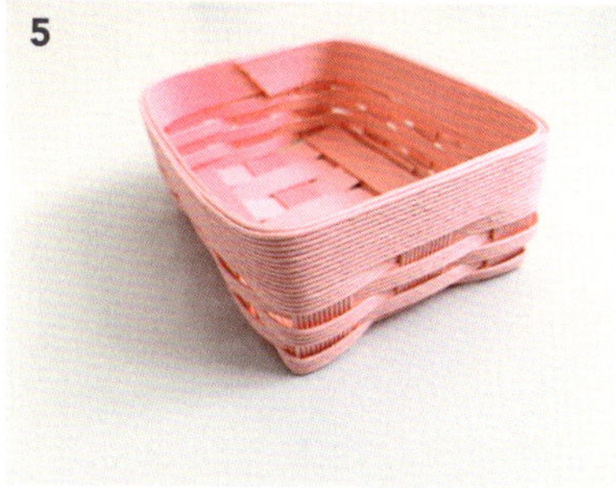

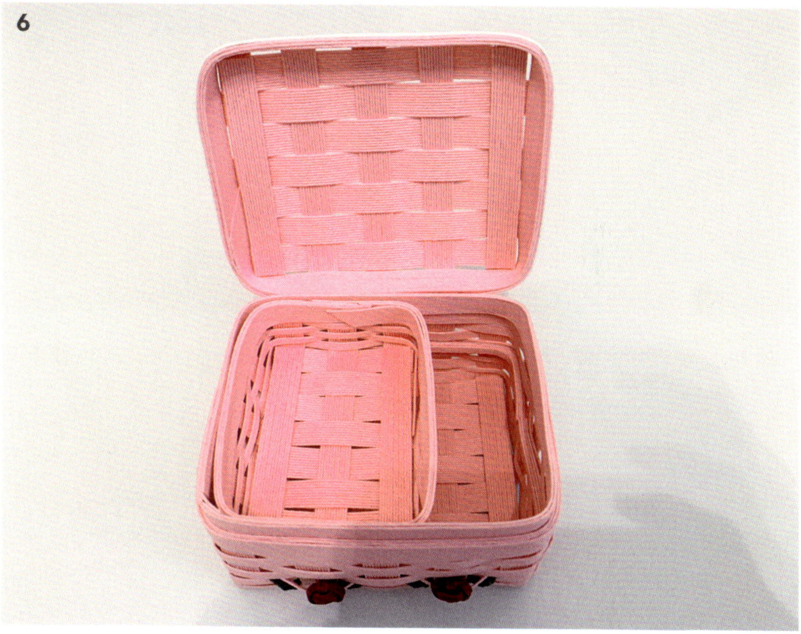

1. Mit den Abschnitten **S**, **T**, **U** und **V** einen Standardboden erstellen (s. S. 20) und die Seitenbänder aufstellen.

2. Aus den fünf **W**-Abschnitten fünf Ringe erstellen und diese in die Seitenbänder einflechten (s. S. 16).

3. Die Reste der Abschnitte **T** und **U** auf eine Länge abschneiden, die 10 Schnur Breite entspricht.

4. Einen **X**-Abschnitt von innen gegen die Seitenbänder kleben, dabei Platz für das Deckband lassen (s. S. 17, „Gerader Randabschluss").

5. Den **Y**-Abschnitt als Deckband ankleben und mit dem zweiten **X**-Abschnitt von außen verdecken.

6. Die fertige Schublade auf das Auflager in der Box stellen.

VERZIEREN

Sie können statt der eingeknüpften Blüte auch die Rose von Seite 30 („Ein 3-D-Sujet erstellen") separat aus Bandresten fertigen und an die Box binden.

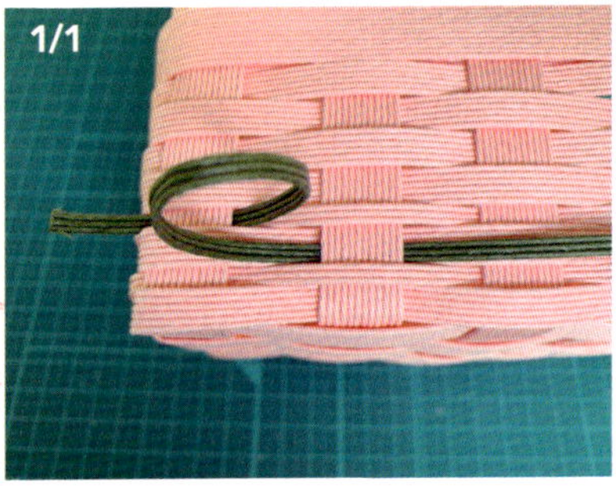

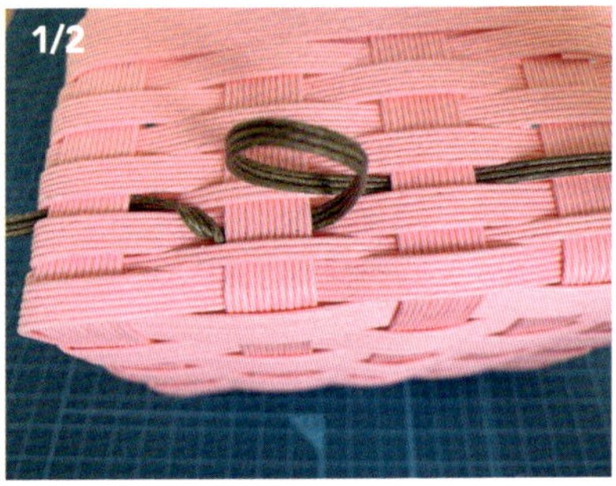

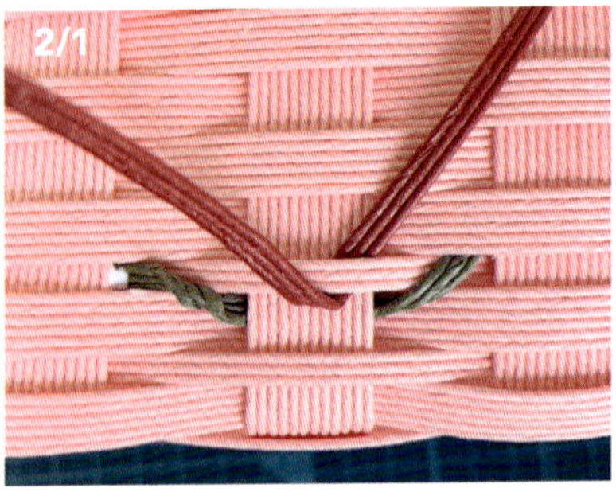

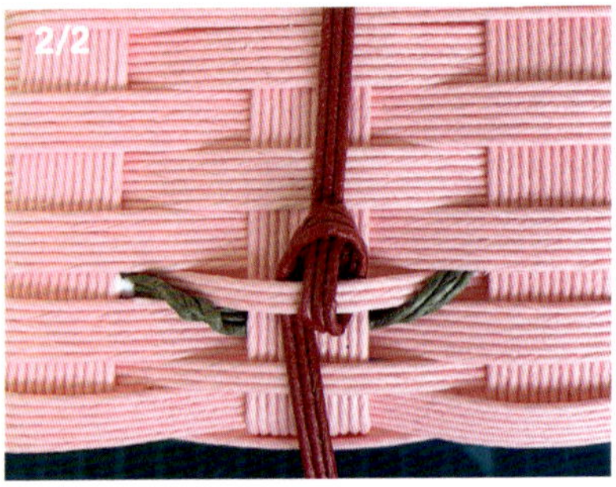

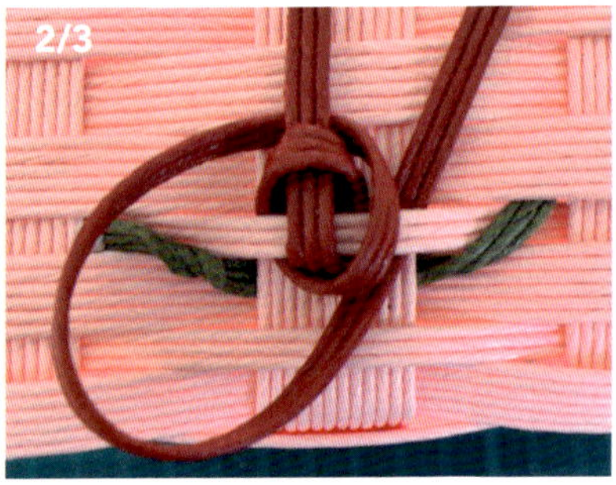

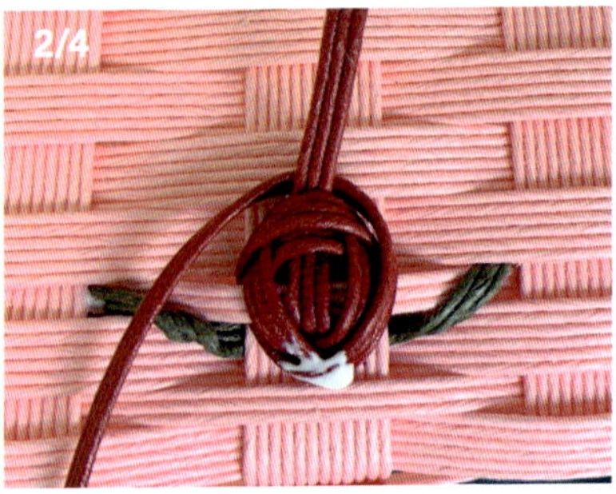

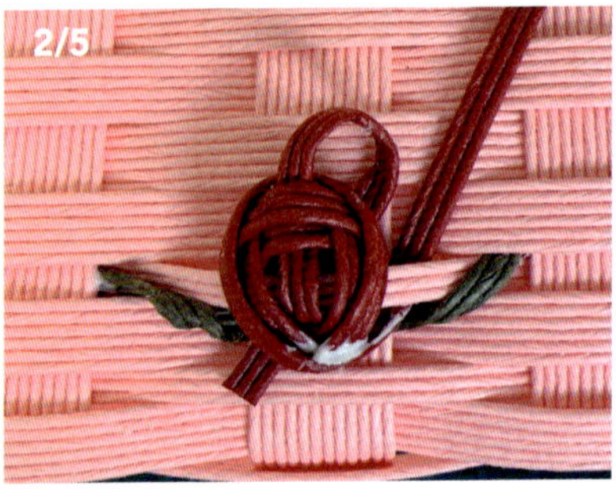

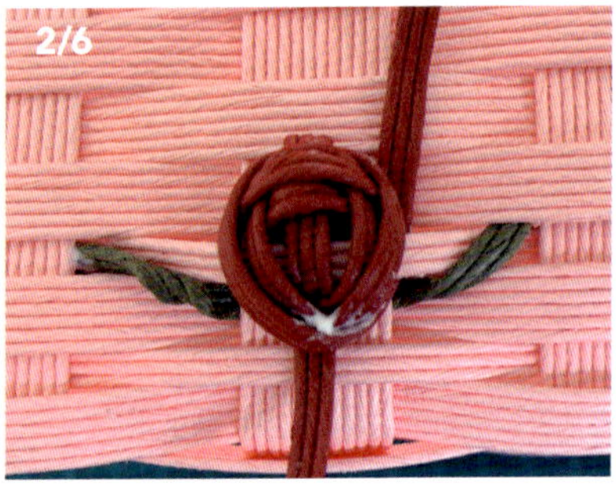

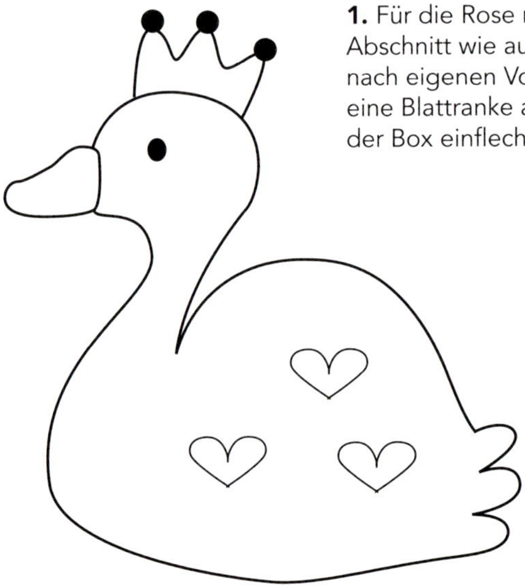

1. Für die Rose mit Stängel den **Z1**-Abschnitt wie auf den Fotos (oder nach eigenen Vorstellungen) wie eine Blattranke an der Vorderseite der Box einflechten und ankleben.

2. Mit den beiden **Z2**-Abschnitten wie auf den Fotos zu sehen je eine Rose knüpfen und die Enden verkleben.

3. Für den Schwan die **Z3**-Abschnitte seitlich zusammenkleben, um eine ausreichende Breite für das Motiv zu erhalten (s. S. 29, „Ein 2-D-Sujet erstellen"). Einen Schwan darauf skizzieren, ggf. mithilfe der Vorlage links, und ausschneiden.

4. Aus den **Z4**-Resten drei kleine Herzen sowie aus den **Z5**-Resten einen Schnabel und eine Krone ausschneiden und aufkleben.

5. Den Schwan aufkleben.

PIRATEN-SCHATZKISTE

Größe: 13 cm (L) × 10,5 cm (B) × 11,5 cm (H)

Techniken: Standardboden | Geradeaus flechten | Ring flechten | Gerader Randabschluss

8,5 m Papierband in Rot (Farbe 1), 12 Schnur breit

5,5 m Papierband in Gelb (Farbe 2), 12 Schnur breit

0,5 m Papierband in Dunkelblau (Farbe 3), 12 Schnur breit

Sie benötigen folgende Abschnitte:

für die Box

A: 4× 12 Schnur breit (Farbe 1), 13 cm lang
B: 3× 12 Schnur breit (Farbe 1), 30 cm lang
C: 5× 12 Schnur breit (Farbe 1), 27 cm lang
D: 2× 12 Schnur breit (Farbe 1), 10,5 cm lang
E: 12 Schnur breit (Farbe 1), 51 cm lang
F: 5× 6 Schnur breit (Farbe 1), 51 cm lang
G: 2× 12 Schnur breit (Farbe 2), 51 cm lang
H: 2 Schnur breit (Farbe 2), 50 cm lang
I: 12 Schnur breit (Farbe 2), 100 cm lang
J: 8× 12 Schnur breit (Farbe 2), 6 cm lang
K: 12 Schnur breit (Farbe 2), 53 cm lang

für den Deckel

L: 5× 12 Schnur breit (Farbe 1), 27 cm lang
M: 2× 12 Schnur breit (Farbe 2), 30 cm lang
N: 2× 12 Schnur breit (Farbe 2), 13 cm lang
O: 5× 12 Schnur breit (Farbe 1), 16 cm lang
P: 2× 12 Schnur breit (Farbe 1), 20 cm lang
Q: 4× 12 Schnur breit (Farbe 2), 16 cm lang
R: 12 Schnur breit (Farbe 2), 55 cm lang
S: 2× 12 Schnur breit (Farbe 2), 18 cm lang
T: 2× 2 Schnur breit (Farbe 2), 13 cm lang
U: 2× 2 Schnur breit (Farbe 2), 11 cm lang

für Schlüssel und Schloss

V: 3 Schnur breit (Farbe 3), 50 cm lang
W: 1 Schnur breit (Farbe 3), 20 cm lang
X: 2 Schnur breit (Farbe 3), 17 cm lang
Y: 1 Schnur breit (Farbe 3), 15 cm lang
Z1: 1 Schnur breit (Farbe 3), 20 cm lang
Z2: 4 Schnur breit (Farbe 1), 11 cm lang

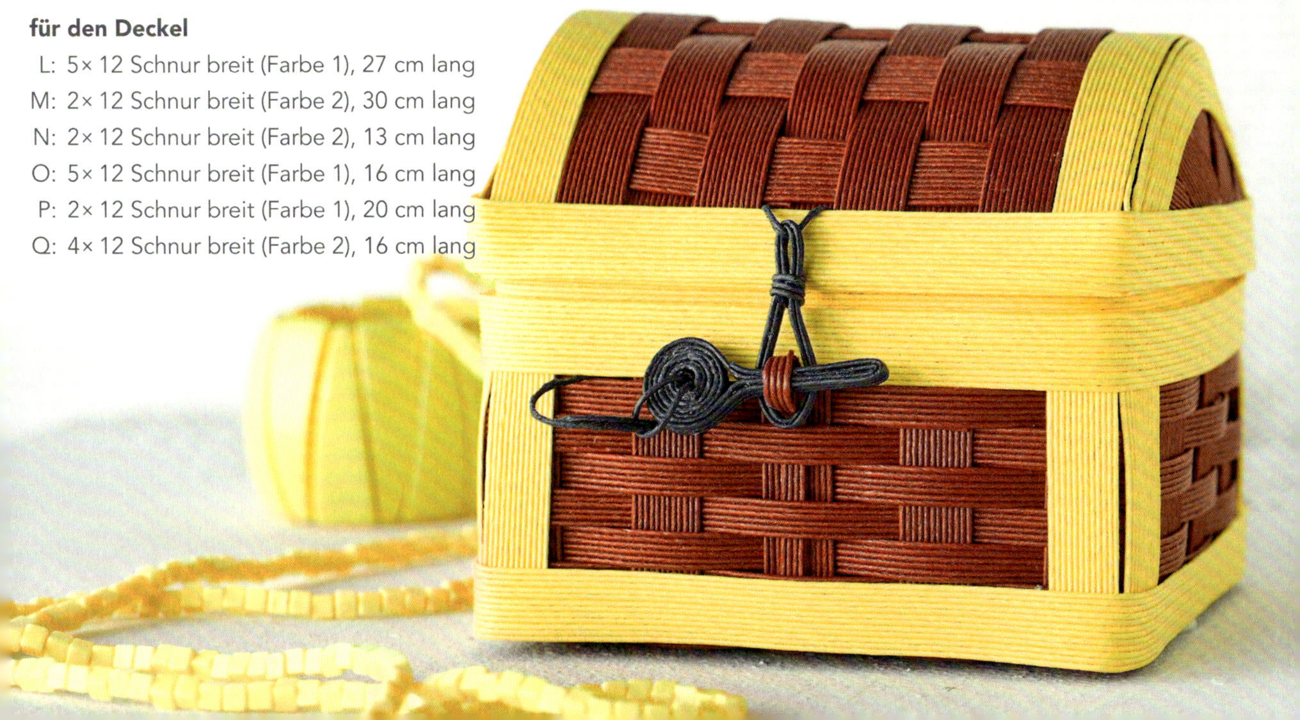

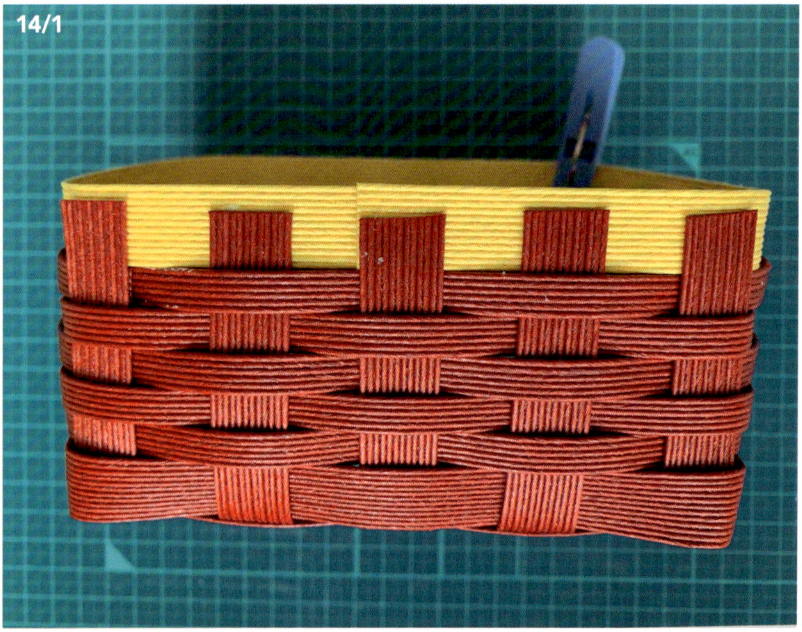

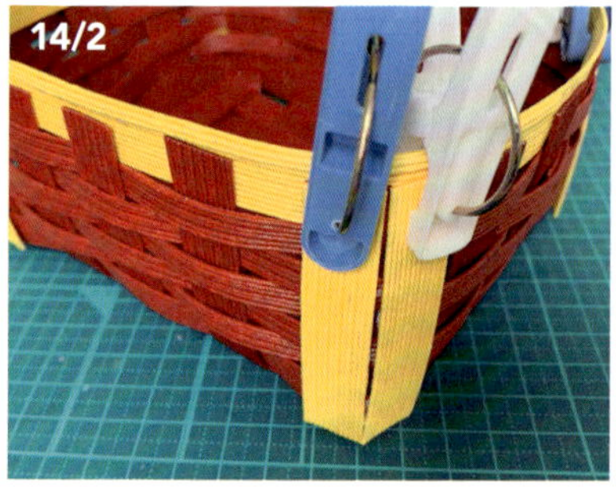

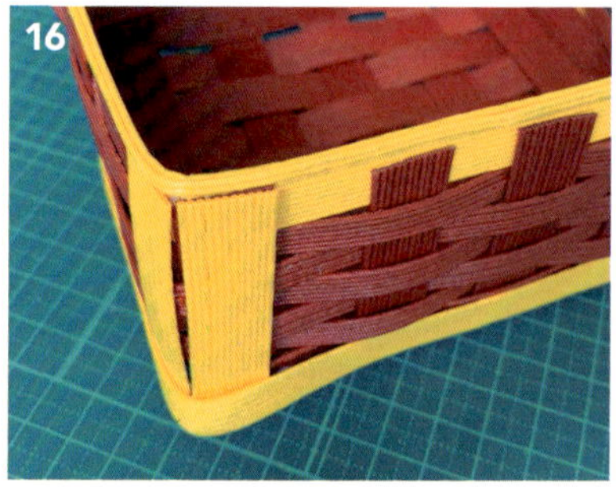

DIE BOX FLECHTEN

Bei der Anleitung zur „Einfachen Tasche" auf Seite 38 finden Sie Fotos zur Erstellung der Seitenwände.

1.–9. Einen Standardboden mit den Abschnitten **A**, **B**, **C** und **D** erstellen (s. S. 20). Die Seitenbänder hochfalten.

10. Den Anfang eines **E**-Abschnitts mit einer Wäscheklammer am mittleren, äußeren Band fixieren und einmal rundherum geradeaus flechten (s. S. 16). Die beiden überlappenden Enden zusammenkleben. Dabei darauf achten, dass die Klebestelle von außen nicht sichtbar ist.

11. Die Überlappung des **E**-Abschnitts messen. Die **F**-Abschnitte mit derselben Überlappung zu Ringen zusammenkleben.

12. Die Ringe dem Flechtmuster gemäß in die Seitenbänder einschieben und einflechten (s. S. 16). Wenn alle Ringe eingeflochten sind, sie an den Ecken zu Vierecken zusammendrücken.

13. Die Reste der Abschnitte **B** und **C** so abschneiden, dass sie noch 10 Schnur breit über dem obersten waagerecht eingeflochtenen Band überstehen.

Zum leichteren Abmessen der 10-Schnur-Breite nehme ich einen Rest Papierband zu Hilfe.

14. Einen **G**-Abschnitt als inneres Band von innen gegen die Reste kleben, und zwar so, dass oberhalb der Reste eine Breite von 2 Schnur Platz bleibt. (s. S. 22, „Gerader Randabschluss").

15. Den **H**-Abschnitt als Deckband oberhalb der Seitenbänder an den **G**-Abschnitt kleben.

16. Zur Verzierung die **J**-Abschnitte wie auf dem Foto vertikal an den Ecken der Box ankleben und den **K**-Abschnitt am unteren Rand ringsherum ankleben.

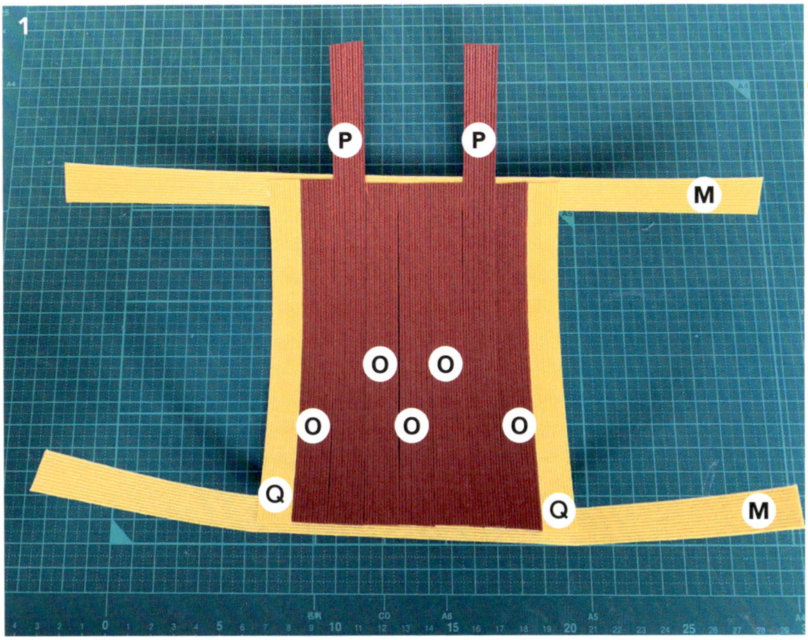

DEN DECKEL FLECHTEN

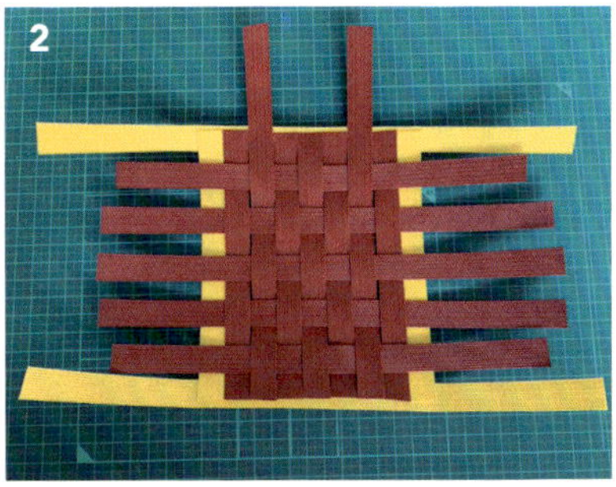

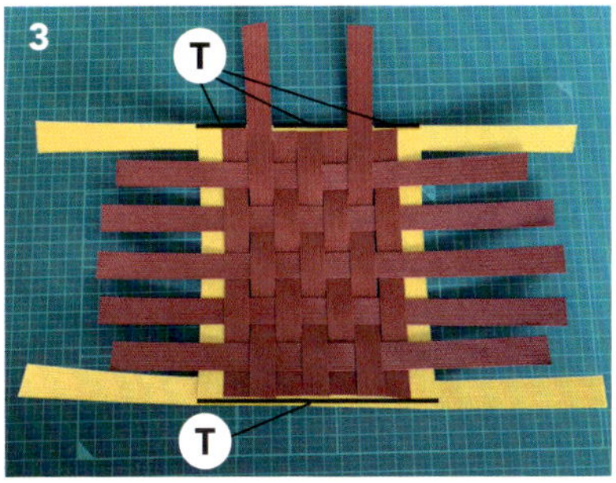

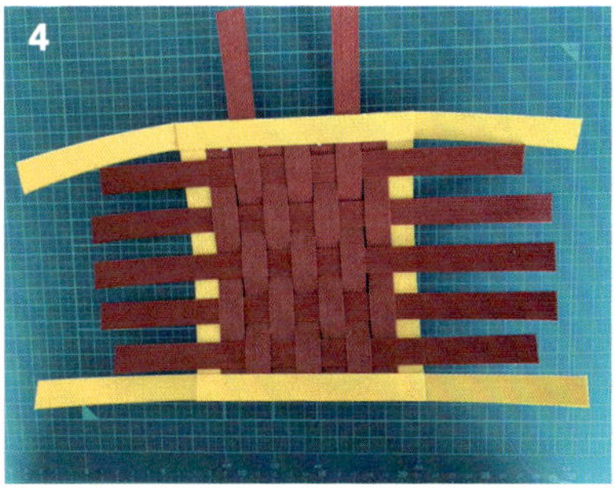

1. Die Abschnitte **M**, **O** und **P** sowie zwei **Q**-Abschnitte wie auf dem Foto zusammenkleben. Bei den **M**-Abschnitten jeweils mindestens 2 Schnur breit überstehen lassen – hier werden später die Deckbänder platziert.

2. Alle **L**-Abschnitte in die **O**-Abschnitte einflechten. Wichtig ist, dass alle **L**-Abschnitte wie auf dem Foto über den **Q**-Abschnitten links und rechts liegen.

3. Die **T**-Abschnitte als Deckbänder ober- und unterhalb der **O**-Abschnitte an die **M**-Abschnitte ankleben (s. S. 22, „Gerader Randabschluss"). An den Stellen, wo sie die **P**-Abschnitte kreuzen würden, die **T**-Abschnitte entsprechend zuschneiden (**T** soll **P** nicht überdecken, sondern an diesen Stellen unterbrochen sein).

4. Die beiden **N**-Abschnitte über die Deckbänder und die **O**-Enden kleben.

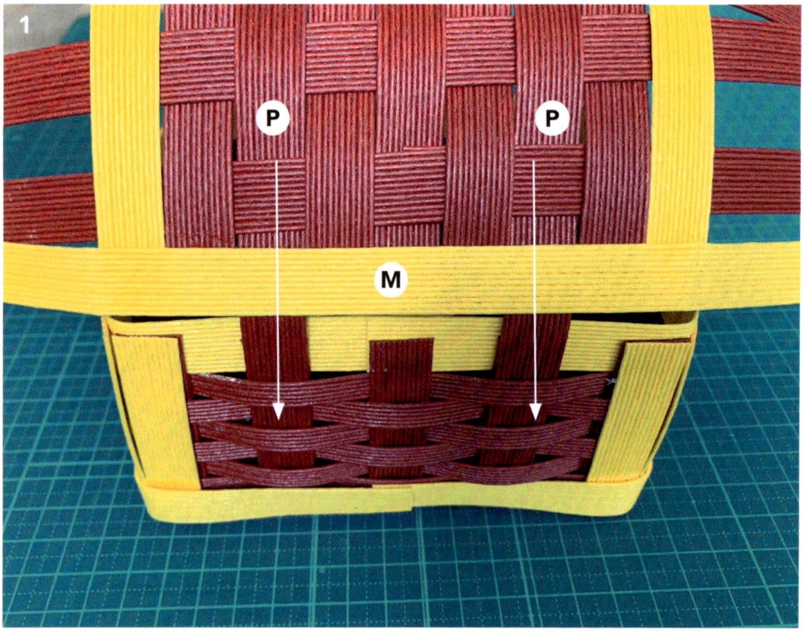

BOX UND DECKEL VERBINDEN

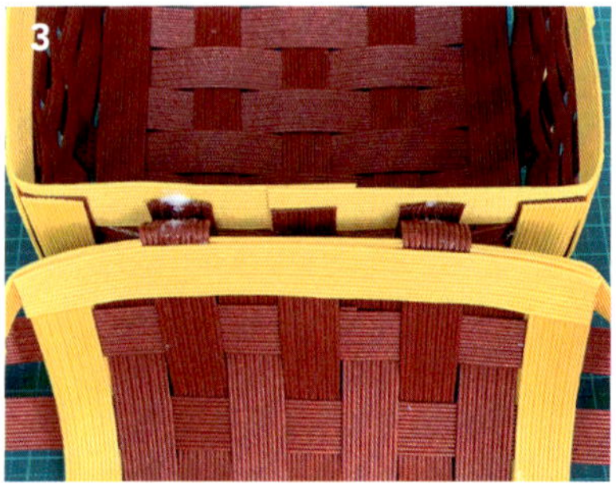

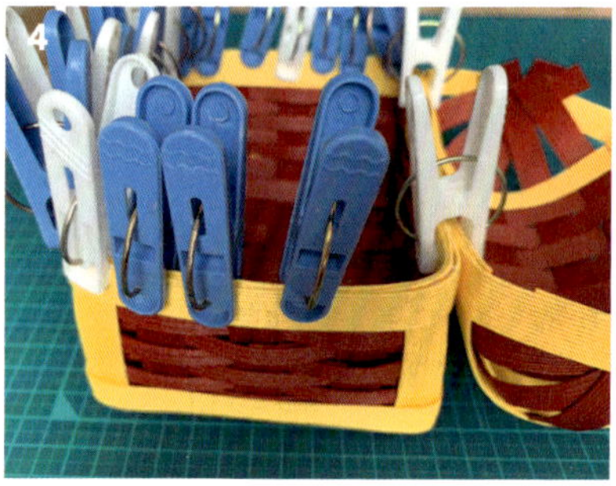

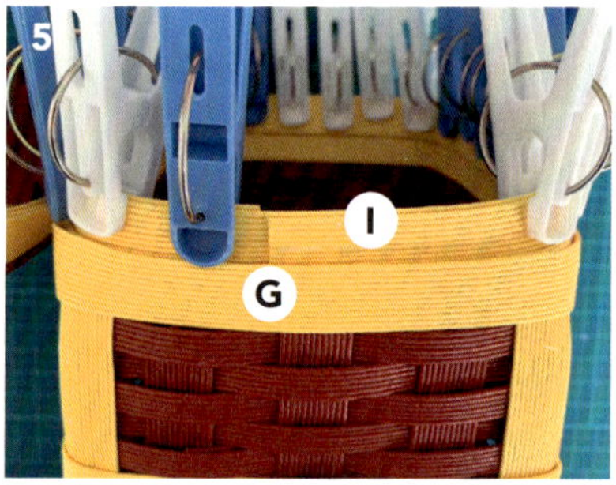

Die P-Reste bilden zwei „Laschen", die Box und Deckel wie ein Scharnier verbinden.

1. Den Deckel auf die Box legen und die beiden langen Reste der **P**-Abschnitte (vom Deckel) in der Box versorgen. Auf diese Weise werden Deckel und Box verbunden.

2. Den Deckel krümmen, sodass er genau auf die Box passt, und die Enden der **M**-Abschnitte aufeinanderkleben, sodass die abgerundete Deckelform fixiert wird.

3. Die beiden restlichen **Q**-Abschnitte innen im Deckel gegen die bereits verwendeten **Q**-Abschnitte kleben.

4. Den zweiten **G**-Abschnitt als äußeres Band rundherum an den Rand der Box kleben (s. S. 22, „Gerader Randabschluss").

5. Den **I**-Abschnitt von innen an den **G**-Abschnitt der Box kleben, und zwar so, dass **I** und **G** sich nur 4 Schnur breit überlappen. Der Überstand von 8 Schnur dient dazu, dass der Deckel beim Verschließen nicht verrutschen kann. Den **I**-Abschnitt in zwei Runden (also doppelt) ankleben, damit der Überstand stabiler wird.

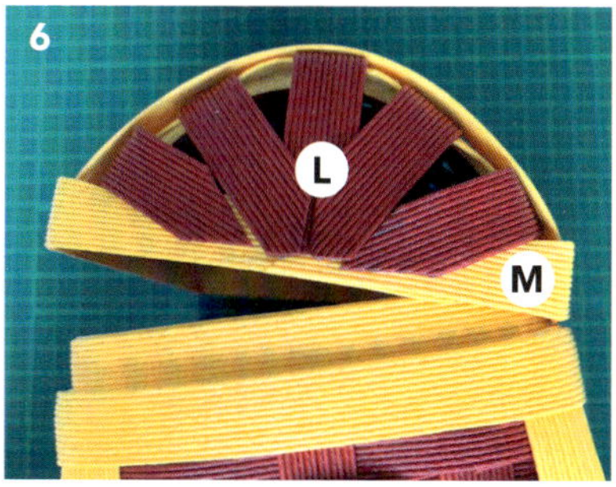

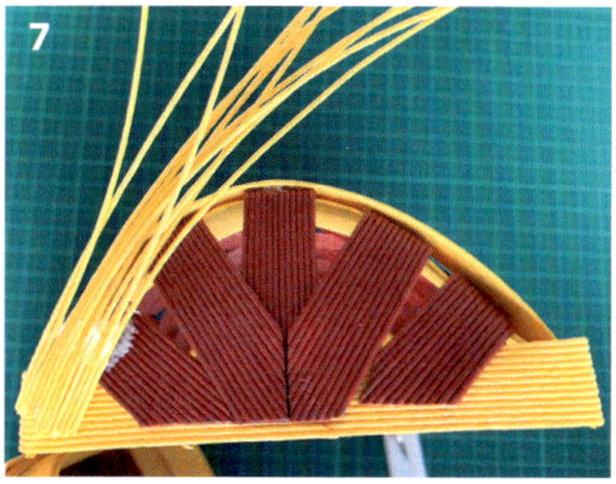

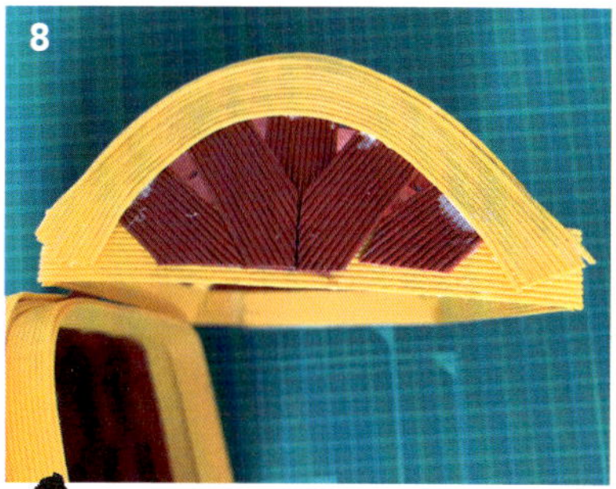

Das ist ein Trick: Nur durch das Zerteilen der Bänder in Einzelschnüre lässt sich eine Rundung gestalten.

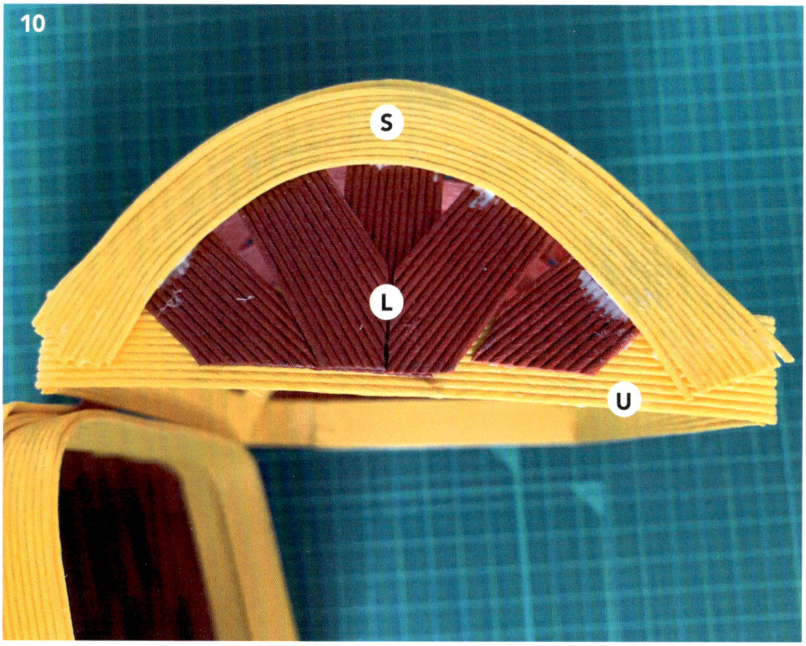

6. Die Reste der **L**-Abschnitte vom Deckel abschneiden, sodass noch Platz für ein 2 Schnur breites Deckband bleibt. Die gekürzten **L**-Abschnitte außen an den **M**-Abschnitt kleben.

7. Einen **S**-Abschnitt am Beginn der Deckelwölbung an einer Ecke ankleben und zu Einzelschnüren zerteilen.

8. Die einzelnen Schnüre passgenau bogenförmig am Deckel ankleben. Reste abschneiden.

9. Die Schritte 6 bis 8 an der anderen Deckelseite wiederholen.

10. An beiden Seiten je einen **U**-Abschnitt als Deckband unterhalb der **L**-Abschnitte an Abschnitt **M** ankleben.

11. Den **R**-Abschnitt als sauberen Abschluss rundherum um den Deckel kleben. Die Schatzkiste ist fertig!

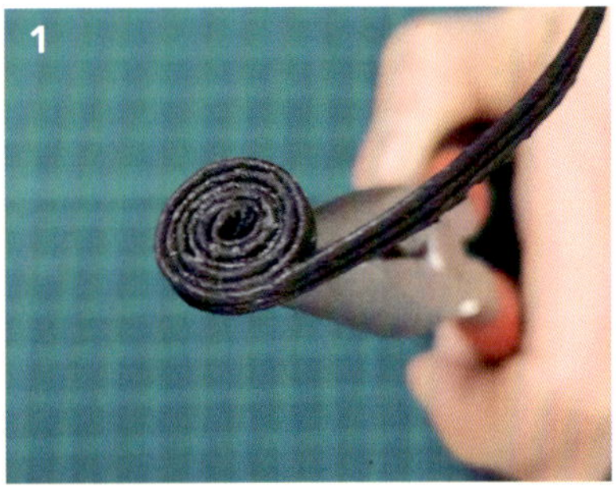

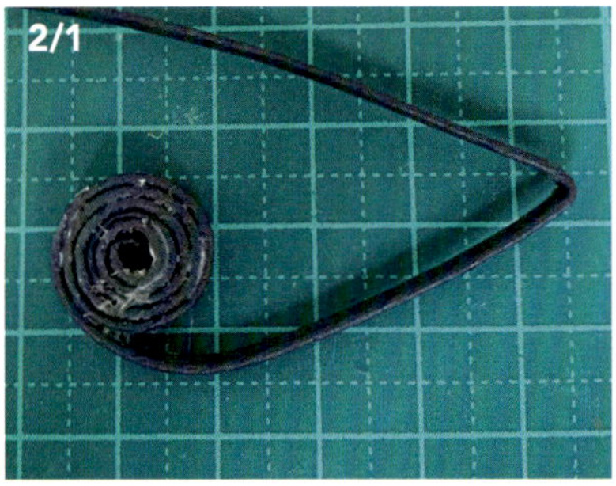

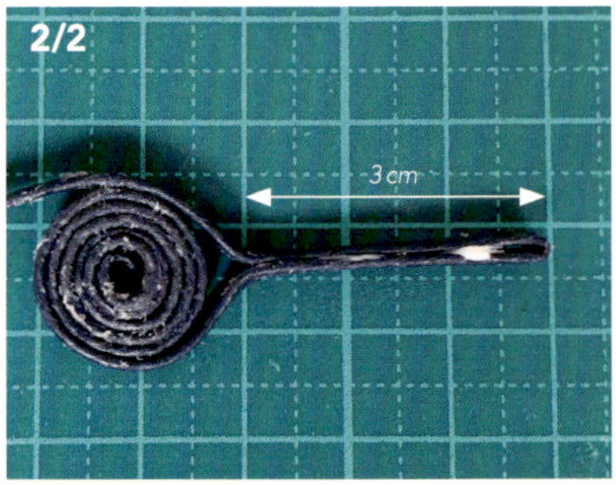

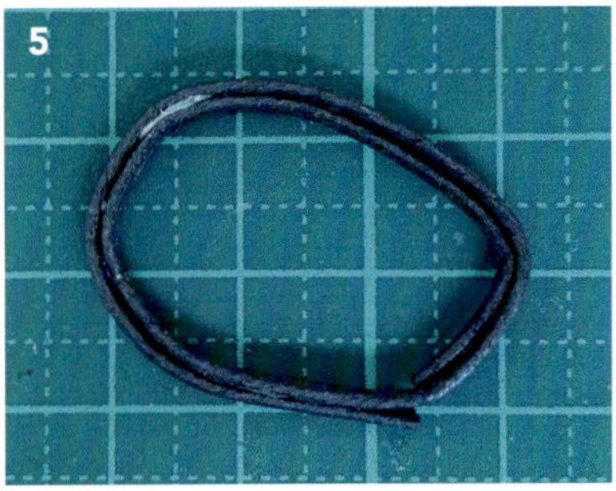

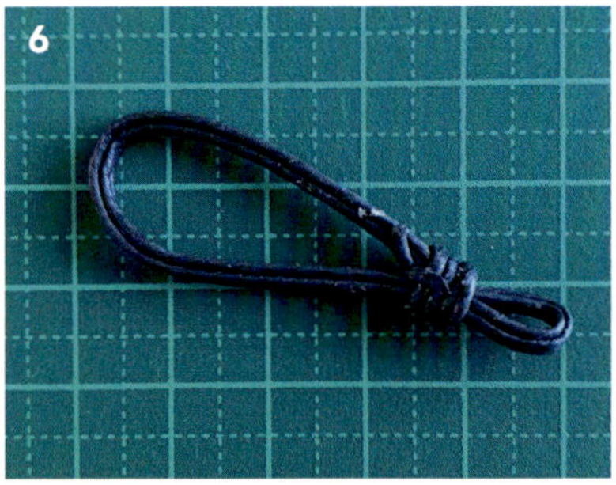

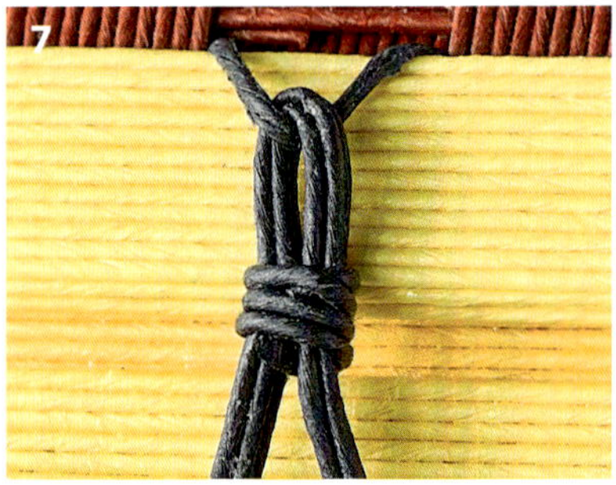

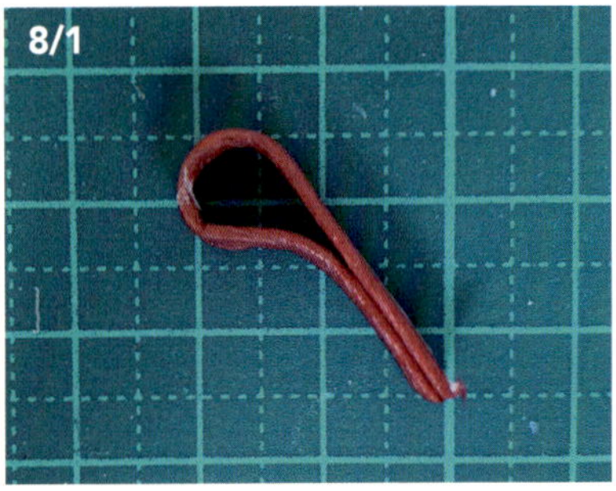

SCHLÜSSEL UND SCHLOSS FLECHTEN

1. Für den Schlüssel den **V**-Abschnitt in 6 Runden zu einer Spirale drehen und zusammenkleben. In der Mitte bleibt ein Loch von 3 mm.

2. Den langen Bandrest nach 3 cm knicken und in Form eines Schlüsselbarts zusammenkleben.

3. Dann den gesamten Schlüssel noch einmal mit dem Rest rundherum umwickeln, den Rest abschneiden und ankleben.

4. Der **W**-Abschnitt dient als Kette, um den Schlüssel an der Box zu befestigen.

5. Für das Schloss den **X**-Abschnitt in 2 Runden zu einer Schlaufe zusammenlegen und mit Klebstoff fixieren.

6. Die Schlaufe etwas zusammendrücken und 1 cm vom Rand entfernt mit dem **Y**-Abschnitt 2 Runden umwickeln. Den **Y**-Abschnitt festkleben.

7. Mit dem **Z1**-Abschnitt die Schlaufe am Deckel befestigen.

8. Den **Z2**-Abschnitt zu einer Schlaufe (ø 1 cm) zusammenkleben, in der Mitte der Box – genau unter dem Schloss – ins Geflecht stecken und von innen ankleben.

HISHIKAGARI-KORB

Größe: 30 cm (L) × 19 cm (B) × 16 cm (H)

Techniken: Ovaler Boden | Geradeaus flechten | Zweibändig zwirbeln rechtsherum | Wellenabschluss | Handgriff

24 m Papierband in Dunkelblau (Farbe 1), 12 Schnur breit

2 m Papierband in Weiß (Farbe 2), 12 Schnur breit

Sie benötigen folgende Abschnitte:

A: 8× 8 Schnur breit (Farbe 1), 24 cm lang
B: 7× 6 Schnur breit (Farbe 1), 72 cm lang
C: 12× 6 Schnur breit (Farbe 1) 62 cm lang
D: 2× 6 Schnur breit (Farbe 1), 13,5 cm lang
E: 2× 2 Schnur breit (Farbe 1),580 cm lang
F: 4× 6 Schnur breit (Farbe 1), 46 cm lang
G: 2× 2 Schnur breit (Farbe 1), 380 cm lang
H: 5× 12 Schnur breit (Farbe 1), 93 cm lang
I: 10× 1 Schnur breit (Farbe 2), 190 cm lang
J: 2× 2 Schnur breit (Farbe 1), 380 cm lang
K: 3× 12 Schnur breit (Farbe 1), 36 cm lang
L: 12 Schnur breit (Farbe 1), 15 cm lang
M: 2 Schnur breit (Farbe 1), 450 cm lang

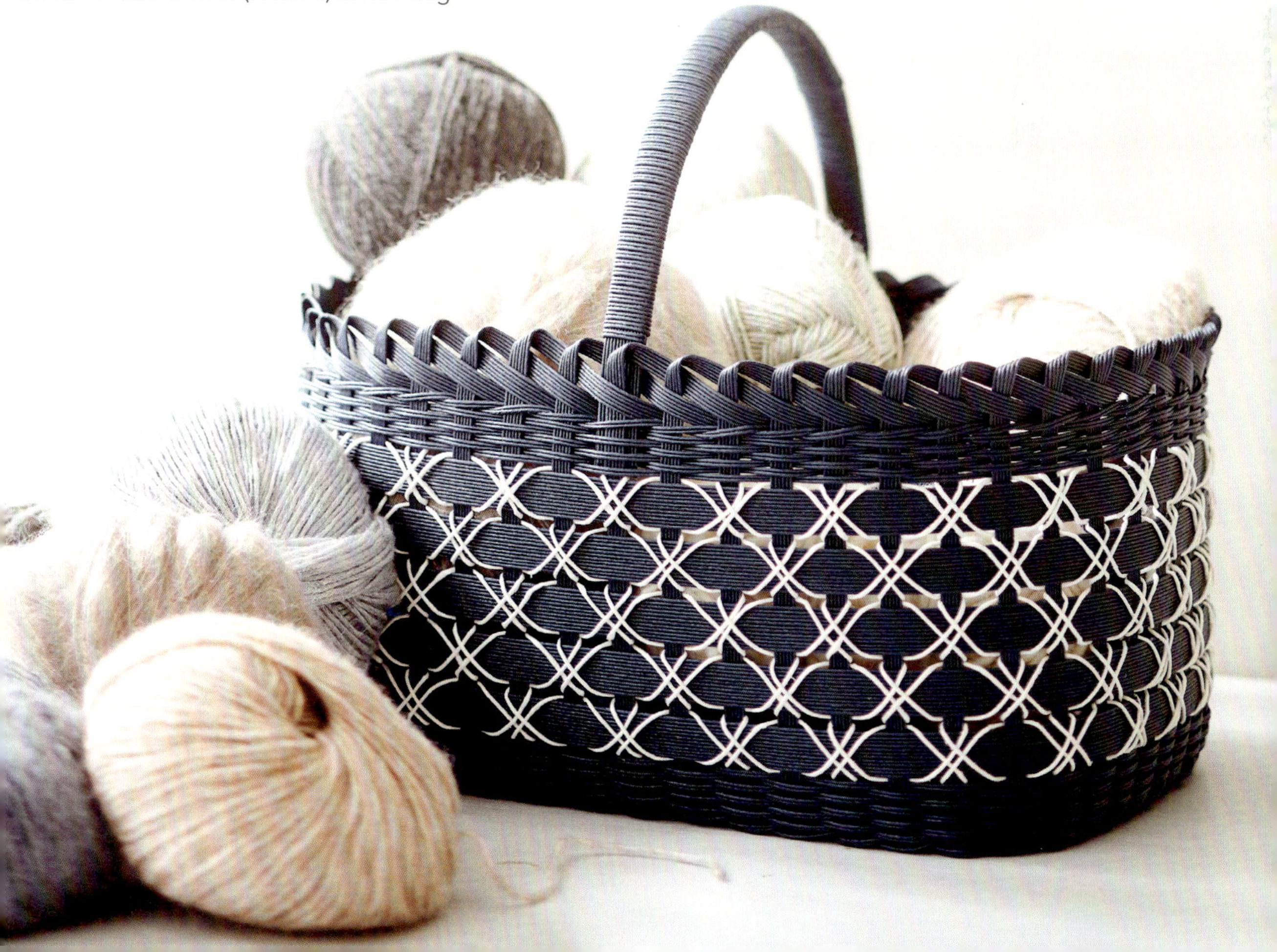

1–13

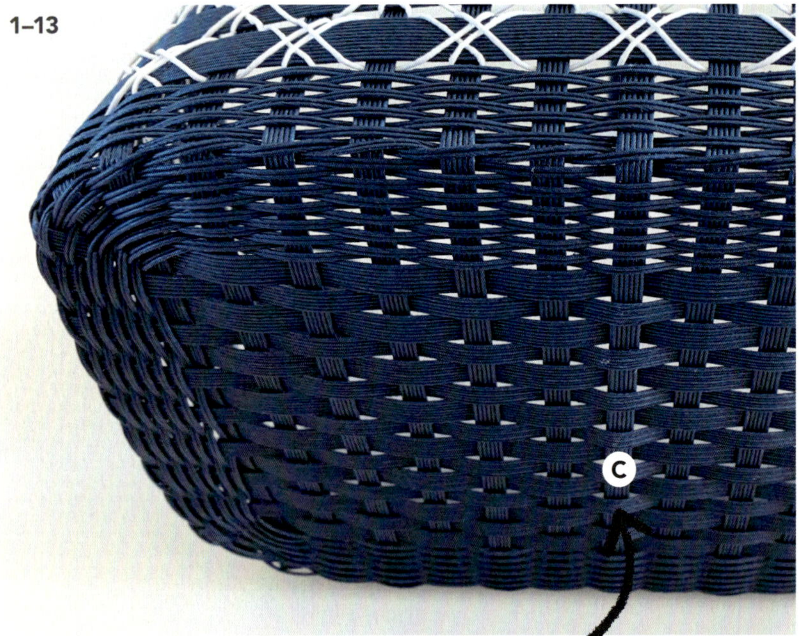

Bei der fertigen Tasche erkennt man, dass der mittlere **C**-Abschnitt doppelt liegt und etwas stärker hervortritt. Der Boden wird so stabiler.

15/1

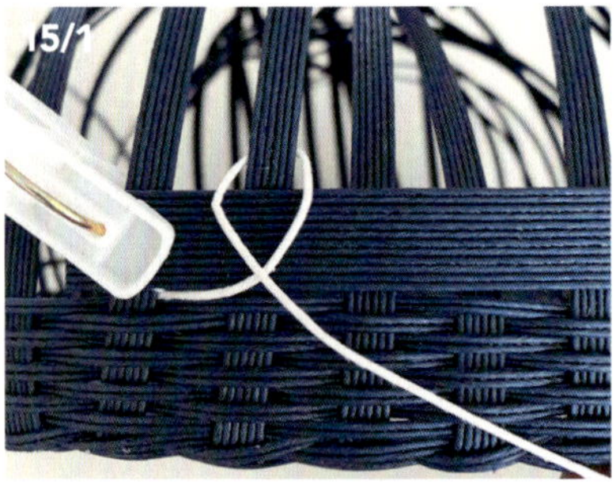

15/2

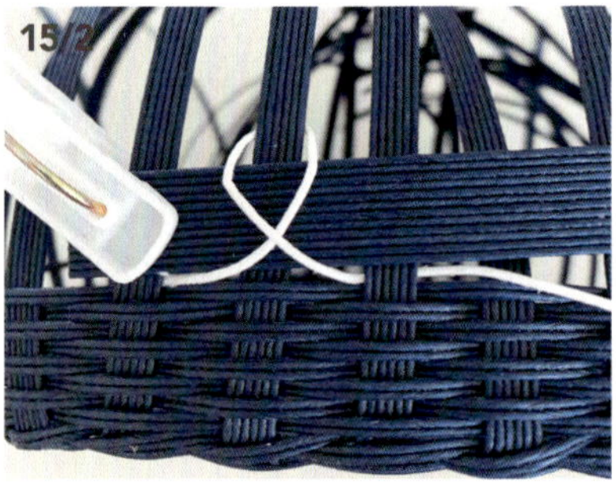

15/3

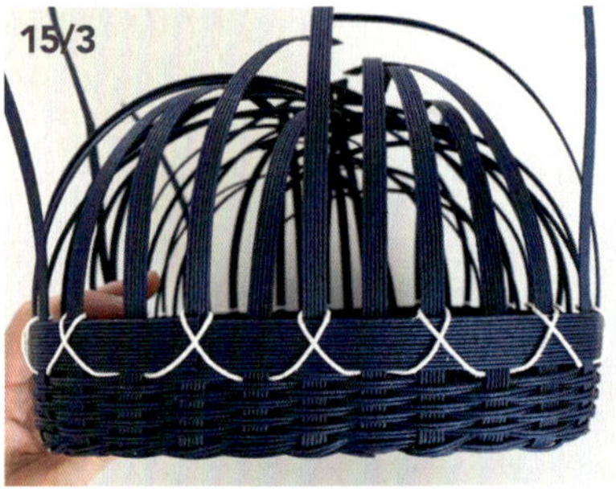

1.–13. Einen ovalen Boden fertigen (s. S. 21). Dabei den mittleren **C**-Abschnitt doppeln: Eines der Doppel-Bänder ist für den Randabschluss, das andere für den Griff vorgesehen. In Schritt 9 mit den beiden **E**-Abschnitten gleichzeitig 4 Runden flechten (ergibt 8 Reihen). An den Ecken je einen **F**-Abschnitt einfädeln und v-förmig falten. Mit den **E**-Abschnitten nochmals 2 Runden geradeaus flechten. Danach die **E**-Abschnitte zweibändig rechtsherum zwirbeln, passend abschneiden und ankleben. Der Boden ist fertig.

14. Die Seitenbänder nach oben falten. Mit zwei **G**-Abschnitten gleichzeitig 4 Runden geradeaus flechten (ergibt 8 Reihen). Einen möglichen Rest abschneiden und die Enden ankleben.

15. Nun folgt das Hishikagari-Muster: Den ersten **H**-Abschnitt außen mit einer Wäscheklammer fixieren. Den ersten **I**-Abschnitt innen am **H**-Abschnitt ankleben, dann wie auf dem Foto rundherum flechten.

16. Nach einer kompletten Flechtrunde beim **H**-Abschnitt die Klammer lösen und die beiden **H**-Enden zusammenkleben. Den **I**-Abschnitt am Ende innen ankleben.

Ich habe auf dem Foto zur besseren Sichtbarkeit eine andere Farbe genommen.

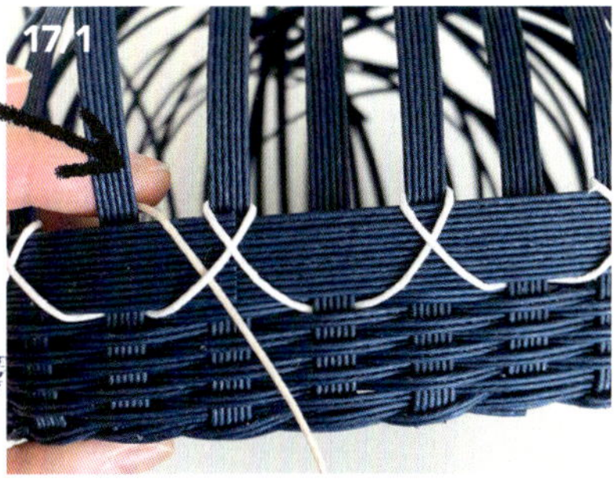

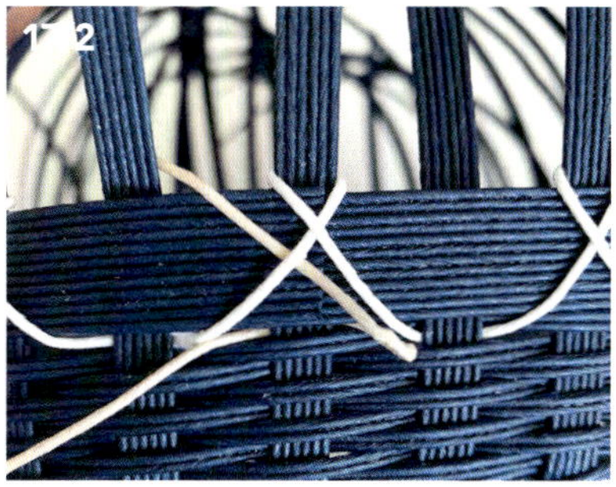

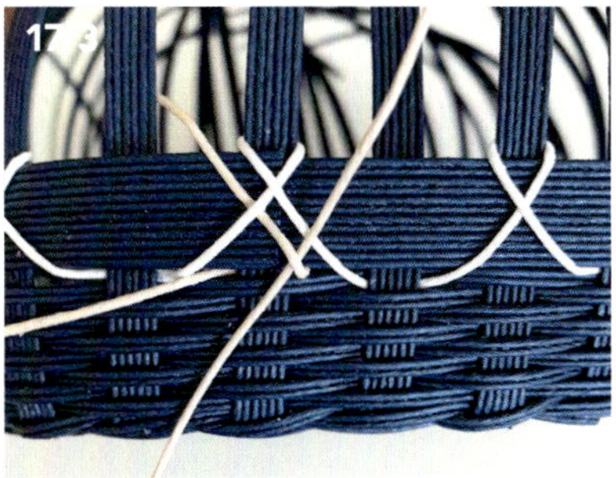

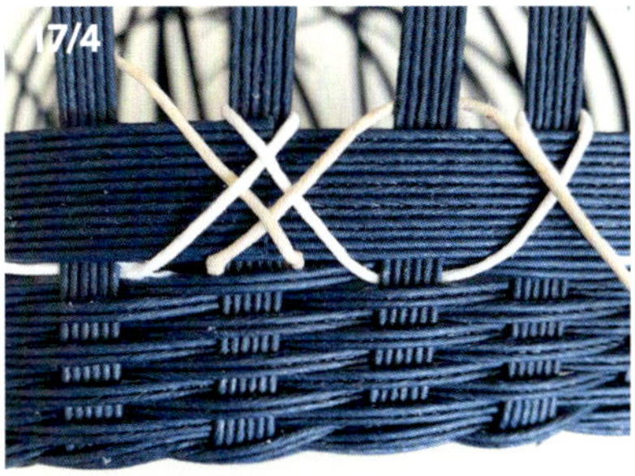

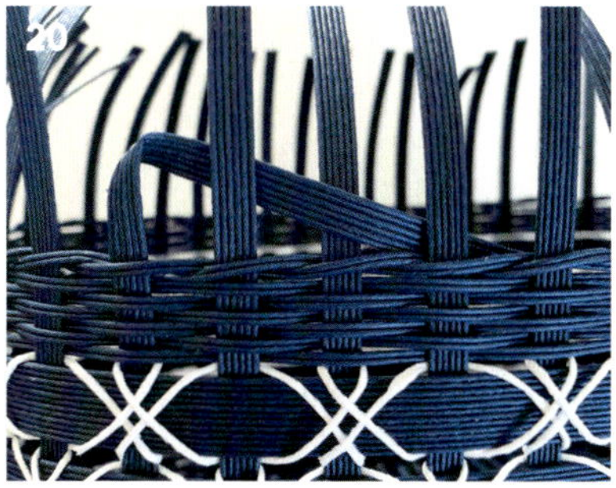

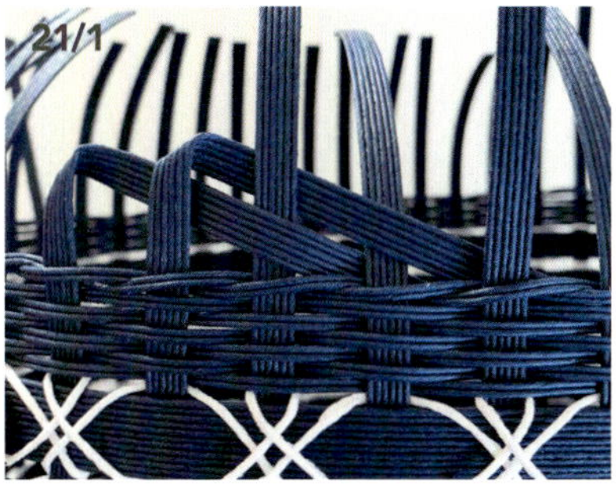

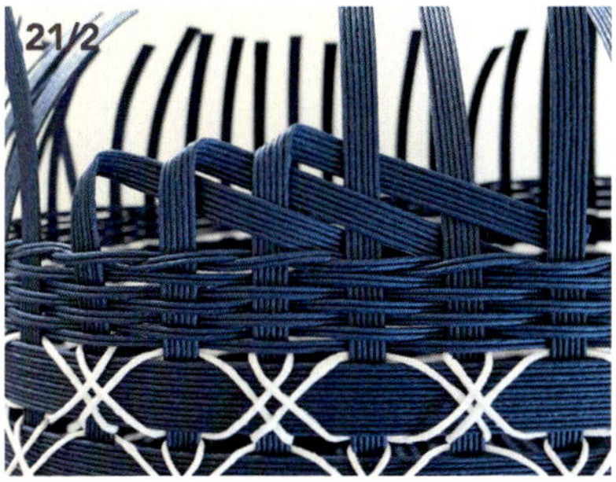

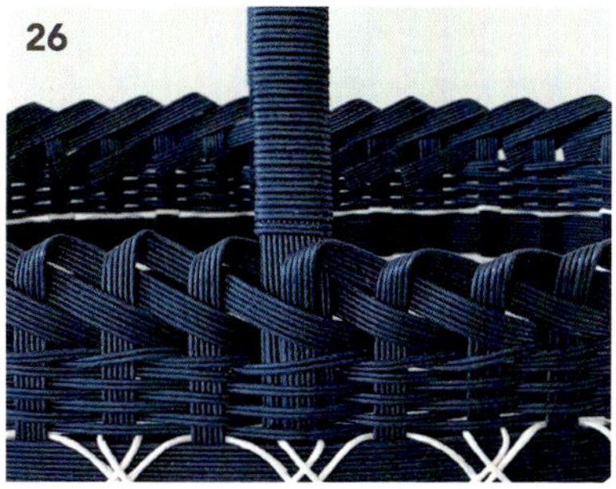

17. Den nächsten **I**-Abschnitt versetzt herumflechten.

18. Die Schritte 15 bis 17 viermal wiederholen, sodass sich ein Geflecht im Hishikagari-Muster von insgesamt 5 Reihen ergibt.

19. Die beiden **J**-Abschnitte gleichzeitig noch 4 Runden geradeaus flechten (ergibt 8 Reihen). Mögliche Reste abschneiden und die Enden ankleben.

20. Nun einen Wellenabschluss erstellen (s. S. 24): Den Rest vom ersten Seitenband zur Schlaufe biegen und drei Bänder weiter legen, wie auf dem Foto zu sehen ist.

„Drei Bänder weiter" bedeutet: am dritten Band fixieren.

21. Schritt 20 nacheinander mit allen Nachbarbändern wiederholen, dabei die letzten beiden Bänder dem Muster folgend einflechten.

22. Einen Handgriff arbeiten (s. S. 26). Dazu den ersten **K**-Abschnitt mit den Enden am **C**-Abschnitt, der für den Griff vorgesehen war (s. Schritt 1), hineinstecken und nach oben umfalten. Das Bogenmaß zwischen den Überlappungen muss jeweils 15 cm betragen. Die Überlappungen zusammenkleben. Wäscheklammern zum Fixieren verwenden.

Es ist derselbe Handgriff wie beim „Einfachen Korb" von Seite 43; einfach den Bebilderungen der Schritte 14 bis 17 folgen.

23. Den **L**-Abschnitt zwischen die beiden Überlappungen auf den **K**-Abschnitt kleben. Der Griff ist nun gedoppelt.

24. Einen weiteren **K**-Abschnitt von außen hineinstecken und ankleben.

25. Schritt 24 wiederholen. Der Griff ist nun vier Schichten stark.

26. Den **M**-Abschnitt innen am Griff ankleben, dann den Griff damit umwickeln und die Enden ankleben.

BLUMENKNOPF UND BLUMENOHRRINGE

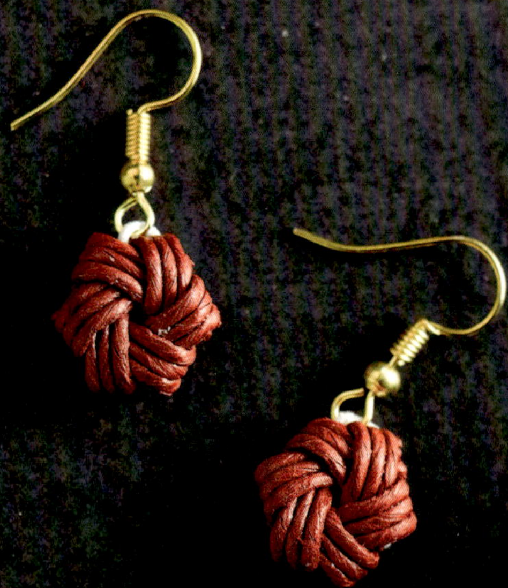

aus Papierbandresten gefertigt

Sie benötigen folgende Abschnitte:
für den Blumenknopf
3× 3 Schnur breit, 30 cm lang

für ein Paar Blumenohrringe
6× 3 Schnur breit, 20 cm lang
Rest Schnur

zusätzlich: Paar Ohrhänger

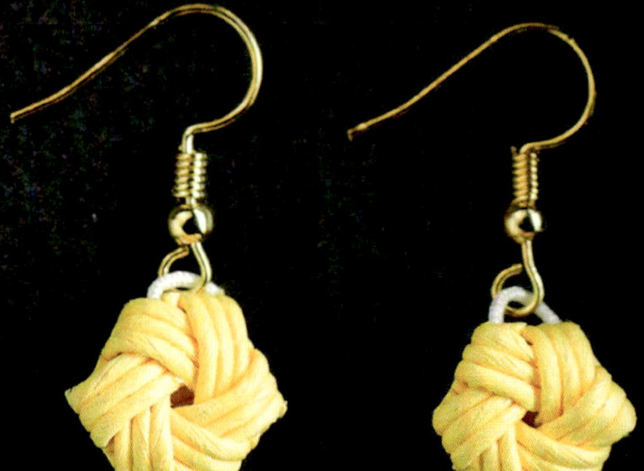

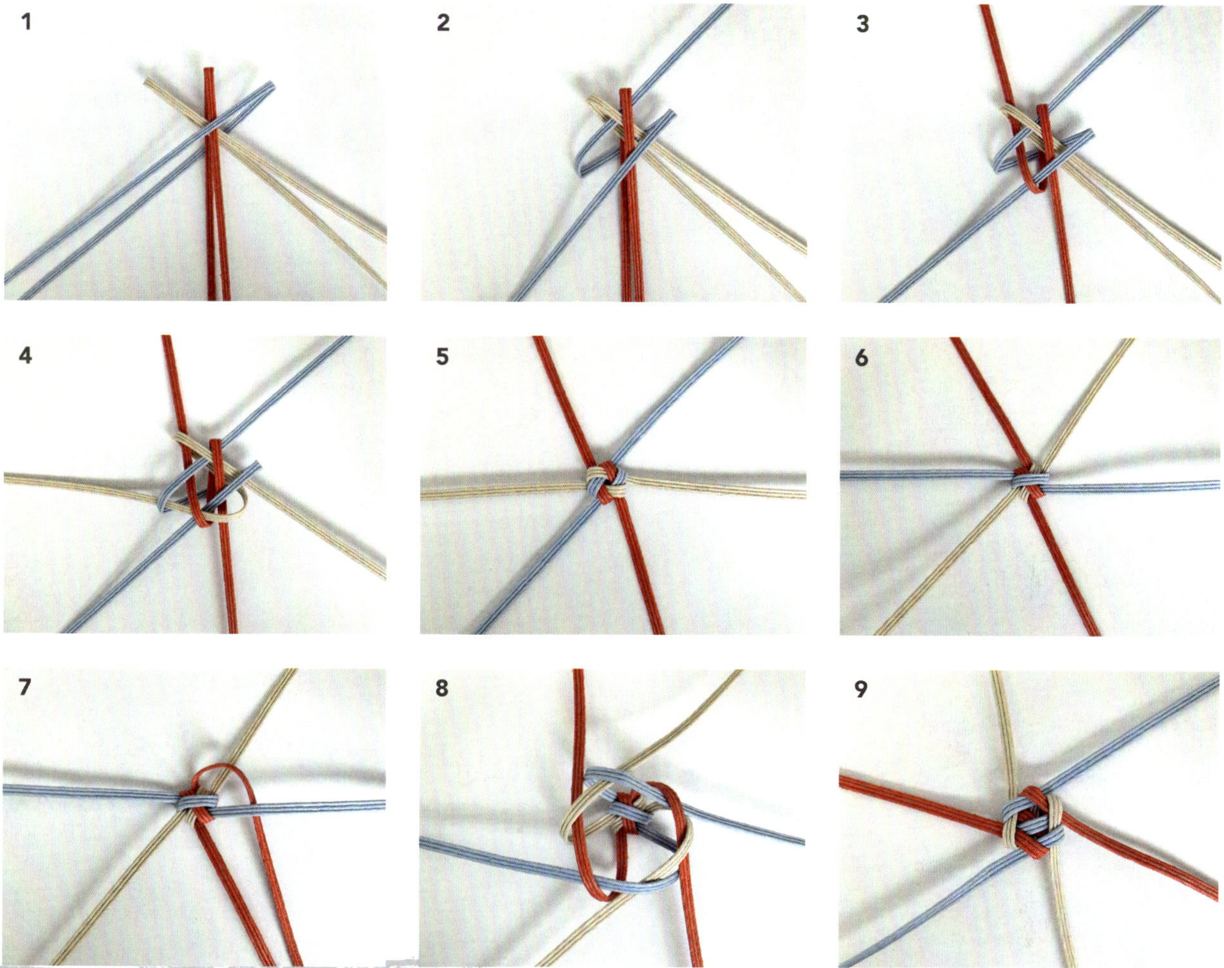

DEN BLUMENKNOPF FLECHTEN

Die Blumenknöpfe lassen sich aus Bandresten fertigen. Ich habe zur besseren Sichtbarkeit hier drei verschiedene Farben verwendet.

1. Die drei Bänder in der Mitte falten und wie auf dem Foto ineinanderlegen.

2. Das untere Ende des äußeren Bandes durch die zwei Schlaufen der beiden anderen Bänder ziehen.

3. Das untere Ende des mittleren Bandes wiederum durch die zwei Schlaufen der beiden anderen Bänder ziehen.

4. Mit dem letzten Band ebenso verfahren.

5. Alle Bänder anziehen.

6. Das Geflecht umdrehen.

7. Ein Ende über das nächste und unter das übernächste Band legen.

8. Dies mit jedem Band wiederholen.

9. Alle Bänder anziehen.

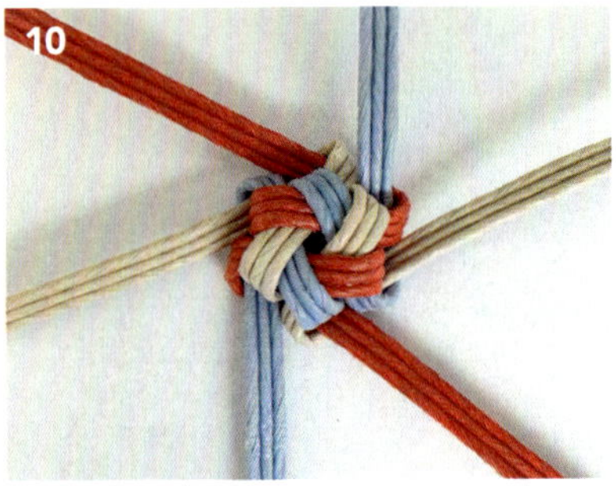

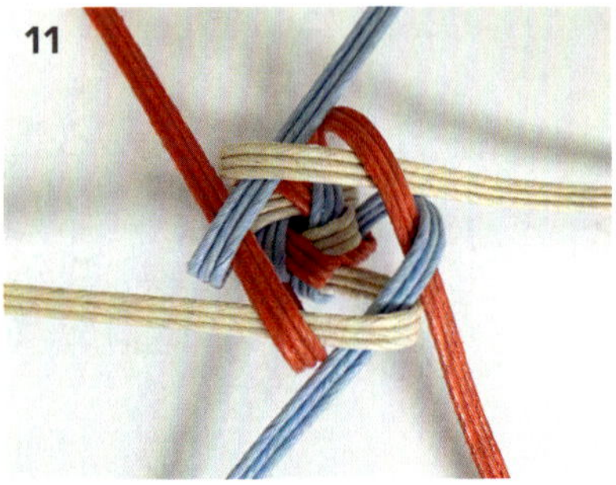

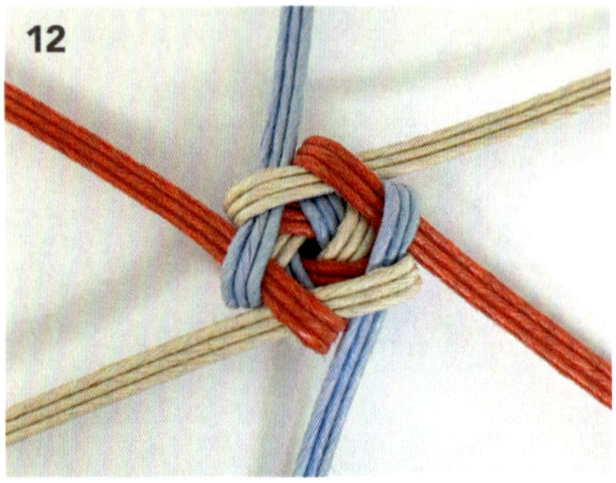

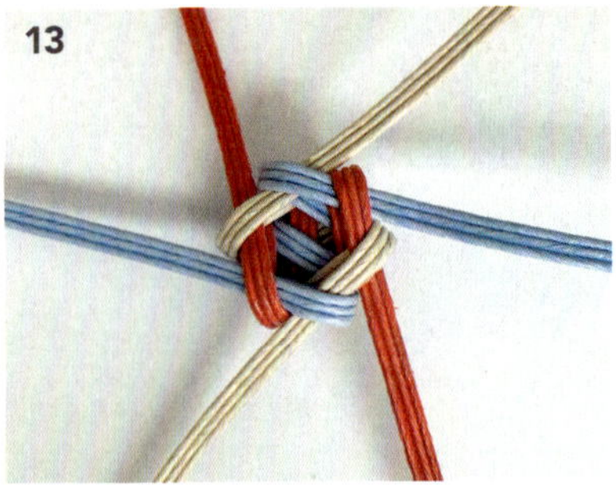

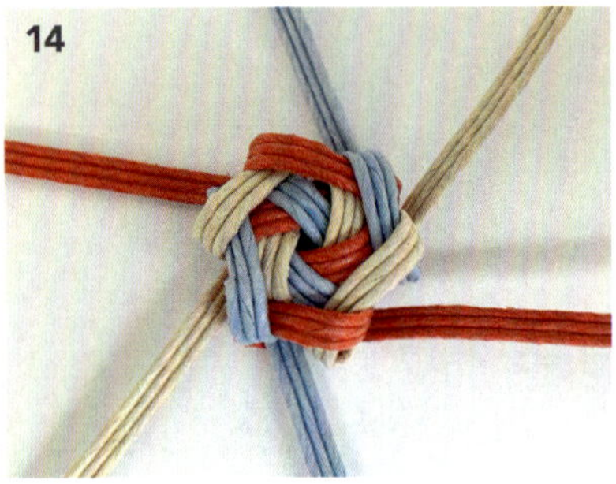

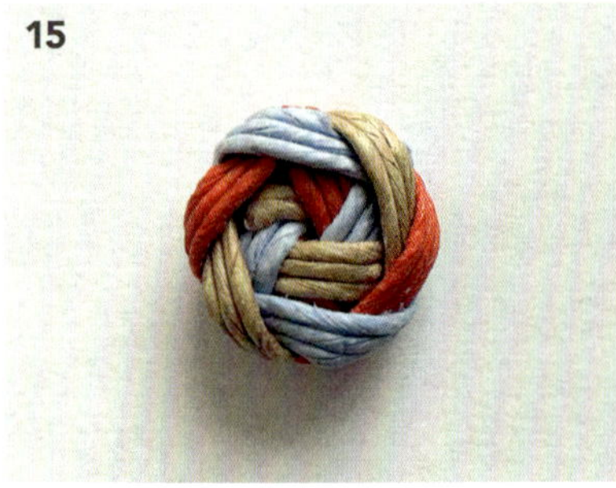

Nicht nur schön, auch nützlich: Auf Seite 104 sehen Sie den Blumenknopf an einem Brillenetui und auf S. 108 als Clutch-Verschluss!

10. Das Geflecht umdrehen.

11. Die Schritte 7 und 8 wiederholen.

12. Alle Bänder anziehen.

13. Das Geflecht umdrehen.

14. Die Schritte 7 und 8 wiederholen, alle Bänder anziehen und das Geflecht umdrehen.

Um die Blume noch größer zu machen, kann man die drei Schritte Flechten – Anziehen – Drehen nach Belieben wiederholen.

15. Alle Bandreste abschneiden und verdeckt ankleben.

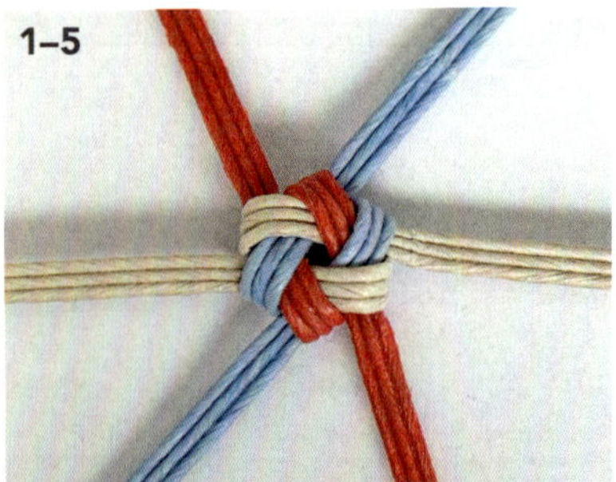

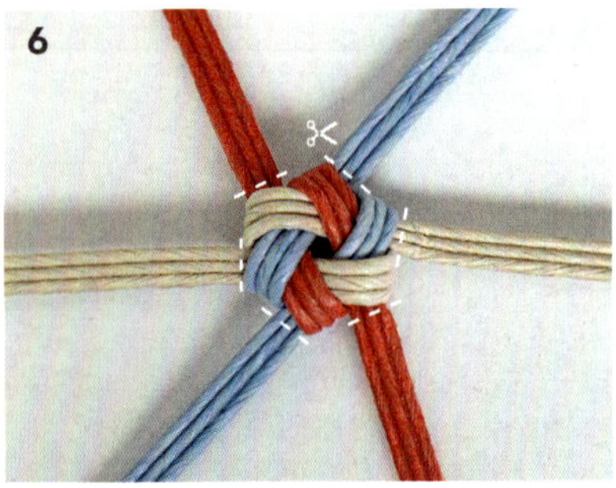

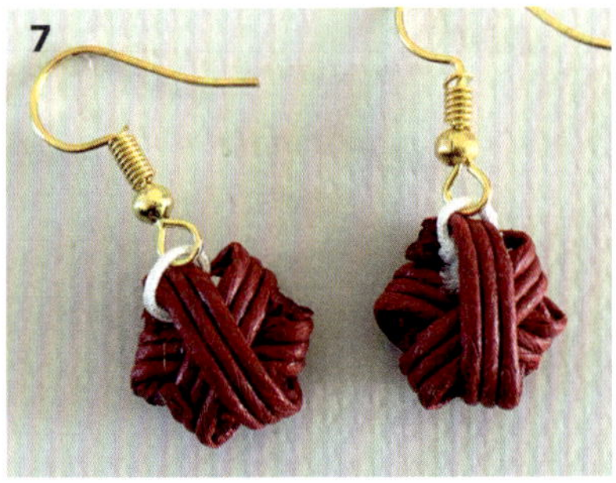

DEN OHRRING FERTIGEN

1.–5. Die Schritte 1 bis 5 des Blumenknopfs ausführen.

6. Die Bandreste abschneiden und auf der Rückseite Ohrhänger mit einer extra Schnur befestigen.

7. Den zweiten Ohrring genauso fertigen.

DÖSCHEN
MIT DECKEL

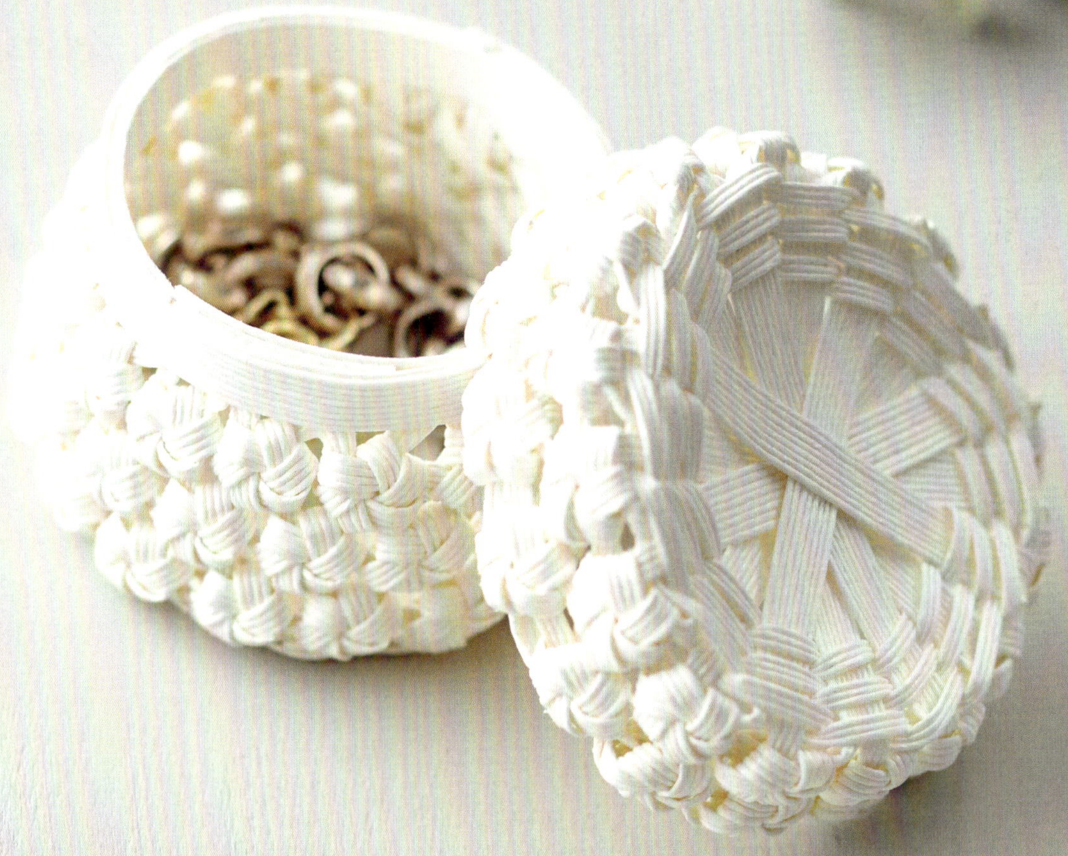

Größe: 8 cm (D) × 5 cm (H)

Techniken: Zweibändig zwirbeln rechtsherum | Gerader Randabschluss

10 m Papierband in Weiß, 12 Schnur breit

Sie benötigen folgende Abschnitte:
für das Döschen
A: 8× 8 Schnur breit, 50 cm lang
B: 3 Schnur breit ,160 cm lang
C: 3× 4 Schnur breit, 110 cm lang
D: 2× 8 Schnur breit, 31 cm lang
E: 2× 2 Schnur breit, 60 cm lang

für den Deckel
F: 8× 8 Schnur breit, 50 cm lang
G: 3 Schnur breit, 160 cm lang
H: 2× 4 Schnur breit, 110 cm lang

DAS DÖSCHEN FLECHTEN

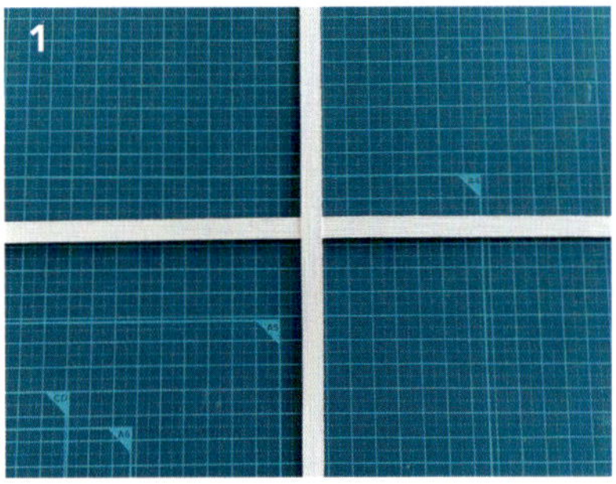

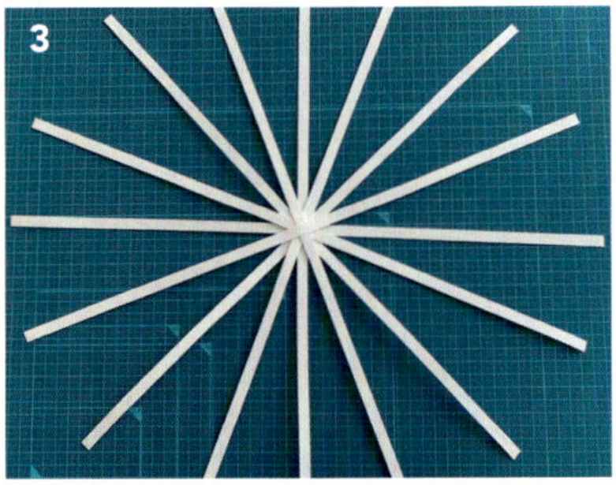

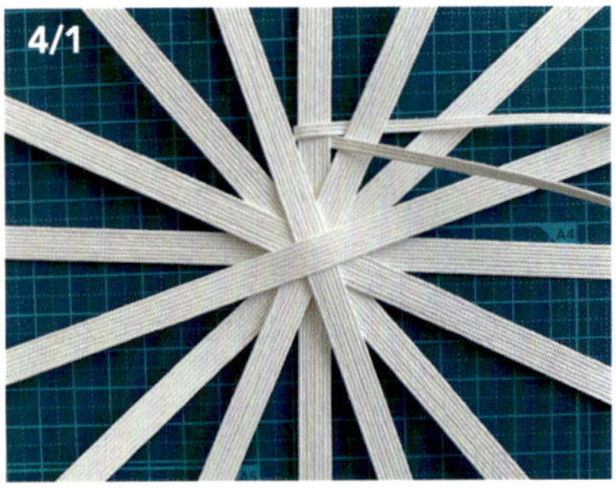

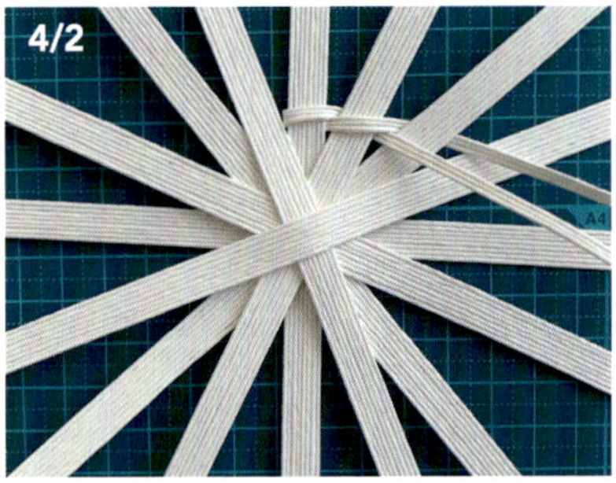

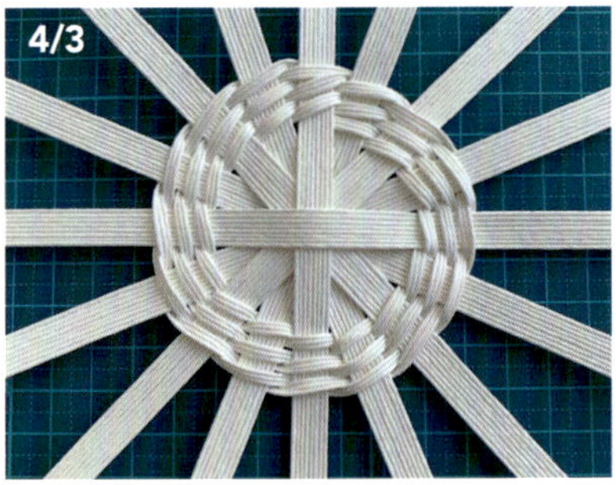

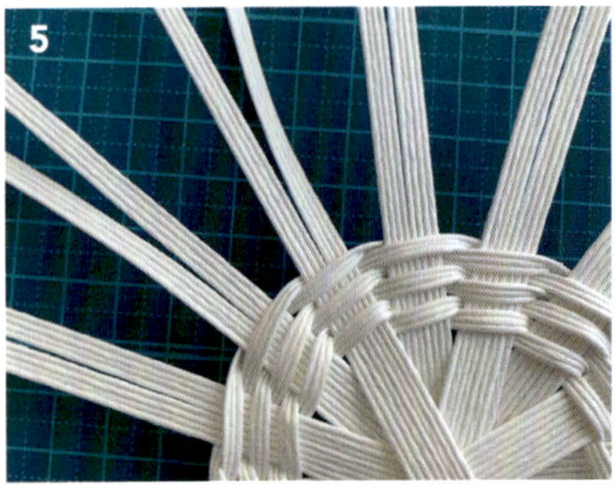

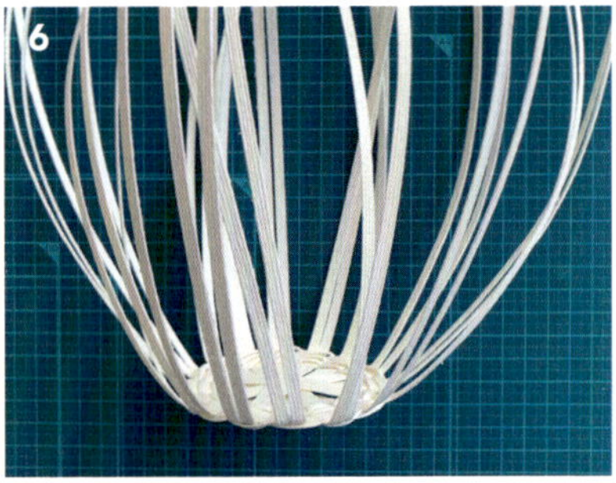

1. Zwei **A**-Abschnitte zu einem Kreuz zusammenkleben.

2. Die nächsten zwei **A**-Abschnitte wieder zu einem Kreuz zusammenkleben und um 45 Grad versetzt auf das erste Kreuz kleben. Es entsteht eine Sternform mit acht Strahlen.

3. Die Schritte 1 und 2 mit den restlichen vier **A**-Abschnitten wiederholen. Anschließend beide achtstrahligen Sterne wiederum versetzt zusammenkleben. Es entsteht eine Sternform mit 16 Strahlen.

4. Den **B**-Abschnitt in der Mitte falten und mit beiden Enden 3 Runden zweibändig rechtsherum zwirbeln (s. S. 17). Der Boden ist fertig.

5. Alle einzelnen Strahlen bis zum Bodenrand mittig zerteilen.

6. Die zerteilten Strahlen als Seitenbänder nach oben knicken.

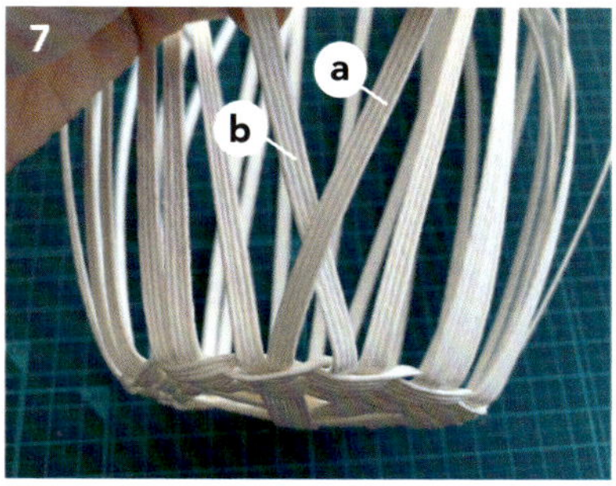

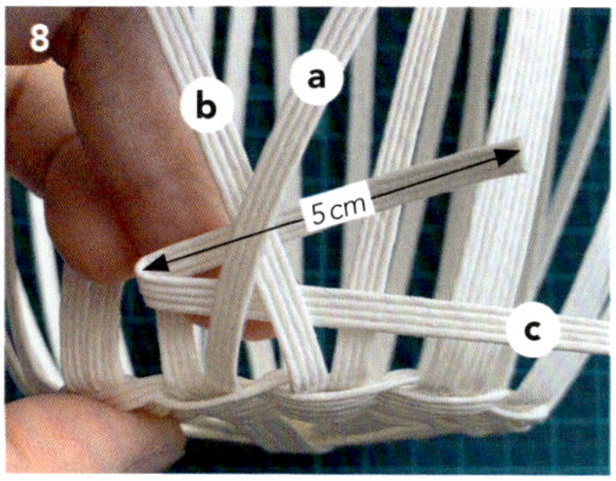

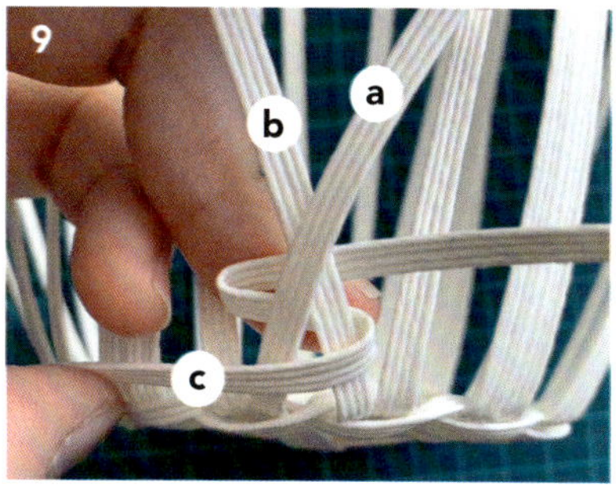

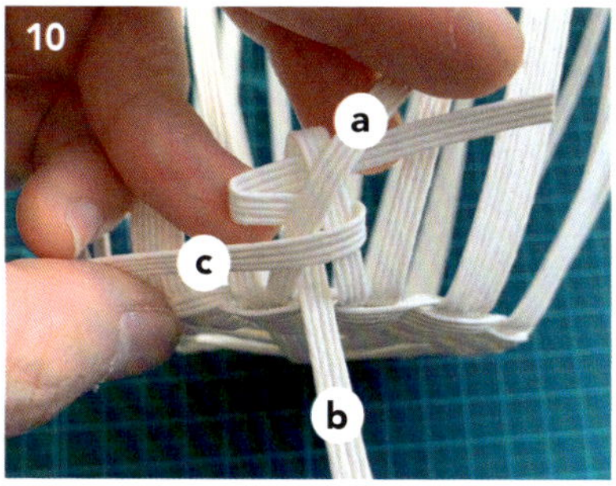

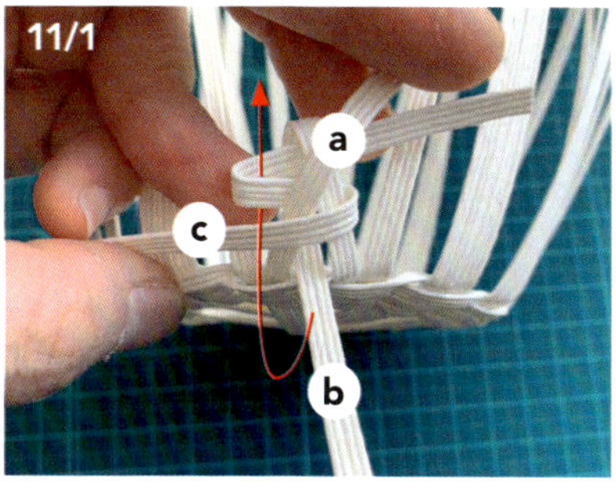

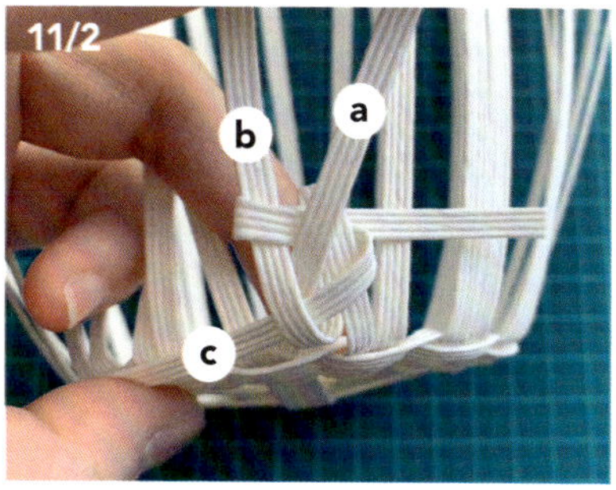

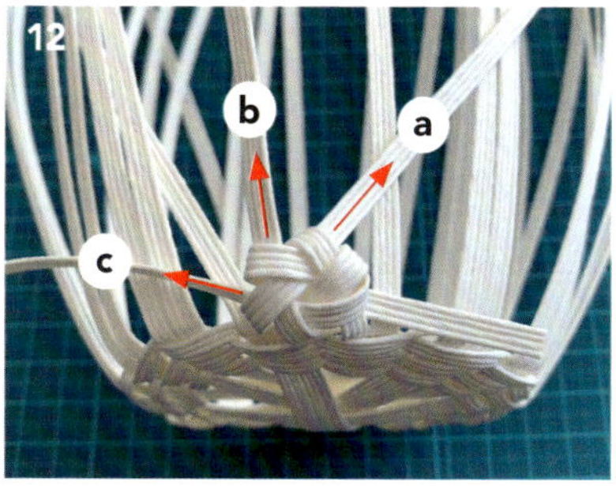

7. Zwei benachbarte Seitenband-Hälften kreuzen (hier auf dem Foto mit **a** und **b** bezeichnet).

8. Einen **C**-Abschnitt so falten, dass das kürzere Ende 5 cm lang ist, und hinter die überkreuzten Bandhälften legen.

9. Die beiden überkreuzten Bandhälften und den einen **C**-Abschnitt so miteinander verknüpfen, dass ein „Blumenknopf“ entsteht (s. auch S. 95, Schritte 2 bis 5). Dazu zunächst Band **c** (das lange Ende des **C**-Abschnitts) von hinten vor **b** und **a** führen.

10. Band **b** nach hinten führen und von innen nach außen unter **c** hindurchstecken.

11. Anschließend **b** über **c** wieder nach oben und durch die Schlaufe von **c** führen.

12. Analog zu Schritt 10 schließlich Band **a** nach hinten führen und von innen nach außen unter **c** hindurchstecken. Somit wurden alle drei Bänder (**a**, **b** und **c**) eine Runde herumgeknüpft. Die Enden anziehen.

13. Die Schritte 7 bis 12 jeweils links neben dem gerade entstandenen Blumenknopf so oft wiederholen, dass bis auf zwei alle Seitenband-Hälften Teil eines Blumenknopfs geworden sind. Dabei keinen neuen **C**-Abschnitt einflechten, sondern immer Band **c** weiterverwenden.

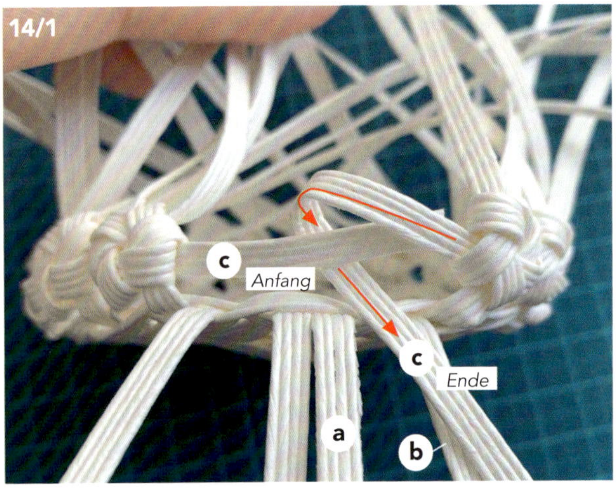

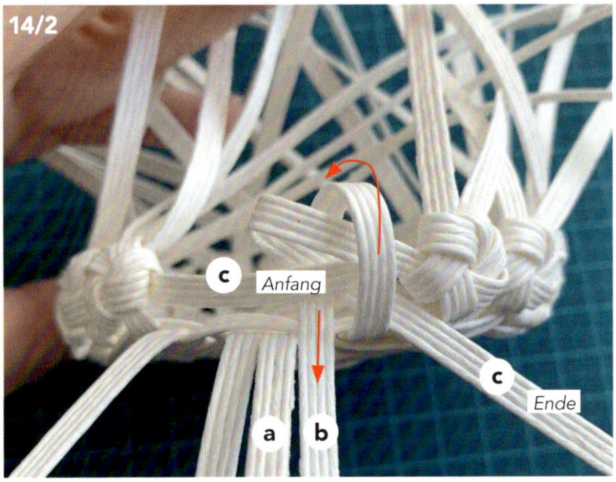

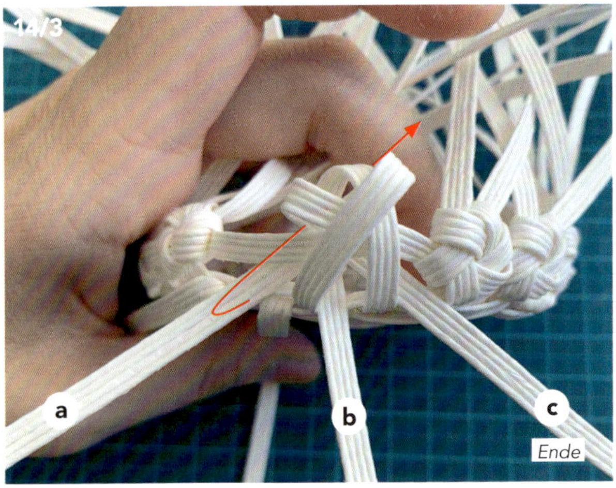

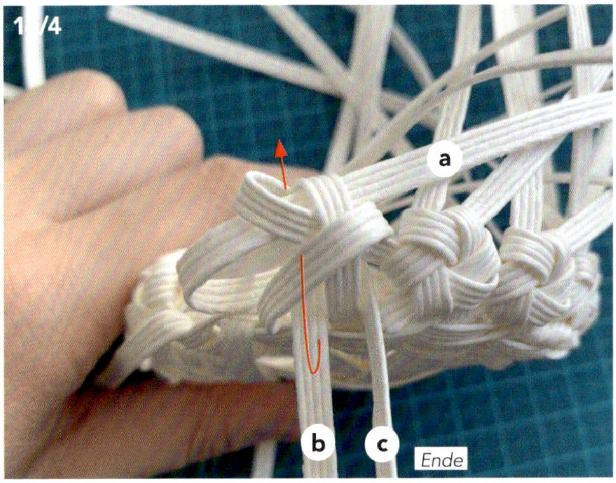

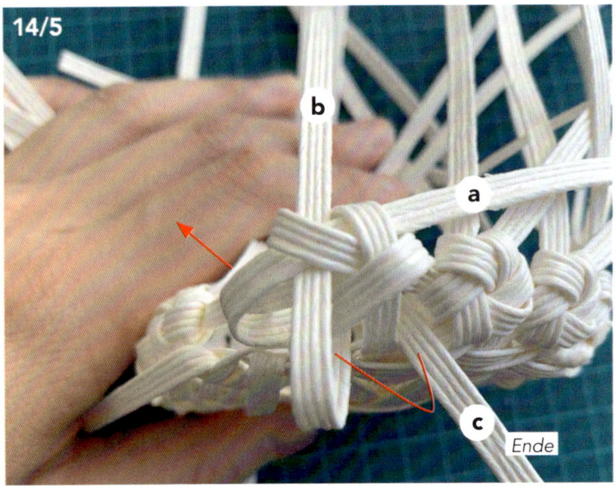

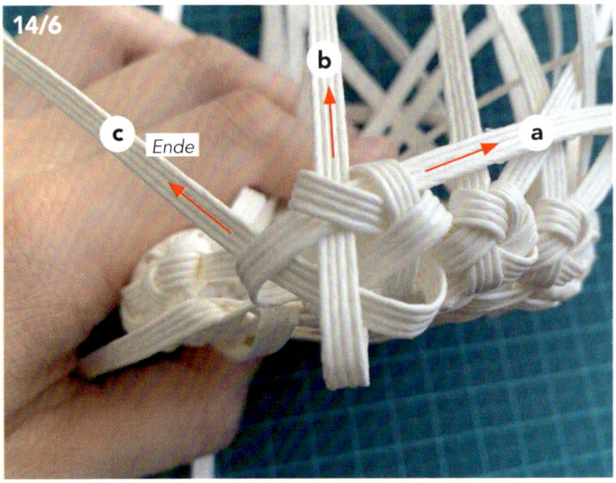

14. Beim vorletzten Knopf den 5-cm-Anfang des **C**-Abschnitts (s. Schritt 8) mit einknüpfen.

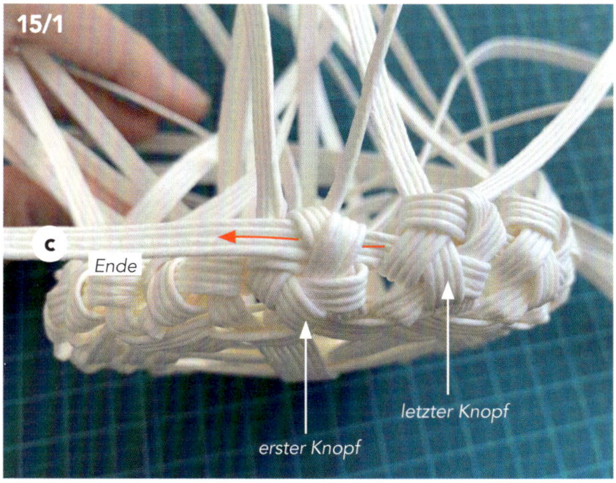

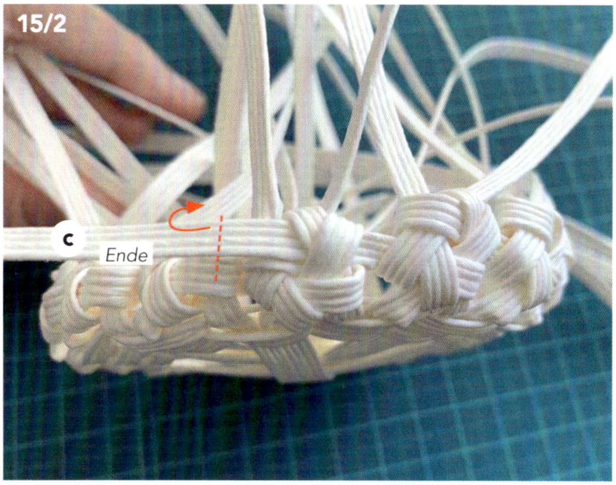

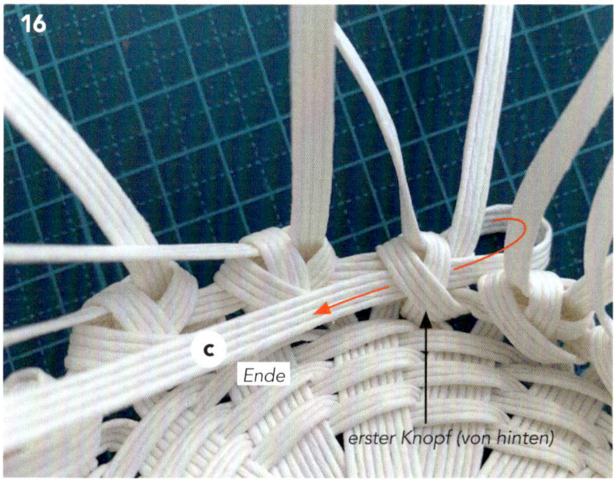

15. Den letzten Knopf erstellen: Wie beim vorletzten Knopf den 5-cm-Anfang von **c** weiterhin mit einknüpfen, sodass dieser versorgt ist. Das Ende von **c** durch den als erstes gefertigten Knopf durchführen, nach innen umbiegen …

16. … und hinter dem ersten Knopf durchführen. Den Rest abschneiden.

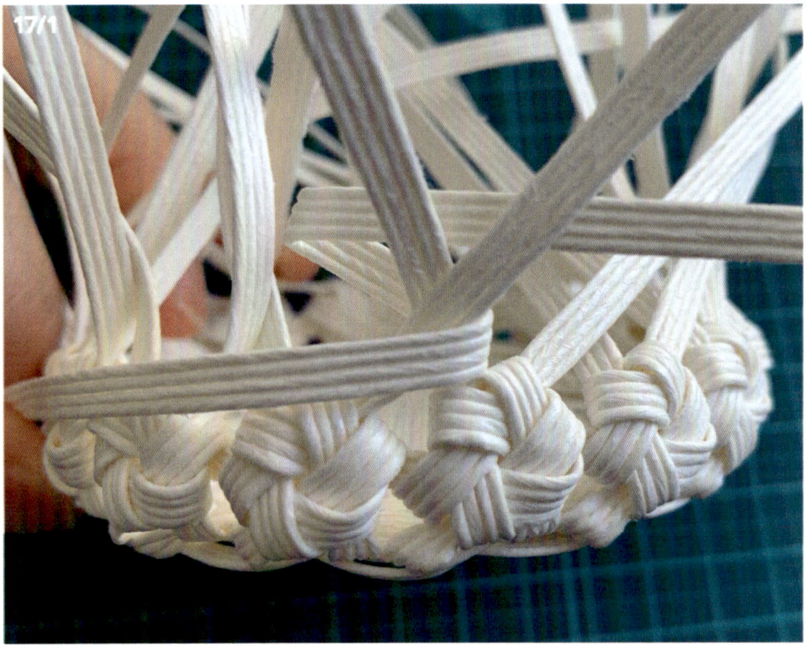

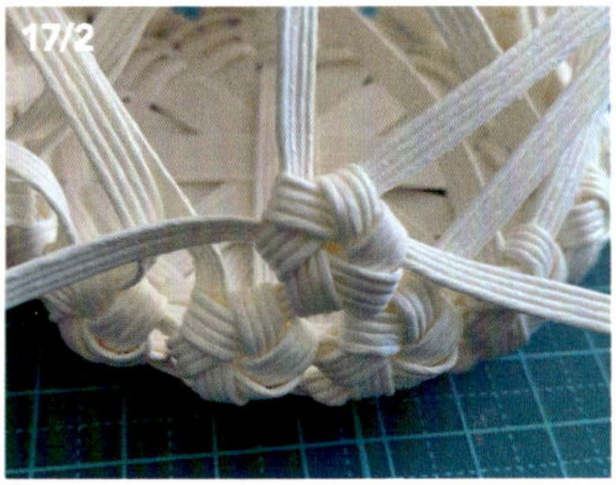

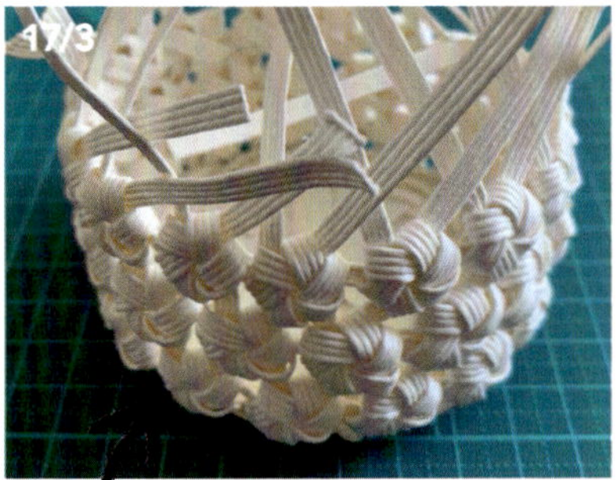

Sie erhalten 3 Reihen Blumenknopf-Muster.

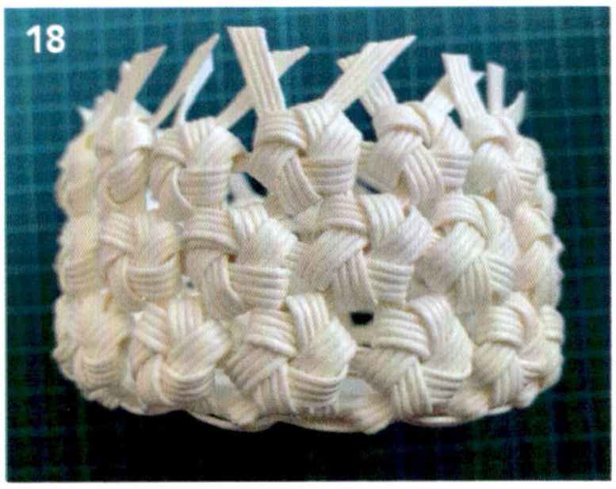

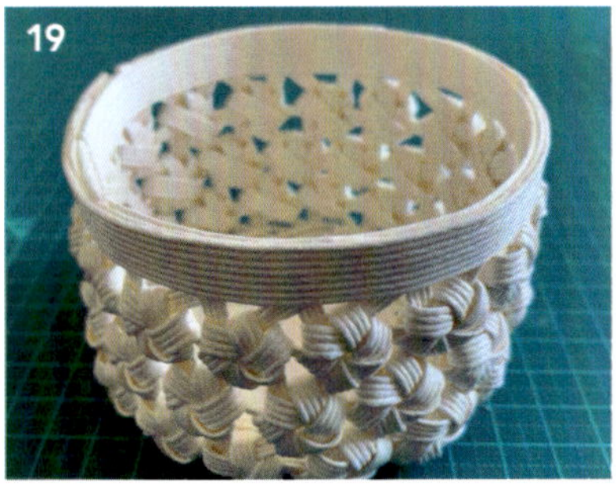

17. Die Schritte 8 bis 15 jeweils mit einem neuen **C**-Abschnitt noch zweimal wiederholen.

18. Die oberen Bandreste auf 6 cm Länge kürzen.

19. Mit den **D**-Abschnitten als inneres und äußeres Band sowie einem **E**-Abschnitt als Deckband einen geraden Randabschluss (s. S. 22) erstellen.

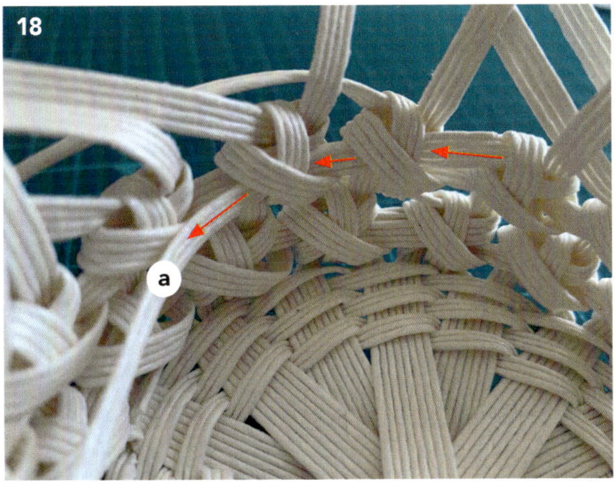

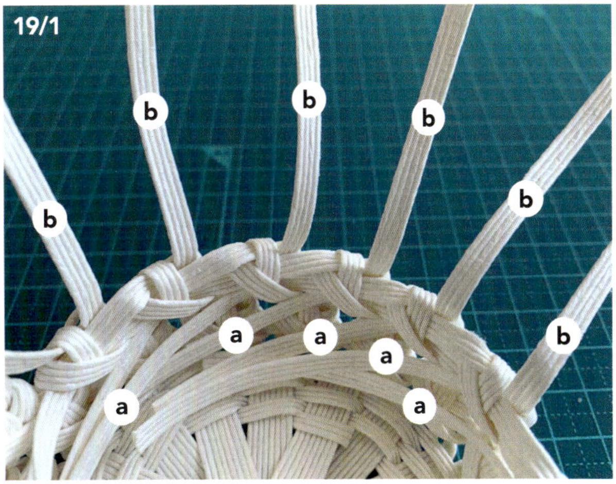

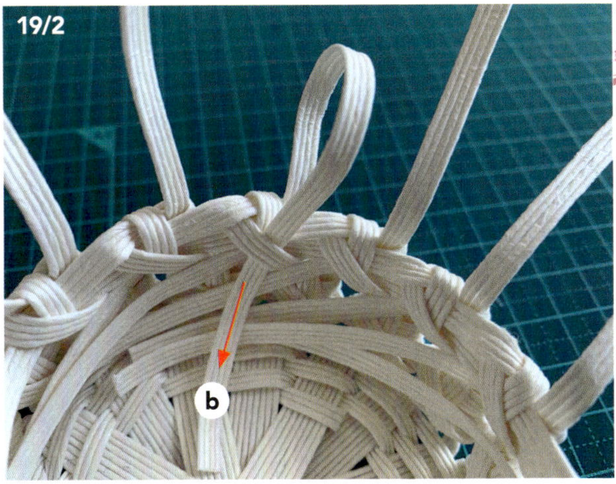

DEN DECKEL FLECHTEN

1.–16. Der Deckel wird genau wie das Döschen gefertigt, allerdings in Schritt 16 mit nur einer statt zwei Wiederholungen, sodass insgesamt nur 2 Runden Blumenknopf-Muster geknüpft werden.

17. Der Randabschluss des Deckels unterscheidet sich von dem des Döschens: Die Bandreste **a** und **b** werden nicht abgeschnitten, sondern innen versorgt. Das heißt…

18. … alle **a**-Bandreste werden innen jeweils durch zwei Knöpfe geführt und abgeschnitten …

19. … alle **b**-Bandreste werden innen im eigenen Knopf versorgt und abgeschnitten.

BRILLENETUI

Größe: 28 cm (L) × 10 cm (B) × 21 cm (H)

Techniken: Standardboden | Geradeaus flechten | Im Zickzack flechten | Einfacher Randabschluss

10 m Papierband in Hellblau (Farbe 1), 12 Schnur breit

2 m Papierband in Weiß (Farbe 2), 12 Schnur breit

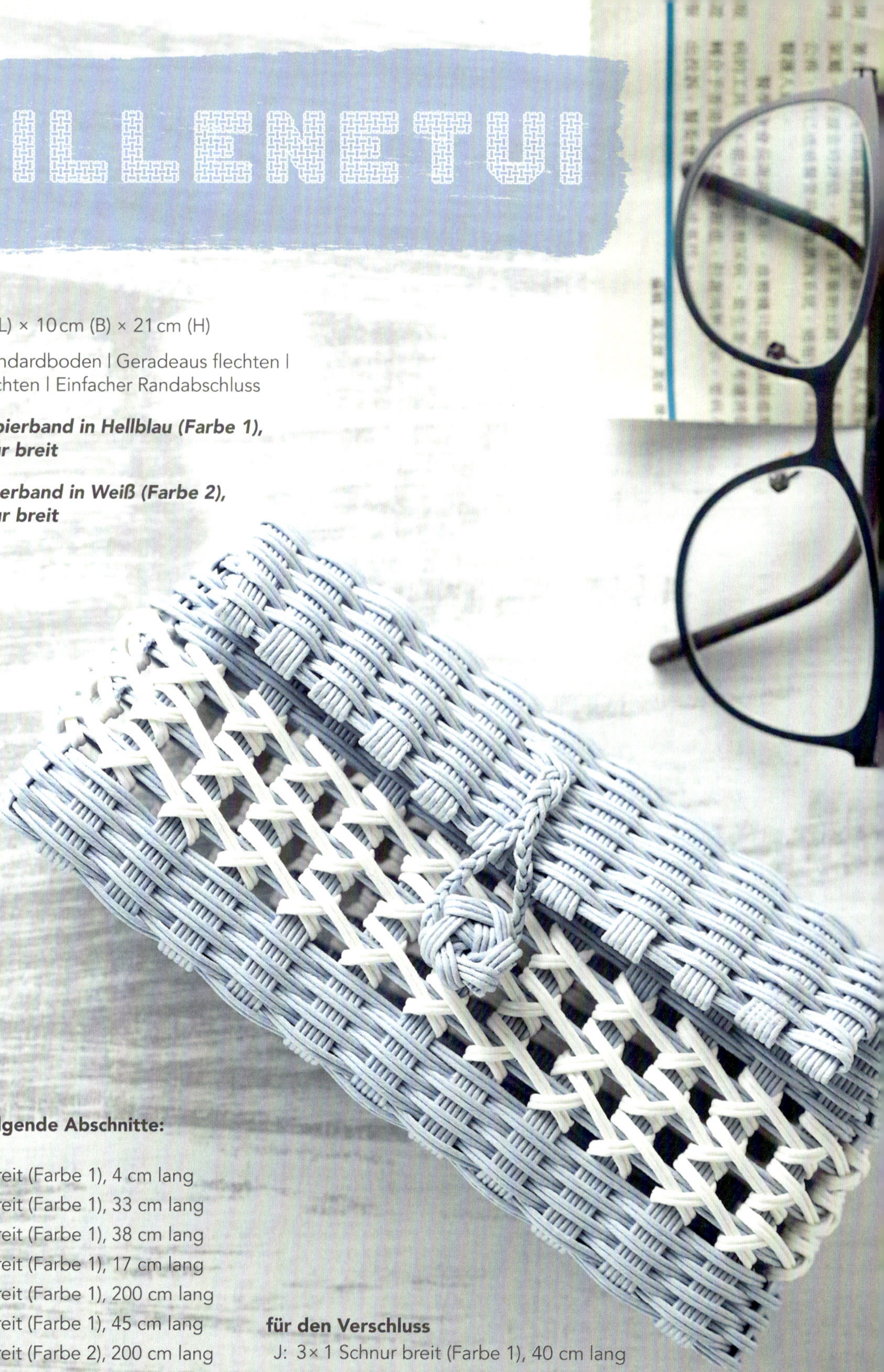

Sie benötigen folgende Abschnitte:
für das Etui

A: 12 × 6 Schnur breit (Farbe 1), 4 cm lang
B: 11 × 6 Schnur breit (Farbe 1), 33 cm lang
C: 3 × 6 Schnur breit (Farbe 1), 38 cm lang
D: 2 × 6 Schnur breit (Farbe 1), 17 cm lang
E: 2 × 2 Schnur breit (Farbe 1), 200 cm lang
F: 3 × 3 Schnur breit (Farbe 1), 45 cm lang
G: 3 × 2 Schnur breit (Farbe 2), 200 cm lang
H: 2 × 2 Schnur breit (Farbe 1), 200 cm lang
I: 2 Schnur breit (Farbe 1), 460 cm lang

für den Verschluss

J: 3 × 1 Schnur breit (Farbe 1), 40 cm lang
K: 3 × 3 Schnur breit (Farbe 1), 30 cm lang
L: 1 Schnur breit (Farbe 1), 15 cm lang

1–9/1

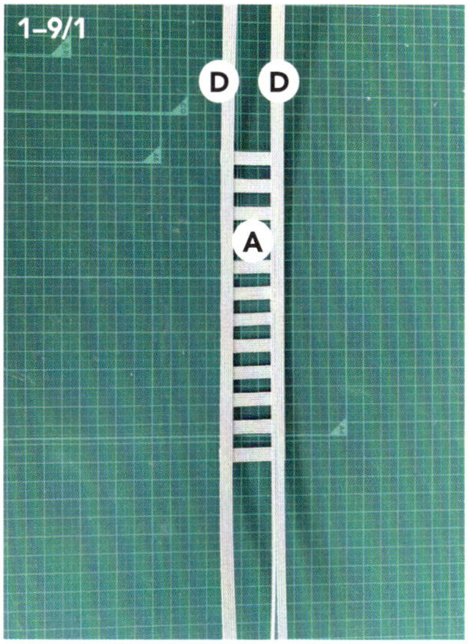

1–9/2

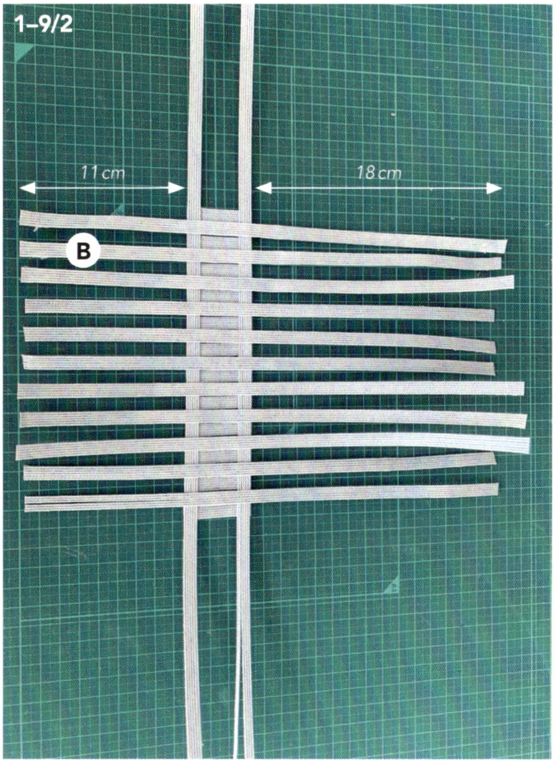

1–9/3

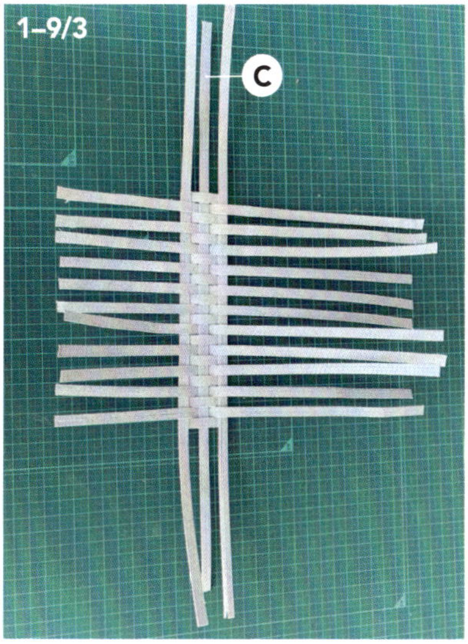

10

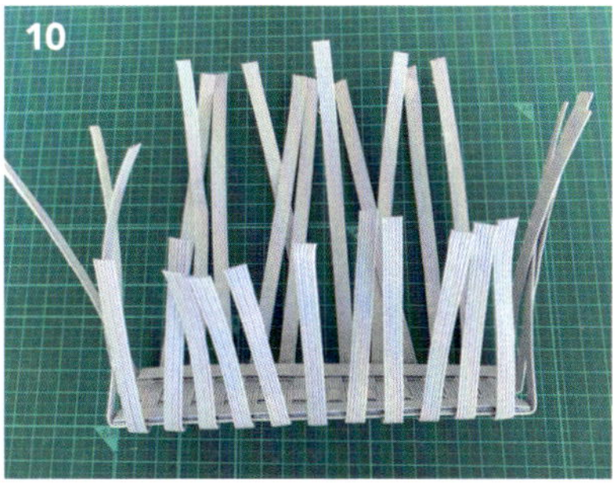

DAS ETUI FLECHTEN

1.–9. Einen Standardboden mit den Abschnitten **A**, **B**, **C** und **D** erstellen (s. S. 20), allerdings werden die B-Abschnitte nicht symmetrisch platziert: Auf einer Seite beträgt der Rest 18 cm, auf der anderen Seite 11 cm.

10. Ist der Boden fertig, die Seitenbänder nach oben falten.

11. Mit beiden **E**-Abschnitten zusammen 4 Runden geradeaus flechten (s. S. 16). Eventuelle Reste abschneiden und ankleben.

4 Runden flechten bei doppeltem Band ergibt 8 Reihen.

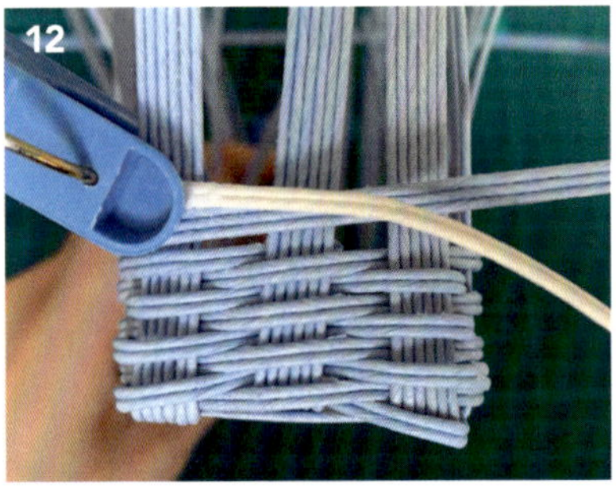

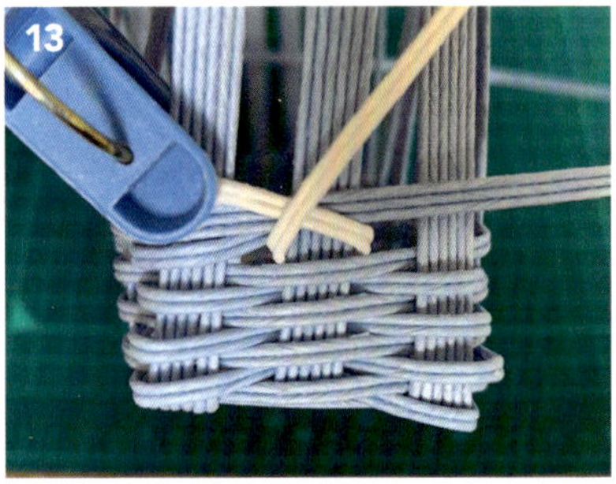

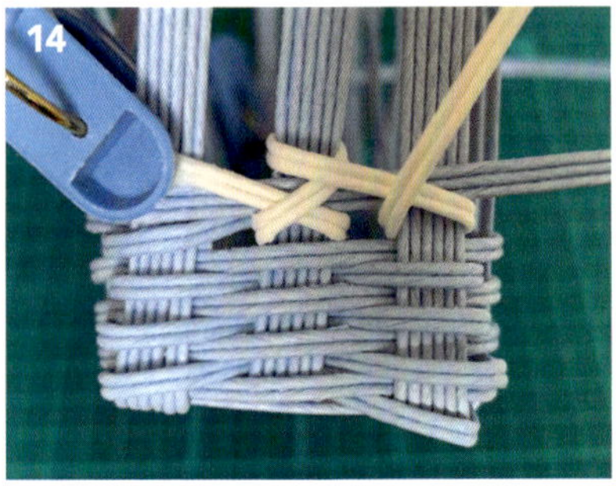

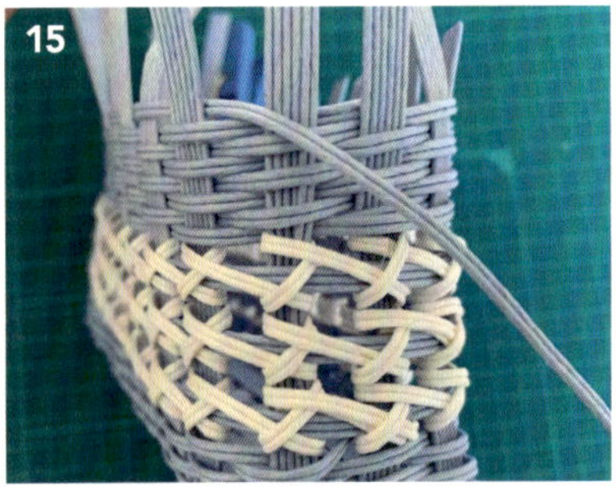

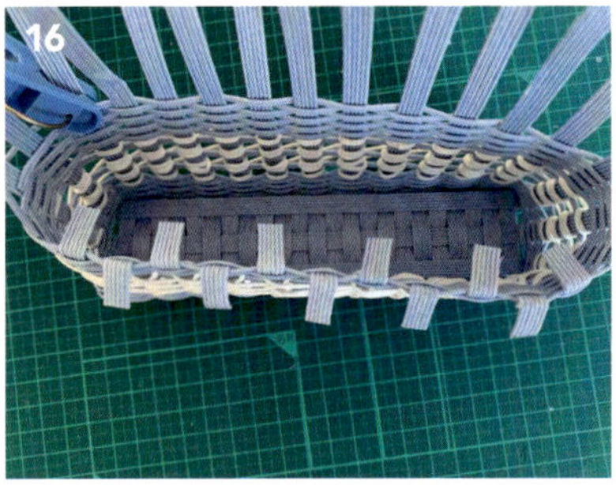

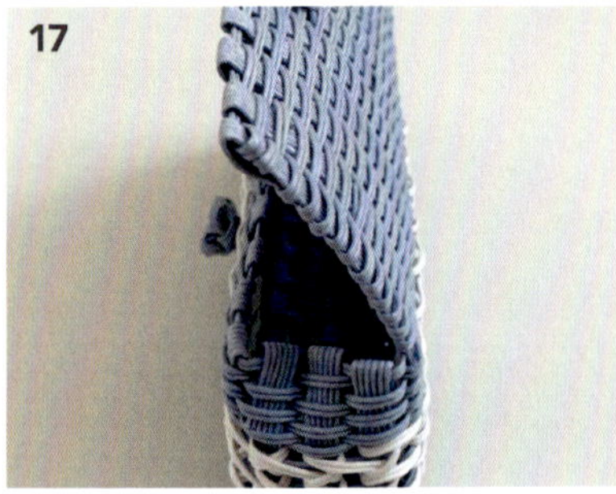

12. Mit einer Wäscheklammer je einen Abschnitt **F** und **G** an einer Seitenwand fixieren.

13. Der **F**-Abschnitt wird außen vor den Seitenbändern horizontal herumgeführt, ohne ihn einzuflechten. Mit dem **G**-Abschnitt wie auf dem Foto fixieren: Das Band von links oben nach rechts unten vor ein Seitenband führen, dann nach hinten und im Inneren des Etuis horizontal nach links führen. Anschließend von links unten nach rechts oben führen …

14. … dann wieder nach hinten und im Inneren des Etuis horizontal nach links führen – der Ausgangspunkt für das nächste Seitenband ist erreicht. Dieses Muster über insgesamt 3 Runden fortführen.

15. Mit den beiden **H**-Abschnitten gleichzeitig 4 Runden geradeaus flechten (ergibt 8 Reihen). Mögliche Reste abschneiden und die Enden ankleben. Die Seiten und die Front des Etuis sind nun fertig.

16. An einer (!) langen Seite die Reste der Seitenbänder (Abschnitte **B** und **C**) einkürzen, abwechselnd nach innen und außen falten und versorgen (s. S. 22, „Einfacher Randabschluss").

17. An der anderen langen Seite entsteht der Deckel: Den **I**-Abschnitt an der Seite ankleben und im Zickzack 26× hin- und zurückflechten (s. S. 19). Den Rest von **I** abschneiden und innen ankleben. Die Reste der Seitenbänder wieder abwechselnd nach innen und außen falten und versorgen (s. S. 22, „Einfacher Randabschluss").

DEN VERSCHLUSS ERSTELLEN

1

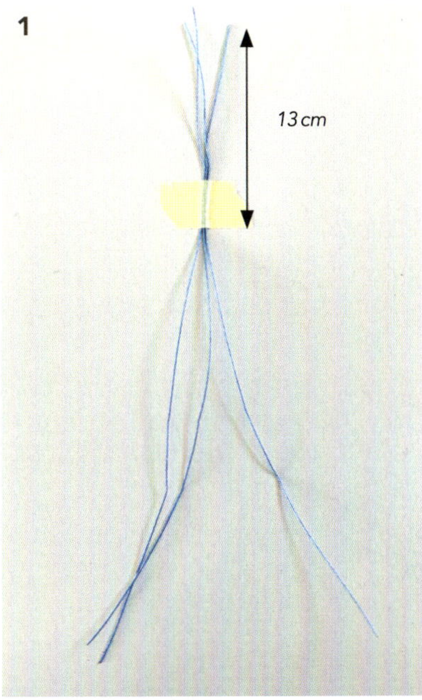

2

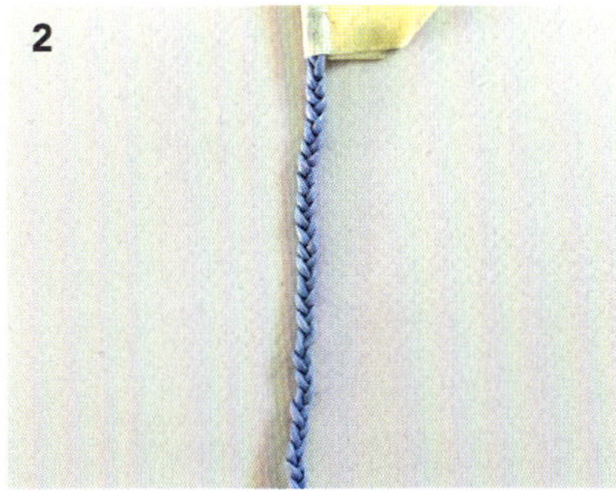

3

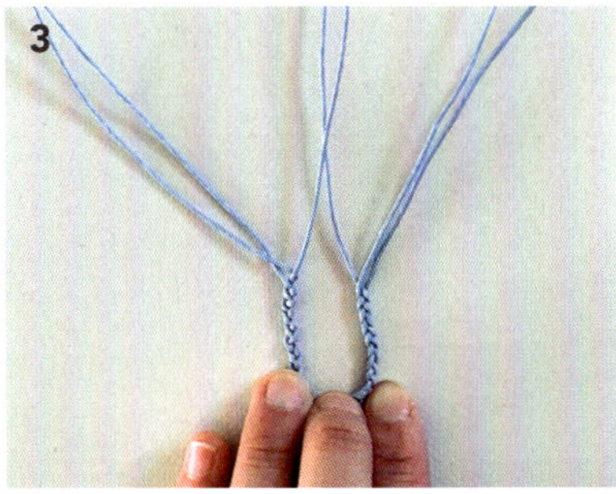

4

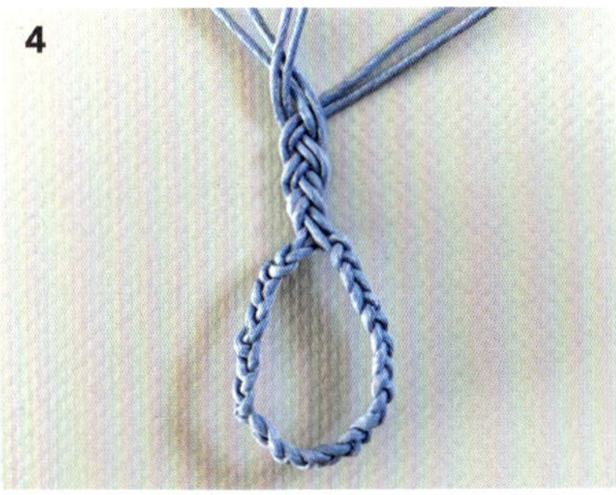

5

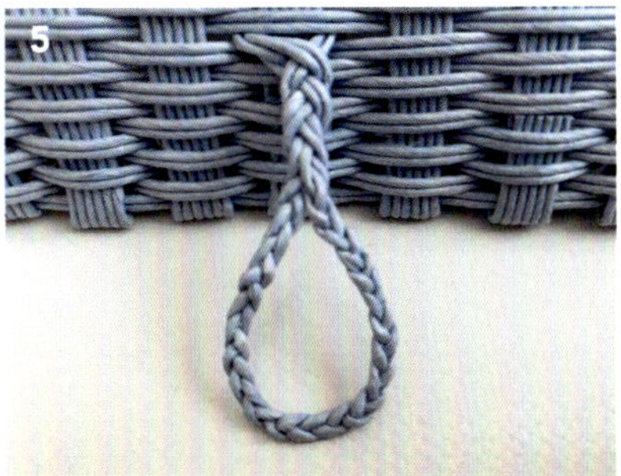

6

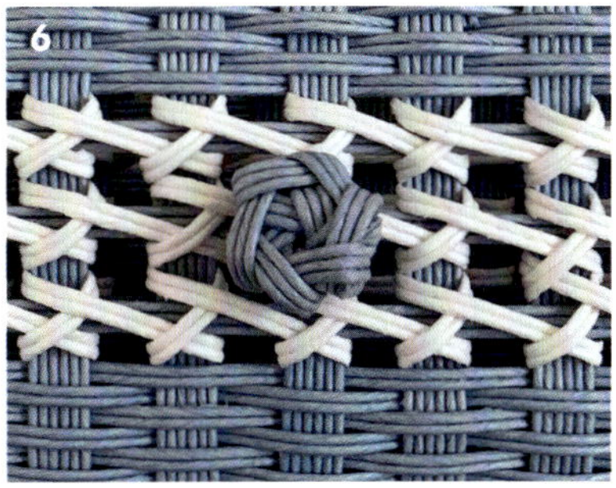

Zum Fixieren auf der Arbeitsfläche nehme ich ein Stück einfaches Malerkreppband.

1. Für die Zopfschlaufe des Deckels die drei **J**-Abschnitte so auf der Arbeitsfläche fixieren, dass 13 cm Band nach oben überstehen.

2. Aus dem unteren Teil einen 7 cm langen Zopf flechten.

3. Das Kreppband entfernen, den Zopf zu einer Schlaufe legen und die Enden wie auf dem Foto aufgefächert nebeneinander legen. An jedem Ende befinden sich nun drei lose Bandenden.

4. Aus den drei Bandpaaren einen 1,5 cm langen Zopf flechten.

5. Die Zopfschlaufe mittig am Deckel des Brillenetuis befestigen, dafür die Bandenden nach innen stecken und dort verknoten.

6. Mit den drei **K**-Abschnitten einen „Blumenknopf" (s. S. 96) knüpfen und mit dem **L**-Abschnitt in der Mitte des Musters befestigen.

RAFFINIERTE CLUTCH

Größe: 22 cm (L) × 4,5 cm (B) × 15 cm (H)

Techniken: Geradeaus flechten | Gerader Randabschluss

5 m Papierband in Rosa (Farbe 1), 12 Schnur breit

9 m Papierband in Natur hell (Farbe 2), 12 Schnur breit

5 m Papierband in Weiß (Farbe 3), 12 Schnur breit

zusätzlich: Gummiband

Sie benötigen folgende Abschnitte:

A: 2× 12 Schnur breit (Farbe 1), 40 cm lang
B: 20× 6 Schnur breit (Farbe 2), 39 cm lang
C: 3× 6 Schnur breit (Farbe 2), 52 cm lang
D: 9× 6 Schnur breit (Farbe 2), 42 lang
E: 30× 2 Schnur breit (Farbe 1), 42 cm lang
F: 2× 4 Schnur breit (Farbe 2), 220 cm lang
G: 4× 1 Schnur breit (Farbe 3), 500 cm lang
H: 12× 2 Schnur breit (Farbe 1), 26 cm lang
I: 4× 2 Schnur breit (Farbe 1), 22 cm lang
J: 4× 10 Schnur breit (Farbe 1), 4 cm lang
K: 2× 10 Schnur breit (Farbe 1), 5 cm lang
L: 2× 12 Schnur breit (Farbe 1), 22 cm lang
M: 2× 2 Schnur breit (Farbe 1), 4,5 cm lang
N: 3× 3 Schnur breit (Farbe 1), 30 cm lang
O: 1 Schnur breit (Farbe 1), 15 cm lang

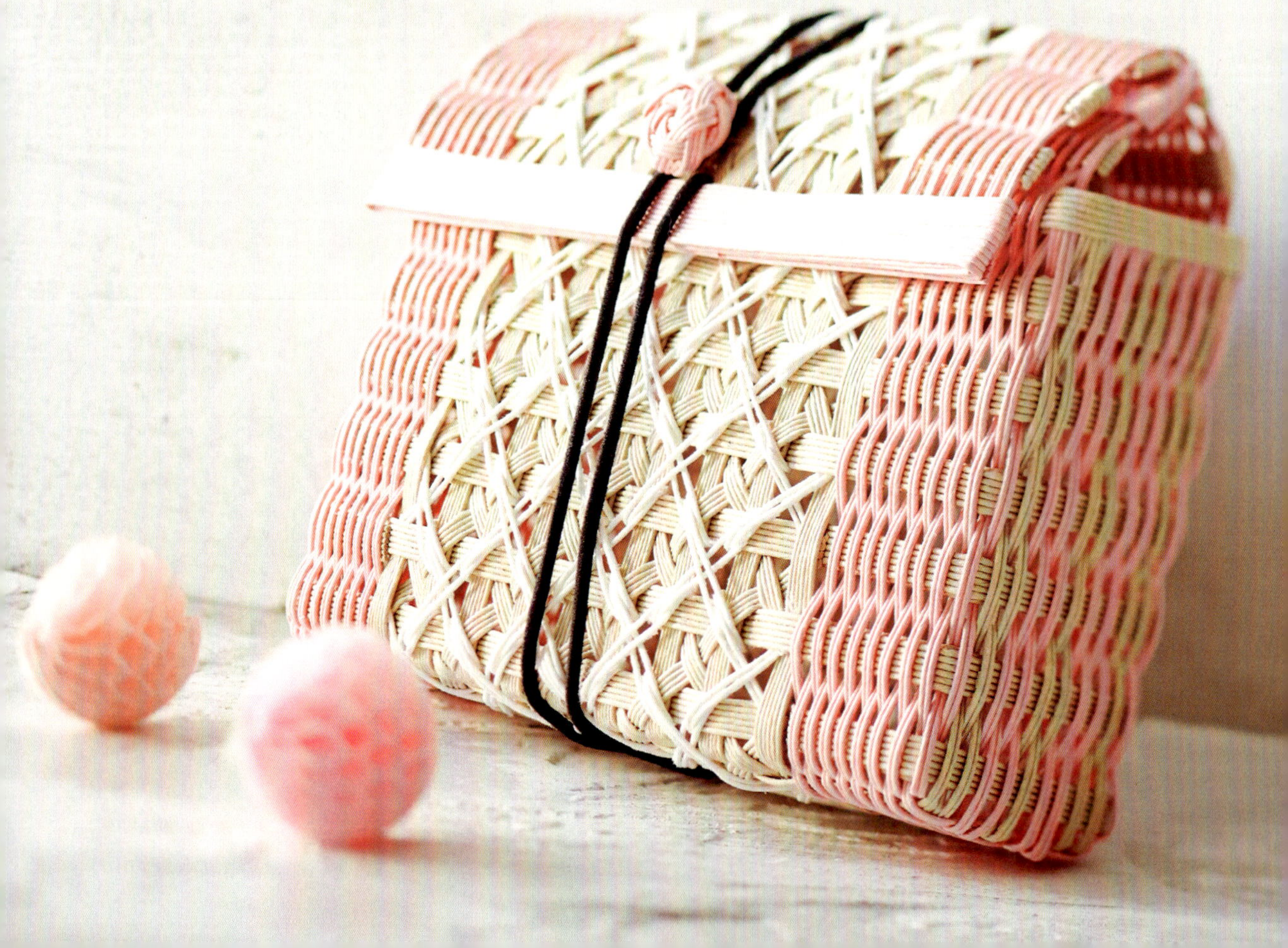

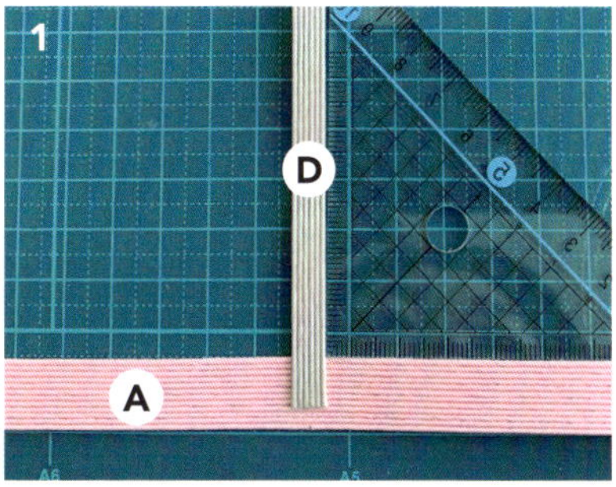

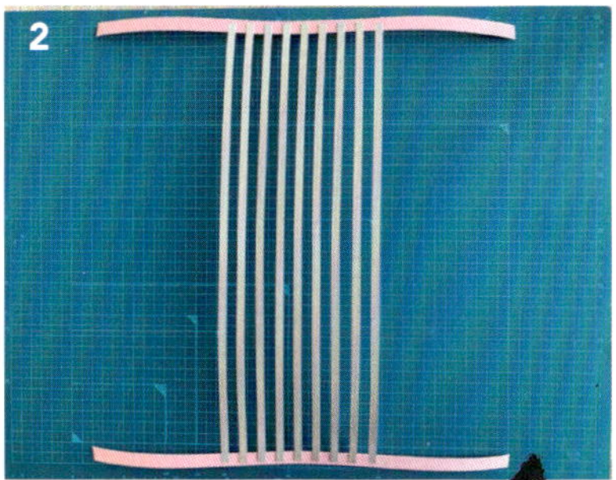

Ich nehme zum Ausmessen der Abstände ein Stück Papierband zu Hilfe.

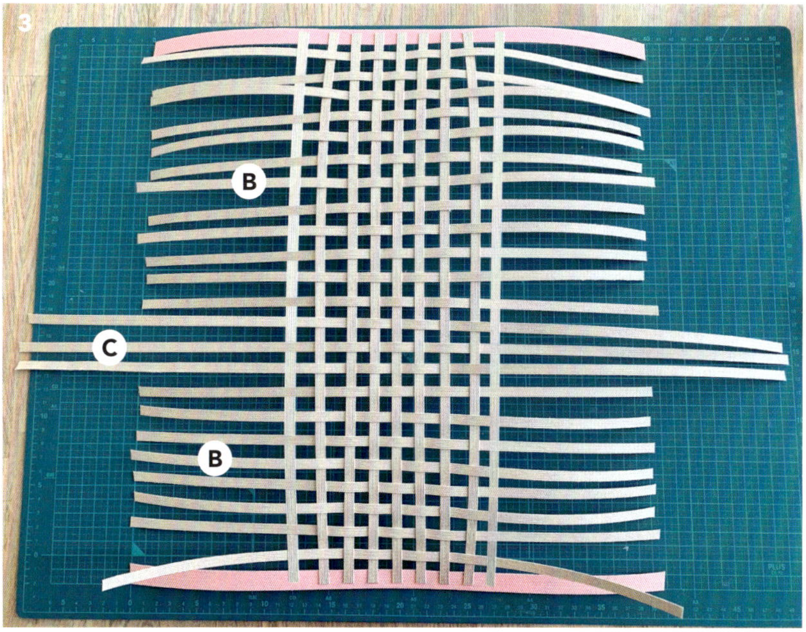

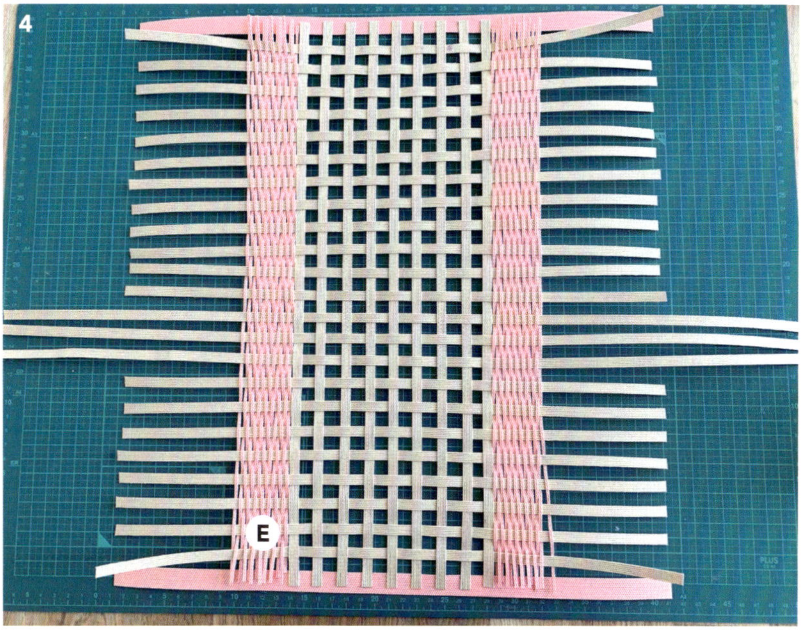

1. Die beiden **A**-Abschnitte parallel zueinander hinlegen. In der Mitte rechtwinklig den ersten **D**-Abschnitt ankleben, dabei auf einen Randabstand von 2 Schnur Breite achten.

2. Die restlichen **D**-Abschnitte mit einem Abstand zueinander, der einer Breite von 6 Schnur entspricht, ankleben. Dabei auf eine symmetrische Ausrichtung achten, das heißt: vier **D**-Abschnitte links des mittleren Abschnitts, vier rechts davon.

3. Nun folgende Abschnitte in der genannten Reihenfolge (von unten nach oben) in die **D**-Abschnitte geradeaus einflechten (s. S. 16): 8× **B** – 3× **C** – 12× **B**. Links und rechts sollen die Reste gleich lang sein.

4. Die **E**-Abschnitte links und rechts vom Geflecht in jeweils 15 Reihen in die Reste einflechten.

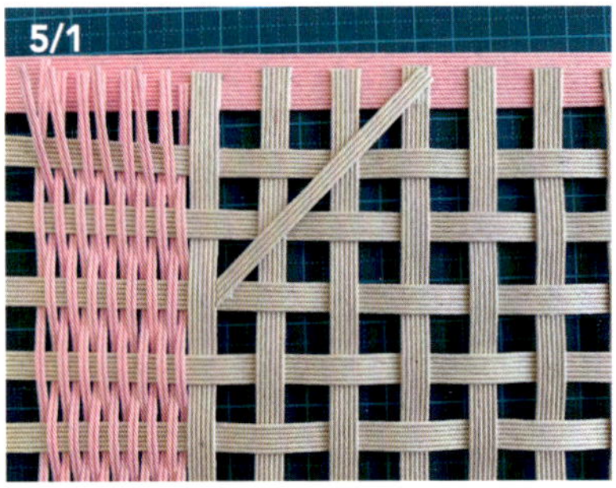

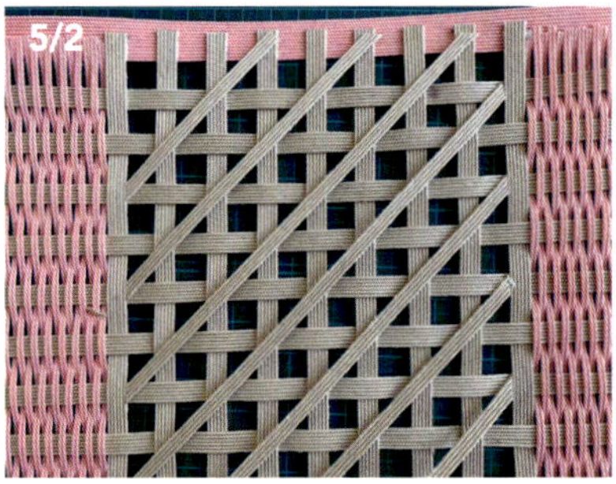

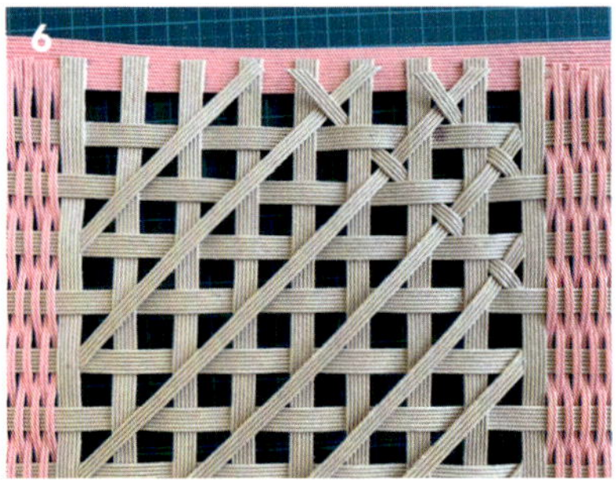

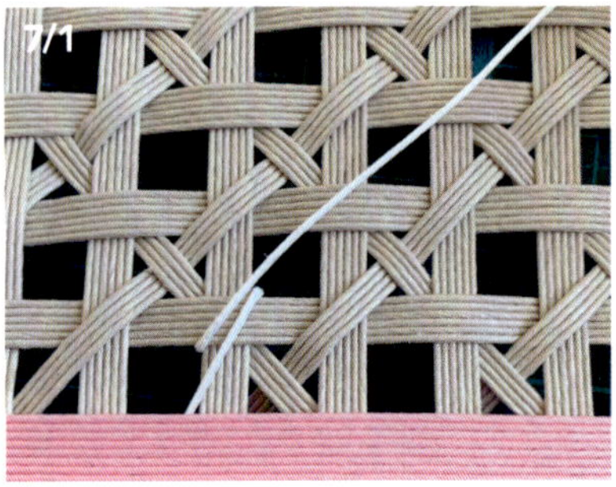

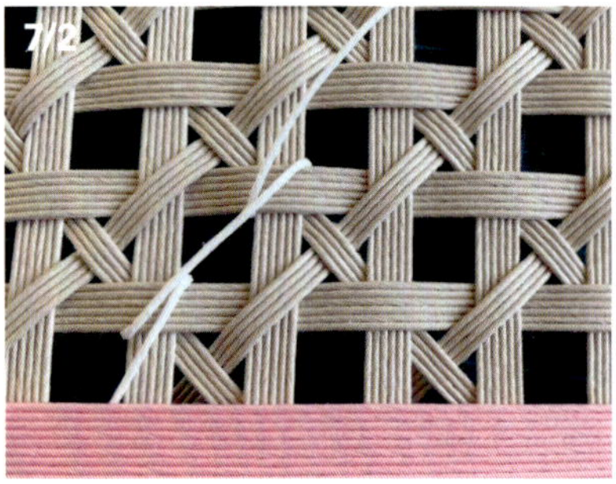

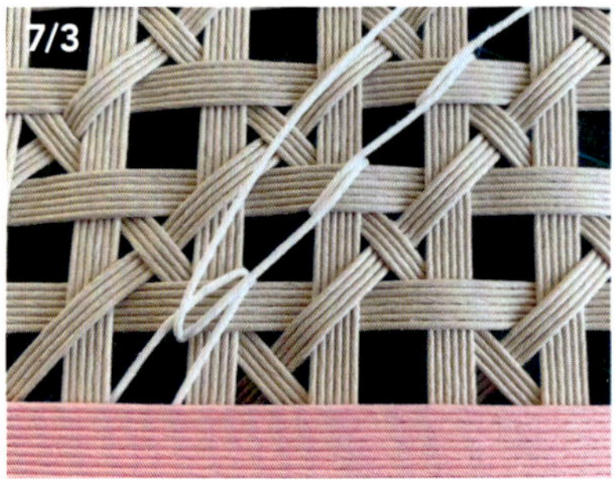

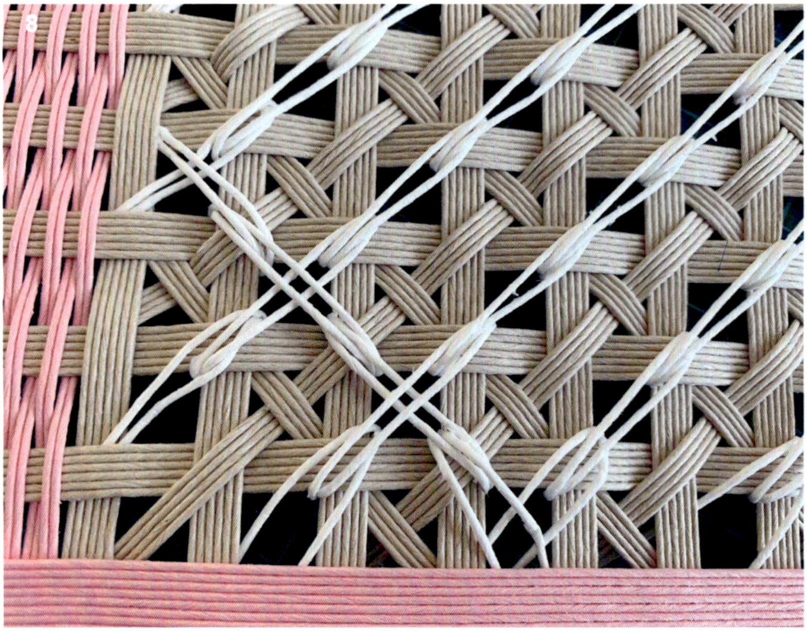

5. Die **F**-Abschnitte werden jeweils auf die richtige Länge zugeschnitten und diagonal aufgeklebt (nicht eingeflochten!), wie auf dem Foto zu sehen.

6. Nun passgenau zugeschnittene **F**-Abschnitte in die andere Richtung diagonal einflechten und ankleben.

7. Die **G**-Abschnitte jeweils diagonal einflechten, dazu die Kreuzungspunkte der Horizontalen und Vertikalen zunächst alle in derselben Richtung umschlingen …

8. … danach dieselben Kreuzungspunkte mit dem nächsten **G**-Abschnitt gespiegelt zur ersten Umschlingung ein zweites Mal umschlingen. Es entsteht eine Art Maschenmuster. Reste abschneiden und Enden ankleben.

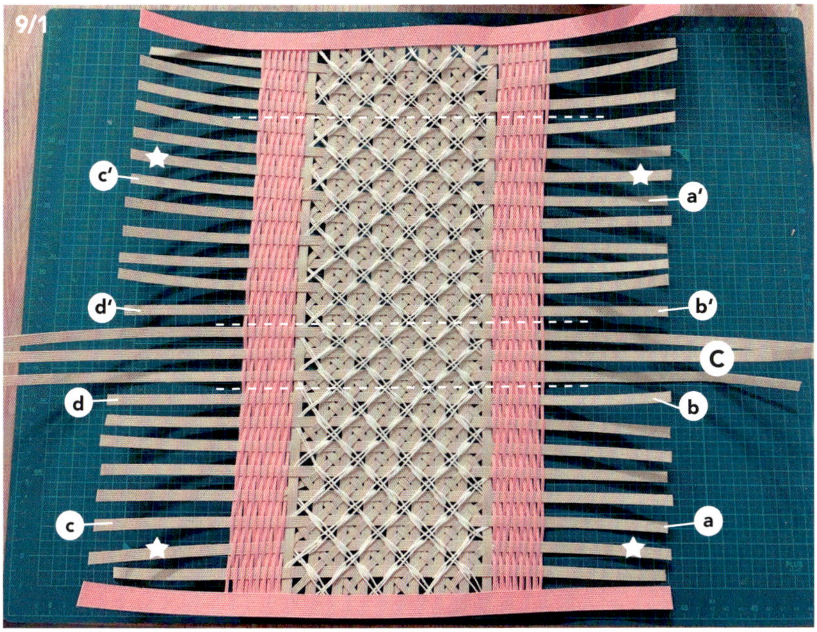

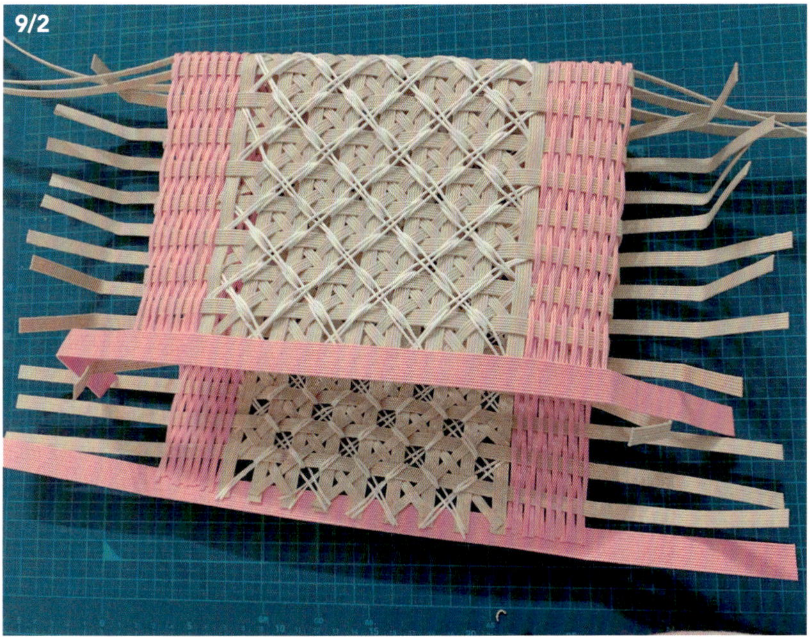

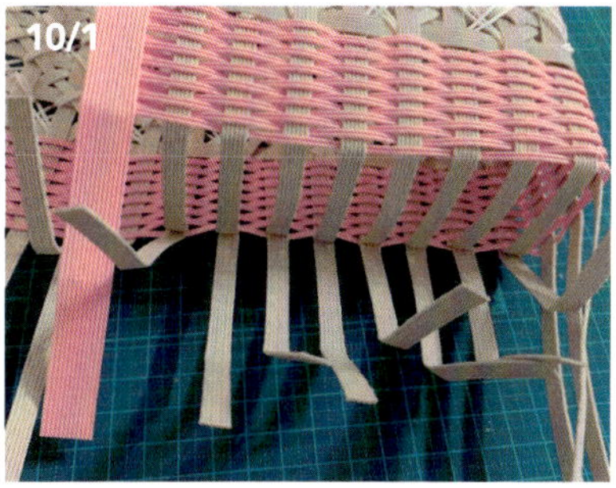

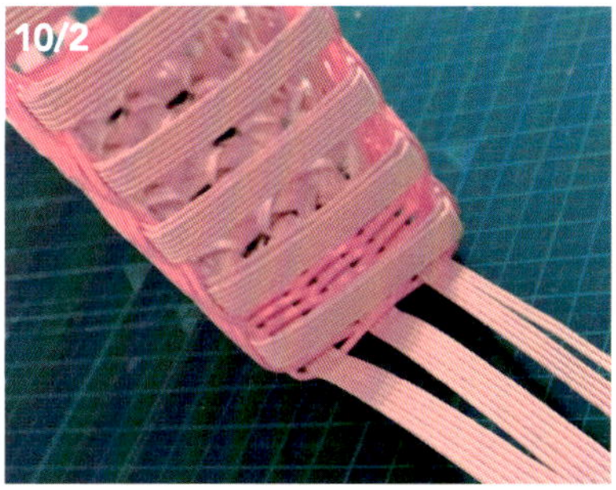

9. Bei den Resten der **B**-Abschnitte von **a** bis **b**, **a'** bis **b'**, **c** bis **d** und **c'** bis **d'** auf beiden Seiten je 4,5 cm von der Geflechtmitte her abmessen und an diesen Stellen falten (dies entspricht der Breite der Tasche).

Die **B**-Abschnitte, die mit einem Stern markiert sind, ebenfalls bei 4,5 cm falten. Dann die gesamte Tasche wie auf dem zweiten Foto falten.

10. Die eben gefalteten **B**-Abschnitte (außer die mit Stern markierten Abschnitte) auf der jeweiligen Gegenseite einstecken. Die **B**-Abschnitte der einen und der anderen Taschenseite vollflächig aufeinanderkleben. Die **C**-Abschnitte jeweils in drei Einzelschnüre (à 2 Schnur) zerteilen.

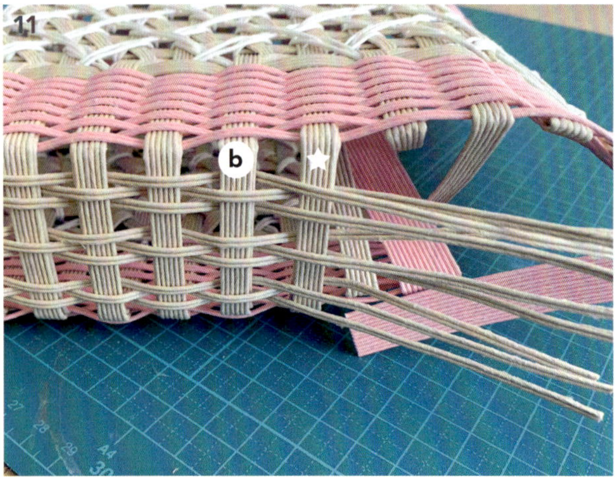

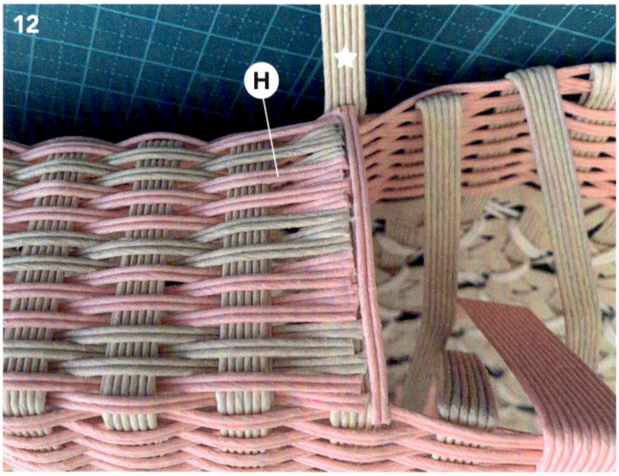

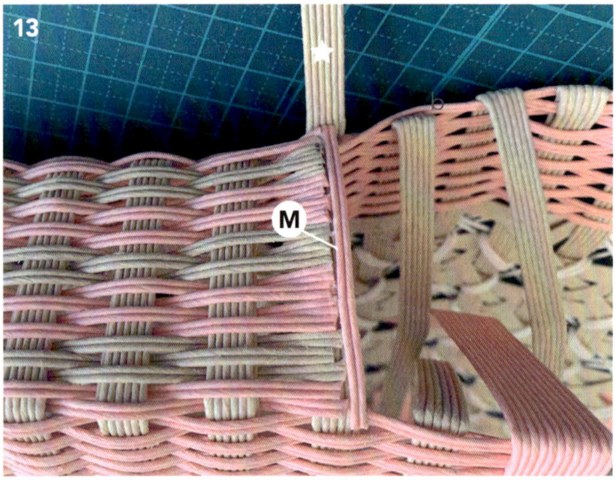

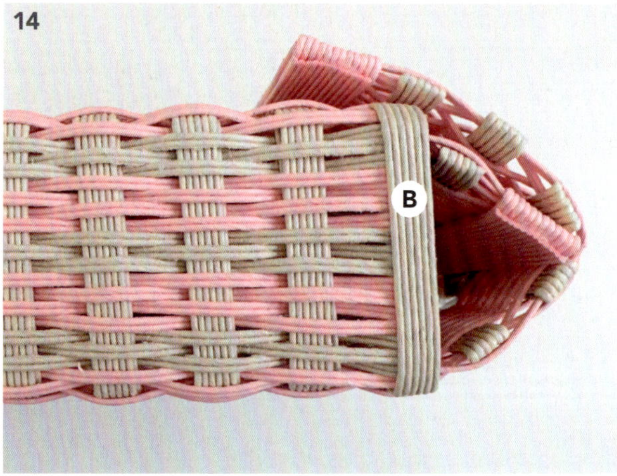

11. Mit den Schnüren der zerteilten **C**-Abschnitte die Taschenseiten – bis zur Stern-Markierung – hochflechten.

*Immer nach 3 **C**-Abschnitten eine größere Lücke lassen. Hier werden noch kontrastfarbene Bänder eingeflochten.*

12. Die Taschenseiten vervollständigen: Die **H**-Abschnitte jeweils mittig zusammenfalten und vom Band **b** (bzw. **d** auf der gegenüberliegenden Taschenseite) aus geradeaus flechten, und zwar je 1 Reihe in den seitlichen und je 2 Reihen in den inneren beiden Zwischenräumen.

13. Die Reste der **C**- und **H**-Abschnitte auf Höhe des mit Stern markierten **B**-Abschnitts abschneiden und ankleben. Dabei eine 2 Schnur breite Lücke lassen, in die nun der **M**-Abschnitt als Deckband von innen eingeklebt wird (s. S. 22, „Gerader Randabschluss").

14. Nun kann der mit Stern markierte **B**-Abschnitt darübergeklebt werden – damit ist der gerade Randabschluss fertig.

15. Alle restlichen **B**-Abschnitte (nach dem mit der Stern-Markierung, in der Taschenklappe) nach innen falten und innen in den **E**-Abschnitten versorgen.

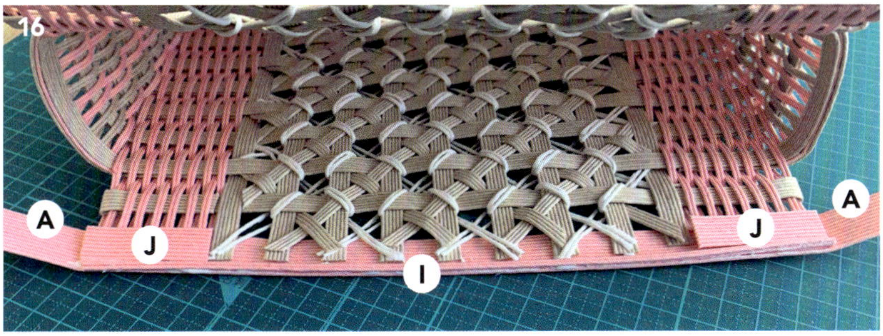

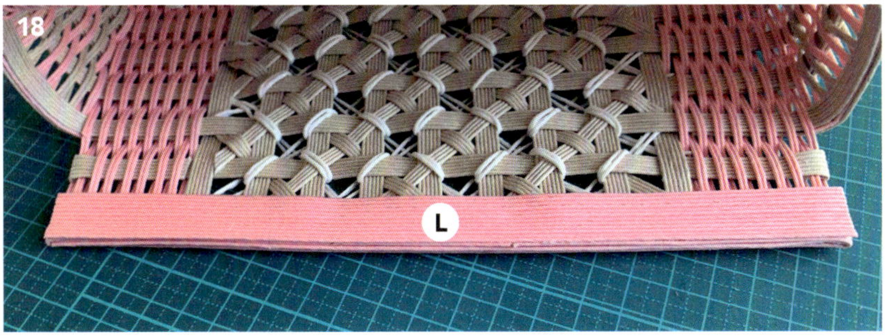

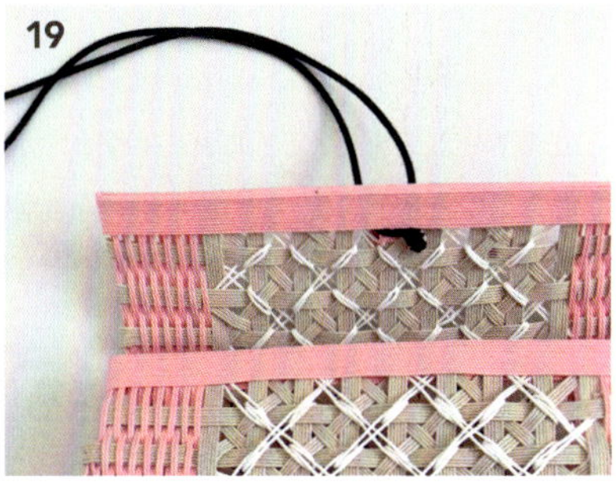

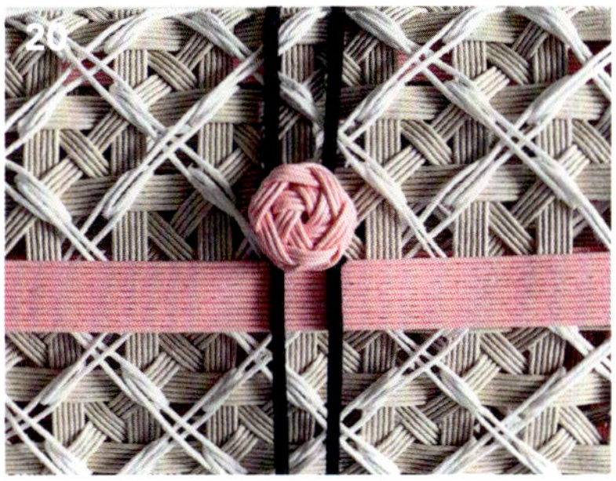

*Statt eines inneren Bandes bedecken hier die umgefalteten Reste von Abschnitt **A** und der Abschnitt **K** das Deckband.*

16. Die **I**-Abschnitte als Deckbänder für Vorder- und Rückseite doppelt von innen an die Kanten der **A**-Abschnitte ankleben (s. S. 22, „Gerader Randabschluss"). Die **J**-Abschnitte zum Niveauausgleich jeweils über die **E**-Geflechte kleben.

17. Die Reste der beiden **A**-Abschnitte auf beiden Seiten herumfalten und überlappend ankleben. Je einen **K**-Abschnitt in den Zwischenraum zwischen den **A**-Überlappungen kleben.

18. Als Deckband je einen **L**-Abschnitt über die herumgefalteten **A**-Abschnitte kleben.

19. Das Gummiband durch die Taschenklappe fädeln und festbinden.

20. Mit den **N**-Abschnitten einen „Blumenknopf" (s. S. 96) erstellen. Den Knopf mit dem **O**-Abschnitt an der Tasche befestigen.

BLUMENTASCHE

Größe: 28 cm (L) × 8,5 cm (B) × 21 cm (H)

Techniken: Geradeaus flechten | Gerader Randabschluss | Handgriff

20 m Papierband in Weiß (Farbe 1), 12 Schnur breit

10 m Papierband in Grün (Farbe 2), 12 Schnur breit

5 m Papierband in Rosa (Farbe 3), 12 Schnur breit

5 m Papierband in Dunkelbraun (Farbe 4), 12 Schnur breit

Für diese Tasche in Rot-Rosa-Gelb-Weiß verwenden Sie die Bänder in folgenden Farben:
Farbe 1 = Rot
Farbe 2 = Rosa
Farbe 3 = Gelb
Farbe 4 = Weiß

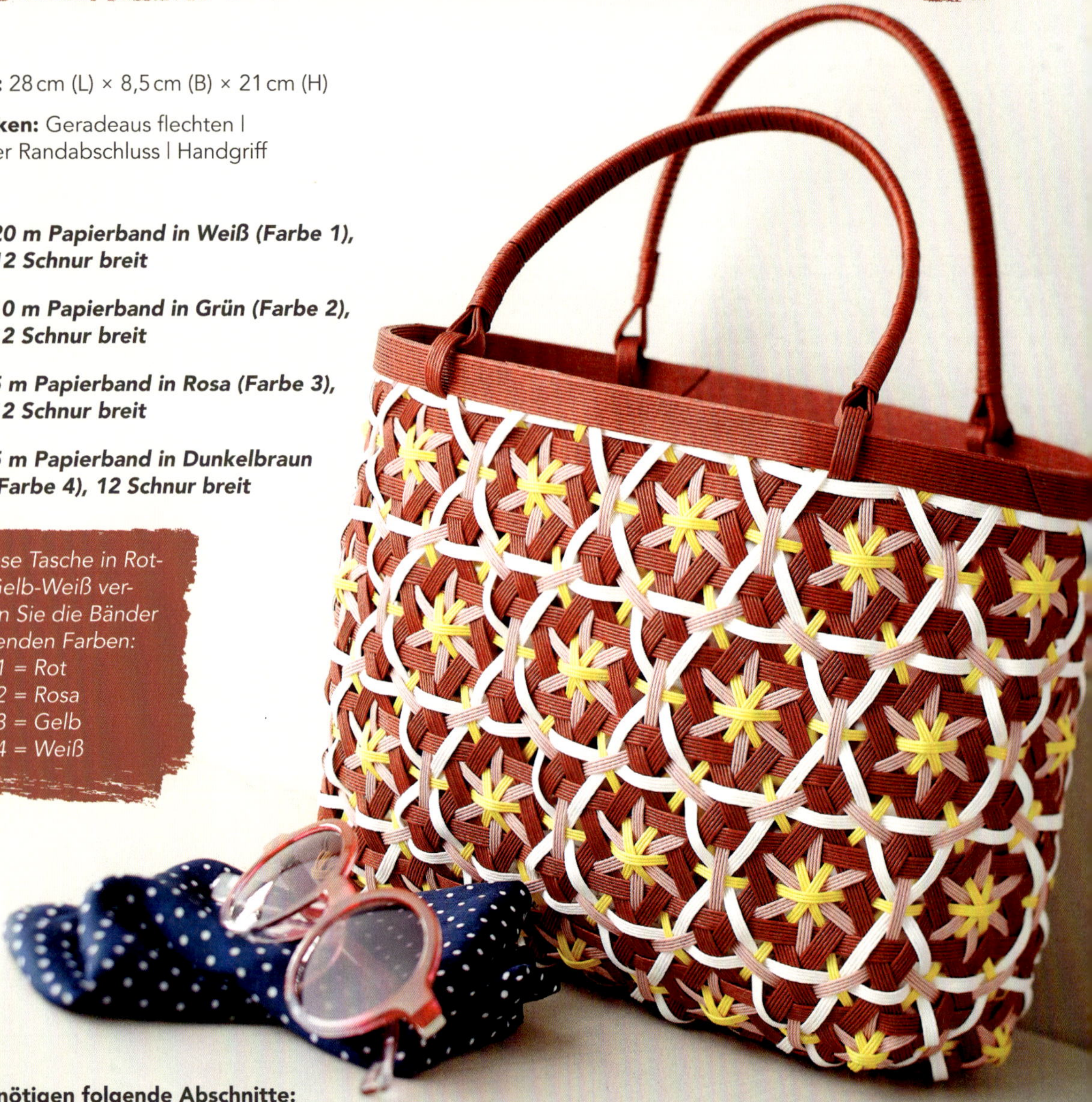

Sie benötigen folgende Abschnitte:

A: 20× 6 Schnur breit (Farbe 1), 70 cm lang
B: 4× 6 Schnur breit (Farbe 1), 85 cm lang
C: 7× 6 Schnur breit (Farbe 1), 80 cm lang
D: 2× 12 Schnur breit (Farbe 1), 80 cm lang
E: 2 Schnur breit (Farbe 1), 160 cm lang
F: 2× 8 Schnur breit (Farbe 1), 120 cm lang
G: 2× 2 Schnur breit (Farbe 1), 400 cm lang
H: 4× 6 Schnur breit (Farbe 1), 22 cm lang
I: 4 Schnur breit, 2000 cm
J: 4 Schnur breit, 1500 cm
K: 3 Schnur breit, 1500 cm

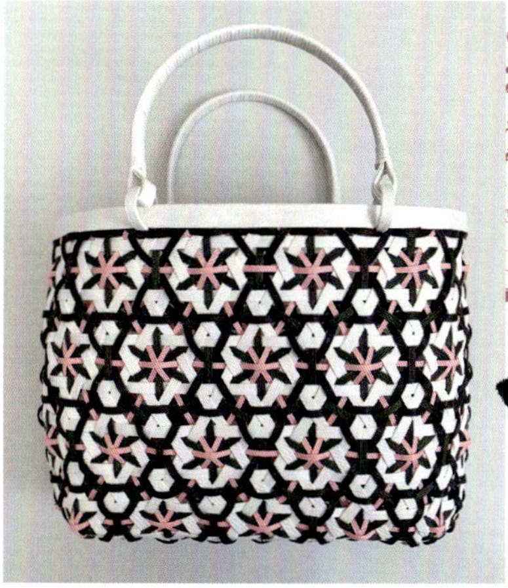

Ich beschreibe im Folgenden, wie die Blumentasche in diesen Farben gefertigt wird. Wenn Sie die Tasche lieber in Rot-Rosa-Gelb-Weiß machen möchten, wie auf dem Bild links, ersetzen Sie die Farben 1 bis 4 wie dort angegeben.

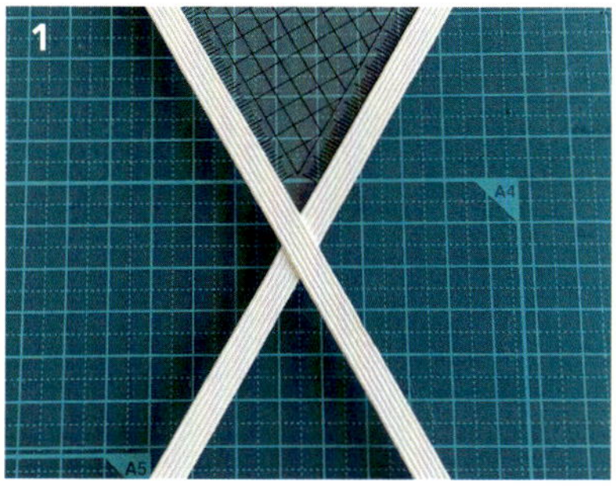

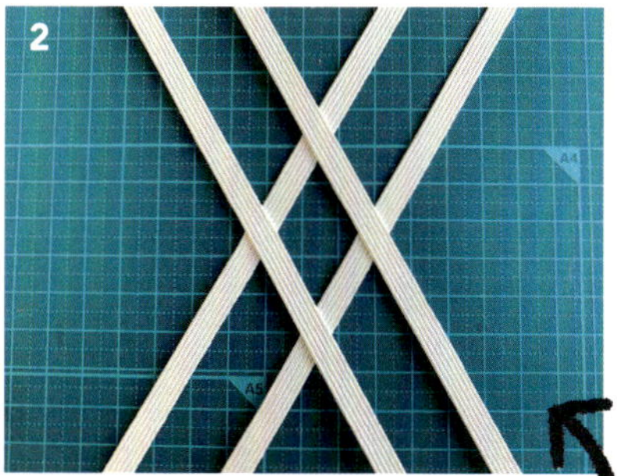

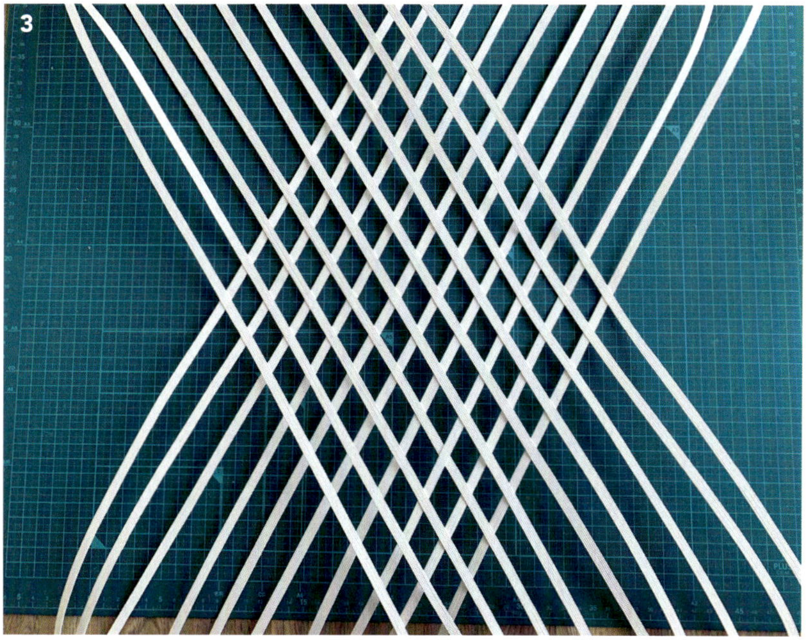

Sie können einen 2 cm breiten Kartonstreifen als Hilfsmittel nehmen, um regelmäßige Zwischenräume zu erhalten.

1. Zwei **A**-Abschnitte zu einem 60-Grad-Kreuz übereinanderlegen und in der Mitte zusammenkleben.

2. Schritt 1 wiederholen und beide Kreuze so zusammenlegen, dass die Abschnitte, die von links oben nach rechts unten verlaufen, immer oben liegen. Der Abstand zwischen den parallelen Bändern beträgt 2 cm. Die beiden Kreuze an einer Schnittstelle zusammenkleben.

3. Die Schritte 1 und 2 wiederholen, bis 10 Kreuze zusammengeklebt sind.

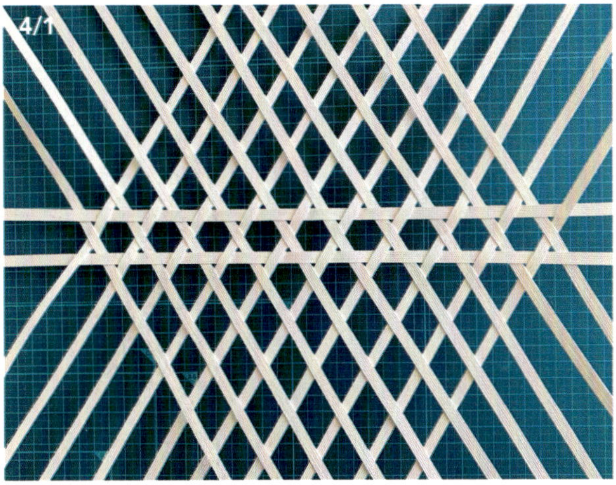

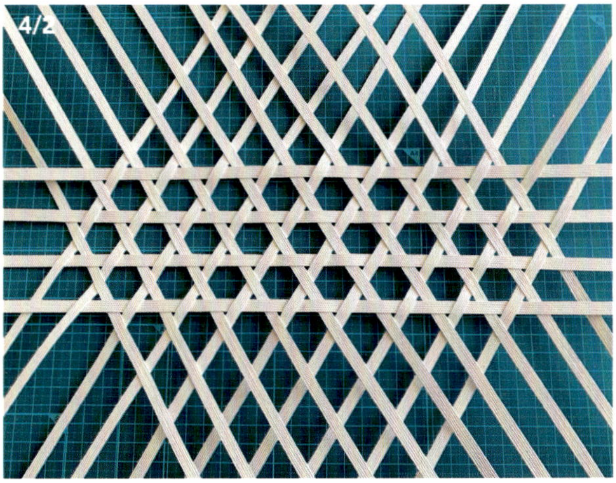

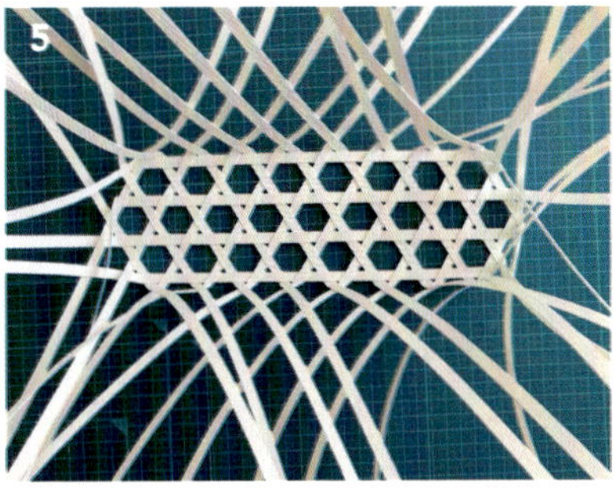

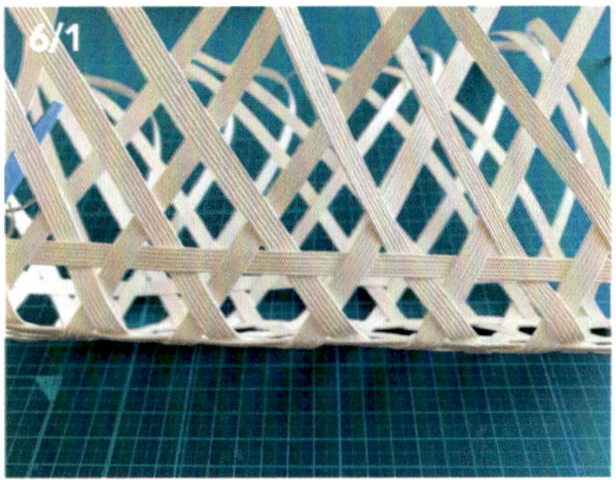

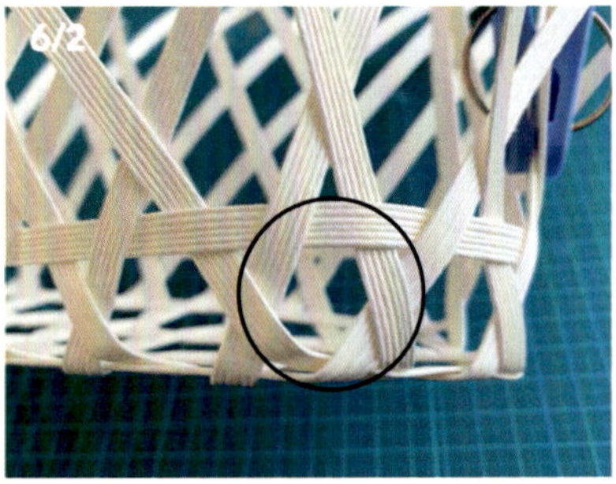

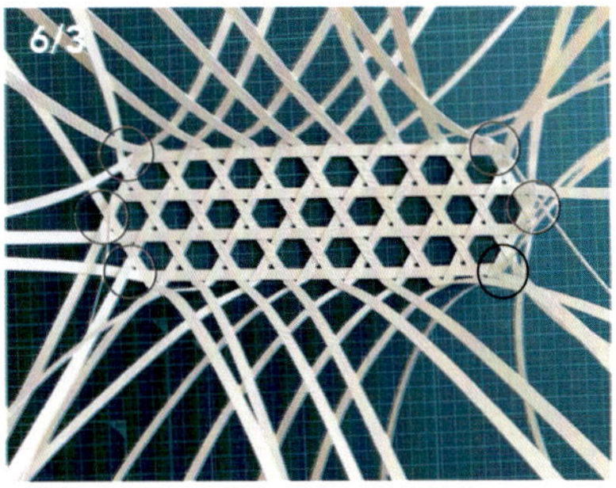

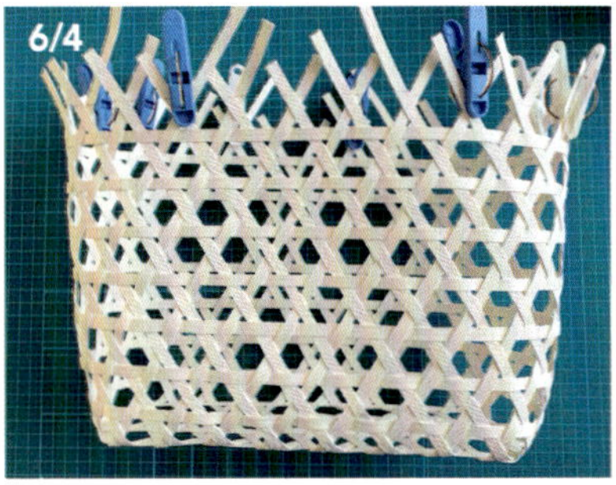

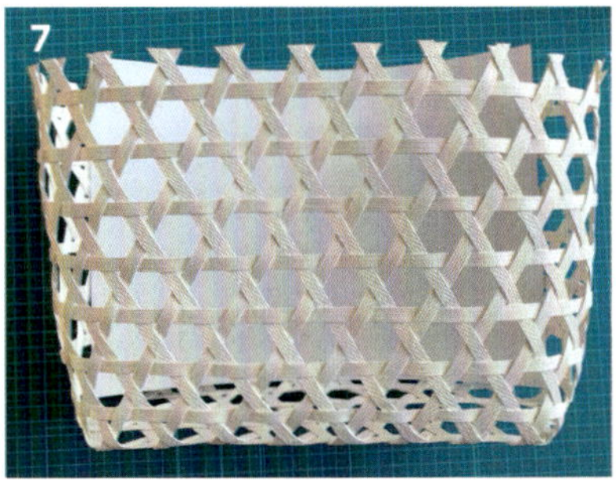

4. Alle vier **B**-Abschnitte in der Mitte horizontal – immer abwechselnd ober- und unterhalb der **A**-Abschnitte – geradeaus einflechten (s. S. 16).

5. Der Boden ist fertig. Die Seitenbänder aufstellen.

6. Alle **C**-Abschnitte an den Seiten einflechten. Dabei ergeben sich an den Ecken sechs Fünfeckfelder – das ist kein Fehler! Später kommen wir auf diese Fünfeckfelder zurück.

7. Vom obersten horizontalen **C**-Abschnitt aus 2 cm abmessen und die Seitenbänder dort abschneiden.

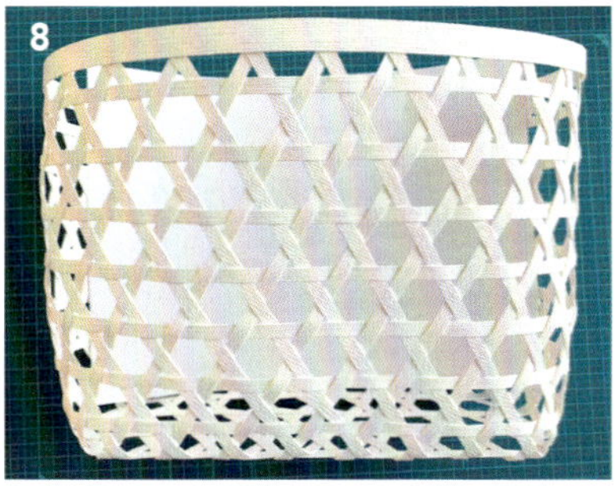

8

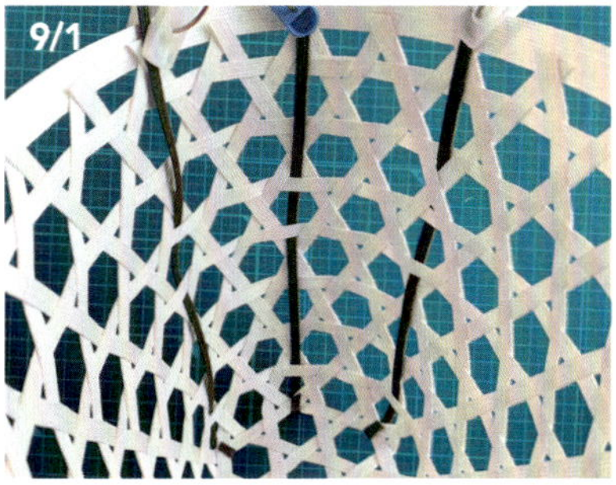

9/1

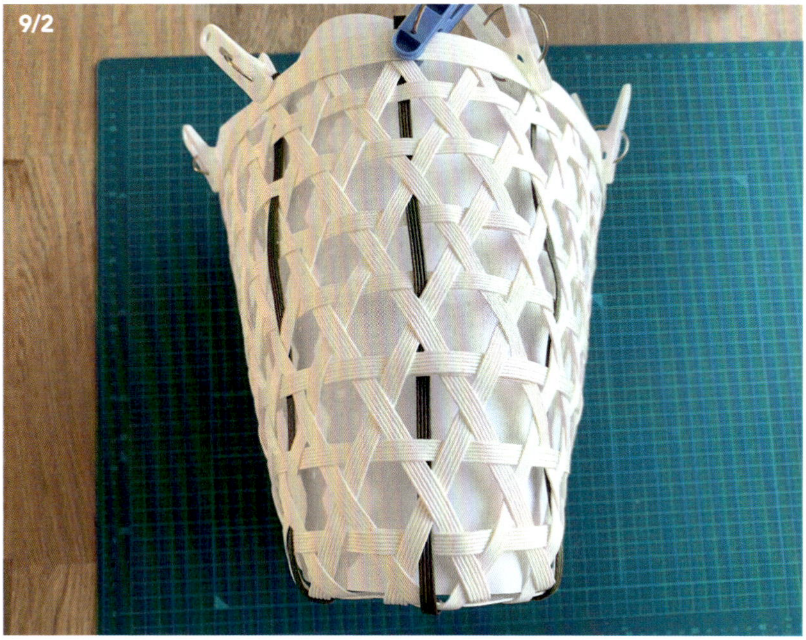

9/2

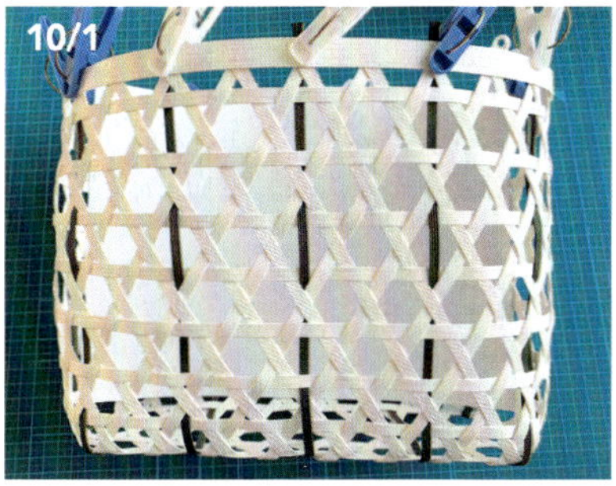

10/1

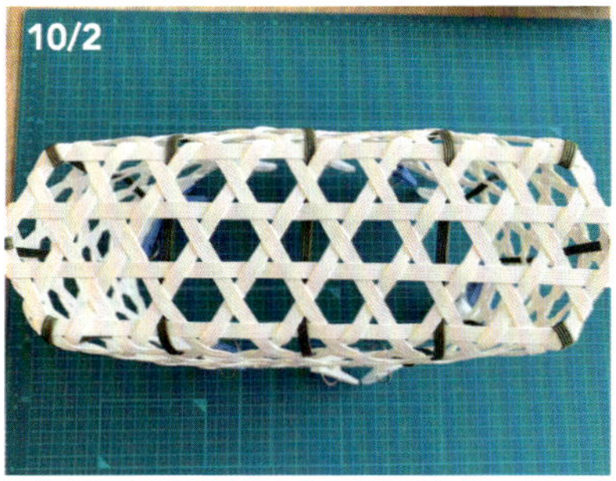

10/2

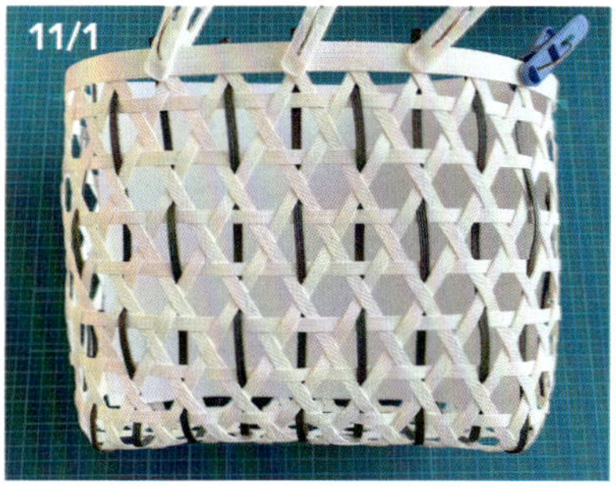

11/1

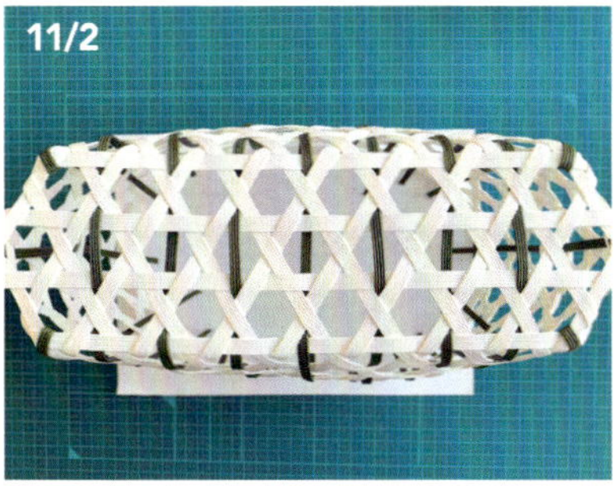

11/2

*Beginnen Sie an einer Stelle mit dem langen **I**-Abschnitt, flechten Sie ihn nach oben und schneiden Sie ihn ab. So erhalten Sie das erste **I**-Band. Dann setzen Sie den **I**-Abschnitt das zweite Mal an und schneiden ihn wieder oben ab, dann das dritte Mal.*

8. Einen **D**-Abschnitt an der Oberkante mit 1 cm Überstand von außen an die Seitenbänder kleben. Der **D**-Abschnitt bildet später das äußere Band des geraden Randabschlusses (s. S. 22).

9. An den Schmalseiten der Tasche jeweils drei **I**-Bänder aus dem langen **I**-Abschnitt unten bei den Fünfeckfeldern (s. Foto 6/2) von innen ankleben, wie auf den Fotos nach oben einflechten und oben abschneiden. Dabei nur in den Reihen flechten, die unten mit den Fünfeckfeldern beginnen; die Sechseckfeld-Reihen bleiben zunächst frei – wir kommen in Schritt 12 darauf zurück.

10. An einer langen Seite gleichmäßig verteilt weitere drei **I**-Abschnitte einflechten: diesmal oben fixieren, die Seite hinunterflechten, durch den Boden führen und auf der anderen Seite wieder vertikal hinaufflechten. Noch nicht ankleben!

11. In den noch leeren Zwischenräumen auf einer langen Seite vier weitere **I**-Abschnitte einflechten, wie in Schritt 10. Wichtig: Die leeren Zwischenräume an den Schmalseiten bleiben noch immer leer (s. Schritt 9).

Die Bänder vorerst mit einer Wäscheklammer fixieren, bevor sie angeklebt werden. Hier passieren oft Fehler, die dann leichter korrigiert werden können.

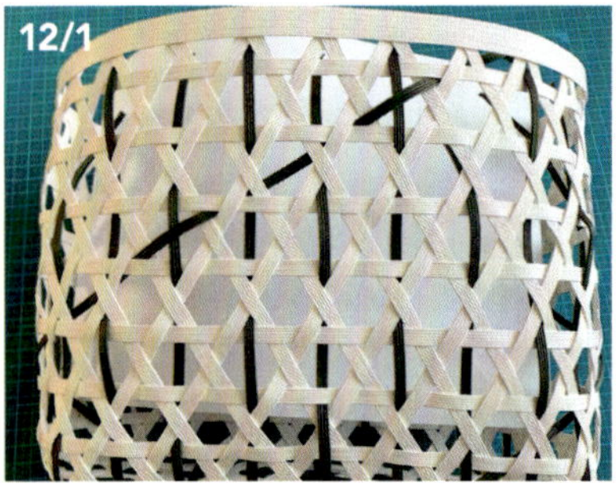

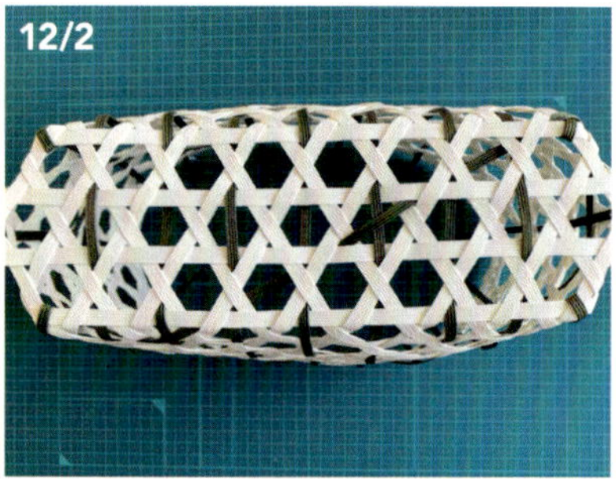

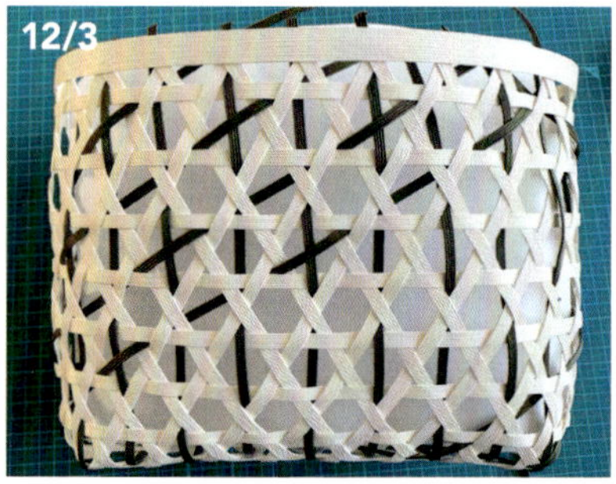

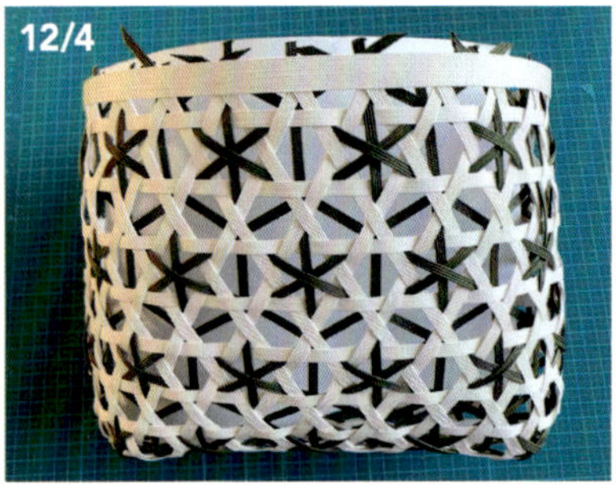

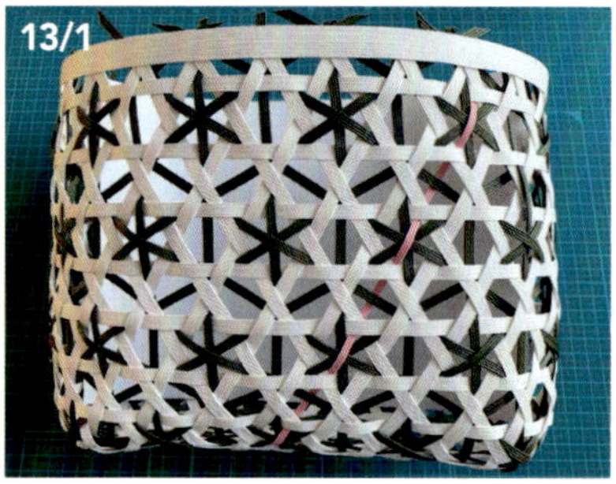

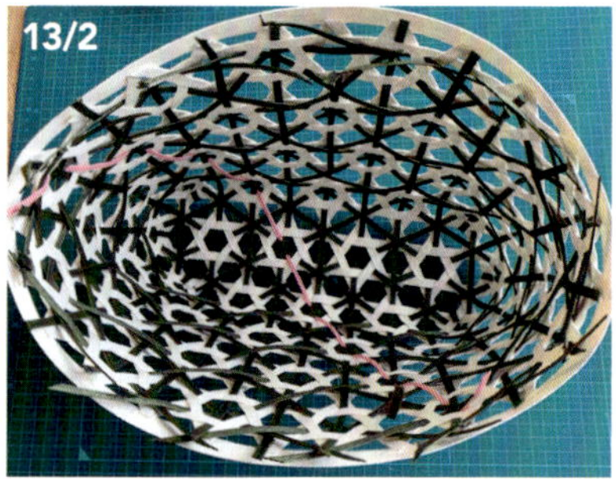

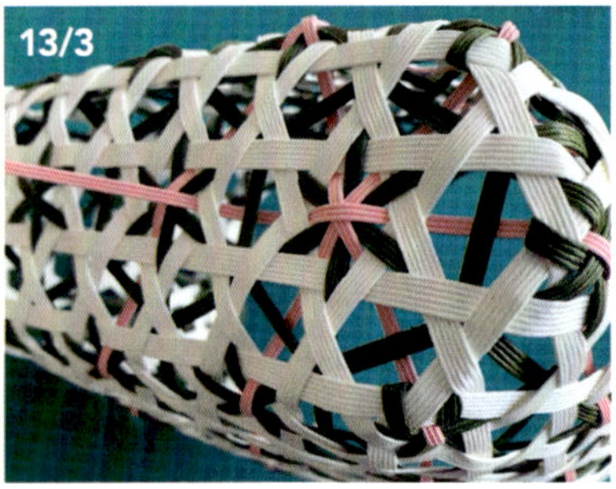

12. Sind alle vertikalen Abschnitte eingeflochten, werden diagonal weitere **I**-Abschnitte eingeflochten. Beginnen Sie am oberen Rand, flechten Sie quer über die Tasche nach unten, durch den Boden und wieder quer nach oben. Achten Sie darauf, dass sich, wie auf dem Foto zu sehen, innerhalb eines Sechseckfeldes außen die vertikalen und diagonalen Bänder kreuzen – hier entstehen später die „Blumen".
Achtung: Treffen Sie, nachdem Sie durch den Boden geflochten haben, auf eines der vier Sechseckfelder zwischen den Fünfeckfeldern, geht es vertikal (statt diagonal) nach oben. Aus diesem Grund wurden die Reihen bei den Schritten 9 bis 11 freigelassen. So fortfahren, bis alle Sechs- und Fünfeckfelder mit einem Kreuz ausgefüllt sind.

13. Parallel zu den **A**-Abschnitten nun **J**-Bänder aus dem **J**-Abschnitt einflechten, dabei vorgehen wie zuvor mit dem **I**-Abschnitt. So einflechten, dass sie durch die im Schritt 12 entstandenen Kreuze gehen: Wieder am oberen Rand beginnen, quer über die Tasche nach unten, durch den Boden und wieder nach oben flechten. Achten Sie wieder darauf, dass sich innerhalb eines Sechseckfeldes die vertikalen und diagonalen Bänder schön mittig kreuzen.

Achtung: Bei den Fünfeckfeldern werden Sie bemerken, dass ein **J**-Band durchgeht, für ein anderes **J**-Band aber Endstation ist. Es gibt keine sinnvolle Fortsetzung für dieses **J**-Band, weil sonst zwei **J**-Bänder in derselben Bahn wären. In diesem Fall den „sinnlosen" **J**-Bandrest abschneiden und den Rest innen ankleben.

*Es gibt keine feste Regel, in welcher Reihenfolge welcher **J**-Abschnitt eingeflochten wird. Gehen Sie nach eigenem Gutdünken vor – am Ende wird es aufgehen!*

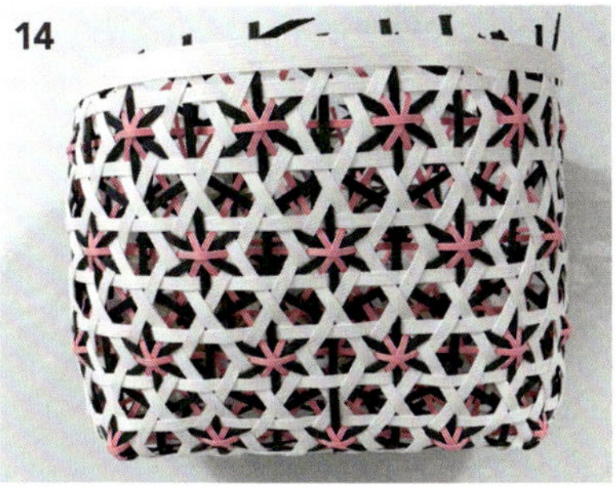
14

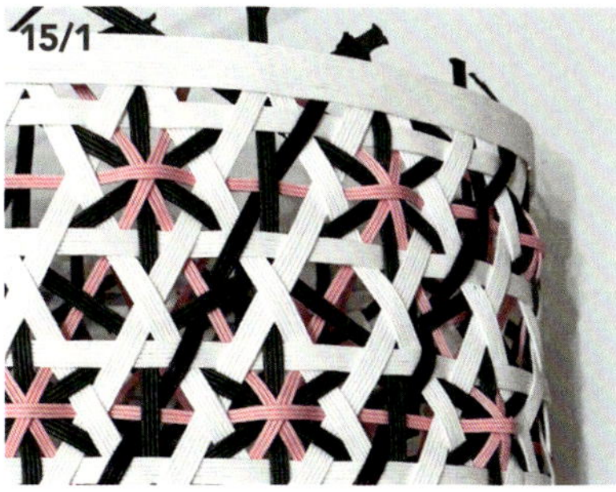
15/1

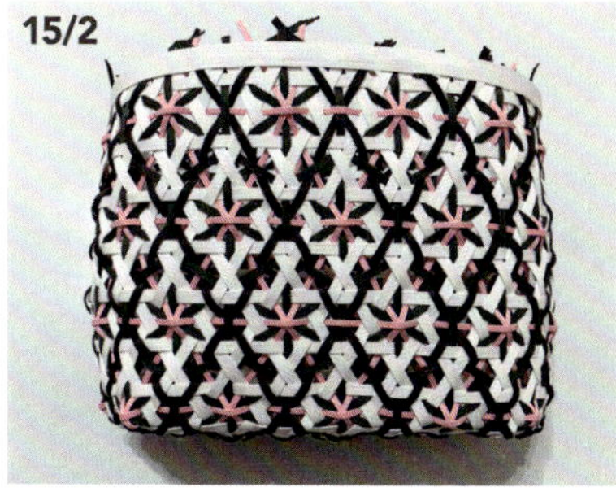
15/2

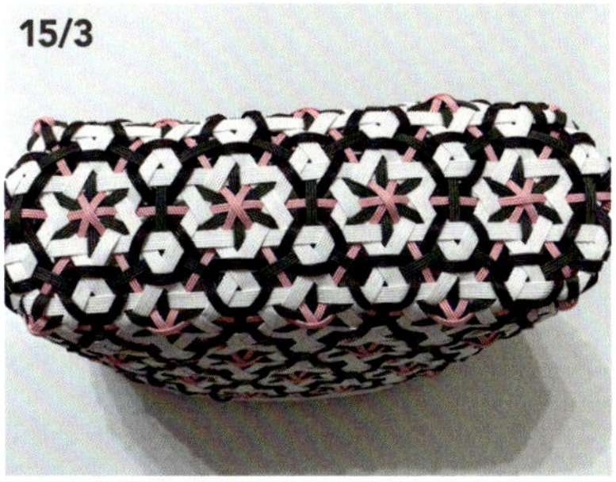
15/3

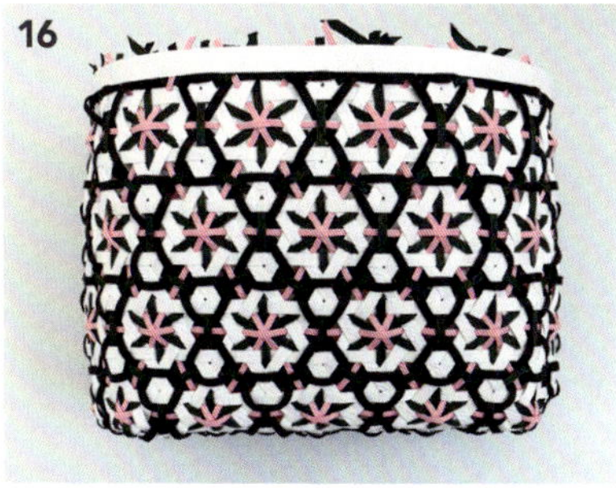
16

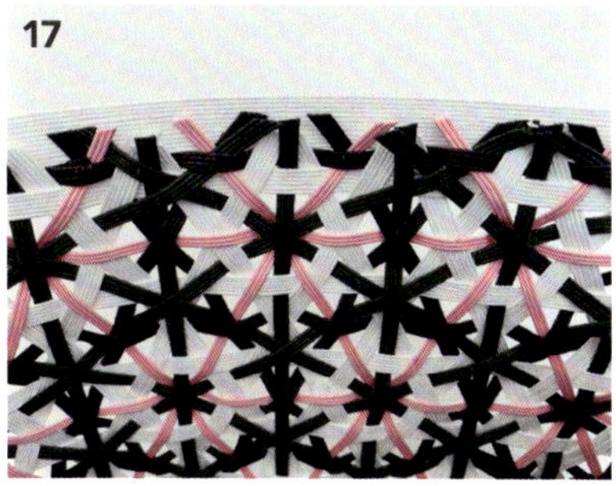
17

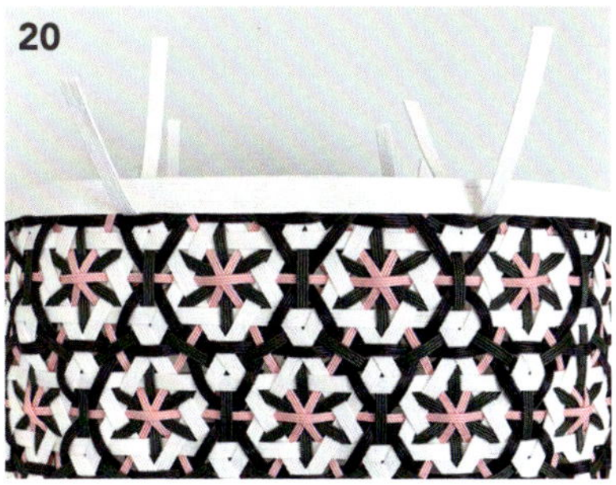
20

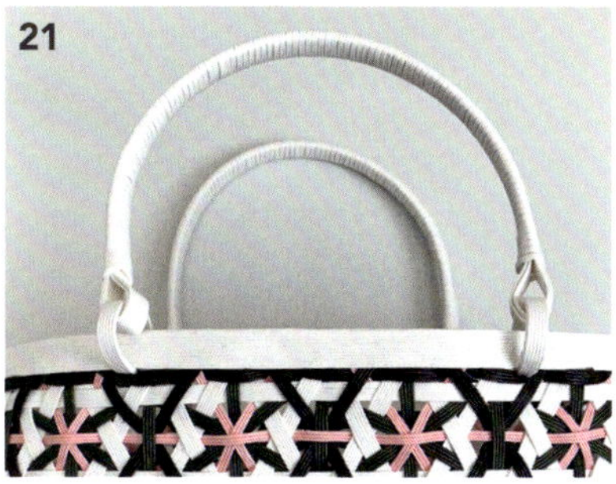
21

14. Sind alle diagonalen **J**-Bänder eingeflochten, weitere **J**-Bänder rundherum horizontal einflechten. Die Enden abschneiden und überlappend zusammenkleben.

15. Sind alle horizontalen **J**-Bänder eingeflochten, **K**-Bänder aus dem langen **K**-Abschnitt diagonal in die Felder zwischen den „Blumen" einflechten. Wieder oben am Rand beginnen, quer über die Tasche nach unten flechten, durch den Boden führen und wieder nach oben flechten – erst in die eine, dann in die andere Richtung.

16. Sind alle diagonalen **K**-Bänder eingeflochten, mit weiteren **K**-Bändern horizontal rundherum flechten. Die Enden abschneiden und überlappend zusammenkleben.

17. Bandreste an der Oberkante abschneiden und von innen an den **D**-Abschnitt, der das äußere Band bildet (s. Schritt 8), ankleben.

18. Einen geraden Randabschluss erstellen (s. S. 22), dazu den **E**-Abschnitt als Deckband zweifach rundherum ankleben und den zweiten **D**-Abschnitt als inneres Band gegenkleben.

19. Den Handgriff aus den Abschnitten **F** (Grundgerüst) und **G** (Umwicklung) erstellen (s. S. 26).

20. Die **H**-Abschnitte durch die Tasche fädeln und die Laschen der Griffe auffädeln.

21. Die **H**-Abschnitte in jeweils 2 Runden zu Ringen zusammenkleben, sodass die Bänder doppelt liegen und die Ringe mehr Stabilität haben. Der Griff ist nun fest mit der Tasche verbunden.

Buchempfehlungen für Sie

Noch mehr Kreativ-Bücher zum gleichen Thema gesucht?

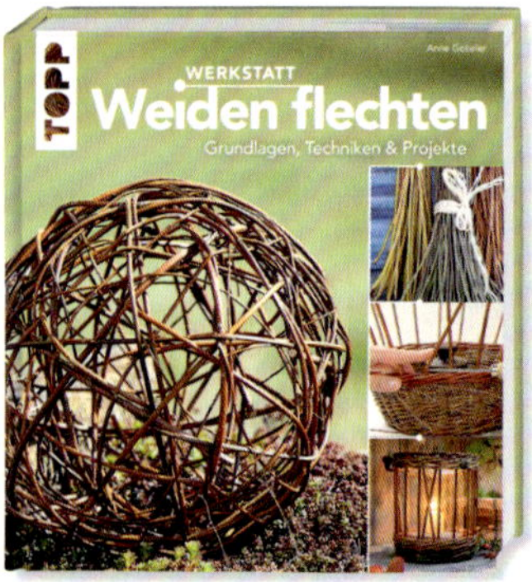

ISBN 978-3-7724-7812-3

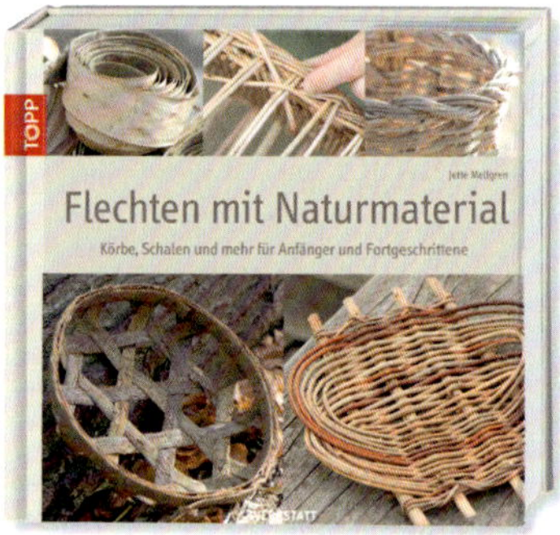

ISBN 978-3-7724-5533-9

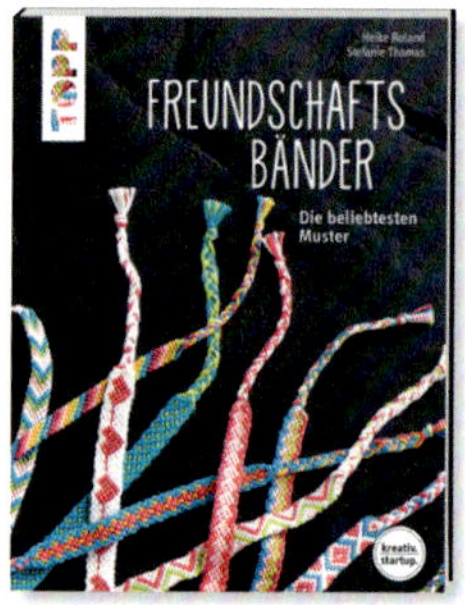

ISBN 978-3-7724-8184-0

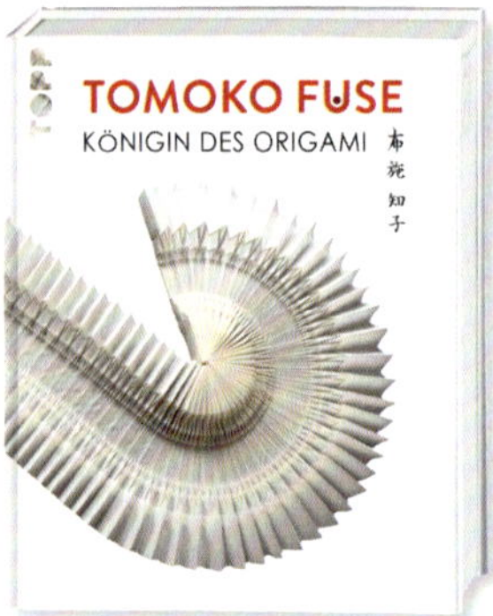

ISBN 978-3-7724-7163-6

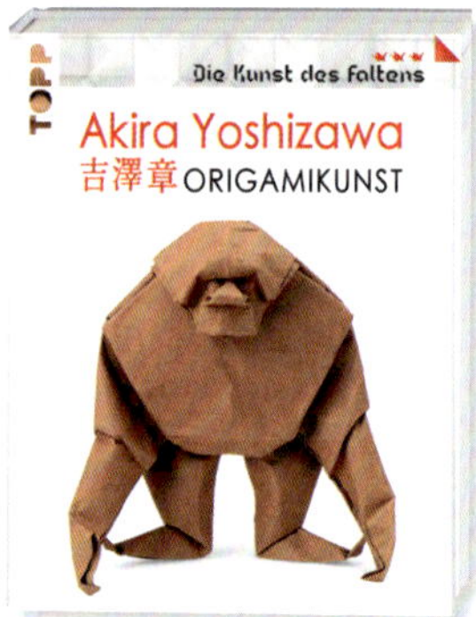

ISBN 978-3-7724-7707-2

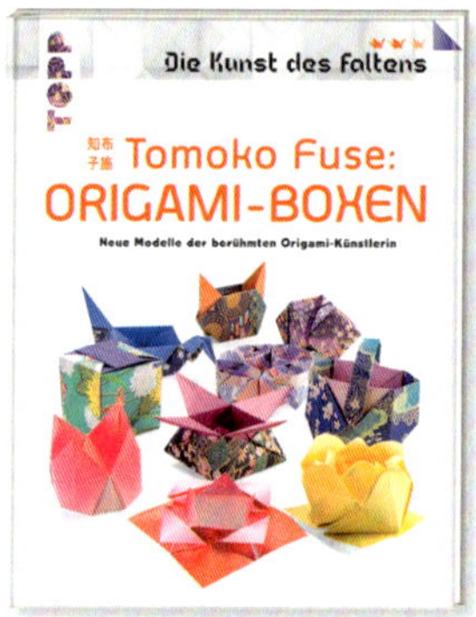

ISBN 978-3-7724-7817-8

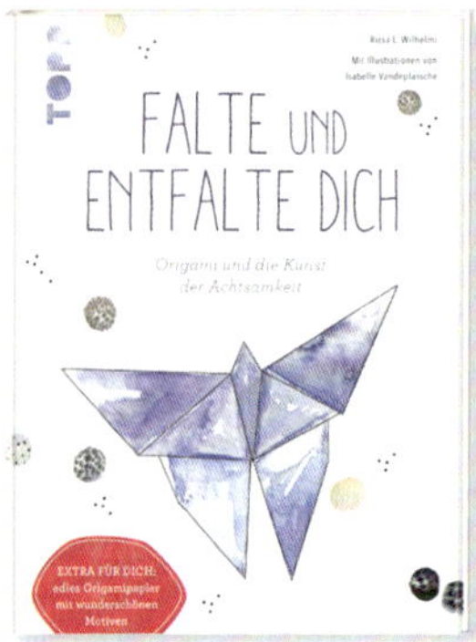

ISBN 978-3-7724-4918-5

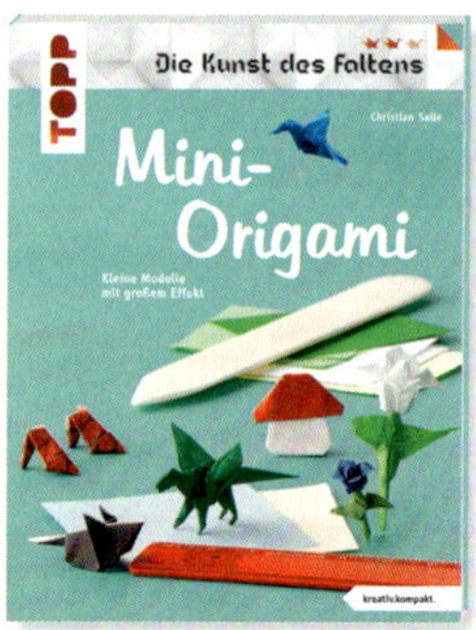

ISBN 978-3-7724-4332-9

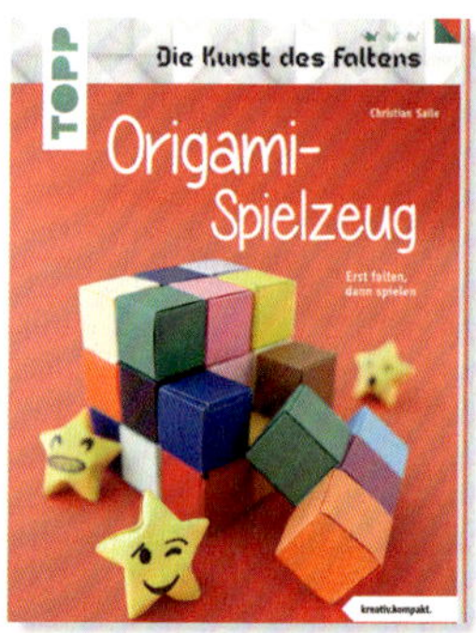

ISBN 978-3-7724-4264-3

Viele weitere Kreativ-Bücher finden Sie auf **www.TOPP-kreativ.de**

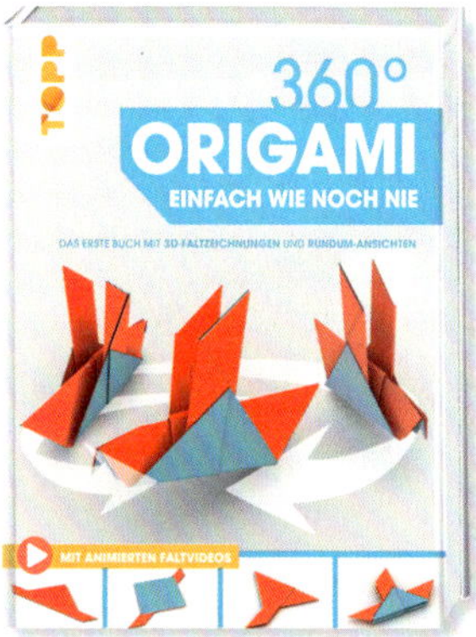

ISBN 978-3-7724-7542-9

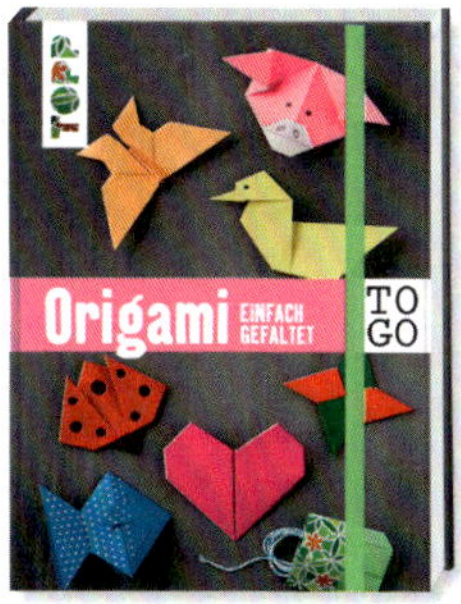

ISBN 978-3-7724-7568-9

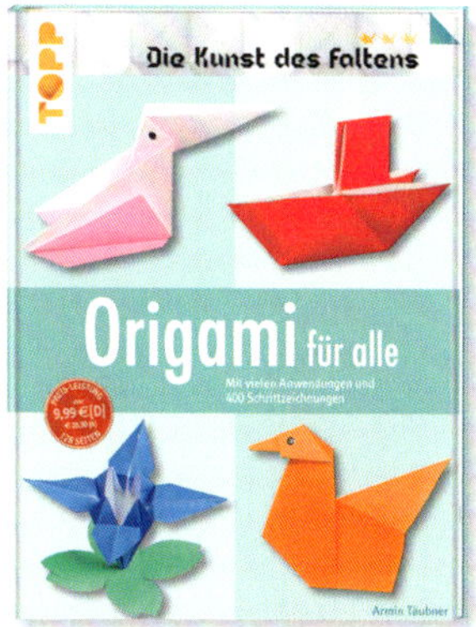

ISBN 978-3-7724-7966-3

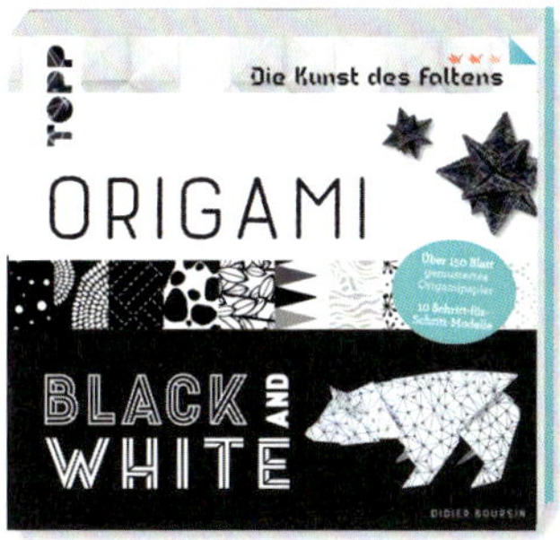

ISBN 978-3-7724-5987-0

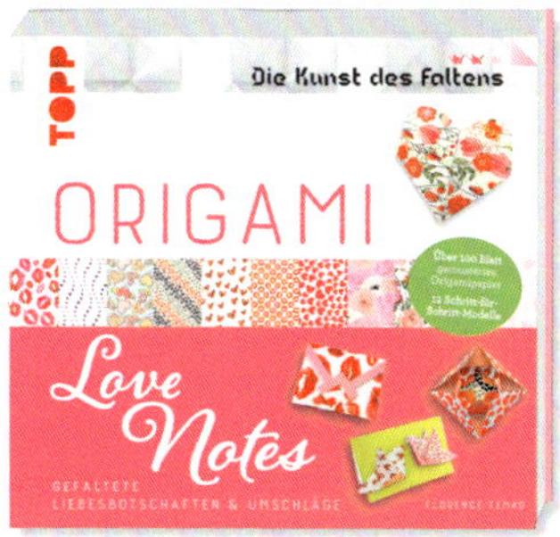

ISBN 978-3-7724-5096-9

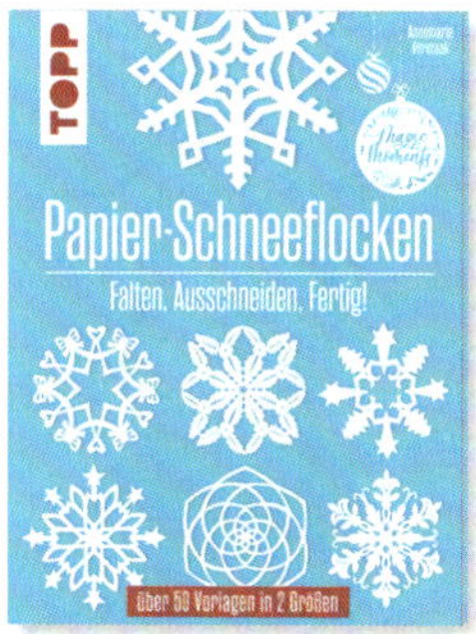

ISBN 978-3-7724-4383-1

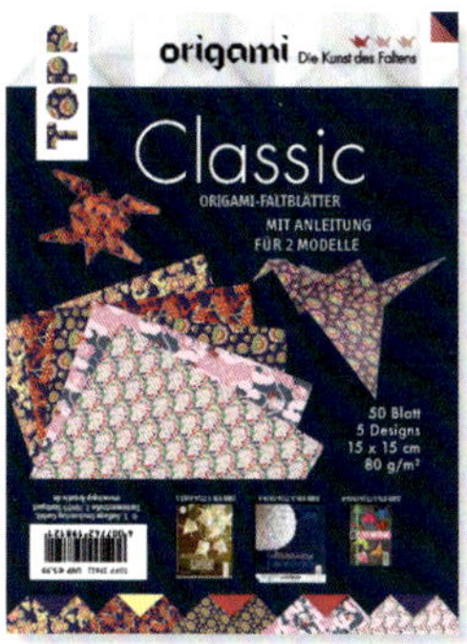

GTIN 19812

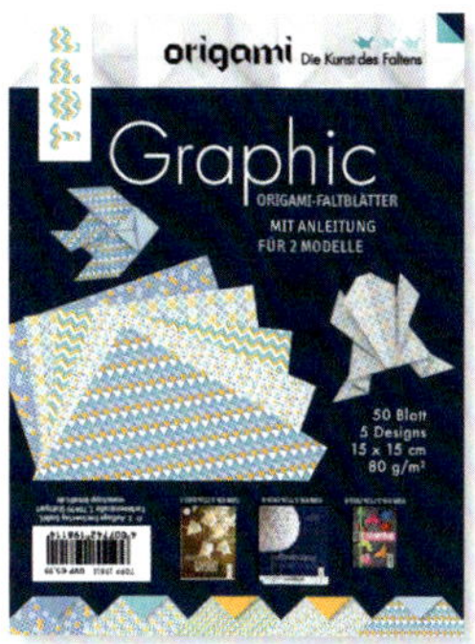

GTIN 19811

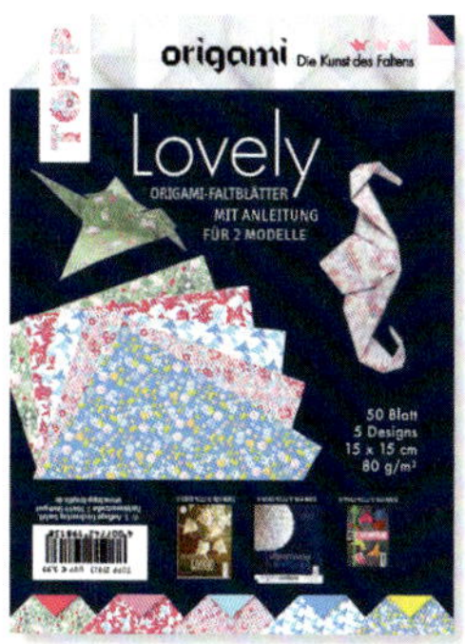

GTIN 19813

#TOPPPROJEKT

Die eigene Kreativität zeigen: TOPPprojekt mit anderen Kreativen teilen und Teil der Gemeinschaft werden.

DIY-begeistert und auf Instagram? Dann unbedingt mitmachen! Hier gibt's Tipps und Feedback zu den eigenen Projekten. Außerdem verlosen wir jeden Monat ein Überraschungspaket. Um am Gewinnspiel teilzunehmen, einfach ein Bild vom Kreativ-Projekt aus unseren Büchern mit #TOPPprojekt posten und unserem Account @frechverlag folgen. Mehr Infos auf TOPP-kreativ.de/TOPPprojekt

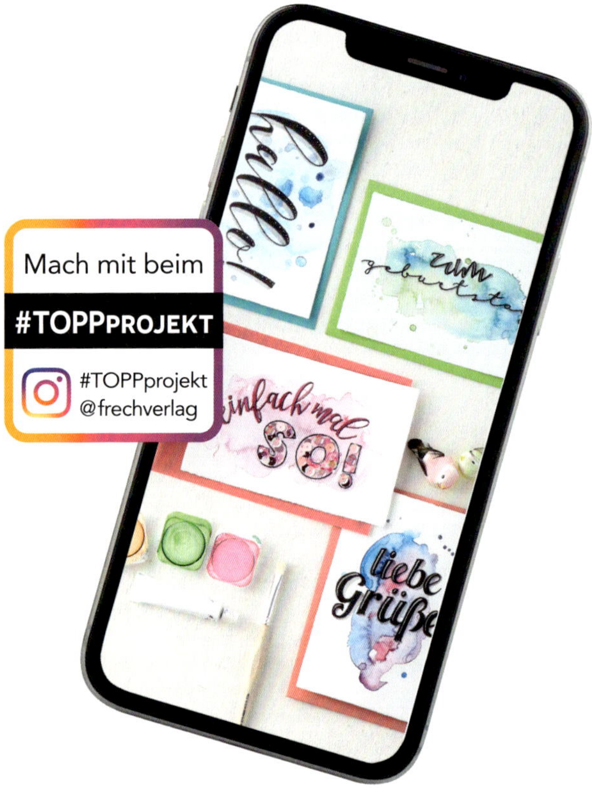

Website
Auf TOPP-kreativ.de können Sie ein riesiges Angebot von über 1.000 Kreativbüchern, Sets & mehr entdecken.

Newsletter
Gleich anmelden unter: TOPP-kreativ.de/newsletter und immer als Erstes von unseren Neuheiten und Sonderaktionen erfahren.

Instagram
@frechverlag

Pinterest
pinterest.com/frechverlag

Facebook
facebook.com/frechverlag

DigiBib
Hier finden Sie zusätzlich zu vielen unserer Bücher digitale Extras, wie Video-Tutorials, Plotter-Dateien, Vorlagen, Übungsblätter & vieles mehr. Einfach im Impressum Ihres TOPP-Buchs den Freischalte-Code nachschlagen und exklusive Inhalte freischalten. TOPP-kreativ.de/digibib

Youtube
youtube.com/frechverlag

Wer wir sind, wie wir arbeiten, was wir lieben …

Auf Instagram, Facebook und Pinterest finden Sie mehr über uns und unsere Arbeit und werden immer schnell und einfach mit den neuesten Infos versorgt.

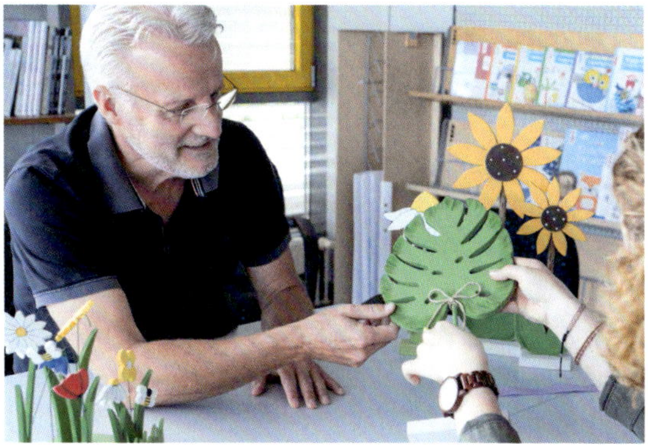

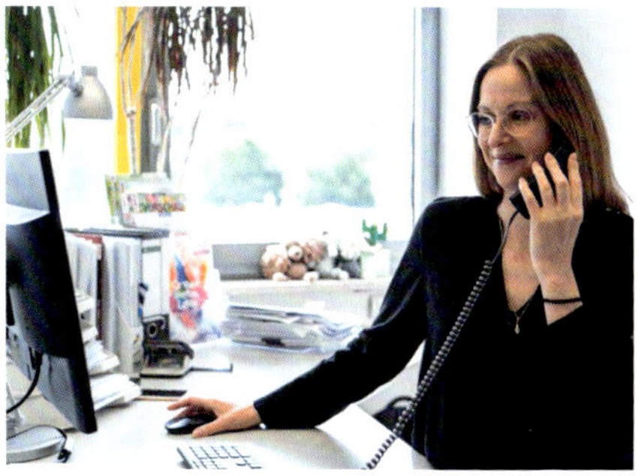

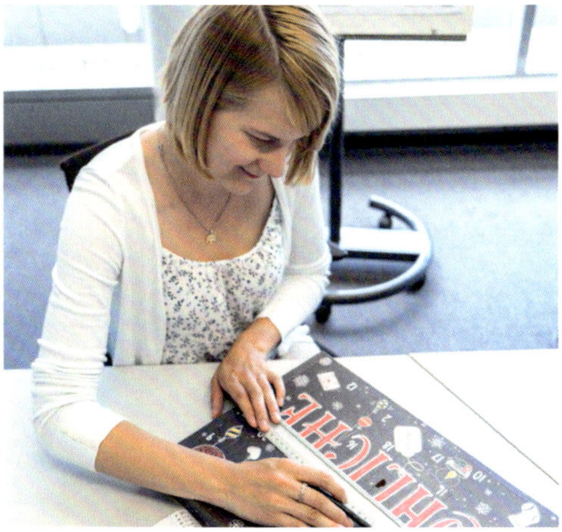

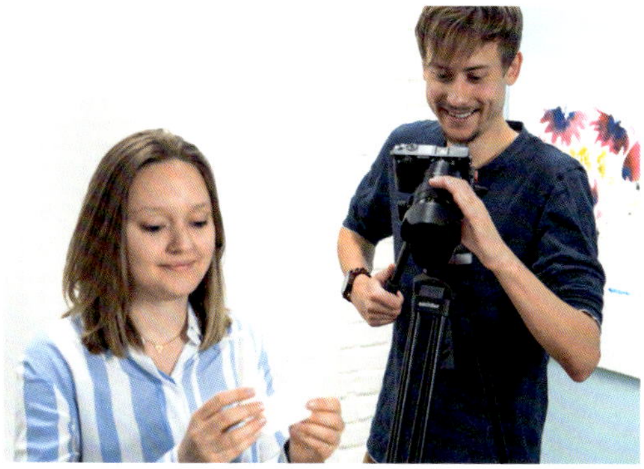

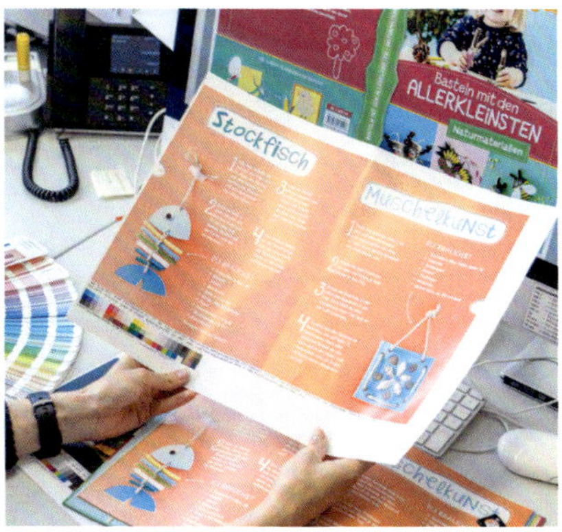

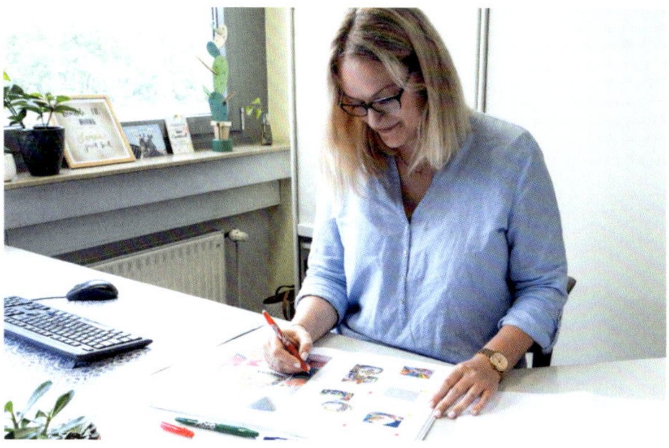

Alle News, alle Infos und alle Links finden Sie auf www.TOPP-kreativ.de

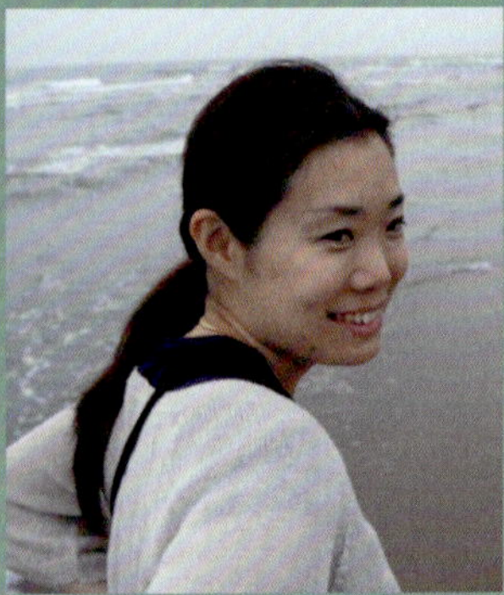

ÜBER DIE AUTORIN

Rie Yomura ist Japanerin, Architektin und seit 2010 Wahl-Schweizerin. Traditionelle Handwerkstechniken aus ihrem Heimatland Japan begeistern sie seit jeher, und diese Leidenschaft brachte sie auch zum Flechten mit Kamihimo. Dieses Hobby ist für Rie ein idealer Ausgleich zur täglichen Arbeit am Computer, da es die Feinmotorik und die Kreativität fördert.

DANKE

Die Autorin dankt **Caterina Weber (Cwirbelwind)** für die freundliche Einwilligung zur Veröffentlichung der Anleitung für das Schwan-Sujet (s. S. 79) und **mamekago** für die freundliche Einwilligung zur Veröffentlichung der Anleitung für die Sujets auf den Charms (s. S. 71).

BEZUGSQUELLE

Das Material „Paper Strap" wird von Buntpapierfabrik Ludwig Bähr auf den Markt gebracht und ist erhältlich in Rollen (15 mm × 15 m) in 10 verschiedenen Farben.
www.ursus-basteln.de

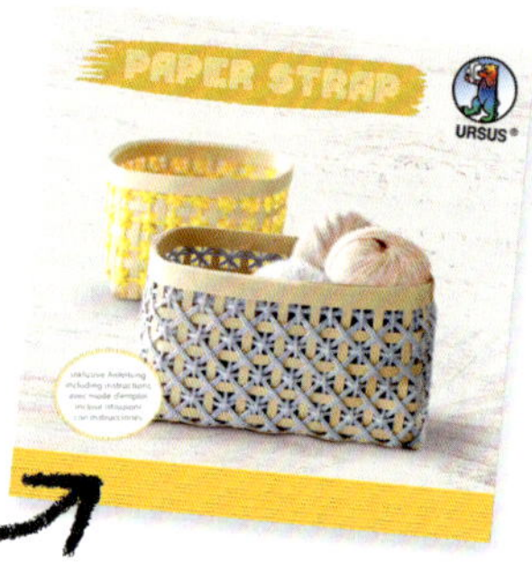

KREATIV-HOTLINE

Hilfestellung zu allen Fragen, die Materialien und Bücher zu kreativen Hobbys betreffen:
Frau Erika Noll berät Sie.
Rufen Sie an oder schreiben Sie eine E-Mail!

Telefon: 05052 / 911858*
E-Mail: mail@kreativ-service.info

*normale Telefongebühren

IMPRESSUM

ARBEITSSCHRITTFOTOS UND VORLAGEN: Rie Yomura
MODELLFOTOS UND COVERFOTO: Lichtpunkt, Michael Ruder, Stuttgart
PRODUKTMANAGEMENT: Stephanie Iber
LEKTORAT: Antje Krause, Zühlsdorf
COVERGESTALTUNG: Lina König
HERSTELLUNG, LAYOUT UND SATZ: Sophia Höpfner
DRUCK UND BINDUNG: Neografia, Slowakei

1. Auflage 2021

ISBN 978-3-7724-4527-9 • Best.-Nr. 4527